국제통상의 이해

이태희, 오현석, 홍의, 정재휘, 이건희, 원동환, 최돈승 공저

이프레스

머리말 PREFACE

과거 경제, 경영 및 상거래는 해당 영역에서 활동하는 경제주체의 국제화 유무에 따라 국내와 국제 분야로 구분하는 것이 일반적이었다. 하지만 20세기 후반부터 확산한 세계화의 영향으로 인해 국가 간 장벽은 무너지고, 정보통신기술과 운송수단의 발달에 따라 지구촌화가 심화하면서 글로벌(또는 지역별) 공급사슬의 안정적 구축이 중요해진 오늘날, 경제, 경영 및 상거래의 영역을 국내외로 나누는 것은 큰 의미가 없다.

또한 국제적 상거래와 관련한 다양한 분야를 다루는 무역학의 영역을 물품이나 서비스의 단순한 국제적 이동에 대한 범위로만 국한하는 것 역시 옳지 않다. 즉, 개별 국가의 경제정책, 국가 간 정세, 기업의 다국적 경영전략 등을 거시적으로 조망하고, 무역 관련 국제규칙, 법령, 제도, 관습 및 전문지식 등을 무역실무에 융합적으로 활용하는 국제통상학의 영역으로 확장하여 접근하는 것이 바람직하다.

이러한 배경과 함께 본 「국제통상의 이해」는 일반적인 국제통상학 개론서의 구성 방식을 적용하여 국제경제, 국제경영, 그리고 무역실무 영역으로 구분하였으며, 총 14개장으로 구체화하였다.

먼저, 1장부터 5장까지는 국제경제 분야로서, 국제무역의 이해를 시작으로 무역이론, 무역질서 등에 대해 기술하였다. 1장에서는 국제무역의 이해를 위해 무역개요, 무역 관계 법령, 그리고 무역의 분류를 다루었다. 2장에서는 경제이론 관점에서 무역의 고전, 근대 그리고 현대이론을 기술하였다. 3장에서는 오늘날 급변하는 국제무역에서의 질서와 동향을 다루면서 세계화와 경제통합에 대해 설명하였다. 4장에서는 무역에서 가장 큰 비중을 차지하고 있는 관세와 비관세 이슈를 주제로 다루었으며, 5장에서는 외환시장과 환율 그리고 국제수지에 대한 이해를 도모하고자 하였다.

다음으로 6장부터 8장까지는 국제경영 분야로, 6장에서는 세계화와 기업의 국제화를 다룸으로써 국제경영의 기초적 이해를 높이고자 하였다. 7장에서는 국제경영의 주체인 다국적 기업의 국제경영전략에 대해 기술하였으며, 8장에서는 무역과 국제경영의 영역을 가늠할 수 있는 해외시장 진출 전략을 다루었다.

마지막으로 9장부터 14장까지는 무역실무를 이해하기 위한 기본적인 지식을 담았다. 9장에서는 무역의 시작과 끝을 흐름별로 기술하면서 무역계약의 중요성을 피력하였다. 10장에서는 무역계약을 구성하는 세부 조건에 대해 구체적으로 논의하였으며, 11장에서는 무역에서 발생하는 위험과 이로 인한 경제적 손실을 보상하는 해상보험을 다루었다. 12장에서는 해상운송에 대한 이해와 선하증권의 내용을 담았다. 13장에서는 신용장을 포함한 대금결제방식에 대해 기술하였으며, 14장에서는 수출입통관 절차를 중심으로 무역의 전체적인 흐름과 단계별 주요 영역을 다루었다.

본 「국제통상의 이해」는 책 제목처럼 국제통상학 영역의 입문서로서 기초적인 내용을 다루고 있는 만큼 내용의 표준화를 추구하기 위하여 국제통상학 또는 무역학 전공(학과)에 재임하고 있는 5개 대학의 교원들이 집필진으로 참여하였다. 또한 저자들은 개별 전공 분야의 기초 내용을 광범위하게 기술함으로써 개론서로서의 보편성을 갖추기 위하여 노력하였다. 향후 집필진은 국제통상학 입문자들이 변화하는 국제통상 환경과 제도를 이해함에 부족함이 없도록 지속적으로 본서의 수정 및 보완작업을 이행할 계획이다.

2023년 8월

저자 일동

차례 CONTENTS

PRINCIPLES OF INTERNATIONAL TRADE

CHAPTER **01**

국제무역의 이해

CHAPTER 01

국제무역의 이해

제1절 무역 개요

1. 무역의 정의

무역(貿易)은 바꿀 무(貿)와 바꿀 역(易)으로 구성된 용어로 상이한 국가 간에 물품 등을 대상으로 이루어지는 국제상거래(매매나 교환)를 말한다. 즉, 한 나라의 국민경제가 다른 나라의 국민경제와 물품 등을 교환하거나 매매하는 것을 무역이라고 할 수 있다.

무역에 대한 합의된 국제적 정의는 비엔나협약[1)]에서 찾을 수 있다. 비엔나협약에서는 무역을 서로 다른 국가에 있는 당사자 간의 물품매매라고 정의하고 있으며, 이러한 국제물품매매계약에 적용되는 협약을 비엔나협약, 즉 국제물품매매계약에 관한 국제연합협약(United Nations Convention on Contracts

1) 국제물품매매에 관한 국제연합협약(United Nations Convention on Contracts for the International Sale of Goods, 발효일 1988.1.1.)은 국제물품매매의 특성상 계약 내용의 법리적 해석의 차이(당사자 간의 법, 제도 그리고 관습 등의 차이)로 발생하는 분쟁해결을 위해 국제사법에 의한 준거법 필요에 의해 국제적으로 통일된 상관습의 성문화 노력의 결과이다. 협약 체결 당시 62개국 8개 기관에서 협약 체결 당시 62개국 8개 기관에서 2023년 기준 95개국으로 확대되었다. 다만, 가나와 베네수엘라는 협약 체결은 하였지만 비준을 받지 않은 상황이다.

for the International Sale of Goods: CISG, 1980)이라고 한다. 참고로 국제물품매매계약에 관한 국제연합협약(CISG)은 유엔국제상거래법위원회(United Nations Commission on International Trade Law: UNCITRAL)에서 무역에 대한 통일된 법규를 제정하기 위해 협약안을 입안하여, 1980년 비엔나 외교회의에서 채택한 협약으로 유엔국제상거래법위원회(UNCITRAL)의 가장 큰 업적 중 하나로 평가받고 있다.

우리나라는 무역과 관련된 주요 법으로 크게 대외무역법, 관세법, 외국환거래법이 있는데, 이 가운데 대외무역법에서 무역을 정의하고 있다. 대외무역법 제2조에서는 "무역이란 물품 등(물품과 대통령령이 정하는 용역 또는 전자적 형태의 무체물)의 수출과 수입을 말한다."고 규정하고 있다. 대외무역법에서 정의하고 있는 수출은 일반적으로 매매거래의 목적물인 물품 등을 외국에 매각하는 것을 말하며, 수입은 통상적으로 매매거래의 목적물인 물품 등을 외국으로부터 매입하는 것을 말한다. 여기서 '국내'는 대한민국의 주권이 미치는 지역을 의미하며, '외국'이란 국내 이외의 지역으로 정의하고 있다. 무역에서 국내외의 구분은 관세부과에 있어 매우 중요한 사안이다. 실무적으로 영토의 개념과 관세선의 개념에 차이가 있는데, 예를 들어 자유무역지역이나 보세지역의 경우 국내 영토에 해당하지만, 관세가 보류되어 있는 지역에 해당하는 보세지역으로 수출입물품에 관세를 적용할 때는 일반적인 수입물품과 구분된다. 즉, 보세지역에서는 국외물품이 국내로 들어왔음에도 관세선을 통과하지 않았기 때문에 해당 물품은 국외물품으로 분류된다.

무역에 있어서 그 대상은 물품 등으로 형상화되어 있다. 대외무역법에서는 물품을 포함한 서비스, 전자적 형태의 무체물을 무역의 대상인 물품 등으로 정의하고 있다. 무역의 대상을 물품이 아닌 물품 등으로 정의하는 이유는 과거 주된 교역 대상이 물품이었던 것에 반하여 오늘날에는 서비스나 전자적 형태의 무체물 역시 무역의 대상에 포함되었기 때문이다. 특히 세계무역기구(WTO)가 출범하면서 무역의 대상이 물품 등이라는 점은 더욱 명확해졌다.

한편, 무역거래의 속성은 크게 상역(commercial trade)과 물역(physical trade)

으로 구분할 수 있다. 다시 말해 무역은 상역과 물역의 합이다. 먼저 상역은 물품 등의 거래에 있어 물품 등에 관한 소유권(title)의 이전을 의미한다. 반면, 물역은 물품 등(재화, 용역, 전자적 형태의 무체물)의 물리적 이동 및 제공을 의미한다. 예를 들면, 무역실무 영역에서 서식을 이용한 서류를 통해 소유권의 이전과 대금결제를 이행하는데 이 부분이 상역에 해당한다고 볼 수 있다. 반면 서류에 의한 소유권 이전과 함께 국내 및 국제운송 등을 통한 물품의 이동 및 서비스, 전자적 형태의 무체물의 제공은 물역에 해당한다고 할 수 있다. 참고로 과거 거래는 상물일치의 시대였다. 하지만 오늘날에는 상물분리의 시대로 접어들면서 각각의 기능이 분화되고, 보다 효율적인 거래를 위하여 상물분리의 개념이 적용되어 무역거래가 이루어지고 있다. 다만 상물분리의 개념이 상역과 물역을 이원화시킨다는 개념은 아니며, 두 영역과 기능을 전문화하여 효율적으로 진행한다는 의미임을 이해해야 한다.

무역의 거래는 기본적으로 상이한 국가들 간의 거래이며, 이는 각각 다른 경제체제 간의 거래이다. 각 국가는 국가 내의 가계, 기업 그리고 정부라는 당사자의 거래를 기반으로 다른 경제와 거래를 하는 것이다. 결과적으로 이러한 국가 간 거래가 세계경제를 구성하고 흐름을 유지하는 데 일조하기 때문에 국가 간 거래, 즉 무역은 세계경제에서 중요한 역할을 한다고 할 수 있다.

2. 무역의 대상

무역의 대상은 좁은 의미에서 물품이다. 지금까지의 무역은 물품이 주요 거래 대상이었으며, 지금도 가장 중요하다고 할 수 있다. 제2차 세계대전 이후 세계화가 가속화되면서 자유무역을 추구하는 국가들은 주요 교역 대상인 물품에 대한 관세를 낮추어 교역을 증진하는 것을 자유무역을 통한 세계화의 주요 화두로 여겼다. 하지만 세계총생산(Gross World Product 또는 Global Gross Domestic Product)의 증가와 교역의 활성화 및 확대로 물품 외 서비스와 전자적 형태의 무체물 그리고 자본(장기 및 단기)이 국가와 국가 사이에서 거래되기 시작하였고, 그 비중은 점차 증가하였다. 이러한 배경으로 오늘날 무역의 대상은 유형적 재화인 물품 외 서비스와 전자적 형태의 무체물 역시 교역의 대상으로 정의되어 우리나라에서는 대외무역법에서 물품 등으로 정의하고 있다.

결과적으로 넓은 의미에서 오늘날 교역의 대상은 물품 등과 자본으로 정의할 수 있다. 법령상으로 우리나라 대외무역법 제2조에서 정의하고 있는 무역의 대상은 물품, 용역, 전자적 형태의 무체물이며, 이 가운데 용역과 전자적 형태의 무체물은 대통령령으로 정하고 있다. 그리고 자본에 대해서는 외국환거래법에서 그 대상을 정의하고 있다.

무역거래의 대상이 되는 물품 등에는 물품, 용역 그리고 전자적 형태의 무체물이 있다. 먼저 물품의 경우 대외무역법 제2조에서 단순히 물품으로 규정하고 있다. 용역이나 전자적 형태의 무체물과 달리 시행령을 통한 특별한 추가 정의는 없다. 물품거래(transaction of goods)는 무역거래의 대부분을 차지하고 있으며, 국가별 통관절차와 세관을 통하여 그 흐름이 명확하게 집계된다.

용역의 경우 대외무역법 시행령 제3조 용역의 범위에서 용역은 유체물인 물품거래와는 달리 상대방에게 유상으로 제공되는 노무 등으로서, 여객 및 재화의 수송에 수반되는 운임 항목인 운수, 해외여행 및 유학연수 관련 항목인 여행, 통신서비스, 보험서비스, 특허권 사용료, 선박 항공기 등 수송장비의 임대 등과 관련된 사업서비스, 정부와 비거주자 간 서비스거래인 정부서비스, 건설 등 기타 부문이 포함되는 기타 서비스 등으로 구분된다. 일반적으로 용역은 국제수지표에서도 서비스수지계정으로 독립되어 있지만 독자적인 형태의 용역보다는 통상 물품에 관한 무역거래에서 종속적인 수요로 발생하는 경우가 많으며, 운송 및 보험 등과 같이 물품거래에 수반하여 발생하는 경우가 주를 이루었다. 하지만 최근 기술수출의 활성화로 물품에 종속적이지 않고 무역에서 독자적으로 차지하는 비중이 증가하고 있다.

특히, 용역의 분야 가운데 최근 중요한 무역 대상에 해당하는 분야는 지적재산권과 관련한 분야이다. 용역의 종류 가운데 기술(대외무역법 시행령 제3조)은 상대방과의 기술제휴계약에 따라 제공되는 기술의 대가를 의미하며, 공업소유권(industry property right)에 해당하는 특허권, 실용신안권, 디자인권, 상표권과 무형재산권(intellectual property right)에 해당하는 노하우, 저작권, 광업권, 어업권 등이 대표적이다. 무엇보다 오늘날 선진국의 경우 물품의 수출을 넘어 기술수출을 통하여 더 큰 부가가치를 누리고 있으며, 향후에는 물품보다 용역분야가 국제수지에서 중요한 의미를 가질 것으로 예상된다.

전자적 형태의 무체물(대외무역법 시행령 제4조)은 소프트웨어와 더불어 부호 · 문자 · 음성 · 음향 · 이미지 · 영상 등을 디지털방식으로 제작하거나 처리한 자료 또는 정보 등으로서 산업통상자원부장관이 정하여 고시하는 것으로 영상물(영화, 게임, 애니메이션, 만화, 캐릭터를 포함), 음향 · 음성물, 전자서적, 데이터베이스를 의미한다.

한편 자본거래는 외국환거래법 제3조에서 정의하고 있으며 단기 또는 장기 자본의 국제적 이동 및 이자, 배당, 투자 등이 그 대상에 해당한다. 참고로 자본의 형태는 외국환으로 나타나며, 외국환이란 대외지급수단, 외화증권, 외화파생상품 및 외화채권을 말한다.

3. 무역의 특성

1) 국가관리

국가 간 거래, 즉 무역을 통한 물품 등의 이동과 이에 대한 결제의 흐름을 살펴보면, 한 국가의 수출은 다른 국가의 수입이 되고, 한 국가의 지출은 다른 국가의 수입이 된다. 결과적으로 무역은 한쪽의 이득과 다른 쪽의 손실을 더하면 제로가 되는 제로섬 게임(zero-sum game)으로, 대부분의 국가들은 자국의 수지(수입과 지출)를 관리하여 자국의 경제발전과 안정성 및 국민소득 증대를 추구한다. 따라서 이러한 국제수지의 안정화는 국가경제 관리에 있어 매우 중요한 요소이기 때문에 대부분의 국가들은 무역을 관리 및 통제하고 있다. 이러한 맥락에서 경제발전 수준에 따른 후진국, 개발도상국 그리고 선진국 모두 자국의 경제상황에 맞춰서 국제적 수지를 관리하고 있기 때문에 무역에 대한 국가의 관리는 당연하다고 할 수 있다. 무역에 대한 국가적 관리는 각 국가의 무역정책으로 나타나며, 더 넓은 관점에서 보면 오늘날 세계무역기구(WTO)의 경우 세계경제 관점에서 범국가적 무역관리를 위해 탄생하였다고 할 수 있다.

2) 국민경제 연관

무역과 경제의 관계는 국외경제와 국내경제 관점에서 구분할 수 있지만, 결과적으로는 무역의 대외성으로 인해 국내외경제의 상호작용 결과가 도출된다. 그럼에도 무역이 국내경제에 미치는 영향을 파악하기 위한 많은 지표가 존재한다. 국가에서는 일반적으로 무역승수, 무역의존도 그리고 외화가득률을 통해 계량적으로 파악할 수 있다.

먼저 무역승수(foreign trade multiplier)는 수출 증가에 의한 국민소득의 증가분(수입과 저축 제외)은 다시 국내경제활동을 통해 소비되어 국민소득을 증대시킨다는 개념이다. 이러한 수출과 국내경제활동을 통한 소비활동 및 국민소득의 증가 과정을 식으로 표현하면 다음과 같다.

$$\text{국민소득증가분} = \frac{1}{\text{한계수입성향} + \text{한계저축성향}} \times \text{수출증가분}$$

수식에서 파악할 수 있듯이 한계수입성향과 한계저축성향이 커서 수출증가분과 동일하다면 국민소득증가분이 1이 되지만, 반대로 한계수입성향과 한계저축성향이 매우 작아지면 수출증가분은 국민소득증가분을 크게 증폭시킨다.

다음으로 무역의존도(degree of dependence on foreign trade)는 한 나라의 국민경제가 무역에 의존하고 있는 정도를 나타내는 지표이다. 통상 일 년의 기간 동안 한 나라의 국내총생산액 가운데 무역액의 비율로 표시된다. 무역의존도는 수출의존도와 수입의존도로 각각 구분할 수 있으며, 이를 수식으로 표현하면 다음과 같다.

$$\text{무역의존도} = \frac{\text{총수출액} + \text{총수입액}}{\text{국내총생산액}} \times 100$$

$$\text{수출(수입)의존도} = \frac{\text{총수출(수입)액}}{\text{국내총생산액}} \times 100$$

무역의존도의 경우 우리나라는 매우 높은 편이지만, 자국의 자원과 내수시장이 큰 국가들은 무역의존도가 낮은 편이라고 할 수 있다. 그리고 자국의 자원상황과 무관하게 무역에 집중하는 국가들은 무역의존도가 높은 편이다.

마지막으로 외화가득률(rate of foreign exchange earning)은 일정기간 동안에 수행된 특정 품목의 수출금액에서 수출품의 제조 및 가공을 위하여 사용된 수입물품의 수입금액을 공제한 금액이 수출금액에서 차지하는 비율이다. 이를 위해 먼저 계산되는 외화가득액은 FOB 조건 수출가격과 CIF 조건 수입가격의 차이이다. 이를 수식으로 표현하면 다음과 같다.

$$\text{외화가득률} = \frac{\text{FOB 수출가격} - \text{CIF 수입가격}}{\text{FOB 수출가격}} \times 100$$

즉, 수출가격 가운데 가득액(FOB 수출가격 − CIF 수입가격)이 차지하는 비중을 의미한다. 외화가득률의 변수는 결국 특정품목의 수출가격에서 해당 품목의 제조 및 가공을 위해 필요한 물품 중 수입된 물품의 비중이 작을수록 커진다.

3) 세계경제 연관

세계경제는 일반적으로 세계총생산(global GDP)에 의하여 산출된다. 국가별 생산량과 가격의 곱으로 이루어진 세계총생산은 세계경제 상황을 파악할 수 있는 대표적 지수이다. 세계경제의 상황에 따라 국가별 교역량은 영향을 받게 되며, 나아가 국가별 교역량에 따라 해상물동량이 영향을 받게 된다. 앞서 언급하였던 해상운송의 의존성을 고려한다면 결과적으로 해상운송의 물동량(traffic volume)은 무역량(trade volume)에 종속적이며, 교역량은 세계경제와 종속적인 관계에 있다.

4) 산업 연관

무역은 수출과 수입으로 구성되어 있다. 수출과 수입은 국내산업의 발전과 함께 고용 및 국민소득에 영향을 미친다. 수입의 경우 국내에 존재하지 않는 부존자원과 선진자본재 등을 획득할 수 있게 하여 국내경제발전에 영향을 미친다. 아울러 수출의 경우 국내생산의 확대와 기술유입 그리고 고용 및 소득 증대의 원천이 될 수 있다. 무엇보다 수출을 통해 얻게 되는 외화는 국내 산업발전의 밑거름이 된다. 물론 수입과 수출의 불균형은 국내경제에 악영향을 미칠 수 있지만, 무역의 균형을 잘 유지한다면 국내경제의 발전에 큰 도움을 줄 수 있다.

5) 무역 위험

무역의 위험은 크게 상업위험(commercial risk), 비상위험(contingency risk),

그리고 환위험(exchange risk)으로 구분할 수 있다. 먼저 상업위험은 무역거래에서 발생하는 위험으로, 매도인의 경우 대금결제와 관련한 대금회수불능위험(credit risk)이 존재하며, 매수인의 경우 물품인도와 관련한 물품인수불능위험(mercantile risk)이 존재한다. 그리고 비상위험은 운송위험(transport risk)과 국가위험(country risk)으로 구분된다. 운송위험의 경우 물품의 운송 과정에서 발생하는 위험으로 태풍, 지진, 분화, 전쟁, 파업 등에 기인하는 운송 중의 사고에 의하여 물품이 멸실 또는 손상될 수 있는 위험이다. 국가위험[2)]은 전쟁, 내란, 폭동, 혁명, 사변, 소요, 그리고 경제제재 등과 같이 민간기업 또는 개인이 통제할 수 없는 위험을 말한다. 마지막으로 환위험은 대금결제를 위한 통화의 환율변동에 따라 환차손(exchange loss)이 발생하였을 때 발생하는 위험이다.

각각의 위험을 관리하기 위한 방법으로는 상업위험의 경우 해외신용조사, 계약서의 검토, 수출보험 등을 이용할 수 있다. 비상위험의 경우 운송위험에 대해서는 해상적하보험(cargo insurance), 선박보험(hull insurance), 선주상호책임보험(protection and indemnity insurance) 등을 이용할 수 있으며, 국가위험에 대해서는 수출보험 및 해상적하보험의 특약과 함께 사전에 무역 상대국에 대한 시장환경조사가 대책이 될 수 있다. 마지막으로 환위험은 환헤지, 해외진출 등의 방법을 이용하여 위험을 관리할 수 있다.

6) 해상 의존

무역에서 물역을 위한 주된 운송수단(mode)에는 화물자동차운송, 철도운

---

2) 국가위험 중 전쟁(war)은 선전포고 유무나 다른 나라 간의 전쟁을 불문하고 전면적 무력행사뿐만 아니라 국지전도 포함한다. 혁명(revolution)은 단순한 정권교체는 포함되지 않고 정치체제, 사회제도의 기본 변혁을 따르는 것을 말한다. 내란(rebellion)은 국가의 일부를 독립된 다른 나라로 세우거나 헌법의 기본 질서를 침해할 목적으로 폭동을 일으키는 행위를 말한다. 사변(warlike operation)은 경찰력으로 막을 수 없어 병력을 사용하게 되지만 전쟁까지는 가지 않는 난리를 말한다. 폭동(civil commotions)은 군중 또는 다수 집단의 행동에 의해 전국 또는 일부지역에서 현저하게 평온이 저해되고 치안유지상 중대한 상태로 인정되는 상태이다. 그리고 소요(riot)는 폭동보다는 소규모 상태를 말한다.

송, 해상운송, 항공운송 그리고 파이프라인운송이 있다. 이 가운데 과거부터 지금까지 국가 간 거래에서 가장 큰 비중을 차지하는 것이 바로 해상운송이다. 해상운송은 이동거리, 중량제한, 운송비용 등에서 다른 운송수단에 비해 우월하여 오늘날 전 세계 교역의 약 90%가 해상운송에 의존하고 있다. 특히 우리나라의 경우 지리적 특성으로 국제수송은 해상운송과 항공운송이 주를 이루는데, 이 가운데 해상운송의 국제수송분담률은 물동량 기준으로 약 99.76%를 차지하고 있으며, 항공운송이 약 0.24%를 차지하고 있다. 따라서 해상운송은 무역에서 매우 중요한 운송수단이라고 할 수 있다.

7) 종속계약

무역을 이행하기 위해서는 상적 그리고 물적 이동이 필요하다. 먼저 매도인과 매수인 사이에서 체결한 소유권 이전에 관한 상적거래, 즉 무역거래를 이행하기 위하여 무역계약이 필요하다. 그리고 무역계약을 이행하기 위해서는 부수적인 계약이 필요하다. 대표적으로 무역계약에 종속된 계약은 선적조건을 위한 운송계약과 선적 화물에 대한 보험계약 그리고 은행과 거래 당사자 등이 체결하는 환거래계약(약정)이 있다. 운송계약은 무역계약의 대상이 되는 물품의 이동을 위해 운송인과 송화인 사이에 체결하는 계약이다. 특히 무역계약에서는 선적(shipment)조건을 이행하기 위하여 체결된다. 보험계약은 운송 중인 물품의 멸실 또는 손상의 위험을 방지하기 위해 체결하는 계약이다. 마지막으로 환거래 약정은 물품의 대금결제를 위하여 무역의 당사자가 거래은행과 체결하는 금융계약 그리고 은행과 은행 간의 금융계약이다. 이외에도 무역계약을 기준으로 필요에 따라 다양한 종속계약을 체결할 수 있다.

8) 선물거래

일반적인 거래는 현물거래, 즉 현실로 존재하는 상품의 매매를 목적으로 하고 있다. 하지만 무역거래는 매매계약 성립 시에 실재하는 물품을 대상으로 하기도 하지만, 대부분은 실재하지 않지만 앞으로 실재할 수 있는 물품을 대상으로 거래가 이루어지는 경우가 대다수이다. 즉 선물거래가 주를 이루고 있다. 그리고 실재하는 물품을 대상으로 하여도 무역계약이 체결되고 안전하게 물품이 이동하고 대금결제가 이루어져 클레임을 포함한 모든 무역절차가 완료되기 전까지는 무역거래가 완성된 것이 아니기 때문에 선물거래의 성격을 띠고 있다고 할 수 있다. 이러한 특성으로 무역거래는 계약을 체결하기 전과 후로 구분할 수 있으며, 결과적으로 계약체결을 위한 활동과 계약체결 이후 계약이행 활동이 무역의 주요 활동이라고 할 수 있다.

9) 국제관습

무역은 국가 간에 발생하는 거래이며, 각 국가마다 고유한 환경과 오래된 관습이 존재하기 때문에 많은 분쟁의 소지가 있다. 그리고 발생한 분쟁에 대해서는 각 국가마다 고유의 법률 및 제도가 존재한다. 하지만 상이한 국가 간에 발생하는 거래에 대해서 일방적인 법과 제도를 적용하기는 현실적으로 불가능하다. 따라서 무역거래가 발생하여 작성하는 계약서에서 계약의 해석을 위한 준거법을 두고 해당 준거법(governing law)을 통하여 계약서를 해석하고 적용한다. 계약서를 작성할 때 한 국가의 법률과 제도를 준거법으로 적용해도 무방하지만, 일반적으로는 여러 국제기구들이 오랫동안 무역거래에서 보편화된 상관습을 토대로 제정한 통일규칙을 이용한다.

보편적 상관습을 토대로 계약서 작성 및 해석에 대한 준거법적 규칙을 제정하는 대표적인 기관은 국제상업회의소(International Chamber of Commerce: ICC), 국제연합 국제상거래법위원회(United Nations Commission on International Law Association: UNCITRAL), 국제연합무역개발협의회(United Nations Conference on Trade and Development: UNCTAD), 국제법협회(International Law Association: ILA) 등이 있다. 해당 기관에서는 국제거래에 보편적으로 사용되는 국내 · 국제거래

조건의 사용에 관한 ICC 규칙(INCOTERMS 2020), 국제물품매매계약에 관한 국제연합협약(United Nations Convention on Contracts for the International Sale of Goods: CISG), 신용장통일규칙(Uniform Customs and Practice for Documentary Credits: UCP 600), 헤이그규칙(Hague Rules), 국제상공회의소(International Chamber of Commerce: ICC)의 국제복합운송증권에 관한 통일규칙(UNCTAD/ICC Rules for multimodal transport documents) 등을 제정하여 국제거래에 사용될 수 있도록 제공하고 있다.

제2절 무역 관계 법령

무역관리를 위한 관계 법령들은 모두 우리나라의 대외무역거래질서를 유지하여 국가경제발전과 함께 민간의 대외무역활동을 원활하게 하기 위한 것이다. 무역과 관련한 법령은 대표적으로 대외무역법, 외국환거래법, 그리고 관세법이 있다. 이외 무역보험법, 중재법, 수출용 원재료에 대한 관세 등 환급에 관한 특례법, 자유무역지역의 지정 및 운영에 관한 법률, 전자무역 촉진에 관한 법률, 전자금융거래법, 불공정 무역행위 조사 및 산업피해 구제에 관한 법률, 무역거래 기반조성에 관한 법률 등 무역의 영역에 따라 다양하게 존재한다.

1. 대외무역법

대외무역법은 대외무역을 진흥하고 공정한 거래질서를 확립하여 국제수지의 균형과 통상의 확대를 도모함으로써 국민경제를 발전시키는 데 이바지함을 목적으로 한다. 전체 7장에 걸쳐 59조 그리고 부칙으로 구성되어 있다. 각

장은 총칙, 통상의 진흥, 수출입거래, 수입수량제한조치, 수출입의 질서유지, 보칙, 벌칙 등을 규정하고 있다. 세부적으로 수출입거래총칙, 과세가격과 관세의 부과 · 징수 등, 외화획득용 원료 · 기재의 수입과 구매 등, 전략물자의 수출입, 플랜트 수출, 정부 간 수출계약, 원산지 표시, 수입수량제한조치, 수출입의 질서유지 등의 내용을 담고 있다. 이와 더불어 대외무역법에서 위임된 사항과 그 시행에 필요한 사항에 대해서는 대외무역법 시행령에서 정의하고 있다.

대외무역법은 대외무역에 대한 직접 규율을 위한 법률이다. 1987년 7월에 시행되었으며 자유롭고 공정한 무역, 무역제한의 최소화, 무역진흥의 도모를 원칙으로 하고 있다. 대외무역법은 헌법에서 정의하는 바(국가는 대외무역을 육성하여 이를 규제, 조정할 수 있다)와 같이 기본법의 특성이 있으며, 다른 법률에 대해 일반법 또는 특별법의 특성을 모두 가지고 있다. 한편 대외무역법은 타국과의 무역조약 및 승인된 국제법규를 수용하기 때문에 국제성을 가지고 있으며, 분야에 대한 종합적인 특성뿐만 아니라 다수의 당사자를 전제로 하는 포괄적인 특성을 가지고 있다. 아울러 대외무역법은 중앙집권적 관리방식을 취하고 있어 현재 산업통상자원부장관이 대외무역관리의 모든 권한을 가지고 있다. 다만 일정 부분은 그 권한의 일부를 타 기관에 위임 및 위탁하기 때문에 위임법의 특성도 있다. 마지막으로 대외무역법은 논리성보다는 기술적 성향이 강하며, 대외적으로 통상교섭의 근거가 되므로 통상법적인 성격을 가지고 있다.

2. 외국환거래법

외국환거래법은 외국환거래와 그 밖의 대외거래의 자유를 보장하고 시장기능을 활성화하여 대외거래의 원활화 및 국제수지의 균형과 통화가치의 안정을 도모함으로써 국민경제의 건전한 발전에 이바지함을 목적으로 한다.

표 1-1 대외무역법의 구성

제1장 총칙
제1조 목적
제2조 정의
제3조 자유롭고 공정한 무역의 원칙 등
제4조 무역의 진흥을 위한 조치
제5조 무역에 관한 제한 등 특별 조치
제6조 무역에 관한 법령 등의 협의 등

제2장 통상의 진흥
제7조 통상진흥 시책의 수립
제8조 민간 협력 활동의 지원 등
제8조의2 전문무역상사의 지정 및 지원
제9조 무역에 관한 조약의 이행을 위한 자료제출

제3장 수출입 거래
제1절 수출입 거래 총칙
제10조 수출입의 원칙
제11조 수출입의 제한 등
제12조 통합 공고
제13조 특정 거래 형태의 인정 등
제14조 수출입 승인 면제의 확인
제15조 과학적 무역업무의 처리기반 구축
제2절 외화획득용 원료 · 기재의 수입과 구매 등
제16조 외화획득용 원료 · 기재의 수입 승인 등
제17조 외화획득용 원료 · 기재의 목적을 벗어난 사용 등
제18조 구매확인서의 발급 등
제3절 전략물자의 수출입
제19조 전략물자의 고시 및 수출허가 등
제20조 전략물자의 판정 등
제21조 삭제 〈2009. 4. 22.〉
제22조 수입목적확인서의 발급
제23조 전략물자등에 대한 이동중지명령 등
제24조 전략물자등의 중개
제24조의2 서류의 보관
제24조의3 수출허가 등의 취소
제25조 자율준수무역거래자
제26조 전략물자 수출입고시 등
제27조 비밀 준수 의무
제28조 전략물자 수출입관리 정보시스템의 구축 · 운영
제29조 전략물자관리원의 설립 등
제30조 전략물자 수출입통제 협의회
제31조 전략물자등의 수출입 제한 등
제4절 플랜트수출 〈개정 2010. 4. 5.〉
제32조 플랜트수출의 촉진 등
제5절 정부간 수출계약 〈신설 2014. 1. 21.〉
제32조의2 정부간 수출계약의 보증 및 원칙
제32조의3 정부간 수출계약의 전담기관
제32조의4 정부간 수출계약 심의위원회
제32조의5 국내 기업의 책임 등

제3장의2 원산지의 표시 등 〈신설 2010. 4. 5.〉
제33조 수출입 물품등의 원산지의 표시
제33조의2 원산지의 표시 위반에 대한 시정명령 등
제34조 원산지 판정 등
제35조 수입원료를 사용한 국내생산 물품등의 원산지 판정 기준 등
제36조 수입 물품등의 원산지증명서의 제출
제37조 원산지증명서의 발급 등
제38조 외국산 물품등을 국산 물품등으로 가장하는 행위의 금지

제4장 수입수량 제한조치
제39조 수입수량 제한조치
제40조 수입수량제한조치에 대한 연장 등
제41조 삭제 〈2016. 1. 27.〉

제5장 수출입의 질서 유지
제42조 삭제 〈2008. 12. 19.〉
제43조 수출입 물품등의 가격 조작 금지
제44조 무역거래자간 무역분쟁의 신속한 해결
제45조 선적 전 검사와 관련한 분쟁 조정 등
제46조 조정명령

제6장 보칙
제47조 청문
제48조 보고와 검사 등
제49조 교육명령
제50조 「독점규제 및 공정거래에 관한 법률」과의 관계
제51조 「국가보안법」과의 관계
제52조 권한의 위임 · 위탁

제7장 벌칙
제53조 벌칙
제53조의2 벌칙
제54조 벌칙
제55조 미수범
제56조 과실범
제57조 양벌규정
제58조 벌칙 적용 시의 공무원 의제
제59조 과태료
부칙 〈제19035호, 2022. 11. 15.〉

[시행 2022. 12. 11.] [법률 제18885호, 2022. 6. 10., 일부개정]

전체 6장에 걸쳐 32조 그리고 부칙으로 구성되어 있다. 각 장은 총칙, 외국환 업무 취급기관 등, 외국환 평형기금, 지급과 거래, 보칙, 벌칙 등을 규정하고 있다.

표 1-2 외국환거래법 구성

제1장 총칙 〈개정 2009.1.30〉 제1조 목적 제2조 적용 대상 제3조 정의 제4조 대외거래의 원활화 촉진 등 제5조 환율 제6조 외국환거래의 정지 등 제7조 삭제 〈2017.1.17〉 **제2장 외국환업무취급기관 등 〈개정 2009.1.30〉** 제8조 외국환업무의 등록 등 제9조 외국환중개업무 등 제10조 업무상의 의무 제10조의2 외국환업무에 필요한 일부 사무의 위탁 제11조 업무의 감독과 건전성 규제 등 제11조의2 외환건전성부담금 제11조의3 부담금의 징수 및 이의신청 제12조 인가의 취소 등 제12조의2 과징금 **제3장 외국환평형기금 〈개정 2009.1.30〉** 제13조 외국환평형기금 제14조 외국환평형기금 채권의 원리금 상환 **제4장 지급과 거래 〈개정 2009.1.30〉**	제15조 지급절차 등 제16조 지급 또는 수령의 방법의 신고 제17조 지급수단 등의 수출입 신고 제18조 자본거래의 신고 등 **제5장 보칙 〈개정 2009.1.30〉** 제19조 경고 및 거래정지 등 제20조 보고 · 검사 제21조 국세청장 등에게의 통보 등 제22조 외국환거래의 비밀보장 제23조 권한의 위임 · 위탁 등 제24조 전자문서에 의한 허가 등 제25조 사무처리 등 제26조 다른 법률과의 관계 **제6장 벌칙 〈개정 2009.1.30〉** 제27조 벌칙 제27조의2 벌칙 제28조 벌칙 제29조 벌칙 제30조 몰수 · 추징 제31조 양벌규정 제32조 과태료 **부칙** 제1조 제2조

[시행 2021. 9. 16.] [법률 제18244호, 2021. 6. 15., 일부개정]

3. 관세법

관세법은 관세의 부과 · 징수 및 수출입물품의 통관을 적정하게 하고 관세수입을 확보함으로써 국민경제의 발전에 이바지함을 목적으로 한다. 전체 13

장에 걸쳐 330조 그리고 부칙으로 구성되어 있다. 각 장은 총칙, 과세가격과 관세의 부과 · 징수 등, 세율 및 품목 분류, 감면 · 환급 및 분할납부 등, 납세자의 권리 및 불복절차, 운송수단, 보세구역, 운송, 통관, 세관공무원의 자료 제출 요청 등, 벌칙, 조사와 처분 등을 규정하고 있다.

표 1-3 관세법 구성

제1장 총칙 〈개정 2010. 12. 30.〉
- 제1절 통칙 〈개정 2010. 12. 30.〉
- 제2절 법 적용의 원칙 등
- 제3절 기간과 기한
- 제4절 서류의 송달 등
- 제5절 삭제 〈2008. 12. 26.〉

제2장 과세가격과 관세의 부과 · 징수 등
- 제1절 통칙 〈개정 2010. 12. 30.〉
- 제2절 납세의무의 소멸 등
- 제3절 납세담보
- 제4절 과세가격의 신고 및 결정
- 제5절 부과와 징수

제3장 세율 및 품목 분류 〈개정 2010. 12. 30.〉
- 제1절 통칙 〈개정 2010. 12. 30.〉
- 제2절 세율의 조정
- 제3절 세율의 적용 등
- 제4절 품목분류

제4장 감면 · 환급 및 분할납부 등
- 제1절 감면 〈개정 2010. 12. 30.〉
- 제2절 환급 및 분할납부 등

제5장 납세자의 권리 및 불복절차
- 제1절 납세자의 권리
- 제2절 심사와 심판

제6장 운송수단
- 제1절 국제항 〈개정 2020. 12. 22.〉
- 제2절 선박과 항공기
- 제3절 차량 〈개정 2010. 12. 30.〉

제7장 보세구역
- 제1절 통칙 〈개정 2010. 12. 30.〉
- 제2절 지정보세구역
- 제3절 특허보세구역
- 제4절 종합보세구역
- 제5절 유치 및 처분

제8장 운송 〈개정 2010. 12. 30.〉
- 제1절 보세운송
- 제2절 내국운송
- 제3절 보세운송업자 등

제9장 통관 〈개정 2010. 12. 30.〉
- 제1절 통칙 〈개정 2010. 12. 30.〉
- 제2절 수출 · 수입 및 반송
- 제3절 우편물

제10장 세관공무원의 자료 제출 요청 등 〈개정 2010. 12. 30.〉
- 제1절 세관장 등의 과세자료 요청 등 〈개정 2010. 12. 30.〉
- 제2절 세관공무원의 물품검사 등

제11장 벌칙 〈개정 2010. 12. 30.〉

제12장 조사와 처분
- 제1절 통칙 〈개정 2010. 12. 30.〉
- 제2절 조사 〈개정 2010. 12. 30.〉
- 제3절 처분 〈개정 2010. 12. 30.〉

제13장 보칙 〈개정 2010. 12. 30.〉

부칙 〈제19228호, 2023. 3. 4.〉 (정부조직법)

[시행 2023. 7. 1.] [법률 제19186호, 2022. 12. 31., 일부개정]

4. 무역관리

무역 대상에 대한 정부의 관리는 크게 수출입공고(별도공고 포함)와 통합공고로 구분할 수 있다. 수출입공고는 대외무역법을 기준으로 수출입 제한, 금지, 승인, 신고, 한정 등의 품목을 게기하고 있다. 별도공고의 경우 대외무역법령 또는 수출입공고에서 수출입승인절차 등에 대해서 별도 조치를 필요로 하는 사항에 대하여 산업통상자원부[3]장관이 고시하고 있으며 수출입공고에 포함된다. 그리고 통합공고는 대외무역법 외에 다른 법령에서 필요로 하는 수출입 관련 요건 확인 및 절차를 제시하고 있다.

1) 수출입공고

수출입공고란 대외무역법 제11조 규정에 의하여 물품 등의 수출 또는 수입의 제한·금지, 승인, 신고, 한정 및 그 절차 등에 관한 사항을 규정함을 목적으로 한다. 수출입공고에서는 수출금지품목, 수출제한품목, 수입제한품목 등을 게기하고 있다. 참고로 품목구분을 위한 품목분류는 HS(harmonized commodity description and coding system) 상품분류에 의하며 세계적으로 6자리까지는 공통 코드를 사용한다. 우리나라의 경우 공통의 코드 6자리와 우리나라 자체 코드 4자리를 부여하여 분류된 품목의 세분류에 해당하는 관세·통계통합품목분류표(harmonized system of Korea: HSK)에 의하여 물품을 분류한다. 아울러 수출입공고에 따른 수출 또는 수입승인에도 불구하고 대외무역법 제12조의 규정에 의한 통합공고상에 수출 및 수입하고자 하는 물품의 수출·수입 요령을 정한 것이 있는 경우에는 해당 요령의 요건을 충족하여야 한다.

---

3) 산업통상자원부(Ministry of Trade, Industry and Energy, 産業通商資源部)는 대한민국의 산업, 통상 및 자원과 관련한 사무를 관장하는 중앙행정기관이다. 1948년 상공부로 출범하여 1993년 상공자원부, 1994년 통상산업부, 1998년 산업자원부, 2008년 지식경제부를 거쳐 2013년 3월 지금의 명칭으로 개편되었다. 이후 통상교섭본부장, 소재부품장비협력관, 무역안보정책관, 에너지전담 제2차관 신설로 2023년 기준 1장관 2차관 1장관 1차관 1본부장 6실 4국 21관의 조직구조이다.

표 1-4 수출입공고 수출금지품목 예시

HS	품 목	수출요령
0208	기타의 육과 식용설육(신선 · 냉장 또는 냉동한 것에 한한다)	
40	고래, 돌고래류(고래목의 포유동물) 및 바다소(바다소목의 포유동물)의 것	다음의 것은 수출할 수 없음 ① 고래고기
0210	육과 식용설육(염장 · 염수장 · 건조 또는 훈제한 것에 한한다) 및 육 또는 설육의 식용의 분과 조분	
9	기타(육 또는 설육의 분과 조분을 포함한다)	
92	고래, 돌고래류(고래목의 포유동물) 및 바다소(바다소목의 포유동물)의 것	다음의 것은 수출할 수 없음 ① 고래고기
2516	화강암 · 반암 · 현무암 · 사암과 기타 석비용 또는 건축용의 암석	
1	화강암	
11	조상의 것 또는 거칠게 다듬은 것	┐
12	톱질 또는 기타의 방법으로 단순히 절단하여 직사각형(정사각형을 포함한다) 모양의 블록상 또는 슬랩상으로 한 것	│ 다음의 것은 수출할 수 없음 │ ① 자연석
2516. 20	사 암	┘
4301	생모피(모피사용에 적합한 머리부분 · 꼬리부분 · 발부분 및 기타 조각 또는 절단 품을 포함하며, 제4101호, 제4102호 또는 제4103호에 해당하는 원피를 제외한다)	
80	기타의 모피(전신의 것에 한하며 머리부분 · 꼬리부분 · 발부분의 유무를 불문한다)	┐ │ 다음의 것은 수출할 수 없음 │ ① 개의 생모피
90	머리부분 · 꼬리부분 · 발부분 및 기타의 조각 또는 절단품으로서 모피제품으로 사용에 적합한 것	┘
4302	모피(유연처리 또는 완성가공한 것으로서 머리부분 · 꼬리부분 · 발부분 및 기타 조각 또는 절단품을 포함하고 조합하지 아니한 것 또는 기타 재료를 가하지 않고 조합한 것에 한하며, 제4303호의 물품은 제외한다)	
1	전신모피(조합하지 아니한 것에 한하며 머리부분 · 꼬리부분 · 발부분의 유무를 불문한다)	
19	기 타	

HS	품 목	수출요령
20	머리부분 · 꼬리부분 · 발부분 및 기타 조각 또는 절단품(조합하지 아니한 것에 한한다)	┐ │다음의 것은 수출할 수 없음 │① 개의 모피
30	전신모피 및 그 조각 또는 절단품 (조합한 것에 한한다)	│ ┘
4303	모피의류 · 의류의 부속품 및 기타 모피제품	
90	기타	다음의 것은 수출할 수 없음 ① 개의 모피제품

2) 별도공고

별도공고는 대외무역법령 또는 수출입공고에서 수출입승인절차 등에 대해서 별도 조치를 필요로 하는 사항에 대하여 산업통상자원부장관이 고시하는 것이다. 이에 따라 별도공고에는 수출입절차 간소화를 위한 수출입승인 등의 별도조치, 항공기 및 동 부분품의 수입, 산업피해조사품목의 수입, 통상정책상 제한이 필요하다고 인정하는 물품의 수출입 등에 대하여 규정하고 있다.

3) 통합공고

통합공고는 대외무역법 제12조의 규정에 의하여 대외무역법 이외의 다른 법령에서 해당 물품의 수출입 요건 및 절차 등을 정하고 있는 경우에 수출입 요건확인 및 통관업무의 간소화와 무역질서 유지를 위하여 다른 법령이 정한 물품의 수출입 요건 및 절차에 관한 사항을 조정하고 이를 통합 규정함을 목적으로 한다. 주로 품목별 수출입요령에 관하여 규정하고 있다.

표 1-5 통합공고 적용법령(시행 2023.3.13.)

1. 약사법
2. 마약류관리에 관한 법률
3. 화장품법
4. 식품위생법
5. 〈삭제〉 〈2019.3.20〉
6. 화학물질 관리법

6의2. 화학물질의 등록 및 평가 등에 관한 법률

7. 양곡관리법
8. 비료관리법
9. 농약관리법
10. 가축전염병예방법
11. 식물방역법
12. 종자산업법
13. 축산법
14. 품질경영및공산품안전관리법
15. 〈삭제〉 〈2019.6.27〉
16. 계량에관한법률
17. 석유및석유대체연료사업법
18. 원자력안전법
19. 전파법
20. 〈삭제〉 〈2016.12.30〉
21. 야생생물 보호 및 관리에 관한 법률
22. 폐기물의 국가 간 이동 및 그 처리에 관한 법률
23. 대기환경보전법
24. 소음 · 진동관리법
25. 자동차관리법
26. 산업안전보건법
27. 오존층보호를 위한 특정물질의 제조규정 등에 관한 법률
28. 건설기계관리법
29. 먹는물관리법
30. 자원의 절약과 재활용촉진에 관한 법률
31. 화학무기 · 생물무기의 금지와 특정화학물질 · 생물작용제 등의 제조 · 수출입 규제 등에 관한 법률
32. 축산물 위생관리법
33. 건강기능식품에 관한 법률
34. 농수산물품질관리법
35. 방위사업법
36. 〈삭제〉 〈2013. 7. 3〉
37. 수산업법
38. 고압가스안전관리법
39. 영화 및 비디오물의 진흥에 관한 법률
40. 게임산업진흥에 관한 법률
41. 음악산업진흥에 관한 법률
42. 하수도법
43. 주세법
44. 지방세법
45. 총포 · 도검 · 화약류 등의 안전관리에 관한 법률
46. 〈삭제〉 〈2019.3.20〉
47. 의료기기법
48. 인체조직안전 및 관리 등에 관한 법률
49. 〈삭제〉 〈2017.6.26〉
50. 수산생물질병 관리법
51. 사료관리법
52. 생물다양성 보전 및 이용에 관한 법률
53. 폐기물 관리법
54. 전기 · 전자제품 및 자동차의 자원순환에 관한 법률
55. 액화석유의 안전관리 및 사업법
56. 목재의 지속가능한 이용에 관한 법률
57. 농수산생명자원의 보존 · 관리 및 이용에 관한 법률
58. 기타 특정물품의 수출입절차 또는 요령을 정한 법률 및 국제협약
59. 수입식품안전관리 특별법
60. 어린이제품안전특별법
61. 위생용품 관리법
62. 에너지이용 합리화법
63. 잔류성오염물질 관리법
64. 생활화학제품 및 살생물제의 안전관리에 관한 법률
65. 친환경농어업 육성 및 유기식품 등의 관리 · 지원에 관한 법률
66. 생활주변방사선 안전관리법
67. 해양수산생명자원의 확보 · 관리 및 이용 등에 관한 법률
68. 체외진단의료기법

한편, 무역관리를 위하여 수출입의 허용품목과 금지품목을 정하는 방법에는 열거주의방법(positive list system)과 포괄주의방법(negative list system)이 있다. 열거주의방법의 경우 수출입이 허용되는 품목만을 표시하고, 표시되지 않는 품목은 수출입을 제한 · 금지하는 제도 및 공고방식을 의미한다. 그리고 포괄주의방법은 수출입이 제한 · 금지되는 품목만 표시하고 표시되지 않은 것은 수출입을 허용하는 제도 및 공고방식을 의미한다. 두 방법을 비교해 보면 포괄주의의 경우 금지품목을 열거한 경우보다 더 자유로운 무역이 발생할 수 있기 때문에 현재 적용하고 있는 방법은 포괄주의라 할 수 있다. 즉, 포괄주의방식에서는 수출입이 제한 내지 금지되는 품목만을 고시하므로 고시되지 아니하는 품목은 자유로운 수출입이 허용된다. 일반적으로 수출입에 대한 통제방법에서 열거주의는 수출입 시 상대적으로 통제가 많은 후진국에서 채택되고, 선진국들은 포괄주의를 많이 채택하고 있다.

제3절 무역의 분류

1. 무역의 구분과 종류

무역은 다양한 기준에 따라 분류될 수 있다. 무역의 대상이 되는 물품의 형태, 무역을 이행하는 거래 주체, 정부의 무역참여 여부, 상이한 경제수준을 가진 국가 간의 무역, 매매의 형태, 가공방식에 따른 구분, 판매방식에 따른 분류, 임대차에 따른 구분, 수출과 수입의 연계 정도에 따른 분류, 인수와 인도에 따른 구분, 환의 사용 여부, 상표 사용 여부, 현지조립 정도에 따른 분류, 산업설비수출 등으로 구분된다. 그리고 우리나라에서는 특정거래형태의 수출입을 구분하고 있다.

1) 물품형태

(1) 유형무역

유형무역은 무역의 대상에 해당하는 물품 등 가운데 형태를 갖추어 육안으로 확인할 수 있는 무역거래를 의미하며 일반적으로 물품(goods)의 무역거래를 유형무역으로 볼 수 있다. 즉 상품무역이다. 그리고 유형무역은 세관을 통과하기 때문에 무역통계에 나타난다.

(2) 무형무역

무형무역은 무역의 대상에 해당하는 물품 등 가운데 형태를 갖추지 않아 육안으로 확인할 수 없는 무역거래를 의미하며 용역, 전자적 형태의 무체물, 자본 등의 무역거래를 의미한다. 즉 서비스무역, 자본거래, 콘텐츠무역 등이 이에 해당한다. 그리고 무형무역은 수출입통계에는 나타나지 않으며, 대신 국제수지에서 그 규모를 확인할 수 있다.

2) 거래 주체

(1) 민간무역

민간무역(private trade)은 일반 민간기업이 주체가 되어 상대국의 무역회사와 직접 무역계약을 체결하고 거래하는 것을 말한다. 민간무역은 영리를 목적으로 한다.

(2) 공공무역

공공무역은 공공기관이 출자하거나 직접 무역회사를 설립하여 무역거래의 주체가 되는 것을 말하며, 공익을 목적으로 하고 있다. 공공무역 가운데 국영무역(state trade)은 사회주의국가에서 국가의 통제하에 이행하는 무역거래를 의미하며, 정부무역(government trade)은 자본주의국가의 정부기관이 거래의 주체가 되는 무역을 의미한다. 특히 자본주의국가에서도 국가가 비상사태에 있거나 경제적 상황에 따라 필요한 경우 정부무역으로 무역을 진행할 수 있다.

3) 정부관리

(1) 자유무역

자유무역(free trade)은 국가가 무역에 간섭, 관리 또는 규제를 하지 않는 무역이다. 즉 무역거래나 외환거래 등에 대한 제재나 규제가 없다.

(2) 보호무역

보호무역(protective trade)은 국가가 무역에 직접 또는 간접적으로 간섭, 관리 또는 규제하는 무역이다. 대부분 자국의 유치산업을 보호하기 위한 목적이 일반적이다.

(3) 관리무역

관리무역(controlled trade)은 보호무역과 그 목적이 다소 다르다. 국가가 무역의 전체 또는 일부에 대하여 규제를 하고 민간무역상들의 자유거래를 허가하지 않고 정부 또는 대행기관의 관리하에 두는 무역의 형태이다.

(4) 협정무역

협정무역(trade by agreement)은 국가 상호 간에 무역 확대 또는 무역 균형을 유지하기 위해 무역거래에 대해 일정한 협정을 체결하고 이를 기준으로 거래하는 무역이다.

4) 경제수준

(1) 남북무역

남북무역(north-south trade)은 선진국과 저개발국 또는 개발도상국 간의 무역을 의미한다. 지리적으로 적도를 중심으로 북반구 국가들의 GDP 수준이 높으며 선진국들이 위치하고 있는 반면, 남반구에는 주로 저개발국들이 위치하고 있다는 점에서 붙여진 용어이다.

(2) 남남무역

남남무역(south-south trade)은 저개발국가 또는 개발도상국 간에 발생하는 무역거래를 의미한다. 남북무역처럼 GDP에 따른 지리적인 이유를 근거로 사용되는 용어이다.

(3) 동서무역

동서무역(east-west trade)은 사회주의국가(공산권, 동쪽)과 자본주의국가(자유진영권, 서쪽) 사이에서 이루어지던 무역을 의미한다. 유럽을 중심으로 동쪽으로 당시 소련, 중국 등 공산권국가가 존재하고 서쪽으로 미국 등 자유진영권이 위치하고 있는 데서 비롯된 말이다. 미국의 대공산권 금수정책과 동서무역은 국제정세에 따라 성쇠를 거듭하였다. 1991년 소련의 붕괴와 더불어 대공산권 수출조정위원회(coordinating committee for multilateral export controls: COCOM)의 해산으로 의미를 잃었다.

5) 물품생산단계

(1) 수평무역

수평무역(horizontal trade)은 생산단계가 같거나 유사한 상품 간의 무역을 말한다. 선진공업국 사이에서 각기 자본량, 노동력, 기술수준 등의 생산요소 및 생활양식, 풍토, 상품의 기호에 따라서 생산한 동일 종류의 공업제품의 상호무역을 의미한다. 공산품 사이의 거래 또는 1차 산품 간의 무역거래가 여기에 해당한다.

(2) 수직무역

수직무역(vertical trade)은 생산단계가 서로 다른 상품 간의 무역을 말한다. 특히 선진국의 공산품과 개발도상국의 1차 생산품의 거래를 주로 일컫는 말이다. 하지만 수직무역은 국제공급사슬(International supply chain) 관점에서 산업구조의 차이와 단계별로 발생하는 물품의 거래를 모두 포괄적으로 의미한다.

6) 매매형태

(1) 직접무역

직접무역은 수출입 양국의 무역거래 당사자들이 직접매매계약을 체결하고 이행하는 것을 말한다. 주의할 점은 무역거래가 무역업자 사이에 발생하였는지 또는 대리인을 통해 이루어졌는지는 중요하지 않다. 대외적으로 직접무역한 것을 의미한다. 참고로 직접수출은 수출에서 국가의 직접성이 아니라 무역거래 당사자가 자기명의로 관할세관에 신고하고 선적하여 수출하고 수입하는 것을 의미한다.

(2) 간접무역

간접무역은 직접무역과 대비되는 용어로 무역 당사국이 아닌 제3국의 무역상에 의뢰하여 수출입하는 무역을 말한다. 대표적인 형태는 중계무역, 중개무역, 스위치무역, 우회무역, 통과무역 등이 있다. 참고로 간접수출은 자기명의가 아닌 수출대행업자 또는 외국상인 등 제3자를 통하여 수출을 이행하는 것을 의미한다. 간접수출은 자기명의로 수출하지 않았지만 수출물품을 일정한 요건에 의해 수출업체에 공급하여 수출실적으로 인정받는 경우에도 사용될 수 있다.

① 중계무역(intermediate trade)*[4]: 중계무역이란 수출할 것을 목적으로 물품 등을 수입하여 관세법 제154조에 따른 보세구역 및 같은 법 제156조에 따라 보세구역 외 장치의 허가를 받은 장소 또는 자유무역지역의 지정 등에 관한 법률 제4조에 따른 자유무역지역 이외의 국내에 반입하지 아니하고 수출하는 수출입을 말한다. 중계무역은 수출을 전제로 물품 등을 수입하여 원상태를 변경시키지 않고 수출하여 가득액(수출FOB금액－수입CIF금액)을 얻게 된다.

② 중개무역(merchant trade): 중개무역은 무역거래에서 매도인과 매수인 중간에 제3국의 중개업자가 개입하여 이루어지는 무역거래이다. 중개무역의 목적은 수출입을 통한 매매차익이 아니라 중개수수료이다.

③ 스위치무역(switch trade): 무역에서 무역계약과 상품의 수출입은 매매당사자 간에 이루어지지만 대금결제는 제3국 또는 제4국 간의 상사회사를 통해 이루어지는 거래를 말한다.

④ 우회무역(roundabout trade): 무역거래에서 수출입 상대국과의 직접적인 수출입의 형태를 취하지 않고 형식적으로 제3국에 반입하였다가 그곳에서 다시 수출입 상대국으로 화물을 보내는 무역거래방식을 말한다. 우회무역은 관세부담을 회피하거나 수출입통제제한을 회피하기 위한 목적으로 제3국에 반입되어 원산지가 변경된다.

⑤ 통과무역(transit trade): 통과무역은 우회무역에서와 같이 제3국의 입장에서 보면 제3국을 이용하여 수출입되는 형태이기 때문에 통과무역이라고 한다. 통과무역에서 제3국은 단순히 경유지로서 역할을 하는 것이며, 통과세 · 운송료 · 보관료 등의 비용을 얻게 된다.

---

4) 특정거래형태의 수출입 11가지: 중계무역, 위탁가공무역, 수탁가공무역, 위탁판매수출, 수탁판매수입, 임대수출, 입차수입, 연계무역, 외국인수수입, 외국인도수출, 무환수출입

7) 가공방식

(1) 위탁가공무역

위탁가공무역이란 가공임을 지급하는 조건으로 외국에서 가공(제조, 조립, 재생, 개조를 포함한다. 이하 같다)할 원료의 전부 또는 일부를 거래 상대방에게 수출하거나 외국에서 조달하여 이를 가공한 후 가공물품 등을 수입하거나 외국으로 인도하는 수출입을 말한다.

(2) 수탁가공무역

수탁가공무역이란 가득액을 영수(領收)하기 위하여 원자재의 전부 또는 일부를 거래 상대방의 위탁에 의하여 수입하여 이를 가공한 후 위탁자 또는 그가 지정하는 자에게 가공물품 등을 수출하는 수출입을 말한다. 다만, 위탁자가 지정하는 자가 국내에 있음으로써 보세공장 및 자유무역지역에서 가공한 물품 등을 외국으로 수출할 수 없는 경우 관세법에 따른 수탁자의 수출 · 반출과 위탁자가 지정한 자의 수입 · 반입 · 사용은 이를 대외무역법에 따른 수출 · 수입으로 본다.

(3) 보세가공무역

보세가공무역은 외국으로부터 원자재나 반제품을 수입할 때 관세가 유보된 상태에서 이를 국내에서 가공하거나 제품화하여 재수출하는 무역방식이다. 이러한 가공 및 생산활동은 보세공장에서 진행된다. 관세법에서 정의하는 보세공장이란 외국물품 또는 외국물품과 내국물품을 관세의 부담 없이 원료나 재료로 하여, 제조 · 가공, 기타 이와 유사한 작업을 할 수 있도록 세관장이 특허한 공장을 말한다. 관세가 유보된 상황이기 때문에 보세공장은 관세법상 외국으로 간주되며, 관세구역 내에 있는 물품도 외국물품으로 취급된다. 아울러 물품의 반출입 및 장치기간 등에 관해서는 엄격한 제한(1~3년)을 가하고 있다.

8) 판매방식

(1) 위탁판매수출(consignment export trade)

위탁판매계약체결 이후 수출승인과 통관이 진행되며, 판매활동 이후 판매대금을 영수한다. 미판매물품은 재수입한다.

(2) 수탁판매수입(consignment import trade)

수탁판매계약체결 이후 수입승인과 통관이 진행되며 판매활동 이후 판매대금을 지급한다. 미판매물품은 재수출한다.

(3) 보세창고도거래(bonded warehouse transaction: BWT)

보세창고도거래는 수출자가 자기책임하에 수입국의 보세창고에 사전매매계약이 체결되지 않은 채 물품을 수입국 내 보세창고에 무환으로 반입한 후 현지에서 수입자를 물색하여 매매계약을 체결하면 물품을 인도하는 방식이다. 이 경우 수입국 내에는 수출자의 지사 또는 별도의 대리인을 두어 판매하기 때문에 위탁판매방식이라고 할 수 있다.

(4) 해외거점거래(central terminal station: CTS)

해외거점거래는 수출업자가 수입국의 인가를 받아 수입국에 법인을 설립하고 그 법인과 거래하는 방식이다. 즉 현지에 설립된 법인은 법인의 명의로 수입하여 현지에서 직접 판매하고 판매된 범위 내에서 대금을 결제하는 거래를 말한다. CTS는 실무적으로는 보세창고와 유사한 개념이다.

9) 임대차방식

(1) 임대수출

임대수출이란 임대(사용대차를 포함한다. 이하 같다)계약에 의하여 물품 등을 수출하여 일정기간 후 다시 수입하거나 그 기간의 만료 전 또는 만료 후 해당 물품 등의 소유권을 이전하는 수출을 말한다.

(2) 임차수입

임차수입이란 임차(사용대차를 포함한다. 이하 같다)계약에 의하여 물품 등을 수입하여 일정기간 후 다시 수출하거나 그 기간의 만료 전 또는 만료 후 해당 물품의 소유권을 이전받는 수입을 말한다.

10) 연계방식

연계무역(counter trade)이란 물물교환(barter trade), 구상무역(compensation trade), 대응구매(counter purchase), 제품환매(buy back) 등의 형태에 의하여 수출 · 수입이 연계되어 이루어지는 수출입을 말한다. 즉 수출한 만큼 수입하고 수입한 만큼 수출함으로써 수출과 수입을 서로 상쇄시키는 효과가 있다.

(1) 물물교환(barter trade)

물물교환은 하나의 계약서로 수출과 수입계약을 동시에 체결하고 환거래 없이 물품을 일대일로 교환하는 무역이다.

(2) 구상무역(compensation trade)

구상무역은 하나의 계약서로 수출과 수입계약을 동시에 체결하고 환거래를 통해 물품을 교환하는 무역이다. 수입과 수출에 상응하는 물품에 대해 일정비율(10~100%)로 합의하여 통상 3년 이내 대응구매를 진행한다.

(3) 대응구매(counter purchase)

대응구매는 두 개의 계약서로 수출과 수입계약을 각각 체결하고 환거래를 통해 물품을 교환하는 무역이다. 수입과 수출에 상응하는 물품에 대해 일정비율(10~100%)로 합의하여 통상 5년 이내 구상무역을 진행한다.

(4) 제품환매(buy back)

제품환매는 플랜트 수출에서 주로 나타나는데, 플랜트나 기술을 수출한 수출업자는 해당 설비나 기술로 생산된 제품을 재구매하거나 해당 제품으로 수출대금을 상계하는 방식이다. 합의된 일정기간 동안 제품환매는 발생할 수 있다.

11) 인수도방식

(1) 외국인수수입

외국인수수입이란 수입대금은 국내에서 지급되지만 수입물품 등은 외국에서 인수하거나 제공받는 수입을 말한다. 즉 수입대금은 국내에서 지급하고 물품은 외국에서 외국으로 이동하는 경우이다.

(2) 외국인도수출

외국인도수출이란 수출대금은 국내에서 영수하지만 국내에서 통관되지 아니한 수출물품 등을 외국으로 인도하거나 제공하는 수출을 말한다. 즉 수출대금은 국내에서 받고 물품의 이동은 외국에서 외국으로 이동하는 경우이다.

12) 환의 사용

(1) 유환수출입

유환수출입이란 외국환거래가 수반되는 물품 등의 수출 · 수입을 말한다.

(2) 무환수출입*

무환수출입이란 외국환거래가 수반되지 아니하는 물품 등의 수출 · 수입을 말한다.

13) 상표 사용

(1) 상표수출

상표수출은 제조업자의 고유제품에 자사고유상표를 부착하여 수출하는 것을 말한다.

(2) 주문자 상표부착방식(original equipment manufacturing: OEM)

OEM은 주문자 상표부착방식으로 수입업자로부터 수출품의 생산을 주문받은 후 주문에 따라 생산된 제품에 수입업자의 상표를 부착하여 수출하는 것을 말한다. 즉, 판매회사가 제품 생산회사에 의뢰하여 생산된 반제품 또는 완제품을 납품받아 판매할 때 판매회사가 요구하는 상표로 출고하도록 하는 방식이다. 어떤 제품이 상표에 나타난 회사와는 별도로 생산 납품한 원천 생산자가 있다는 의미로서 브랜드를 중요시하는 판매회사와 생산에 전념할 수 있는 제조회사의 역할분담을 할 수 있다.

(3) 제조업자 개발생산방식(original development manufacturing: ODM)

ODM은 제조업자 개발생산방식으로 수출업자가 독자적 기술력을 가지고 제품을 직접 개발생산하여 수출하는 것을 말한다. 즉, 주문자가 설계 · 개발능력을 갖춘 제조업체에 제품의 생산을 위탁하면 제조업체는 이 제품을 개발 · 생산하여 주문자에게 납품하고, 주문업체는 이 제품을 유통 · 판매하는 형태를 말한다.

14) 현지조립

녹다운(knock-down)은 현지조립방식의 수출을 말한다. 수출을 할 때 완제품으로 수출하는 것이 아니라 완제품을 완성하기 위한 부품이나 반제품의 상태로 수출하여 수입지에서 제품으로 완성하는 현지조립방식의 수출을 말한다. 현지조립방식으로 수출하는 경우 부품이나 반제품의 상태로 수출하기 때문에 완제품에 대해 부과되는 수입국의 관세를 피할 수 있다는 이점이 있다. 자동차나 기계류 수출에서 많이 볼 수 있으며, 완제품을 기준으로 부품의 조립수준(complete built unit: CBU)에 따라 CKD(complete knock down), SKD(semi knock down), 그리고 DKD(disassembled knock down)로 구분된다. 수입지의 적용관세율은 일반적으로 완성품이 제일 높고 다음으로 DKD, SKD, 그리고 CKD 순으로 결과적으로 현지에서의 부가가치활동이 높을수록 관세가 낮다. 그리고 제품의 분해수준은 반대로 CKD, SKD, 그리고 DKD 순이다.

(1) 완전분해조립(complete knock down: CKD)

CKD는 완제품을 기준으로 기본적인 부품을 그대로 수출하여 현지에서 조립하는 방식이다. CKD의 경우 현지에서 완성품을 만들 수 있는 공장이 필요하다.

(2) 부분분해조립(semi knock down: SKD)

SKD는 완제품을 기준으로 기본적인 부품으로 만든 일부 구성품이나 결합체와 나머지 부품을 수출하여 현지에서 조립하는 방식이다. 즉 반제품(assembly) 또는 공정품(work in process: WIP) 형태로 수출되기 때문에 CKD보다 완제품을 기준으로 덜 분해된 상태이다.

(3) 역분해조립(disassembled knock down: DKD)

DKD는 수출국에서 완성품을 생산한 후 완성품의 일부나 다시 분해하여 SKD 형태로 수출하여 현지에서 조립하는 방식이다. SKD와의 차이점은 완제품을 다시 재분해하여 수출한다는 점이다. 현지에서는 완제품의 재조립활동이 필요하므로 단순조립공장만 있으면 완제품을 생산할 수 있다.

15) 플랜트 수출

플랜트 수출은 산업설비수출을 말한다. 산업설비수출은 산업설비에 대한 설계에서부터 산업설비의 시운전에 이르는 일체의 업무를 계약자가 전부 또는 일부를 이행하는 방식이다. 즉 기계나 장치 등의 하드웨어와 함께 하드웨어를 제작하고 유지하는 데 필요한 기술, 노하우, 시공 등의 소프트웨어가 결합된 생산단위체의 종합수출을 말한다.

2. 특정거래형태의 수출입 유형

이상의 무역의 분류에서 유의해야 할 부분은 우리나라 대외무역법에서 정의하고 있는 '대통령령으로 정하는 물품 등의 수출입 거래 형태', 즉 특정거래형태의 수출입 유형(11가지)이다. 대외무역법에서 특정거래를 분류하는 이유는 제20조에서 설명하고 있는데 첫째, 국가에서 무역을 관리함에 있어서 수출입의 제한을 회피할 우려가 있는 거래, 둘째, 국내산업을 보호하는데 지장을 초래할 우려가 있는 거래, 셋째, 외국에서 외국으로 물품 등의 이동이 있고, 그 대금의 지급이나 영수(領收)가 국내에서 이루어지는 거래로서 대금결제 상황의 확인이 곤란하다고 인정되는 거래 그리고 마지막으로 대금결제가 없이 물품 등의 이동만 이루어지는 무역거래를 관리하기 위함이다.

특정거래는 대외무역법 제13조에 근거하여 산업통상자원부장관이 물품 등의 수출 또는 수입이 원활히 이루어질 수 있도록 대통령령으로 정하는 물품 등의 수출입거래 형태를 인정할 수 있도록 규정하고 있다. 즉 대외무역법 제11조(수출입의 제한 등)에 의하면 산업통상자원부장관은 필요하다고 인정되는 경우에 수출입을 제한하거나 금지할 수 있다고 규정하고 있다는 점을 유의해야 한다.

따라서 대외무역관리규정에서 대외무역법 시행령 제2조 제3호 나목 및 제4

호 나목에서 언급한 '유상으로 외국에서 외국으로 물품을 인도(delivery)하는 것으로서 산업통상자원부장관이 정하여 고시하는 기준에 해당하는 것'과 '유상으로 외국에서 외국으로 물품을 인수하는 것으로서 산업통상자원부장관이 정하여 고시하는 기준에 해당하는 것'을 분류하면 다음과 같이 11가지의 특정거래형태의 수출입으로 분류할 수 있다. 대외무역법에서 분류하는 특정거래형태의 수출입은 총 11가지로 위탁판매수출, 수탁판매수입, 위탁가공무역, 수탁가공무역, 임대수출, 임차수입, 연계무역, 외국인수수입, 외국인도수출, 중계무역, 무환수출입이 이에 해당한다.

특정거래형태의 수출입 11가지 가운데 산업통상자원부장관의 인정 대상 특정거래형태는 중계무역과 무환수출이다. 나머지의 형태는 인정제외 대상 특정거래형태이다. 먼저 인정 대상에 해당하는 중계무역의 경우, 중계무역으로서 대금의 영수 및 지급을 하나의 외국환은행을 통하여 행하지 아니하는 송금방식의 거래와 선적서류를 하나의 외국환은행을 통하여 인수 및 송부하지 아니하는 거래를 말한다. 단, 수입대금결제은행이 수출대금 영수은행을 지정하고 수출대금 영수은행의 수출환어음 매입 사실을 관련 서류를 통하여 확인할 수 있는 경우에는 인정 없이 거래 가능하다. 다음으로 무환수출의 경우 신고가격 기준 미화 5만불 상당액 초과물품 등을 수출승인서 면제에 해당하지 않는 사유로 무환수출(당해 거래의 전부 또는 일부가 무환수출과 상호 결합된 거래 포함)하는 거래이다. 단 위탁판매수출, 수탁판매수입, 위탁가공무역, 수탁가공무역, 임대수출, 임차수입, 연계무역에 해당하는 무역거래를 위한 무환수출은 제외된다.

특정거래인정의 경우 신청접수일로부터 7일 이내에 인정 여부를 산업통상자원부장관이 결정해야 한다. 그리고 수출입 인정의 유효기간은 인정(신고수리)일로부터 1년이며, 위탁판매수출, 위탁가공무역, 임대수출에 대한 건은 수출입통관일(신고수리일 기준)로부터 60일 이내에 산업통상자원부장관에게 보고해야 하는데 이를 '특정거래형태의 사후 수출입 보고'라고 한다.

하지만 최근 무역거래가 확대되고 종류가 다양해지며 무역의 투명성이 제고됨에 따라 무역의 환경 변화에 부합하기 위하여 우리나라에서는 2014년 9월부터 중계무역과 무환거래 등에 따른 인정, 신고, 그리고 허가 등의 의무사항이 없어졌다. 대외무역관리규정(2014)에서 기존의 조항을 삭제함에 따라 대외무역법에서 정의하고 있는 특정거래형태의 무역의 인정, 신고, 허가의 의무가 폐지되었다. 대외무역법 제13조에서는 특정거래형태를 정의하고 있으며 대외무역법 시행령 제20조(특정거래형태의 수출입 인정)에서는 수출과 수입의 제한을 회피할 우려가 있는 거래, 산업보호에 지장을 초래할 우려가 있는 거래, 외국에서 외국으로 물품 등의 이동이 있고, 그 대금의 지급이나 영수가 국내에서 이루어지는 거래로서 대금결제 상황의 확인이 곤란하다고 인정되는 거래, 대금결제 없이 물품 등의 이동만 이루어지는 거래를 특정거래로 두고 관리하고 있다. 그리고 다른 행정규칙으로 대외무역관리규정 제21조는 특정거래형태의 수출입을 정의하고 있지만, 제22조와 제23조를 삭제함으로써 실질적으로 특정거래형태의 무역의 의무사항이 사라지게 되었다.

CHAPTER 02

무역이론의 이해

CHAPTER 02

무역이론의 이해

무역에 관한 이론은 무역이 왜 발생하는가, 무역은 어떤 조건으로 교환되는가, 무역은 어떤 이익을 가져다주는가, 그리고 무역은 어떻게 이루어져야 하는가 등 무역의 보편적 시각을 제시하기 위해 연구되고 발전되어 왔다. 무역이론은 경제의 발전 단계에 따라 시대별로 고전, 근대 그리고 현대로 구분할 수 있다. 고전적 무역이론은 주로 무역이 발생하는 원인보다는 무역을 통해서 어떤 이익을 얻을 수 있는지에 초점을 맞춰 발전하였다. 즉, 절대우위론, 비교우위론 등은 왜 무역을 하는 것이 이익인가를 설명하고자 하였다. 하지만 시대에 따라 무역환경이 변하면서 엄격한 가정을 토대로 한 고전적 무역이론의 한계는 근대이론을 거쳐 현대이론에 이르게 되었으며, 무역의 이익 외에도 무역이 발생하는 원인과 함께 시간의 흐름을 반영한 동태적 이론으로 확장하게 되었다.

무역에 대한 이론적 접근이 본격적으로 시작되기 전에는 중상주의가 존재한다. 16세기부터 18세기까지 대항해 시대에 지배적이었던 중상주의적 무역관은 국가지상주의를 기초로 국가에 의한 경제활동의 규제와 계획성을 강조하였으며, 국제무역에서 금의 유출방지에 가장 큰 비중을 두었다. 즉 국가 부의 원천을 금 보유량에 두었기 때문에 무역활동을 통해 수출을 확대하고 수입을 축소하여 금의 유입을 증가시켜야 한다고 생각하였다. 하지만 금 보유량에 초점을 맞춘 국가통제하의 무역은 아담 스미스(Adam Smith, 1729~1790)

등의 학자에 의해 배척되었으며, 18세기 말 산업혁명을 시작으로 붕괴되었다. 아담 스미스의 절대우위론 이전에는 무역을 한쪽의 이득과 다른 쪽의 손실을 더하면 제로가 되는 게임, 즉 제로섬 게임(Zero-sum game)으로 보는 중상주의가 지배적이었다. 하지만 아담 스미스의 절대우위론은 무역을 제로섬 게임이 아닌 무역에 참여하는 모든 국가에게 이득이 돌아가는 게임(Positive-sum game)이라고 주장하였으며, 이러한 논의를 시작으로 자유무역의 이론적 체계가 발전할 수 있게 되었다.

하지만 무역이론은 현실과 동떨어져 단지 이론적으로만 발전하지 않았다. 무역의 이익, 무역의 원인, 무역패턴, 소득분배 등을 규명하기 위한 노력은 변화하는 현실을 실질적으로 반영하면서 이론적 발전을 이룰 수 있었다. 근대적 무역이론은 고전적 무역이론과 달리 생산요소로 노동 이외에 자본을 추가하여 무역의 발생 원인을 논의하였으며, 현대적 무역이론은 이전의 엄격한 경제모형의 가정들을 완화하면서 현실을 반영하여 설명력을 높일 수 있었다.

제1절 고전이론

고전적 무역이론은 노동을 유일한 생산요소로 보고 노동가치설을 기반으로 국가 간 노동생산성의 차이가 생산비용의 차이를 발생시켜 무역이 발생한다고 주장한다. 즉, 고전적 무역이론을 대표하는 절대우위론, 비교우위론은 무역이 국가 간 노동생산성의 차이에서 발생한다고 본다.

1. 절대우위론

16~18세기 유럽에 퍼져 있던 중상주의는 산업혁명이 시작되면서 비판을

받기 시작하였고, 아담 스미스는 화폐의 축적이 국부의 증가라는 중상주의자들의 그릇된 관념을 지적하면서 부란 화폐가 아니라 화폐로 구입할 수 있는 재화라고 주장하였다. 아담 스미스는 절대우위론(theory of absolute advantage)을 통해 재화의 생산을 증대시키기 위해 국내분업을 국제분업에 적용할 수 있음을 규명하면서 자유무역의 기반을 마련하였다.

절대우위론은 절대적인 생산비(노동생산성)의 차이에 기초한다. 한 국가가 다른 국가에 비하여 상대적으로 특정 재화의 생산비가 절대적으로 낮으면 그 재화의 생산에서 절대우위를 가진다는 것이다. 이러한 측면에서 절대우위론을 절대생산비설(theory of absolute cost)이라고도 한다. 결과적으로 한 국가가 무역상대국에 비해 절대우위에 있는 재화를 특화하여 생산한 재화를 무역상대국의 절대열위에 있는 재화와 수출입을 통해 교환한다면 양국은 모두 이익을 얻을 수 있게 된다.

한국과 중국이 유일한 생산요소인 노동을 투입하여 가방과 운동화를 생산한다고 가정하자. 한국은 가방 1개를 생산하는 데 10명의 노동력이 필요한 반면, 운동화 1켤레를 생산하는 데 20명의 노동력이 필요하다고 가정한다. 반면 중국의 경우 가방 1개를 생산하는 데 20명, 운동화 1켤레를 생산하는 데 10명의 노동력이 각각 필요하다고 가정한다. 이때, 각 재화를 생산하는 데 필요한 노동량을 국가별로 정리하면 〈표 2-1〉과 같다.

표 2-1 절대우위이론의 가정(재화 1단위 생산할 때 필요한 노동량의 국가 간 비교)

국가 \ 제품	가방	운동화
한국	10명 (1개)	20명 (1켤레)
중국	20명 (1개)	10명 (1켤레)

한국은 중국에 비해 가방을 절대적으로 저렴한 비용으로 생산할 수 있기 때문에 가방 생산에 절대우위를 가진다고 할 수 있다. 반대로 중국은 한국에

비해 운동화를 절대적으로 저렴한 비용으로 생산할 수 있기 때문에 운동화 생산에 절대우위를 가진다. 결국 한국과 중국은 각국이 절대우위에 있는 재화 생산에 특화하여 세계 전체의 생산량을 증가시킬 수 있다.

절대우위에 있는 재화 생산에 특화하는 것은 국가 간 분업을 의미하며, 이를 통해서 증가한 생산량을 무역으로 교환하면 각 국가는 무역을 하기 전보다 더 많은 재화를 소비할 수 있게 된다. 구체적으로 한국은 가방만 생산하고 중국은 운동화만 생산한다면 특화 이후 한국은 가방 3개, 중국은 운동화 3켤레를 생산할 수 있다. 특화하기 전과 동일하게 한국에서 가방 1개, 중국에서 운동화 1켤레를 소비하면 나머지 한국의 가방 2개와 중국의 운동화 2켤레는 필요에 따라 상호교환이 가능하게 된다. 결과적으로 세계총생산량은 모든 재화에서 증가하게 되며, 각국은 이전과 동일한 소비를 하고도 가방과 운동화 각각 1개씩 남게 된다.

표 2-2 절대우위론에 의한 국제적 분업의 결과

제품 / 국가	가방	운동화
한국	30명 (3개)	0명
중국	0명	30명 (3켤레)

절대우위론은 국제적 분업의 원리를 이용하여 무역의 이익을 규명하면서 자유무역의 효용을 밝히는 데 큰 의미가 있다. 하지만 노동을 유일한 생산요소로 가정한 점과 한 국가가 모든 재화의 생산에 모두 열위에 있거나 아니면 우위에 있는 경우에도 무역이 발생할 수 있는지에 대해서 설명하지 못하는 한계가 있다.

2. 비교우위론

비교우위론(theory of comparative advantage)은 리카르도(David Ricardo, 1772~1823)가 1817년 『The Principle of Political Economy and Taxation(경제 및 과세의 원리)』에서 주장한 이론이다. 비교우위론은 한 국가가 모든 재화의 생산에서 절대우위에 있고, 다른 국가는 절대열위에 있는 경우라도 상대적으로 생산비용이 낮은 재화에 특화하여 생산하고 무역을 한다면 무역에 참여하는 모든 국가가 무역의 이익을 누릴 수 있다고 주장한다. 즉 비교우위론에서는 절대우위론과 달리 한 국가가 두 재화에 모두 절대우위나 절대열위를 가지더라도 상호이익이 되는 무역을 할 수 있음을 설명하고 있다. 이러한 측면에서 아담 스미스의 절대우위론이 가진 한계를 극복하고 비교우위 개념에서 무역을 통한 국제적 분업구조를 설명한 점에 의의가 있다.

한국은 가방 1개를 생산하는 데 5명, 운동화는 1켤레를 생산할 때 10명이 소요되고, 중국은 가방 1개를 생산할 때 30명, 운동화 1켤레를 생산하는 데에는 15명이 필요하다고 가정하자. 이 경우 한국은 가방과 운동화 생산에 모두 절대우위를 가지게 되며, 중국은 두 재화 생산에 모두 절대열위에 있게 된다. 절대우위론에서는 한국과 중국 간의 무역을 설명할 수 없지만, 비교우위론에 따르면 생산비용의 상대적 차이가 존재하는 두 국가 사이에서는 무역이 발생하고 무역의 이익을 모두 누릴 수 있다.

한국은 가방과 운동화 생산 모두 중국에 비해 절대적인 우위가 있지만, 운동화보다는 가방을 더 낮은 비용으로 생산할 수 있다. 중국과 비교했을 때, 가방 1개를 5명/30명(약 17%)의 비용으로 생산할 수 있는 반면, 운동화 1켤레는 10명/15명(약 67%)의 비용으로 생산할 수 있는 상황이다. 비교우위론에 따라 한국이 가방 생산에 특화한다면 중국은 운동화에 특화하여 생산하게 될 것이다.

표 2-3 비교우위이론의 가정(재화 1단위 생산할 때 필요한 노동량의 국가 간 비교)

국가 \ 제품	가방	운동화
한국	5명 (1개)	10명 (1켤레)
중국	30명 (1개)	15명 (1켤레)

한국이 무역을 하기 전 가방 1개와 운동화 1켤레를 생산하는 노동력으로 가방 생산에 완전특화하면 가방의 생산량은 3개가 된다. 중국 또한 무역을 하기 전 동일한 노동력으로 운동화 생산에 완전특화하면 운동화의 생산량은 3켤레가 된다. 결과적으로 전 세계총생산량은 가방 2개와 운동화 2켤레에서 가방 3개와 운동화 3켤레로 무역 이전과 동일한 소비를 하더라도 가방 1개와 운동화 1켤레가 남는다.

표 2-4 비교우위론에 의한 국제적 분업의 결과

국가 \ 제품	가방	운동화
한국	15명 (3개)	0명
중국	0명	45명 (3켤레)

비교우위론은 한 국가가 모두 절대우위를 가지거나 절대열위를 가지는 경우 무역이 발생하는 원리를 설명하지 못한 절대우위론의 한계를 극복했다는 데 의의가 있다. 하지만 절대우위론처럼 생산요소를 노동만 가정하고 있다는 점과 두 국가 간 재화의 교환비율인 교역조건에 대해서는 설명하지 못하고 있다는 점이 여전히 한계로 남는다.

3. 상호수요이론

상호수요이론(theory of reciprocal demand)은 19세기 후반 고전경제학을 집대성한 밀(John S. Mill)이 『Principle of Political Economy(경제학 원리)』에서 주장한 이론이다. 밀은 두 국가 사이에 교환되는 재화의 비율은 각 국가가 다른 국가의 재화에 대한 수요가 일치되는 수준에서 결정된다는 상호수요균등의 법칙을 주장하였다.

상호수요이론에서 교역조건은 자국 재화에 대한 외국의 수요와 외국 재화에 대한 자국의 수요가 일치하는 점(상호수요)에서 결정된다고 보고 있다. 이는 비교생산비의 상한과 하한 사이의 어느 곳에서 결정된다는 것을 의미한다.

한국은 노동 1단위당 가방 10개, 운동화 15켤레 그리고 중국은 노동 1단위당 가방 10개, 운동화 20켤레를 생산한다고 가정한다. 재화의 생산비를 투입된 노동량으로 판단하면 생산비는 생산량의 역수가 된다. 즉 한국은 가방 1개를 생산하기 위하여 생산비(노동)가 1/10이며, 운동화는 1/15이다. 중국은 가방이 1/10이며 운동화가 1/20이 된다. 국가 간 생산비용을 비교해 보면, 한국은 가방 생산에 비교우위가 있지만 중국은 운동화 생산에 비교우위가 있다.

표 2-5 상호수요이론의 가정(노동 1단위당 생산할 수 있는 생산량의 국가 간 비교)

국가 \ 제품	가방	운동화
한국	10개	15켤레
중국	10개	20켤레

무역이 발생하기 전 한국에서는 노동 1단위로 가방 10개와 운동화 15켤레를 각각 생산할 수 있기 때문에 한국에서는 가방 10개와 운동화 15켤레가 교환비율이 된다. 중국에서는 가방 10개와 운동화 20켤레가 교환비율이 된다. 한국과 중국은 무역을 통해 모두 이익을 보기 위한 교역조건은 '가방 10개/운동화 15켤레(한국에서의 교환비율)'와 '가방 10개/운동화 20켤레(중국에서의 교환비율)' 사이라고 할 수 있다. 교역조건이 두 국가의 교환비율 사이의 값을 갖지 않고 이를 벗어나면 무역을 통해 얻을 수 있는 이익이 없다. 이는 교역

조건이 무역에 참여하는 국가의 교환비율에 가까울수록 무역을 통한 이익이 줄어든다는 것을 의미한다. 결국 한국과 중국의 자국 내 두 재화의 교환비율 사이에서 상호수요가 일치할 때 교역조건과 교역규모가 결정될 것이다.

예를 들어 한국이 중국과의 거래에서 가방 10개로 운동화 20켤레를 교환한다면 한국으로서는 매우 성공적인 교역이 되겠지만 중국의 경우 자국 내에서 교환하는 것과 별다른 차이가 없으므로 무역을 통한 이익이 발생하지 않는다. 즉, 한국은 가방 10개로 운동화 15켤레를 초과하는 운동화를 얻을 수 있을 때 무역에 기꺼이 참여하겠지만, 중국은 운동화 20켤레 미만으로 가방 10개를 얻을 수 있을 때 무역에 참여할 것이다.

상호수요이론은 노동가치설로는 설명할 수 없었던 국가 간 재화의 교환비율을 상호수요균등의 법칙을 통해 설명하였다는 점과 무역에 참여했을 때 발생하는 무역이익을 구체적으로 설명하고 있다는 데 의의가 있다. 하지만 상호수요이론 역시 교역조건이 그 재화의 진정한 '국제적 가치'를 반영하고 있는가에 대해서는 명확하게 설명하지 못하고 있다. 또한 수요의 가격탄력성 등 다른 요인이 교역조건에 영향을 미칠 경우 교역조건이 두 국가의 교환비율 사이의 값을 벗어날 수 있다는 점에 대해서도 설명하지 못한다는 한계가 존재한다.

제2절 근대적 무역이론

1. 요소부존이론

비교우위론은 국가 간 생산비용의 상대적 차이에 의해 무역이 발생한다고 주장하고 있지만, 국가마다 생산비용의 차이가 왜 발생하는지에 대해서는 설명하지 못하고 있다. 고전이론은 무역이 발생하는 원인이 생산비용의 차이에 있으며, 무역을 하지 않는 것보다 무역을 하는 것이 전체적으로 경제적 효용을 증가시킨다는 것을 실증적으로 증명한 데 의미가 있다. 그러나 결과적으로 무역이 발생하는 원인에 해당하는 생산비용의 차이가 어디서 오는지에 대해서는 설명하지 못한다는 한계가 있다.

스웨덴의 경제학자 헥셔(E. F. Heckscher)와 그의 제자인 오린(B. Ohlin)은 요소부존도를 통해 비교생산비의 차이를 설명하고자 하였다. 국가마다 부존자원(endowed resources)의 양에 따라 재화를 생산할 때 투입하는 생산요소의 비율도 달라져서 생산비용의 차이가 발생한다고 주장하였다. 이들의 모형을 두 사람의 이름을 따서 헥셔-오린 정리(Heckscher-Ohlin theorem)라고 한다. 그리고 헥셔-오린 정리는 요소부존이론(theory of factor endowment)과 요소가격균등화정리(factor price equalization theorem)로 구분할 수 있다.

헥셔-오린 정리는 두 국가, 두 재화, 그리고 두 요소를 가정한 이론으로 노동이라는 하나의 요소만을 반영한 비교우위론과 달리 노동과 자본을 함께 고려하여 생산요소의 부존도가 비교우위를 결정한다고 주장한다. 헥셔-오린 정리의 가정은 다음과 같다. 먼저 두 국가의 재화시장과 생산요소시장은 모두 완전경쟁시장이다. 둘째, 두 국가의 요소부존도(factor endowment)는 다르다. 한 국가가 상대적으로 노동이 풍부한 국가라면 다른 국가는 자본이 풍부하다. 셋째, 두 국가의 생산요소는 동질적이며, 생산요소의 국가 간 이동은 없다. 다만 생산요소의 산업 간 이동은 자유롭다. 넷째, 거래비용이 발생하지 않는다. 다섯째, 두 국가의 생산기술은 동일하여 같은 재화에 대해 동일한 생산기술을 갖는다. 즉 생산기술의 차이는 발생하지 않는다. 여섯째, 두 재화의 요소집약도(factor intensity)는 다르다. 한 재화가 자본보다 노동을 더 많이 투입하여 생산하는 노동집약재라면 다른 재화는 노동보다 자본을 더 많이 투입하여 생산하는 자본집약재라고 할 수 있다.

요소부존이론(헥셔-오린 제1명제)에 의하면 각국이 상대적으로 풍부한 생산요소를 보다 집약적으로 사용하여 생산하는 재화에 비교우위가 있어 수출한다. 국가마다 요소부존도가 다르기 때문에 재화를 생산할 때 투입하는 생산요소의 비율도 다르게 된다. 한 국가가 상대적으로 풍부하게 가지고 있는 생산요소를 집중적으로 사용하는 재화가 다른 재화에 비하여 비교우위를 갖는다는 논리이다.

예를 들면, 인구가 많은 중국은 노동력이 풍부하기 때문에 상대적으로 노동의 가격인 임금이 저렴하고 자본(달러 또는 금)이 상대적으로 부족하여 자본의 가격인 이자율이 높다고 할 수 있다. 그러므로 노동풍부국인 중국은 자본보다 노동의 가격이 상대적으로 낮기 때문에 노동을 더 많이 사용하는 노동집약재 생산에 비교우위를 가지게 된다. 하지만 상대적으로 자본이 풍부한 미국의 경우 동일한 논리로 자본을 집약적으로 사용하는 자본집약재 생산에 비교우위를 갖는다. 결과적으로 노동풍부국인 중국은 노동집약재에 비교우위가 있어 수출하고, 자본풍부국인 미국은 자본집약재에 비교우위가 있어 수출하게 된다. 다만, 요소부존이론에서는 절대우위론이나 비교우위론과 달리 완전특화를 주장하지 않는다. 두 국가는 비교우위가 있는 재화에 특화를 하지만 두 재화를 모두 생산하는 불완전특화를 한다.

2. 요소가격균등화정리

요소가격균등화정리(핵셔-오린 제2명제)는 요소부존이론에 의해 두 국가 사이에 비교우위가 있는 재화에 특화하여 서로 무역을 할 경우 자국 내 요소가격이 균등화될 수 있다고 주장한다. 즉 국가 간 생산요소의 이동은 불가능하지만 재화의 이동만으로도 한 국가의 산업구조가 바뀌어서 마치 생산요소가 이동한 것과 같은 효과가 발생한다는 것이다.

양국 간에 비교생산비의 차에 의해 무역이 이루어지면, 노동풍부국(노동가격↓, 자본가격↑)은 노동집약재 생산에 특화하여 "노동의 수요↑/자본의 수요↓⇒ 노동가격↑/자본가격↓⇒ 노동가격과 자본가격이 균등화"되는 현상이

나타나게 된다. 반면에 자본풍부국(노동가격↑/자본가격↓)은 자본집약재 생산에 특화하여 “자본수요↑/노동수요↓ ⇒ 자본가격↑/노동가격↓⇒ 노동가격과 자본가격이 균등화”되는 현상이 발생한다. 결국 생산요소가 직접 이동하지는 않지만, 무역만으로도 두 국가 간 생산요소의 가격이 같아지는 현상이 발생하는 것이다.

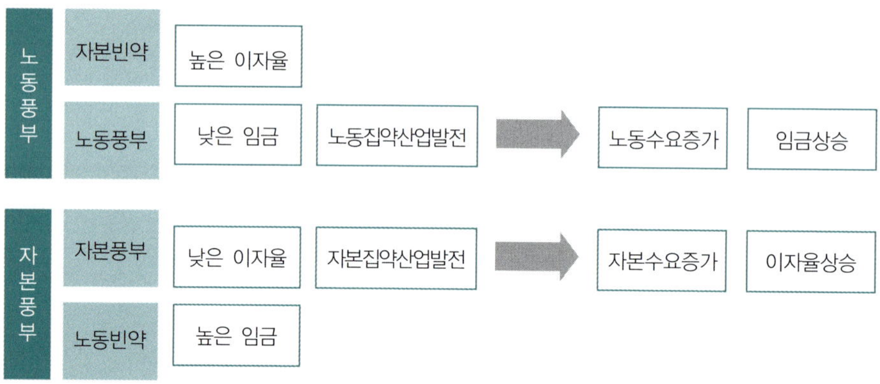

그림 2-2 **요소가격균등화 정리**

헥셔-오린 정리는 국가 간 생산비용의 차이가 발생하는 원인을 국가 간 요소부존도의 차이를 통해 설명하려고 시도했다는 점에서 큰 의의가 있다. 하지만 재화시장과 생산요소시장을 모두 완전경쟁시장으로 본다거나 생산요소의 국가 간 이동은 불가능하지만 산업 간 이동은 자유롭다는 등의 비현실적인 엄격한 가정 때문에 과연 현실에서도 모형의 결과를 적용할 수 있을지에 대해서는 여전히 의문으로 남는다. 아울러 국제무역에서의 비교생산비 차이는 또 다른 생산비 결정요인에 의해 영향을 받기 때문에 완전한 비교생산비의 차이를 설명하지는 못한다는 한계가 있다.

3. 레온티에프 역설

레온티에프 역설(Leontief Paradox)은 헥셔-오린 정리를 실증분석한 결과가 이론적 예측과는 반대로 도출된 것을 의미한다. 레온티에프(Wassily Leontief, 1906~1999)는 1953년에 산업연관표를 사용하여 1947년 미국이 노동집약재를 수출하고 자본집약재를 수입했다는 분석 결과를 발표하였다. 미국의 산업연관표를 이용하여 실증적 검증을 통해 헥셔-오린 제1명제인 요소부존이론을 검증한 것이다. 일반적으로 미국은 노동에 비해 상대적으로 자본이 풍부한 자본풍부국이라고 할 수 있다. 그러므로 요소부존이론에 의하면 자본풍부국인 미국은 비교우위에 있는 자본집약재를 수출하고 노동집약재를 수입해야 한다. 하지만 분석한 결과 이론적 예측과 정반대되는 결과가 도출되었다. 레온티에프는 미국의 수출산업과 수입경쟁산업을 대상으로 자본 대 노동의 투입비율을 도출하였으며, 수입경쟁산업의 분석을 위해서 수입대체의 개념을 활용하였다. 구체적으로 100만 달러 규모의 수출과 수입대체 생산에 필요한 자본과 노동의 양을 각각 조사한 후 두 생산요소의 상대적 비율을 분석하였다. 100만 달러의 수출과 수입대체생산에 필요한 자본을 노동으로 나눈 비율을 도출한 결과 수출생산의 경우 13,991(USD/명)이었지만 수입대체생산의 경우 18,184(USD/명)로 나타났다. 수입대체생산의 자본비율이 수출생산보다 더 높게 도출된 것이다. 이러한 결과는 미국의 수출재가 수입재에 비해 노동집약적인 성격을 갖고 있다는 것을 의미하는 것으로 요소부존이론의 결과와는 정반대라고 할 수 있다.

이러한 결과에 대해 레온티에프는 미국의 노동생산성이 외국의 노동생산성보다 3배가량 높기 때문에 오히려 미국은 실질적으로 노동풍부국으로 볼 수 있다고 주장하면서 요소부존이론이 실증분석 결과와 상충되지 않는다고 해석하였다.

하지만 우수한 인력을 양성하여 노동생산성을 높이기 위해서는 교육 및 훈

련에 많은 비용이 소요된다. 결국 노동생산성을 높이기 위한 교육훈련은 자본에서 시작되기 때문에 결과적으로 미국은 자본이 풍부한 국가라는 반론이 제기될 수 있다. 한편 당시 미국 정부가 노동집약재 산업을 보호하고 있었기 때문에 수입산업이 자본집약적 성격을 갖는다는 주장도 제기되었다. 마지막으로 특정국가의 무역 패턴을 설명하기 위해서는 자본과 노동 외에 제3의 요소도 고려해야 한다는 주장이 있었다. 당시 미국의 경우 무역을 설명할 때 자본과 노동 외에 천연자원을 집약적으로 투입한 제품이 주 수입품을 이루고 있었다.

레온티에프 역설에 대한 다양한 해석들은 통일된 결론으로 귀결되지 못하였지만 이후 헥셔-오린 정리의 한계를 극복하기 위한 새로운 이론의 등장을 알리는 초석이 되었다는 점에서 중요한 의미를 가진다.

참고 2-1 산업연관표(input-output table, I/O table)

산업연관표는 1년 동안 국민경제 내에서 일어난 모든 실물거래에 대한 생산과 처분내역을 분석한 통계표를 말한다. 즉, 일정기간 동안 일정지역에서 발생한 모든 거래내역을 기록한 종합적인 통계표라고 할 수 있다. 이 표의 세로방향은 각 산업에서 생산활동을 위해 사용한 중간재와 생산요소의 구성을 나타내는 투입 구조를, 가로방향은 각 산업에서 생산된 산출물에 대한 수요를 나타내는 배분구조를 의미한다. 연관표에는 당해 연도의 모든 재화와 서비스에 대한 총공급(총산출+수입)과 총수요(중간수요+최종수요)가 각 산업별로 나타나 있어 국민경제 전체의 공급과 수요구조뿐만 아니라 각 산업의 공급과 수요구조도 한눈에 파악할 수 있다.

산업연관표는 1930년대 초 미국의 레온티에프(Wassily Leontief) 교수가 처음 작성한 것으로, 레온티에프표라고도 한다. 복잡한 산업 간의 상호연관관계 등 국민경제구조를 총체적으로 나타내고 있는 자료로, 경제구조 및 생산・배분구조, 경제정책의 파급효과 등을 분석하기 위해 사용된다. 또한 향후 정책수립의 기초자료로도 활용되고 있다.

제3절 현대이론

1. 연구개발요소이론

연구개발요소이론(theory of research and development factor)은 한 국가의 무역 패턴이 연구개발, 즉 R&D에 의해 결정된다는 이론이다. 이는 연구개발 종사자, 기술자, 숙련노동자, 그리고 기술력 등이 무역 패턴을 결정하는 요인이라는 것이다. 이 이론은 그루버(W. D. Gruber), 메타(D. Metha), 버논(R. Vernon) 등 3인 공동연구와 키싱(D. B. Keesing)의 연구로 규명되었다. 그루버, 메타, 버논의 공동연구에서는 연구개발 지표가 큰 기업일수록 수출비율이 높고 해외투자에도 적극적이라는 사실을 보여주었다. 키싱은 기술과 신제품의 무역 간의 관계를 수출과 연구개발 비용, 그리고 수출과 기술인력의 구성비율의 관계를 실증적으로 분석하여 살펴보았다. 분석 결과에 의하면 연구개발에 종사하는 노동자가 많이 투입되는 산업일수록 국제경쟁력이 높고 세계시장에서 큰 비중을 차지하고 있었다. 그리고 미국의 수출은 기술력이 약화될 때 감소한다는 것을 규명하였다.

연구개발요소이론은 고전적 혹은 근대적 무역이론처럼 노동력이나 부존자원이 아닌 연구개발(R&D)을 비교우위의 원천으로 보고 있다는 점에서 차이가 있다. 오늘날 많은 국가들이 세계시장에서 비교우위를 확보하기 위해 기술력 향상에 노력하는 것은 연구개발요소이론을 통해 설명할 수 있다.

2. 기술격차이론

기술격차이론(technological gap theory)은 1961년 포스너(M. V. Posner)에 의해 처음 소개되었다. 이후 1965년 후프바우어(G. C. Hufbauer)가 기술격차이론

을 토대로 저임금 무역을 첨가하여 화학섬유 및 합성고무수지 등 화학합성 원자재의 무역 패턴이 시간에 따라 어떻게 변화하고 이러한 변화에 영향을 미치는 요인이 무엇인지 규명하면서 발전하였다.

기술격차이론은 국가 간 생산기술상의 격차가 무역 발생의 원인이 되고 무역 패턴을 결정할 때에도 지배적인 역할을 한다는 것을 밝혔다. 즉 선진공업국들이 생산기술을 혁신하여 기술격차가 발생하면 생산비용에서도 차이가 발생한다는 것이다. 기술선진국은 신제품과 신생산공정을 개발하여 상대국들과의 기술격차를 발생시키는데 이를 통해 신제품의 수출이 증가하고 세계시장에서의 점유율도 높아진다는 논리이다. 이런 무역 패턴은 다른 나라가 해당 기술을 따라잡아 모방하거나 기술을 이전하게 될 때까지 계속된다. 하지만 기술격차이론은 기술격차의 크기와 발생 원인, 그리고 시간이 지나면서 기술격차가 소멸될 가능성 등에 대해서 명확하게 설명하지 못하는 한계가 있다.

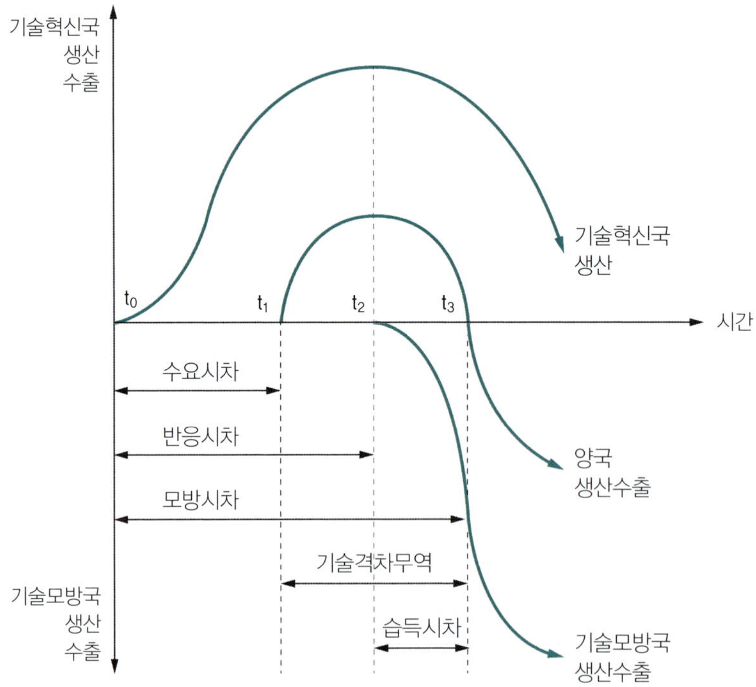

그림 2-3 **기술격차이론**

수요시차는 기술혁신국의 자급자족이 유지되는 시간이다. 반응시차는 기술혁신국의 생산량과 수출량이 최대가 될 때까지 걸리는 시간으로 기술모방국에서는 신제품에 대한 모방과 생산이 시작된다. 반응시차가 수요시차보다 길기 때문에 기술혁신국의 이익이 커진다. 습득시차는 기술모방국이 기술혁신국의 기술을 습득하여 생산하는 기간이다. 모방시차는 전체 기술의 이전과 모방이 발생하는 시간이다. 기술혁신국에서 기술모방국으로의 수출이 발생하는 시기는 기술격차무역 구간이라고 할 수 있다. 한편 t_3 시간 이후부터는 기술모방국의 저임금무역으로 해외시장에서 상호경쟁과 함께 오히려 수출의 역전이 발생하는 구간이다.

3. 대표적 수요이론

대표적 수요이론은 1961년 린더(S. B. Linder)에 의해 정립된 이론으로 공산품의 무역이 발생하는 원리를 설명할 때 가장 중요한 변수를 충분한 수요라고 주장하였다. 소득수준이 비슷하고 수요 패턴이 유사한 두 나라에서는 대체로 요소부존비율이나 공업의 발전단계가 거의 유사한데 이러한 국가 간에는 무역이 발생할 가능성이 매우 낮다고 볼 수 있다. 하지만 이러한 상황에서 대표적 수요이론은 충분한 내수시장의 규모에 의해 비교우위가 발생하여 무역이 발생한다고 보았다. 한 나라의 공산품 수출의 구성은 결국 국내의 수요조건이라고 할 수 있는 거대한 내수시장에 달려 있다는 것이다. 다시 말해 어떤 공산품이 세계시장에서 판매되기 전에 이미 국내에서 먼저 생산 및 판매되어야 하는데 국내에서 해당 공산품의 생산 및 판매가 이루어지기 위해서는 국내에서 그 상품에 대한 충분한 수요가 존재해야 한다는 것이다. 즉 어떤 재화의 국내 시장규모가 크다는 것은 수출을 위한 비교우위를 발생시킨다는 것을 의미한다. R&D, 생산능력, 시장규모 등의 비교우위가 수출경쟁력으로 이어진다는 논리이다.

한편 대표적 수요이론은 기호나 특히 규모의 경제가 중요시되는 공산품 무역에만 적용할 수 있으며 1차 산업의 경우에는 요소부존에 의해 무역 패턴이 결정된다는 헥셔-오린 정리에 동의하고 있다.

4. 제품수명주기이론

연구개발요소이론의 공동연구자였던 버논(R. Vernon)은 기술발전이 어떻게 국가 간의 비교우위와 무역구조를 결정하는데 영향을 미치는가를 설명하기 위하여 신제품의 수명주기를 연구하여 제품수명주기이론을 발표하였다. 제품수명주기이론(product life cycle theory: PLC theory)은 시간에 따라 변화하는 기술발전의 정도에 따라 국가 간 비교우위와 무역구조가 어떻게 변화하는지를 설명하고 있다. 국가 간 생산기술이 동일하고 변하지 않는다는 헥셔-오린 정리의 가정을 완화하여 기술개발요소를 통해 보다 현실적인 무역 패턴을 설명하고 있다.

제품수명주기이론은 생물의 생애주기처럼 제품도 순환과정을 거치는데 도입기, 성장기, 성숙기 그리고 쇠퇴기를 거치며 매기마다 생산, 소비 및 무역구조가 다르게 결정된다고 주장하였다. 제품수명주기이론에 의하면 기술선진국과 기술후진국이 존재하는데 어떤 신제품이 기술선진국에서 개발되어 수출되기 시작하면 그 제품은 외국에서의 수요를 충족시키기 위해 완만하게 수출이 증가한다고 주장한다. 하지만 시간이 지나면서 기술선진국이 대량생산 체제를 갖추어 가격경쟁력까지 얻게 되면서 대량의 수출이 발생하게 된다. 그리고 신제품을 수입했던 후진국과 중진국 등에서 신제품을 대체할 수 있는 제품들이 출현하면서 수요가 급감하게 되고 결국 쇠퇴하게 된다는 것이다.

각 단계별로는 다음과 같은 흐름을 가지고 있다. 먼저 도입기 전에 신제품을 개발하여 해외수요자들에게 제품을 소개하면 완만한 수출이 발생한다. 이후 도입기에 들어서면 해당 제품이 시장에서 반향이 있을 때 대량생산을 통

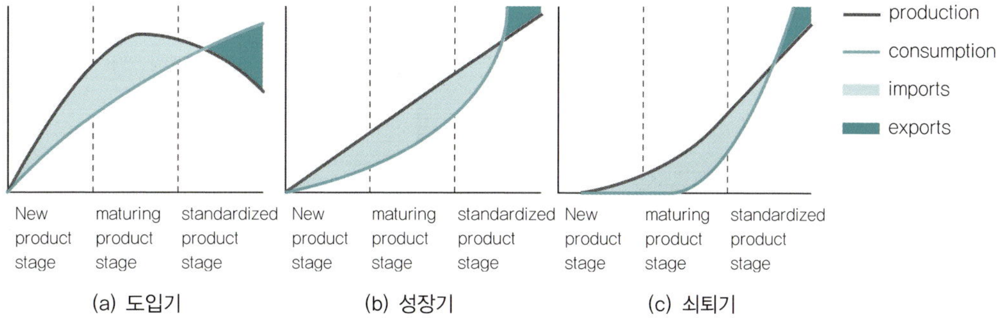

그림 2-4 **국제적 제품수명주기이론**

출처: Vernon, R., & Wells Jr, L. T. (1991). Economic environment of international business.

한 저가격 수출이 가능해지기 때문에 급격한 수출 증가로 이어진다. 이후 해당 제품이 성장기에 들어서면 수출규모가 고정적으로 변하여 안정적인 수입이 발생하게 된다. 성숙기부터는 해당 제품에 대한 대체상품이 출현하여 원래 신제품을 출시하여 수출하였던 국가의 수출은 격감하게 되거나 오히려 다른 국가들과의 경쟁에서 생산요소의 열위로 수출이 중단되게 된다. 쇠퇴기에 들어서면 모방상품이나 오히려 기존의 상품보다 더 나은 제품의 출현으로 해당 수요를 대체하게 된다.

5. 산업 내 무역이론

산업 내 무역이론은 과거 무역이론의 엄격한 제한적 가정에서 탈피하여 무역에 필연적으로 수반되는 운송비, 저장비, 규모의 경제, 제품차별화 등을 인정한다면 이종산업뿐만 아니라 동종산업 간에도 무역이 발생할 수 있다는 이론이다. 그루버(H. G. Grubel)와 로이드(P. J. Lloyd)가 분석하여 주장하였다.

실제로 오늘날 생산요소의 상대적 부존조건이 유사한 국가들 사이에서도 무역규모가 커지고 있으며, 생산요소의 특화 정도가 유사한 재화들 사이에서도 무역이 증가하고 있다. 자동차를 생산하는 국가끼리도 자동차를 상호 수출입하고 있다는 점이 좋은 예라고 할 수 있다. 결과적으로 이종산업 간의 이종제품 무역에서 다양한 소비자의 요구에 따라 제품차별화가 발생하면서 동종산업 내의 이질적 제품의 무역이 증가하고 있는 것이다. 따라서 산업 내 무역이론은 수직적 무역이 아닌 수평적 무역을 잘 설명하고 있다.

산업 내 무역이 발생하는 원인으로는 첫째 국경무역, 둘째 제품차별화, 셋째 해외가공 및 조립생산, 넷째 정부의 개입 등이 있다. 국경무역은 생산비용에서 운송비가 큰 비중을 차지하는 제품에서 주로 발견할 수 있다. 자갈, 모래, 돌과 같이 제품원가에 비해 운송비가 많이 들거나 채소, 청과물, 우유 등과 같이 변질되기 쉬워 오랜 기간 보관하기 어려우면 원거리 수송을 하기 곤란할 수 있다. 따라서 자국에서 생산 또는 채굴되는 재화라고 해도 인접 국가와의 국경 부근에서는 멀리 떨어진 곳의 자국 상품보다 가까운 곳의 외국 상품을 사용하게 되어 동일산업 내에서의 무역이 발생할 수 있다. 제품차별화는 동일한 조건에서 생산된 재화가 브랜드, 가격, 품질 등에서 차이를 보이는 경우 비교우위를 갖게 되어 무역이 발생한다는 논리이다. 예를 들어 자동차의 경우 소형, 중형, 대형에 따라 국가마다 경쟁력이 다르고 브랜드 가치도 다르기 때문에 제품별로 비교우위가 발생하고 이로 인해 동종산업 내 무역이 발생하게 된다. 해외가공 및 조립생산의 경우 국가 간의 임금 및 생산비의 차이로 부품이나 반제품을 본국에서 해외로 수출하여 재조립을 한 이후 다시 본국으로 수입하거나 제3국으로 수출하는 경우가 많다. 위탁가공무역, 녹다운방식 등이 그러하다. 이때 특정 부품 및 반제품, 그리고 최종품이 동일산업으로 분류된다면 부품생산국이나 해외 가공국 모두 산업 내 무역을 하는 것이다. 마지막으로 정부정책상 일부 지역에서는 고용창출과 유치산업보호 등을 이유로 수출을 장려함과 동시에 다른 지역에서는 동일제품에 대해 수입을 허용하는 경우가 있는데 이 경우 동일한 재화에 대해 산업 내 무역이 발생한다. 즉, 국내제품과 수입제품이 동일함에도 불구하고 경쟁력 차이로 이러한 현상이 발생할 수 있다.

CHAPTER 03

국제무역 질서와 동향

CHAPTER 03 국제무역 질서와 동향

제1절 무역정책

1. 무역정책 개요

오늘날 무역을 관리하지 않는 나라는 없다고 해도 과언이 아니다. 대부분의 국가들은 국민경제에 무역이 미치는 영향으로 무역을 관리한다. 이러한 무역관리의 처음이 바로 무역에 관한 국가의 정책, 즉 한 나라의 무역정책이라고 할 수 있다. 무역정책은 무역에 대한 국가 차원에서의 전략과 전술이라고 해석할 수 있다. 무역정책은 경제정책의 한 부분으로 국내산업 보호, 국제수지 개선, 국내고용 증대, 국내 물가안정, 자원의 효율적 배분, 경제성장 등의 목적을 가지고 있다.

1) 국내산업 보호

대부분의 국가는 자국의 국내산업을 보호하기 위하여, 즉 자국의 유치산업 또는 사양산업뿐만 아니라 경쟁력 있는 산업을 보호하기 위하여 보호무역정책을 실시하고 있다. 일반적으로 자국의 시장과 산업이 국제적 경쟁에서 불리한 위치에 놓이게 되면 외국기업과 상품에 국내외시장을 빼앗기게 되며, 결과적으로 국가의 경쟁력이 약해지기 때문에 국내산업을 보호한다는 관점에서 관세장벽 또는 비관세장벽으로 보호정책을 시행한다. 반면 세계시장에서 경쟁력 있는 산업 역시 지속적으로 우위를 점하기 위하여 보호무역정책을 펼친다. 물론 이러한 정책은 1995년 1월 1일 출범한 세계무역기구(WTO)의 이념과 기본 원칙 가운데 최혜국대우, 내국민대우, 시장접근보장, 투명성 원칙 등과 위배된다. 따라서 세계무역기구 출범 이후 관세장벽 또는 비관세장벽을 이용한 보호보다는 자국산업의 경쟁력 강화방안 등을 통하여 세계무역기구가 인정하는 거래에 보조를 맞추고 있다.

2) 국제수지 개선

국제수지는 국제거래에 따른 국가의 수입과 지출을 의미한다. 국제수지의 핵심은 바로 외화 또는 금 등의 기축통화의 유출입이 한 국가의 대외거래활동과 경제력에 영향을 미친다는 점이다. 따라서 국가들마다 국제수지의 개선을 위해 무역정책을 실시한다. 무역으로 발생하는 수출과 수입은 외화의 유입과 유출로 이어진다. 따라서 무역정책은 일반적으로 수출을 장려하고 수입을 억제하는 정책으로 국가의 외화 유입을 장려하고 유출을 억제하여 국제수지를 흑자로 유지하고자 한다.

3) 국내고용 증대

일반적으로 수출의 확대는 국내산업의 발전으로 이어지며 고용확대의 효과가 있다. 고용이 무역정책의 목적이 되는 이유는 경제의 원동력에 해당하는 고용문제가 정치적, 경제적 그리고 사회적으로 큰 문제가 되기 때문이다. 완전고용이 일반적으로 실업률 3~5% 수준인데 이를 초과할 경우 불완전고용 상태가 되며 해당 경제는 생산자원을 효율적으로 사용하지 못하게 되어 결국은 정치, 경제 그리고 사회문제를 낳게 된다. 따라서 무역정책은 국내고용 증대를 또 하나의 목적으로 두고 펼쳐진다.

4) 국내 물가안정

수출의 증가와 수입의 증가는 각각 국제수지의 개선과 악화를 수반한다. 결과적으로 수출이 늘어나게 되면 국내로 외화가 유입되어 국내 물가가 상승되는 경향이 있다. 일반적으로 외화의 국내 유입이 늘어나게 되면(외환보유고 증가) 이를 국내에서 사용하기 위해 은행에서 원화로 바꾸게 되며, 이때 그만큼의 통화가 시중에 풀려나고 통화량이 증가하게 된다. 반대로 수입이 증가하는 경우 물가가 하락하는 경향이 있다.

국내 물가의 상승과 하락은 결과적으로 해외시장에서의 가격경쟁력을 좌지우지하게 된다. 따라서 물가안정을 위해서는 수출과 수입의 균형을 잘 맞추어야 한다. 아울러 수출입을 통한 국내 물가안정화 외에도 원유가격 상승, 국제원자재가격 상승 그리고 국제금리 인상 및 환율인상 등은 수입가격과 국내 물가상승에 영향을 미치게 되므로 이러한 해외요인 역시 무역정책에 참작되어야 한다.

5) 자원의 효율적 배분

세계적으로 자원은 유한하며 편중되어 있다. 무역이론을 빌리면 자국의 풍부한 자원을 기반으로 제품을 특화하여 수출하고 반대로 부족한 자원을 기반으로 한 상품을 수입한다면 국제적으로 자원의 효율적인 배분효과가 발생한다. 국제적 자원의 효율적 배분은 결과적으로 자유무역체제와 국제분업체제를 확립하는 데 기여한다.

6) 경제성장

경제성장은 자본이나 기술을 기반으로 산업의 생산량이 증가하고 국민소득이 증가하는 것을 의미한다. 처음부터 자원이 부족한 국가의 경우 국내경제정책만으로는 투자재원의 마련과 기술혁신을 달성하기 어렵다. 따라서 외자도입정책, 환율정책, 수출확대정책 등의 무역정책을 통해 경제성장을 실현할 수 있다. 이러한 경제성장은 앞서 언급하였던 일자리 창출, 국제수지의 개선과 밀접한 연관이 있다.

2. 무역사조

사조 또는 패러다임(paradigm)은 어떤 한 시대 사람들의 견해나 사고를 근본적으로 규정하고 있는 테두리로 세상을 바라보는 관점으로 정의할 수 있다. 패러다임은 철학자 토마스 쿤(Thomas Kuhn)에 의해 제시된 용어로 무역에 대해서는 다양한 관점, 즉 패러다임이 존재하였고, 지금도 새로운 패러다임이 제시되고 있다고 할 수 있다. 지난 과거 시대별로 무역에 대한 패러다임은 무역정책을 통해 표현되었다. 지금까지의 무역정책은 크게 중상주의, 자유무역주의, 보호무역주의, 다자주의, 그리고 지역주의로 구분할 수 있으며 앞으로 또 다른 무역사조가 나타날 수 있다.

1) 중상주의

중상주의(mercantilism)는 귀금속, 특히 금과 은을 부(wealth)로 간주하고 금과 은의 채굴과 수입은 장려되지만 금과 은의 수출은 금지하는 경제정책으로 15세기 말부터 18세기 중반에 걸쳐 유럽에 퍼져 있던 상업정책사상이다. 초기 중상주의는 부를 늘리기 위해 직접적인 금과 은의 수출입을 통제하였지만, 이후 금과 은이 수출을 통하여 쌓인다는 것을 알고 직접적인 금과 은의 통제가 아닌 상품교역을 통하여 금과 은을 획득하는 방향으로 발전하였다. 즉 무역차액정책을 시행하였다. 아울러 산업보호정책으로 발전하여 국내산업보호가 부를 축적하는 데 영향을 미친다는 결론에 이르렀다. 즉 중상주의는 상업자본 중심에서 산업보호정책으로 발전하게 되었으며 강력한 보호무역주의시대였다.

2) 자유무역주의

자유무역주의(free tradism)는 국가가 기업의 국제활동에 간섭하지 않고 각국이 경쟁력 있는 제품으로 자유경쟁하에 무역을 하는 것을 의미한다. 18세기 후반부터 19세기 중엽까지 산업혁명의 결과로 영국은 아담 스미스를 중심으로 기존의 중상주의 무역을 배척하고 자유로운 무역이 전체에 이익이 됨을 강조하였다. 아담 스미스는 중상주의와 달리 국부라는 것은 화폐나 귀금속이 아닌 그것으로 구입하는 재화를 국부로 간주하면서 재화는 분업을 통해 양적 증가가 가능하다고 주장하였다. 자유주의는 아담 스미스의 주장대로 국제분업론, 자유경쟁론 그리고 소비자이익론으로 대변된다. 이 시기에 영국은 선진국으로 자유무역주의 사조였지만, 미국과 독일은 여전히 보호무역주의를 펼쳤다.

3) 보호무역주의

보호무역주의(protectionism)는 19세기 중반 이후 당시 경제발전 수준이 뒤떨어진 미국과 독일 등에서 국내산업에 대한 보호 필요성이 제기되면서 팽배하였다. 보호주의는 국가가 상품 및 서비스의 국가 간 교역을 비롯한 국내산업, 국내고용 등에 대해서 인위적인 간섭을 취해야 한다는 것이다. 보호주의는 미국의 행정가인 해밀턴(A. Hamilton)과 독일의 경제학자 리스트(F. List)에 의해 주장되었다. 해밀턴의 공업보호론은 당시 프랑스나 영국에 비해 낙후되고 유치상태였던 미국의 공업이 정부의 지원을 통해 발전되어 생산량이 증가하고 국민소득이 증가했다는 논리이다. 이를 위한 보호정책으로 보호관세, 수출입금지, 보조금, 장려금 등을 제안하였다. 한편 독일의 리스트는 유치산업은 경제발전단계에서 후진적 입장으로 비교우위가 존재하지 않지만, 보호하여 육성한다면 성장할 가능성이 있는 산업으로 이를 육성해야 한다고 주장하였다. 리스트의 유치산업보호론은 보호무역정책에서 가장 논리적인 이론으로 간주되지만, 유치산업의 선정과 보호시점을 정확하게 찾아내기가 힘들다는 한계점이 있다.

4) 신보호무역주의

제2차 세계대전 이후 세계는 관세와 무역에 관한 일반협정(GATT)체제하에서 자유무역을 통한 세계경제발전을 도모하였다. 하지만 1970년대 석유파동으로 인하여 세계경제가 침체되면서 각국은 다시 보호무역주의를 강화하였다. 특히 미국의 경기침체로 인해 미국 주도의 보호무역주의가 시작되었는데, 이러한 보호정책은 19세기 말에 있었던 후진국의 유치산업을 보호하기 위한 보호무역주의가 아니었다. 신보호무역주의(neo-protectionism)는 선진국이 한때 비교우위를 가졌으나 경쟁력을 잃고 사양화되는 산업을 보호하고자 하는 목적으로 시작되었다. 하지만 관세장벽의 경우 관세와 무역에 관한 일반협정(GATT) 등을 통하여 이미 장벽이 상당히 낮아졌기 때문에 비관세장벽을 통하여 해당 산업을 보호하고자 하였다는 점이 특징적이다. 즉, 보호무역주의가 후진국의 유치산업에 대한 관세장벽의 문제라면 신보호무역주의는 선진국의 비관세장벽의 문제라고 할 수 있으며, 이 모두는 자유무역에 걸림돌이 된다.

5) 다자주의

20세기 초 제2차 세계대전 이후 승리한 연합국을 중심으로 새로운 세계의 질서 확립이 필요하였다. 연합국을 중심으로 여러 국가들은 전쟁 이전의 보호무역주의로 말미암은 국제교역의 위축이 아닌 전쟁 후 새로운 무역질서의 확립과 자유무역을 추구하기 위하여 새로운 국제적 경제기구 창설을 통한 국제경제안정화를 추구하였다. 이때 국제통화기금(International Monetary Fund: IMF), 국제부흥개발은행(International Bank for Reconstruction and Development: IBRD), 국제무역기구(International Trade Organization: ITO)의 설립이 논의되었다. 하지만 IMF와 IBRD와 달리 ITO는 당시 국가 간 경제상황의 심한 편차로 결국 구속력이 없는 관세와 무역에 관한 일반협정(GATT)으로 대체되었다. 관세와 무역에 관한 일반협정(GATT)은 다자주의협정이다. 다자주의는 여러 국가들의 협의하에 국제적 경제기구를 설립하고 국제적 규칙을 통해 무역자유화를 통한 무역 확대, 통화가치의 안정 등을 꾀하고자 하는 경제적 사조이다. 관세와 무역에 관한 일반협정(GATT)은 이후 세계경제가 상호 관세 및 비관세장벽의 점진적 완화와 철폐를 위한 노력으로 세계무역 팽창에 큰 기여를 하였다. 다자주의는 이후 1995년 세계경제의 팽창과 교역 대상의 확대로 세계무역기구(WTO) 체제로 이어졌다.

6) 지역주의

지역주의(regionalism)는 특정 지역의 여러 국가들이 무역, 통화, 산업, 금융 등에 관한 협정을 체결하여 하나의 광역경제권을 형성하고, 회원국 간에는 상품 및 서비스의 이동을 자유롭게 하고 금융 및 통화상의 상호 협조정책을 실시하는 지역적 경제협의를 추구하는 이념을 말한다. 지역주의는 관세와 무역에 관한 일반협정(GATT)이 시작되고 많은 시행착오를 겪으면서 다자주의에 대한 대안으로 발생하였으며, 세계무역기구(WTO) 이후에는 지역주의가 더욱 팽창하였다. 하지만 다자주의를 기본 사상으로 하는 관세와 무역에 관한 일반협정(GATT), 그리고 세계무역기구(WTO)는 본질적으로 관세와 비관세장벽을 완화하는 데 많은 시간과 비용을 발생시킨다. 특히 모든 국가들의 이해관계를 해결하기에는 제약 요소가 많다. 이에 대한 대안으로 관세와 무역에 관한 일반협정(GATT)부터 세계무역기구(WTO)가 설립된 이후에도 지역주의는 지역무역협정(regional trade agreement: RTA)의 형태로 양자주의를 기반으로 확대되고 있다. 이러한 지역무역협정의 확산은 결국 다자주의가 추구하는 목표를 달성하는 데 보다 효율적인 도움을 줄 것이다.

제2절 세계화 그리고 자유무역

1. 관세와 무역에 관한 일반협정(GATT)

오늘날 세계경제는 세계화와 반세계화의 공존 속에서 발전하고 있다. 세계를 하나로 두고 발전할 것인가, 아니면 각국의 정체성을 유지하면서 발전할 것인가에 대한 문제는 아직도 논의 중이라는 게 맞는 표현이다. 그럼에도 오늘날의 추세를 보면 중세시대의 중상주의를 지나 제2차 세계대전의 원인 중 하나였던 보호무역주의 철폐에 이어 1947년 창설된 관세와 무역에 관한 일반협정(General Agreement on Tariffs and Trade: GATT)을 중심으로 자유무역주의와 세계화는 가속되고 있다. 국제조약(treaty)이지만 법적으로 설치된 기구(organization)가 아닌 관세와 무역에 관한 일반협정(GATT)을 체결한 체약 당사국들은 기존의 보호무역주의가 만든 높은 관세장벽을 낮추고 자유무역을 확대하는 데 뜻을 같이하였다.

표 3-1 GATT 협상

1차 라운드	1947 Geneva(제네바) 23개국 / 관세인하협상(품목별 인하)
2차 라운드	1949 Annecy(앙시) 13개국 / 관세인하협상(품목별 인하)
3차 라운드	1950~1951 Torquay(토르퀘이) 38개국 / 관세인하협상(품목별 인하)
4차 라운드	1955~1956 Geneva(제네바) 26개국 / 관세인하협상(품목별 인하)
5차 라운드	1960~1961 제네바, 딜론라운드 26개국 / 관세인하협상(품목별 인하)
6차 라운드	1964~1967 제네바, 케네디라운드 62개국 / 관세 및 반덤핑 협상(일괄 인하)
7차 라운드	1973~1979 제네바, 도쿄라운드 102개국 / 관세 및 비관세협상(비관세장벽 철폐)
8차 라운드	1986~1993 제네바, 우루과이라운드 123개국 / 관세, 비관세, 서비스, 지적재산권, 분쟁해결, 섬유, 농업으로 협상분야 확대, WTO 창설(NTBs 5년 내 철폐, 예외 없는 관세화, 무세품목 등장)

1947년 관세와 무역에 관한 일반협정(GATT) 체제가 시작될 당시 참여국가는 23개 국가였지만 이후 2000년대까지 반세기가 지나는 동안 총 8차례의 협상을 진행하면서 참여국 수는 135개국으로 확대되었다. 참여 국가의 규모가 의미하듯 관세와 무역에 관한 일반협정(GATT)의 기본 의사결정은 다자간 무역협상을 기본으로 하고 있다. 관세, 수입제한 및 기타 무역상의 다양한 장벽들을 완화 및 철폐하는 것을 목적으로 하였다. 초창기에는 관세 인하에 목적을 두고 협상을 진행하면서 주로 관세장벽의 완화에 대한 협상을 진행하였으며, 이후 수입제한의 철폐를 골자로 비관세장벽의 완화에 대한 협상을 진행하였다. 관세와 무역에 관한 일반협정(GATT)의 제1원칙인 무차별대우의 원칙(non-discrimination principle)에는 관세와 무역에 관한 일반협정(GATT)의 목적과 원칙이 잘 반영되어 있다. 무차별대우의 원칙은 최혜국조항에 의거하여 가맹국 중 특정국에 대해서 타국보다 특혜를 베풀지 않는다는 원칙으로 최혜국대우(most favoured nation treatment)라고도 한다. 즉, 국내 상품과 수입된 상품에 대해서 조세나 기타 정책에 차별하지 않음을 의미한다. 결과적으로 관세와 무역에 관한 일반협정(GATT)은 제2차 세계대전 이후 세계화 시대에 자유무역 확산을 위해 관세 및 비관세장벽의 완화를 목적으로 시작되었다고 할 수 있다.

하지만 관세와 무역에 관한 일반협정(GATT)은 원래 제2차 세계대전 이후 창설하려 했던 국제무역기구(ITO)의 일부분만을 규정으로 한 일반협정으로 법적기구가 아니었기에 한계가 존재하였다. 참고로 관세와 무역에 관한 일반협정(GATT)에 참여한 국가를 참여국이라 부르고 회원국이라 부르지 않는 이유도 기구가 아니기 때문이다. 관세와 무역에 관한 일반협정(GATT)은 국제무역의 원칙을 규정한 일반협정 수준으로 국제무역의 전반적인 문제를 법적 근거로 규제할 수 없었기 때문에 세계경제가 불황에 요동칠 때 선진국 중심의 보호무역주의의 압력에 세계의 국가들이 관세와 무역에 관한 일반협정(GATT)을 빌미로 공정한 자유무역주의로 대응하기에 한계가 있음이 확인되었다. 특히 선진국 중심으로 개도국에 대한 무역압박이 자유무역주의에 위배되었을 때도 효과적인 제재나 규제가 불가능하였다. 이러한 배경으로 국제사회는 자유무역의 체계적인 확산을 위해 법적 구속력을 갖춘 국제무역기구의 필요성을 느끼게 되었으며, 결국 1986년 관세와 무역에 관한 일반협정(GATT) 체제의 마지막 협상인 우루과이라운드 협상을 끝으로 세계무역기구(WTO)가 출범하게 되었다. 참고로 세계무역기구(WTO)는 제2차 세계대전 이후 국제통화기금(IMF), 국제개발부흥은행(IBRD)과 함께 세계경제의 커다란 축으로 자리 잡을 국제무역기구(ITO)가 그 전신이라고 할 수 있다. 결과적으로 국제무역기구(ITO)는 반세기가 지나 세계무역기구(WTO)로 구현되었다고 할 수 있다. 그동안 세계무역자유화에 참여한 국가들은 자국의 상황을 고려하여 자유무역주의를 완성하였다고 할 수 있으며, 그 노력은 관세와 무역에 관한 일반협정(GATT)이 유지되는 기간 연평균 8.2%의 세계무역량 성장으로 증명할 수 있다.

2. 세계무역기구(WTO)

1) 세계무역기구(WTO) 개요

세계무역기구(World Trade Organization: WTO)는 1945년 4월 우루과이라운드 협상의 결과로 1995년 1월 1일 출범하였다. 다자주의 사조의 무역규범 아래에서 무역자유화를 통해 세계경제의 발전 추구를 목적으로 하고 있다. 특히 관세 및 그 밖의 무역장벽의 실질적인 해제와 국제무역에서의 차별대우의 폐지를 지향하는 상호 호혜적인 약정의 체결을 골자로 하고 있다. 이를 위해 세계무역기구(WTO)는 법인격을 갖춘 국제기구로 다자간 규범이 모든 회원국을 구속할 수 있는 권한을 가지고 있다. 회원으로 가입한 국가들이 무역을 이행할 때 세계무역기구(WTO)의 규정을 준수하지 않으면 사법적으로 제재를 가할 수 있어 국제법의 효력을 가진다. 회원국들은 세계무역기구(WTO) 규범이 자국의 국회비준 등의 절차를 거쳐 국내법과 동일하거나 그 이상의 효력을 가진다.

표 3-2 **WTO 협상**

1차 각료회의	1996	Singapore(싱가포르) 최빈개도국 지원 실행계획
2차 각료회의	1998	Geneva(제네바) 전자상거래 비관세 채택
3차 각료회의	1999	Seattle(시애틀) 협상 결렬
4차 각료회의	2001	Doha(도하) 뉴라운드협상(DDA) 출범
5차 각료회의	2003	Cancún(칸쿤) 협상 결렬
6차 각료회의	2005	Hong Kong(홍콩) 최빈개도국 무관세 및 무쿼터원칙 합의
7차 각료회의	2009	Geneva(제네바) 전자상거래 비과세 유예연장
8차 각료회의	2011	Geneva(제네바) 조기수출 협상 모색
9차 각료회의	2013	Bali(발리) 무역원활화 협정 합의
10차 각료회의	2015	Nairobi(나이로비) 정보기술협정 확대협상 타결
11차 각료회의	2017	Buenos Aires(부에노스 아이레스) 농업, 수산보조금, 무역구제, 전자상거래, 중소기업
12차 각료회의	2022	Kazakhstan(카자흐스탄) 팬데믹 대응, 농업, 수산보조금, 전자상거래 모라토리엄 연장

세계무역기구(WTO) 출범 후 첫 각료회의는 1996년 싱가포르에서 개최되었다. 지역협정과 관련하여 다자무역체제의 우위를 확인하고 지역협정의 세계무역기구(WTO) 규범과의 상호 보완성 및 일치성의 보장을 확인하였다.

아울러 최빈개도국 지원을 위한 대책으로 자발적인 무세화 혜택을 제공하는 실행계획을 채택하였다. 2차 각료회의에서는 광범위한 무역자유화라는 주제 아래 정기적인 회합을 개최하기로 하고 차기 3차 각료회의에서 차기 협상의 범위 및 방식 등을 결정하기로 하였다. 아울러 전자상거래에 관하여 온라인으로 거래되는 무형물의 거래상품에 대하여 일정기간 관세부과를 유예하는 각료선언을 채택하여 전자상거래 활성화를 추진하였다. 3차 각료회의에서는 다자간 무역협상이 결렬되었는데, 이유는 너무 광범위한 의제와 함께 회원국들 간의 갈등이 걸림돌이 되었다. 4차 각료회의에서는 소위 도하개발아젠다(Doha development agenda: DDA)가 출범하였다. 농업, 공산품, 서비스, 반덤핑협정, 보조금협정, 투자, 경쟁정책, 무역원활화, 정부조달 투명성, 환경문제까지 매우 광범위하지만 시급한 의제를 일괄타결방식으로 채택하려 하였다. 하지만 당초 계획했던 2005년 이전 전체 협상 종료는 선진국과 개도국의 갈등으로 이행에 차질을 빚었다. 한편 4차 각료회의에서는 중국의 세계무역기구(WTO) 가입이 승인되었다. 이후 5차 각료회의에서는 기존의 경험을 바탕으로 광범위한 주제보다는 투자, 경쟁정책, 무역원활화, 정부조달 투명성 등 일명 싱가포르 이슈라 불리는 4개의 의제를 중점 사안으로 다루었다.

하지만 이후 협상에서는 큰 성과가 없었다. 다양한 부문의 무역자유화를 지향하는 도하라운드는 2001년에 시작되었지만 2008년 포괄적 합의를 포기하고 부문별 협상을 진행하는 방식으로 변경되었다. 아울러 2011년 8차 각료회의에서는 DDA 협상 전반을 일괄타결하기 어렵다는 인지 아래 합의 가능한 분야를 우선 협상하는 조기수확방식을 채택하였다. 2013년 9차 각료회의에서는 무역원활화 조치를 포함한 부분적 합의에 도달해 진척을 보였다. 그럼에도 세계화에 대한 반세계화 여론과 DDA 협상 진행방식에 있어 주요 선진국의 반대와 기존 협상지침 고수라는 개도국의 입장이 갈등을 빚었다.

10차 각료회의에서 새로운 형태의 실용적 다자주의로 다자무역체제에 대한 새로운 접근이 필요함을 인지하였지만 결과적으로 다자주의의 세계무역기구(WTO)로는 큰 성과를 내기 어렵다는 것을 깨닫게 했을 뿐이었다.

2) WTO의 기본구조와 원칙

세계무역기구(WTO) 체제는 관세와 무역에 관한 일반협정(GATT)의 마지막 협상인 우루과이라운드 협정에 기초하고 있다. 현재 세계무역기구(WTO)에는 추가적인 작업을 하고 있지만 향후 논의할 핵심 분야는 우루과이라운드 협상을 마지막으로 새롭게 시작한다고 볼 수 있다. 우루과이라운드 다자무역협상의 결과 법적 문서의 목차는 60여 개의 협정과 부속서, 결정 및 양해를 담은 방대한 목록이다. 세부적으로 이 협정들은 여섯 개의 주요 분야로 나눠진다. 총괄협정(WTO 설립협정), 세계무역기구(WTO)가 다루는 3개 무역 분야에 대한 협정(상품, 서비스 및 지적재산권), 분쟁해결, 무역정책 검토가 그것이다. 특히 상품, 서비스, 지적재산권에 대한 기본 원칙은 관세와 무역에 관한 일반협정(General Agreement on Tariffs and Trade: GATT), 서비스 무역에 관한 일반협정(General Agreement on Trade in Services: GATS), 무역관련 지적재산권에 관한 협정(Trade-Related Aspects of Intellectual Property Rights: TRIPS)으로 구분되어 있다. 세계무역기구(WTO)는 과거 관세와 무역에 관한 일반협정(GATT)의 물품에 대한 노하우를 그대로 이어가면서 새롭게 합의되는 사안은 관세와 무역에 관한 일반협정(GATT)보다 우선하는 구조이다.

한편, 국가를 정의하는 일은 단순한 문제가 아니다. 가장 광범위하게 ISO에서 국가코드를 부여하고 정의하는 국가 수는 249개(주권 국가 외에 거의 독립적인 속령, 해외 식민지, 무인도, 심지어 남극대륙도 개별적인 국가 포함)이며, FIFA 기준으로는 211개, 올림픽 기준으로는 206개, 유엔가입 기준으로는 193개(바티칸시티, 팔레스타인 포함 195개) 등이며 이외 분쟁지역까지 포함하면 200개를 넘는다.

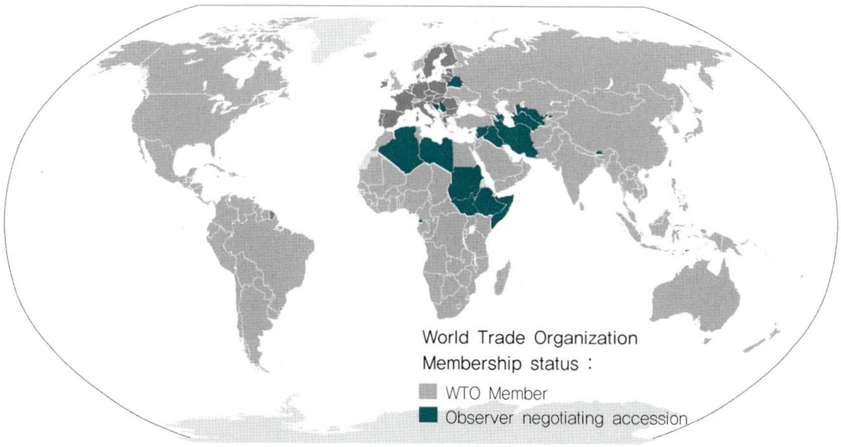

그림 3-1 WTO 가입국 현황

출처: WTO (2022). World Trade Statistical Review.

세계무역기구(WTO)는 처음 설립 당시인 1995년 1월 1일 70개국으로 출발했다. 이후 20년이 지난 2016년 아프가니스탄이 가입하면서 전 세계 총 164개국이 회원국으로 가입되어 있으며, 회원국 나라가 전 세계 무역의 95% 이상을 차지하고 있다. 이후 2022년까지 회원국 규모는 변함이 없다.

세계무역기구(WTO) 규범은 사실상 전 세계 대부분의 국가에 적용되는 다자간 범세계규범이라고 할 수 있다. 세계무역기구(WTO) 체제의 주요 기본 원칙은 최혜국대우(most favored nations: MFN), 내국민대우(national treatment: NT), 시장접근보장, 투명성의 원칙을 기본으로 하고 있다.

(1) 최혜국대우

최혜국대우의 원칙은 한 국가가 최혜국가에 대해 다른 국가보다 불리한 교역조건을 부여해서는 안 된다는 원칙이다.

(2) 내국민대우

내국민대우의 원칙은 한 국가의 수입품이 자국의 국산품에 비해 불리한 대우를 받지 않아야 한다는 원칙이다.

(3) 시장접근보장

시장접근보장의 원칙은 한 국가의 수입품이 관세나 조세를 제외한 재화와 용역의 공급에 대한 일체의 제한을 철폐하여야 한다는 원칙이다.

(4) 투명성 원칙

투명성의 원칙은 한 국가의 수입품에 대한 의사결정, 법률 운용, 제도 운용이 합리적이며 예측 가능하여야 하고, 결정에 관한 이유를 고지하며 그러한 결정의 자료는 공개되어야 한다는 원칙이다.

하지만 세계무역기구(WTO) 체제의 기본 원칙 중 하나인 최혜국대우의 원칙을 보면 자유무역협정은 협정의 대상이 된 국가 또는 지역에 대하여 특혜를 부여하게 된다. 이러한 문제는 FTA가 세계무역기구(WTO)의 원칙에 반하는 것이다. 이러한 모순적 상황을 해결하기 위해 관세와 무역에 관한 일반협정(GATT)은 제24조에 최혜국대우의 예외를 규정하여 자유무역협정을 인정하고 있다. 즉 관세동맹, 자유무역 등 경제통합은 과거, 현재 그리고 미래 모두 허용한다는 예외를 두고 있다. 그리고 최혜국대우가 FTA 협상 하나에 적용되었다 해서 다른 양자협상에 적용되지는 않는다는 것이다.

참고 3-1 GATT 제24조 최혜국대우의 예외

제24조 영토적 적용, 국경무역, 관세동맹 및 자유무역지역

1. 이 협정의 규정은 체약 당사자의 본토 관세영역에, 그리고 제26조 아래에서 이 협정이 수락되었거나 제33조 아래에서 또는 잠정적용의정서에 따라 이 협정이 적용되고 있는 그 밖의 관세영역에 적용된다. 이러한 각 관세영역은 오직 이 협정의 영토적 적용의 목적을 위하여서만 하나의 체약 당사자인 것처럼 취급된다. 단, 이 항의 규정은 단일체약 당사자에 의하여 제26조 아래에서 이 협정이 수락되었거나 제33조 아래에서 또는 잠정적용의정서에 따라 이 협정이 적용되고 있는 둘 또는 그 이상의 관세영역 간에 권리 또는 의무를 창설하는 것으로 해석되지 아니한다.
2. 이 협정의 목적상 관세영역은 그 영토의 다른 영토와의 무역의 상당한 부분에 대하여 별도의 관세 또는 그 밖의 상거래 규정이 유지되는 영토를 의미하는 것으로 양해한다.

3. 이 협정의 규정은 다음을 방해하는 것으로 해석되지 아니한다.
   (a) 국경무역을 원활하게 하기 위하여 체약 당사자가 인접국가에 부여하는 혜택
   (b) 트리에스트 자유영토와의 무역에 대하여 그 영토에 인접한 국가가 부여하는 혜택. 단, 이러한 혜택이 제2차 세계대전의 결과로 체결된 평화조약에 저촉되어서는 아니 된다.
4. 체약 당사자들은 자발적인 협정을 통하여 동 협정 당사국 경제 간의 보다 긴밀한 통합을 발전시킴으로써 무역의 자유를 증진하는 것이 바람직하다는 것을 인정한다. 체약 당사자는 관세동맹 또는 자유무역지역의 목적이 구성영토 간의 무역을 원활화하는 것이어야 하며 다른 체약 당사자의 동 영토와의 무역에 대한 장벽을 세우는 것이어서는 아니 된다는 것을 또한 인정한다.
5. 따라서 이 협정의 규정은 체약 당사자 영토 간에 관세동맹 또는 자유무역지역을 형성하거나 관세동맹 또는 자유무역지역의 형성을 위하여 필요한 잠정협정을 채택하는 것을 방해하지 아니한다. 단,
   (a) 관세동맹 또는 관세동맹의 형성으로 이어지는 잠정협정에 관하여는, 동 동맹이나 협정의 당사자가 아닌 체약 당사자와의 무역에 대하여 동 동맹 또는 잠정협정의 창설 시에 부과되는 관세 및 그 밖의 상거래 규정은 동 동맹의 형성 또는 동 잠정협정의 채택 이전에 구성영토에서 적용 가능한 관세 및 그 밖의 상거래 규정의 일반적 수준보다 전반적으로 더 높거나 더 제한적이어서는 아니 된다.
   (b) 자유무역지역 또는 자유무역지역의 형성으로 이어지는 잠정협정에 관하여는, 각 구성영토에서 유지되고 또한 동 자유무역지역의 형성 또는 동 잠정협정의 채택 시에, 동 지역에 포함되지 않았거나 동 협정의 당사자가 아닌 체약 당사자의 무역에 대하여 적용 가능한 관세 및 그 밖의 상거래 규정은 자유무역지역의 형성 또는 잠정협정 이전에 동일한 구성영토에서 존재하였던 상응하는 관세 또는 그 밖의 상거래 규정보다 더 높거나 더 제한적이어서는 아니 된다.
   (c) (a)호 및 (b)호에 언급된 잠정협정은 합리적인 시간 내에 동 관세동맹 또는 동 자유무역지역의 형성을 위한 계획 및 일정을 포함하여야 한다.
6. 제5항 (a)호의 요건을 충족시키는 데 있어서 체약 당사자가 제2조의 규정에 불합치되게 관세율을 인상할 것을 제의하는 경우에는 제28조에 명시된 절차가 적용된다. 보상적 조정을 제시하는 데 있어서는 동 동맹의 나머지 구성영토들의 상응하는 관세의 인하에 의하여 이미 제공된 보상에 대하여 적절히 고려한다.
7. (a) 관세동맹이나 자유무역지역, 또는 동 동맹이나 지역의 형성으로 이어지는 잠정협정에 참가하기로 결정하는 체약 당사자는 신속히 체약 당사자단에 통보하고, 체약 당사자단이 적절하다고 인정하는 보고 및 권고를 체약 당사자에게 할 수 있게 할 동 제의된 동맹 또는 지역에 관한 정보를 체약 당사자단에게 이용 가능하게 한다.
   (b) 체약 당사자단이 제5항에 언급된 잠정협정에 포함된 계획 및 일정을 동 협정의 당사자와 협의하여 검토하고 (a)호의 규정에 따라 이용 가능하게 된 정보를 적절하게 고려한 후 동 협정의 당사자들이 의도한 기간 내에 동 협정이 관세동맹 또는 자유무역지역의

형성을 초래할 것 같지 아니하다거나 동 기간이 합리적인 기간이 아니라고 인정하는 경우 체약 당사자단은 동 협정의 당사자들에게 권고를 한다. 동 당사자들은 이러한 권고에 따라 동 협정을 수정할 준비가 되어 있지 아니한 경우 동 협정을 유지하거나 시행하지 아니한다.

(c) 제5항 (c)에 언급된 계획 또는 일정의 실질적인 변경은 체약 당사자단에 전달되어야 하며, 체약 당사자단은 동 변경이 관세동맹 또는 자유무역지역의 형성을 부당하게 위협하거나 지연시킬 것으로 보이는 경우 당해 체약 당사자들에게 체약 당사자단과 협의하도록 요청할 수 있다.

8. 이 협정의 목적상

(a) 관세동맹은 다음의 결과가 되도록 둘 또는 그 이상의 관세영역을 단일관세영역으로 대체한 것을 의미하는 것으로 양해한다.

(i) 동 동맹 구성영토 간의 실질적으로 모든 무역에 관하여 또는 적어도 동 영토를 원산지로 하는 상품의 실질적으로 모든 무역에 관하여 관세 및 그 밖의 제한적인 상거래 규정(필요한 경우 제11조, 제12조, 제13조, 제14조, 제15조 및 제20조 아래에서 허용되는 것은 제외한다)은 철폐된다.

(ii) 제9항의 규정에 따를 것을 조건으로, 실질적으로 동일한 관세 및 그 밖의 상거래 규정이 동 동맹의 각 회원국에 의하여 동 동맹에 포함되지 아니한 영토의 무역에 적용된다.

(b) 자유무역지역은 관세 및 그 밖의 제한적인 상거래 규정(필요한 경우 제11조, 제12조, 제13조, 제14조, 제15조 및 제20조 아래에서 허용되는 것은 제외한다)이 구성영토를 원산지로 하는 상품의 동 영토 간의 실질적으로 모든 무역에 대하여 철폐되는 둘 또는 그 이상의 관세영역의 일군을 의미하는 것으로 양해한다.

9. 제1조 제2항에 언급된 특혜는 관세동맹 또는 자유무역지역의 형성에 의하여 영향을 받지는 아니하나 영향을 받는 체약 당사자와의 협상에 의하여 철폐 또는 조정될 수 있다. 영향을 받는 체약 당사자와의 협상절차는 제8항 (a)(i) 및 제8항 (b)의 규정에 합치되도록 요구되는 특혜의 철폐에 특히 적용된다.

10. 체약 당사자단은 제5항 내지 제9항의 요건에 완전히 합치되지 않는 제의를 3분의 2의 다수에 의하여 승인할 수 있다. 단, 동 제의는 이 조의 의미에서의 관세동맹 또는 자유무역지역의 형성으로 이어져야 한다.

11. 체약 당사자들은 인도와 파키스탄이 독립국가로서 수립된 데서 발생하는 예외적인 상황을 고려하고 양국이 오랫동안 하나의 경제단위를 구성하여 온 사실을 인정하여, 그들 상호 간의 무역계가 확정적인 기초 위에 수립될 때까지는 이 협정의 규정은 양국이 양국의 무역에 관하여 특별한 약정을 체결하는 것을 방해하지 아니한다는 데 동의한다.

12. 각 체약 당사자는 자신의 영토 내의 지역 및 지방정부와 당국에 의한 이 협정 규정의 준수를 확보하기 위하여 자신에게 이용 가능할 수 있는 합리적인 조치를 취한다.

3) 지역무역협정

세계무역에서 다자주의는 다수의 국가 모두 국제무역의 문제해결을 위해 범세계적인 기구를 두고 협정 또는 규범을 정하여 해결하는 이념이다. 세계무역기구(WTO)는 대표적인 다자주의 무역체제라고 할 수 있다. 참고로 양자주의는 양 국가의 입장에서 무역과 관련한 문제를 논의하고 해결한다. 세계무역기구(WTO)는 자유무역 확대와 함께 무역장벽 제거를 위해 다자주의 원칙을 고수하고 양자주의 또는 지역주의 확산을 방지하는 것을 기본 원칙으로 한다. 하지만 세계무역기구(WTO)가 무조건적으로 지역주의를 배척하는 것은 아니다. 관세와 무역에 관한 일반협정(GATT) 제24조는 자유무역지대나 관세동맹이 형성된 경우 이에 대해 세계무역기구(WTO)의 기본 원칙인 최혜국대우의 예외를 인정하고 있다. 다만 이러한 예외에는 기존의 무역장벽이 완화 또는 제거되어야 하며, 역외국가에 대해서 더 제한적인 조취를 취하지 않는 것을 조건으로 한다.

이러한 예외조항과 함께 국가 간 무역에서 자연적으로 다자주의의 세계무역기구(WTO)의 한계와 단점을 보완하면서 자유무역을 추진하는 방법 중 대안으로 떠오르는 것이 바로 지역무역협정(Regional Trade Agreement: RTA)이다. 소위 무역블록의 형성으로 지역주의가 강해졌는데, 이러한 지역통합을 통틀어 지역무역협정(regional trade agreement: RTA)이라고 한다. 참고로 발효된 RTA 가운데 FTA 형식이 90% 이상을 차지한다.

세계무역기구(WTO)의 지역무역협정(RTA) 정보시스템은 서비스와 상품에 대한 지역무역협정(RTA)을 구분하여 집계하기 때문에 물리적인 지역무역협정(RTA)과 세계무역기구(WTO)의 규칙에 따라 집계되는 지역무역협정(RTA)의 빈도수에는 차이가 있다. 예를 들어 하나의 지역무역협정(RTA)을 체결함에 있어서 서비스와 상품 분야가 구분된다면 집계에는 2건으로 기록되지만, 물리적으로는 1건으로 집계된다. 그리고 물리적인 지역무역협정(RTA) 1건의 체결 대상이 상품만으로 구성되어 있다면 지역무역협정(RTA) 빈도 집계는 1건이며,

물리적 지역무역협정(RTA) 역시 1건이 된다. 따라서 집계된 지역무역협정(RTA) 빈도수는 두 국가가 체결하여도 1건 또는 2건으로 집계될 수 있다. 실제 2018년 누적 지역무역협정(RTA)은 468건이었으며, 물리적으로는 292건이었는데, 2019년에 상품과 서비스 각각 2건씩 지역무역협정(RTA) 체결이 발생하였다. 따라서 2019년 지역무역협정(RTA) 빈도수는 4건이 추가되어 472건으로 기록되며, 물리적으로는 하나의 지역무역협정(RTA) 체결에서 상품과 서비스의 지역무역협정(RTA)이 발생하였기 때문에 294건으로 기록되었다.

지역무역협정(RTA)의 그 내용보다 표현상의 문제로 다양한 종류가 있다. 먼저 FTA 경우 우리나라 외 주요 국가들 간의 지역협정에 가장 많이 사용되는 표기이다. 하지만 이외 경제동반협정(EPA), 포괄적경제동반자협정(CEPA), 포괄적경제협력협정(CECA), 전략적경제보완협정(SECA) 등 다양한 명칭이 사용된다.

표 3-3 다양한 지역무역협정(RTA) 용어

영문명칭	한글명칭
• FTA(Free Trade Agreement)	자유무역협정
• EPA(Economic Partnership Agreement)	경제동반협정
• CEPA(Comprehensive Economic Partnership Agreement)	포괄적경제동반자협정
• CECA(Comprehensive Economic Cooperation Agreement)	포괄적경제협력협정
• SECA(Strategic Economic Complementation Agreement)	전략적경제보완협정

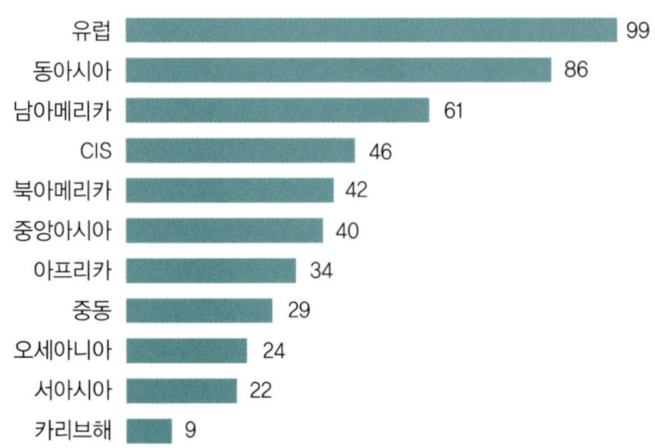

그림 3-2 주요 권역별 지역무역협정(RTA) 체결현황

출처: WTO (2019). World Trade Statistical Review.

2023년 기준 우리나라 외 일본, 중국의 지역무역협정(RTA) 체결현황은 〈표 3-4〉와 같다.

표 3-4 한중일의 FTA 체결현황

국가	상태	내용
한국	발효 (59개국 21건)	한–칠레 FTA, 한–싱가포르 FTA, 한–EFTA FTA, 한–ASEAN FTA, 한–인도 CEPA, 한–EU FTA, 한–페루 FTA, 한–미국 FTA, 한–튀르기예 FTA, 한–호주 FTA, 한–캐나다 FTA, 한–중국 FTA, 한–뉴질랜드 FTA, 한–베트남 FTA, 한–콜롬비아 FTA, 한–중미 FTA, 한–영국 FTA, 한–RCEP, 한–이스라엘 FTA, 한–캄보디아 FTA, 한–인도네시아 FTA, (서명) 한–필리핀 FTA
	협상 중	한중일 FTA, 한–MERCOSUR, 한–러시아, 한–말레이시아, 한–에콰도르, 한–우즈베키스탄, 한–아세안 추가자유화, 한–칠레 FTA 업그레이드, 한중 FTA 서비스투자 후속협상, 한–과테말라의 한–중미 FTA 가입협상, GCC
	협상재개 및 개시, 여건조성	몽골, 조지아, 멕시코, 영국, 이집트, PA
일본	발효	싱가포르 EPA, 말레이시아 EPA, 칠레 FTA, 태국 EPA, 인도네시아 EPA, 브루나이 EPA, 필리핀 EPA, ASEAN EPA, 스위스 EPA, 베트남 EPA, 인도 EPA, 페루 EPA, 호주 EPA, 몽골 EPA, 멕시코 EPA, TPP12, TPP11, EU EPA, US EPA, UK EPA, RCEP
	협상 중	콜롬비아 EPA, 한중일 FTA, 튀르키예 EPA
	협상재개 및 개시, 여건조성	한국 FTA, GCC FTA, 캐나다 EPA
중국	발효	RCEP, 캄보디아, 모리셔스, 몰디브, 조지아, 호주, 한국, 스위스, 아이슬란드, 코스타리카, 페루, 싱가포르, 뉴질랜드, 칠레, 파키스탄, 아세안, 홍콩, 마카오
	협상 중	GCC, 노르웨이, 한중일, 스리랑카, 이스라엘, 팔레스타인, 몰도바, 파나마, 한국(후속 및 개선), 페루(후속 및 개선)
	검토 중	콜롬비아, 피지, 네팔, 캐나다, 방글라데시, 몽골, 파푸아뉴기니, 스위스

1) EFTA(유럽자유무역연합)(4개국): 스위스, 노르웨이, 아이슬란드, 리히텐슈타인
2) ASEAN(10개국): 브루나이, 캄보디아, 인도네시아, 라오스, 말레이시아, 미얀마, 필리핀, 싱가포르, 베트남, 태국
3) EU(27개국): 오스트리아, 벨기에, 체코, 키프로스, 덴마크, 에스토니아, 핀란드, 프랑스, 독일, 그리스, 헝가리, 아일랜드, 이탈리아, 라트비아, 리투아니아, 룩셈부르크, 몰타, 네덜란드, 폴란드, 포르투갈, 슬로바키아, 슬로베니아, 스페인, 스웨덴, 불가리아, 루마니아, 크로아티아
4) 중미(5개국): 파나마, 코스타리카, 온두라스, 엘살바도르, 니카라과
5) RCEP(역내포괄적경제동반자협정)(한국제외 14개국): 한국, 아세안 10개국, 중국, 일본, 호주, 뉴질랜드
6) GCC(걸프협력회의)(6개국): 사우디아라비아, 카타르, 쿠웨이트, 바레인, 오만, 아랍에미리트
7) MERCOSUR(남미공동시장)(4개국): 아르헨티나, 브라질, 파라과이, 우루과이
8) PA(태평양동맹)(4개국): 콜롬비아, 멕시코, 페루, 칠레

제3절 경제통합

1. 경제통합의 개요

1) 경제통합의 시작

제2차 세계대전 이후 자유무역지역, 관세동맹과 같은 지역경제통합(regional economic integration)을 결성하려는 움직임이 활발하게 일어났다. 다시 말해 그 이전에는 국가들이 통합한다는 측면에서의 경제통합 활동은 없었다. 이후 세계는 관세와 무역에 관한 일반협정(GATT)과 세계무역기구(WTO)를 통해 자유무역이 확대되면서 국가들 간의 경제통합을 통해 공통적으로 추구하는 목적은 가맹국 간의 무역자유화이며, 나아가 경제통합을 통해 보다 효율적인 경제활동을 추구하고자 한다.

2) 경제통합의 형태

헝가리 출신의 경제학자 발라사(Bella Balassa)에 의하면 경제통합은 2개 이상의 독립국이 각자의 상황을 초월하여 각종 차별(관세, 재화와 생산요소의 이동에 대한 제약 등)을 무너뜨리면서 관계를 맺는 것을 의미한다. 발라사의 주장에 따르면 경제통합을 정의할 때 협력(cooperation)과는 구별해야 하는데, 협력은 차별을 억제하며 단순히 교역조건을 개선하는 측면이라면 통합은 국가를 하나로 묶는 것을 의미한다.

발라사는 경제통합을 달성하기 위해서는 다섯 단계의 과정을 거친다고 하였다. 이는 앞서 언급한 차별의 억제 정도, 혹은 통합 진척의 정도를 단계별로 제시한 것이다. 첫 번째 단계는 자유무역지역(free trade area)이다. 경제통합에 참여한 각국(이하 '참여국') 간에 관세 및 수량제한을 없애며, 참여하지 않은 국가(이하 '비참여국')에 대해서는 독자적인 관세정책을 유지하는 것이다. 유럽자유무역연합(EFTA), 북미자유무역협정(NAFTA), 중남미자유무역연합(LAFTA) 등이 이에 해당한다. 여기서 자유무역지역(free trade area)은 자유무역협정(free trade agreement)을 통해 구현되기 때문에 통상 경제통합 과정을 설명할 때 가장 초기 단계의 경제통합을 자유무역협정으로 본다.

두 번째 단계는 관세동맹(customs union)이다. 참여국 간에 상품의 이동에 대한 차별을 철폐하며, 동맹국 간에는 관세를 폐지하거나 경감한다. 비참여국으로부터 수입할 때에는 각국이 공통의 수입관세를 부과하는데, 이것이 자유무역지역과 다른 점이다. 관세동맹의 예로는 독일 관세동맹(1834), 벨기에 · 네덜란드 · 룩셈부르크 3국이 결성한 베네룩스 관세동맹(1944)이 있다(독일 관세동맹은 1871년 비스마르크에 의해 독일이 통일되기 전 여러 공국들이 존재했을 때 프로이센의 주도로 이루어진 것으로, 당시에는 국가 간의 협약으로 볼 수 있기 때문에 관세동맹 사례에 포함).

세 번째 단계는 공동시장(common market)이다. 관세동맹보다 진전된 형태의 경제통합으로, 경제적인 국경을 철폐하고 국가 간 무역량 확대와 사회적 · 경제적 발전을 이루기 위해 무역제한뿐만 아니라 생산요소(노동 · 자본 등) 이동에 대한 제약을 철폐하는 단계이다. 구체적으로 회원국 간 노동(건설 · 컨설팅 등), 자본(은행, 기타 금융서비스, 해외직접투자(FDI) 등), 기술 등 생산요소의 자유로운 이동이 가능해진다. 주요 사례는 유럽경제공동체(EEC), 중미공동시장(CACM), 아랍공동시장(ACM), 안데스공동체(ANCOM) 등이다.

네 번째 단계는 경제동맹(economic union)이다. 경제동맹은 공동시장에서 실시하는 상품과 요소 이동에 대한 제약(국경에서의 장벽)을 억제하고 참여국 각국의 경제정책으로 발생되는 격차를 해소하기 위하여 재정 · 금융 · 노동 등의 국내정책, 대외무역정책 등 국가 경제정책을 조정한다. 대표 사례로는 베네룩스 경제동맹(1958), 여기에 프랑스와 이탈리아가 참여한 경제금융동맹 프리탈룩스(Fritalux), 영연방이 스칸디나비아 각국과 맺은 경제동맹인 유니스칸(Uniscan) 등이 있다.

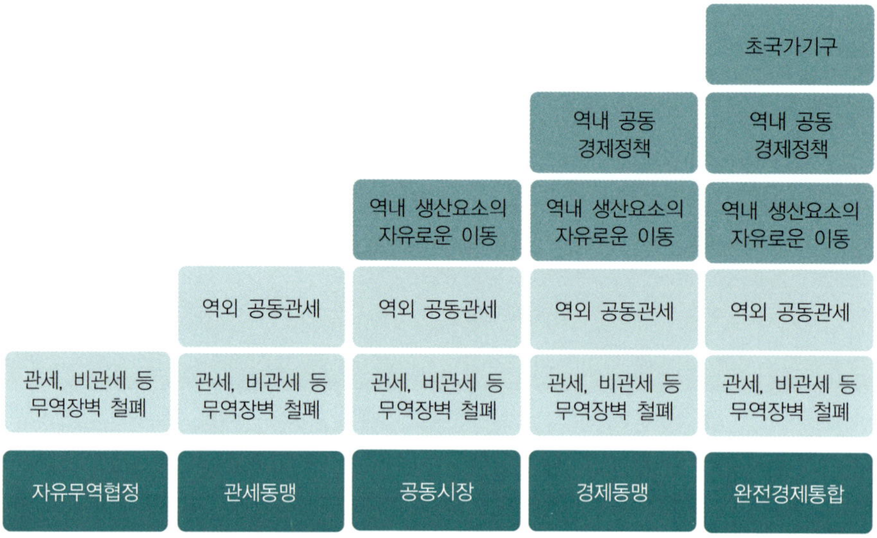

그림 3-3 **경제통합 5단계**

마지막 단계는 온전한 경제통합(total economic integration)이다. 참여국들은 통화 · 재정 · 사회 · 경기안정(countercyclical) 정책의 통합을 전제로, 여러 나라를 하나로 묶을 수 있는 초국가적 기구를 설치한다. 경제동맹과의 가장 큰 차이는 통화와 경제정책의 통일이며, 대표 사례는 1993년 출범한 유럽연합(EU)이다. 유럽연합은 유럽연방은행(ECB)이 EU 각국의 통화정책을 담당하며, 2002년부터 유로화를 사용하고 있다.

2. 경제통합의 효과

무역창출효과는 무역협정을 통해 관세인하로 체약국 간의 무역이 새롭게 발생하면서 생기는 효과를 의미한다. 무역협정을 통해 양국 간에 새롭게 창출되는 무역으로 기존에는 발생하지 않았던 무역이 협정체결로 인해 새롭게 창출되면서 발생하는 효과이다.

무역전환효과는 무역협정체결 이전에 다른 국가로부터 수입하던 상품이 무역협정체결 이후 체약국으로부터 수입되면서 발생하는 효과이다. 무역전환효과는 역외국가의 생산비가 낮은 경우에도 관세철폐로 인해 생산비용이 더 높은 체약국으로 무역이 전환됨으로써 시장경제원리에 따른 경제적 효율성은 오히려 저해되는 효과가 발생하기도 한다.

무역굴절효과는 무역협정으로 발생하는 부정적 효과로 역외관세를 부과하는 체약국을 통해 수입되는 중간재가 역외관세가 높은 체약국으로 무관세로 재수출되는 현상을 말한다. 이러한 상황은 역외관세에 대하여 두 국가가 역외관세를 달리 부과하기 때문에 발생하며 이에 대비하여 원산지 규정이 엄격해지고 있다. 한편 무역굴절현상과 함께 자유무역협정별(FTA)로 각기 다른 원산지 규정이 혼재함으로 인해 원산지 규정의 이행에 많은 비용과 부담이 증가하는 일명 스파게티볼 효과(spaghetti bowl effect)가 나타나기도 한다. 스파게티볼 효과는 여러 국가와 동시다발적으로 자유무역협정을 체결하면 각 국가마다 서로 다른 원산지 규정, 통관절차 등의 고유하고 복잡한 규정과 절차를 이해하고 대처해야 하는데, 이는 자유무역협정을 이용하고자 하는 기업에게는 오히려 거래비용을 높이고 부담이 될 수 있기 때문에 역효과가 나는 것이다. 이에 대한 대책으로는 Mega-FTA가 있다. Mega-FTA는 '크다'라는 뜻의 그리스어 'Mega'와 FTA(무역자유화협정)가 합쳐진 말로 다수의 협상국이 참여하는 무역자유화협정을 말한다. 우리나라가 참여 중인 Mega-FTA는 역내포괄적경제동반자협정(RCEP), 포괄적 · 점진적 환태평양경제동반자협정(CPTPP), 아태자유무역지대(FTAAP) 등이 있다. 이 가운데 역내포괄적경제동반자협정(RCEP)의 경우 2012년 11월 동아시아 정상회의 계기로 협상 개시를 선언해 28차례 공식협상과 16차례의 장관회의, 3차례 정상회의를 개최한 지 7년 만인 2019년 11월에 타결되어 Mega-FTA의 실체를 보여주었다. RCEP는 아세안 10개국과 동북아 3개국, 남태평양 2개국, 인도 등 16개 국가가 참여하는 아시아태평양지역의 Mega-FTA로 전 세계 인구의 절반(인구 약 48%), 세계총생산의 3분의 1(GDP 약 32%), 교역량 3분의 1(교역 약 29%)을 차지하는 FTA 타결로 교역 · 투자 활성화와 수출시장 다변화를 통한 새로운 기회가 창출될 것으로 예상된다. RCEP는 상품과 서비스 교역은 물론 경제기술협력, 지식재산권, 경쟁, 전자상거래, 원산지, 통관, 위생 · 검역, 기술규제, 분쟁해결 등 통상의 전 분야가 포함된다. 또한 상품분야의 경우 공통양허방식 원칙이어서 기존에 체결된 자유무역협정(FTA)에서 한발 더 나아간 추가 자유화를 기대할 수 있다.

참고 3-2 EU의 경제통합 과정

2019년 기준 유럽연합은 유로존 19개국을 포함하여 27개국이었다. 지금의 유럽연합의 형성 과정을 연도별로 구분하면 다음과 같다.

- 1952(6): 독일, 프랑스, 이탈리아, 네덜란드, 벨기에, 룩셈부르크 (유럽석탄철강공동체: ECSC)
  * 전략적 자산의 공동관리, 알자스로렌, 보불전쟁(프로이센-프랑스), 1871년
- 1973(3): 영국, 아일랜드, 덴마크
- 1981(1): 그리스
- 1986(2): 스페인, 포르투갈
- 1995(3): 스웨덴, 핀란드, 오스트리아
- 2004(8): 헝가리, 폴란드, 체코, 슬로베니아, 슬로바키아, 에스토이나, 라트비아, 리투아니아
- 2008(2): 사이프러스, 몰타
- 2007(2): 루마니아, 불가리아
- 2013(1): 크로아티아
- 2016(-1): 영국 탈퇴

- 유로존: 오스트리아, 벨기에, 키프로스, 핀란드, 프랑스, 독일, 그리스, 슬로바키아, 아일랜드, 이탈리아, 룩셈부르크, 몰타, 네덜란드, 포르투갈, 슬로베니아, 스페인, 라트비아, 리투아니아
- 비유로존: 덴마크, 스웨덴, 불가리아, 체코, 헝가리, 크로아티아, 폴란드, 루마니아
- 유로협정국: 마요트, 모나코, 산마리노, 생피에르에미클롱, 바티칸시국
- 유로비협정국: 아크로티리, 데켈리아, 안도라, 코소보(발칸), 몬테네그로(발칸), 생바르텔르미섬(프), 세인트마틴섬(프)

PRINCIPLES OF INTERNATIONAL TRADE

CHAPTER 04
관세와 비관세

CHAPTER 04 관세와 비관세

제1절 관세

1. 관세의 정의와 분류

1) 관세의 정의

관세(customs)는 한 나라 관세선을 통과하는 물품에 부과하는 조세로 정의할 수 있다. 세율이란 과세표준에 대하여 납부하여야 할 세액의 비율을 말하며, 관세율이란 관세의 관세표준인 수입물품의 가격 또는 수량에 대한 관세액의 비율이다. 원칙적으로 이러한 관세율은 조세법률주의에 따라 국회에서 법률로 정하는 것을 원칙으로 한다. 하지만 국내외경제 여건 등의 변동에 신속하고 탄력적으로 대응할 수 있도록 대통령령 또는 기획재정부령으로 탄력세율을 정하거나 또한 외국과의 조약 · 협약 등에 의하여 협정세율을 정할 수 있다.

2) 부과시기에 따른 분류

관세는 부과시기에 따라 수입세(import duty), 수출세(export duty), 통과세(transit duty)로 구분한다. 수입세는 외국물품이 관세영역을 통과하여 국내로 반입될 때 부과하는 관세로, 일반적으로 관세라고 하면 수입세를 의미한다. 수출세는 수출품에 부과되는 관세로 재정수입의 확보, 전략물자와 자국공업에 필요한 원료의 안정적 확보 등 정책적 목적에 의해 부과된다. 하지만 수출세는 해외의 독점시장이 존재하는 경우에 가능하다. 수출세의 부과는 외국에서의 수입가격 상승을 초래하기 때문에 특별한 경우 이외에는 거의 부과되지 않는다. 통과세는 한 국가나 하나의 관세영역을 단순히 통과하는 물품에 대해 부과되는 관세로, 1921년 통과무역의 자유에 대한 국제조약의 체결 이후 징수하지 않게 되었다.

3) 부과 목적에 따른 분류

재정관세(revenue duty)는 국가가 재정수입의 확보를 목적으로 부과하는 관세로서, 무역정책의 수단이라기보다는 재정상의 수단으로 볼 수 있다. 내국세로 볼 수 있으며 국가재원을 확보하기 곤란한 후진국에서 주로 채택하는 관세이다. 보호관세(protective duty)는 국내산업을 보호 및 육성하고 기존산업을 유지, 발전시킬 목적으로 부과하는 관세이다. 보호관세의 목적에 따라 육성관세, 유지관세, 공황관세, 금지관세, 방위관세 등이 있고 보호기간에 따라 일시적 보호관세와 계속적 보호관세로 구분된다. 참고로 최근 환경문제가 이슈화되면서 EU에서는 탄소국경세 등을 시행하고 있는데 이러한 형태의 관세 역시 보호관세로 볼 수 있다.

4) 부과 기준에 따른 분류

종가세(ad valorem duty)는 수입물품의 가격을 과세산정기준으로 하는 관세로 우리나라의 관세율표는 대부분 종가세로 되어 있다. 종가세는 '관세액＝실거래가격(CIF가격)×환율×관세율'로 계산된다. 종가세의 장점은 관세부담이 상품가격에 비례하기 때문에 공평하고 시장가격의 변경에도 불구하고 과세부담의 균형을 유지할 수 있다는 점이다. 반면에 단점은 과세표준으로서 과세가격을 산출하기 어렵고 가격결정의 어려움으로 절차가 복잡하고 비용이 많이 소요되며, 국내산업보호의 기능이 희박하다는 점이다. 종량세(specific duty)는 수입물품의 수량을 관세산정의 기준으로 하는 관세이다. 즉 '관세액＝수량×수량단위당 관세액'으로 계산된다. 종량세의 장점으로는 세액을 쉽게 산출할 수 있어 과세방법이 간단하고 같은 상품인 경우 관세가 동일하며, 국내산업보호의 기능이 강하다는 데 있다. 이에 반해 단점으로는 물가변동에 따른 세율의 적용이 불가능하고 관세부담의 공평을 기할 수 없으며, 상거래에 사용되는 중량단위 및 계량단위의 통일에 어려움이 있다는 점 등이다. 혼합세는 종가세와 종량세를 합친 것으로 복합세(compound duty)와 선택세(alternative duty)가 있다. 복합세는 품목에 대해 종가세와 종량세를 동시에 정하고 두 가지 방법으로 산출된 세액을 합하여 과세하는 방법으로, 현재 사용되지 않고 있다. 선택세는 한 품목에 대해 종량세와 종가세를 동시에 정하고 둘 중 높게 또는 낮게 산출되는 세액을 선택하여 부과하는 관세이다.

5) 부과 근거에 따른 분류

국정관세(national duty)는 국가가 국내법으로 정한 관세율인 국정세율로 부과되는 관세를 의미한다. 관세는 조세의 일종으로서, 국회의 입법사항으로 징수방법이나 세율 등을 정한다. 우리나라는 관세율표에서 국정관세의 종류를 기본관세, 잠정관세, 탄력관세, 그리고 일반특혜관세로 정하고 있다. 협정관세

(conventional duty)는 외국과의 통상조약 또는 관세조약 등 국제 간의 관세협정에 의하여 제정되는 관세를 말한다. 협정관세는 상호주의 원칙에 의해 설정되기 때문에 그 개폐에 있어서도 상호주의 원칙이 적용되며, 일방이 단독적으로 개폐할 수 없는 것이 원칙이다. 우리나라의 현행 협정관세의 종류는 ① 세계무역기구(WTO)협정 일반양허관세, ② 세계무역기구(WTO)협정 개발도상국 간 양허관세, ③ 방콕협정(Economic and Social Commission for Asia and Pacific: ESCAP) 개발도상국 간 양허관세, ④ UNCTAD 개발도상국 간 특혜무역제도(Generalized System of Preferences: GSP)에 관한 협정관세 등이 있다.

6) 제도에 따른 분류

관세는 결정 주최에 따라 크게 국정관세와 협정관세로 구분된다. 국정관세에는 기본 관세, 잠정관세 등 국회에서 정한 관세법을 기준으로 부여된다. 국정관세에 기본 관세와 잠정관세 외 탄력관세(flexible tariff system)의 형태로 행정부에서 대통령령에 따른 편익관세, 조정관세, 할당관세, 일반특혜관세, 보복관세가 있으며, 기획재정부령에 따른 덤핑방지관세, 긴급관세, 특정국물품긴급관세, 농림축산물에 대한 특별긴급관세, 상계관세, 계절관세가 존재한다. 협정관세에는 다자간과 양자 간 관세로 구분할 수 있는데, 다자협력에 의한 관세는 WTO 양허관세, 개도국 간 특혜무역제도에 관한 협정(Global System of Trade Preferences Among Developing Countries: GSTP), 세계무역기구 협정 개발도상국 간의 양허관세(Trade Negotiation Among Developing Countries: TNDC), 아시아 태평양 무역협정(Asia-Pacific Trade Agreement: APTA)이 있다. 참고로 GSTP는 국제연합무역개발협의회(United Nations Conference on Trade and Development: UNCTAD)의 개발도상국 간 양허관세이며 TNDC는 WTO 개도국 간 양허관세, 그리고 APTA는 아시아 · 태평양 무역협정에 의한 양허관세이다. 양자협력에 의한 관세는 FTA 협정관세, 특정국과의 협정에 의한 양허관세가 존재한다.

이 가운데 특혜관세, 차별관세(differential duty) 그리고 탄력관세를 보면, 먼저 특혜관세는 특정국가나 특정지역으로부터 수입되는 물품에 대하여 관세를 부과하는 데 할인율을 적용하는 등 관세상의 혜택을 주는 것을 말한다. 특혜관세제도는 기존특혜와 일반특혜로 구분된다. 기존특혜는 구 식민지와 종주국 간에 거래되는 물품에 대하여 외국으로부터 수입되는 저율의 특혜관세를 적용하는 것으로 영연방특혜가 전형적인 예이다. 이는 차별관세의 일종으로 관세와 무역에 관한 일반협정(GATT)에서는 신설 또는 확대를 금지하였다. 일반특혜관세는 선진국이 개발도상국으로부터 수입하는 물품에 대하여 비상호적, 일방적으로 개도국에 대하여 무차별로 관세율을 인하하여 공여하는 것을 말한다. 일반특혜관세제도는 관세와 무역에 관한 일반협정(GATT)제도하에서 선진국이 개도국의 경제개발을 위한 협력으로 무역상의 특혜를 부여해 주기 위해 1971년부터 실시되는 제도로 우리나라는 이 제도의 수혜국이었으나 현재는 수혜국에서 제외되었다.

차별관세는 특정한 경우에 특정국가로부터 수입되는 물품이나 품목에 대하여 다른 물품보다 낮은 세율을 적용하거나 더 높은 세율을 적용하는 것을 말한다. 차별관세는 기본적으로 중상주의시대 및 제2차 세계대전 이전의 관세정책에 주로 이용되었지만, 현재 최혜국대우의 약관, 세계무역기구(WTO)의 협정 등에 의해 적용빈도가 줄어들고 있다.

탄력관세는 조세법률주의의 예외적인 조치로 급변하는 국제경제 환경에 대처하여 관세정책을 수행할 수 있도록 행정부에 일정한 범위 내에서 관세율 조정권을 위임하여 관세율을 탄력적으로 조정하거나 변경할 수 있도록 하는 것을 말한다. 우리나라에서 현재 시행하고 있는 탄력관세로는 다음과 같은 것들이 있다.

먼저 덤핑방지관세(anti-dumping duty)는 자국 상품의 수출 증대를 위하여 수출가격을 낮추어 수출하는 경우에 수입국에서 수입 증가를 방지하고 국내 산업을 보호할 목적으로 기본관세 이외의 덤핑 마진 금액 이하의 관세를 부과하는 것이다. 다음으로 보복관세(retaliatory duty)는 외국이 자국 상품에 대하여 부당한 수입관세나 차별대우를 취하는 경우, 이에 대한 대응으로 외국으로부터 수입되는 물품에 대하여 보복적으로 부과하는 관세를 말한다. 긴급관세(emergency duty)는 특정 물품의 갑작스러운 수입 증가로 인하여 국내산업에 중대한 피해를 가져오거나 피해의 위협이 존재는 경우 이에 대응하기 위해 특정 수입물품에 관세율을 높여서 부과하는 것을 말한다. 조정관세(adjustment duty)는 특정 물품의 수입이 증가하여 국내개발물품, 농산물 등 국제경쟁력이 취약한 물품의 국내시장 및 산업기반 유지를 저해하거나, 국민보건, 환경보존, 소비자보호 등을 위하여 필요한 경우 높은 관세율을 부과하는 것을 말한다. 상계관세(compensatory duty)는 수출국에서 제조, 생산 또는 수출에 대해 직접 또는 간접적으로 보조금, 장려금을 받은 물품이 수입되어 국내산업이 실질적인 피해를 받거나 받을 우려가 있는 경우에 국내산업을 보호할 필요가 있다고 인정될 때, 수입국에서 그 경쟁력을 상쇄하기 위하여 부과하는 할증관세이다. 할당관세(tariff quota)는 특정물품을 국가가 정한 일정수량의 범위 내에서 수입될 때에는 저율의 관세를 부과하고, 일정수량을 초과하여 수입될 때에는 고율의 관세를 부과하는 제도로 이중관세율제도라고 한다. 편익관세(beneficial duty)는 협정세율을 적용받지 않는 특정국의 특정 산품에 대하여 협정세율의 범위 내에서 자국에 유리한 세율을 적용하는 것으로 협정관세와 유사한 것이다. 이외에도 우리나라에는 탄력관세제도로 농림축산물에 대한 특별긴급관세와 계절관세가 있다.

표 4-1 관세의 구분

구분	결정주체		대상관세율
국정관세	국회	관세법	기본세율, 잠정세율
	행정부	대통령령	편익관세, 조정관세, 할당관세, 일반특혜관세, 보복관세
		기획재정부령	덤핑방지관세, 긴급관세, 특정국물품긴급관세, 농림축산물에 대한 특별긴급관세, 상계관세, 계절관세
협정관세	다자협력		WTO 양허관세, GSTP, TNDC, APTA
	양자협력		FTA 협정관세, 특정국과의 협정에 의한 양허관세

* GSTP: UNCTAD 개발도상국 간 양허관세
TNDC: WTO 개도국 간 양허관세
APTA: 아시아 · 태평양 무역협정에 의한 양허관세

표 4-2 관세의 적용순위

적용순위	세율 종류	비고
1순위	덤핑방지관세, 상계관세, 보복관세, 긴급관세, 특정국물품긴급관세, 농림축산물에 대한 특별긴급관세	관세율의 높낮이에 관계없이 최우선 적용
2순위	국제협력관세, 편익관세, WTO 양허관세에 의한 세율, 자유무역협정(FTA)세율, 농림축산물양허관세	3, 4, 5, 6순위 세율보다 낮은 경우에만 적용 (단, 농림축산물양허관세는 세율이 높은 경우에도 5, 6순위 세율보다 우선 적용)
3순위	조정관세, 할당관세, 계절관세	할당관세의 세율은 일반특혜관세의 세율보다 낮은 경우에 한하여 적용
4순위	일반특혜관세(최빈특혜)	
5순위	잠정세율	
6순위	기본세율	

1. 관세율은 신품, 중고품 구분 없이 동일하게 적용
2. 관세율은 모든 국가에 동일하게 적용
   다만, 덤핑, 양허관세처럼 해당 세율 적용국가(업체)를 정한 경우 제외
3. 같은 순위에서 경합 시 낮은 세율 우선 적용

출처: 관세법 제50조, 한국관세무역개발원 홈페이지(www.custra.com)

2. 관세의 경제적 효과

수입물품에 대하여 관세가 부과되면 해당 국가의 국민경제에는 여러 가지 경제적 효과가 발생된다. 관세의 부과는 수요, 공급, 교역조건, 관세수입, 국민소득, 고용 및 국제수지에 변화 등 다수의 효과를 초래한다.

관세부과로 인한 경제적인 효과를 엄밀하게 분석하기 위해서는 현실 경제에 존재하는 다양한 변수를 모두 고려해야 한다. 아울러 한 나라의 경제 규모가 상대적으로 크거나 또는 작음에 따라 그 효과가 다르기 때문에 어려움이 존재한다. 이러한 문제로 관세의 효과를 분석할 경우 상대적으로 경제규모가 작은 나라를 선택하는데, 그 이유는 대국의 경우 관세에 대해 수출량과 수입량의 비중에 큰 영향을 받지 않을 수 있다. 반대로 상대적으로 경제규모가 작은 나라의 경우 수출입가격에 민감하기 때문에 관세의 효과를 잘 설명할

수 있다.

관세의 경제적 효과를 분석하기 전 국내시장을 중심으로 관세로 인한 변화는 크게 세 단계로 구분할 수 있다. 먼저 교역이 없는 상황과 교역 발생 이후 관세가 부과되지 않은 상황, 그리고 교역 발생 이후 관세가 부과된 상황으로 구분할 수 있다. 관세의 효과는 이 세 단계 중 무역 발생 이후 관세를 부과한 상황에서 발생하는 효과로 주요 효과는 소비억제효과, 가격상승효과, 국내산업보호효과, 재정수입증대효과, 소득재분배효과, 수입대체효과, 국제수지개선효과, 교역조건개선효과 등이 있다.

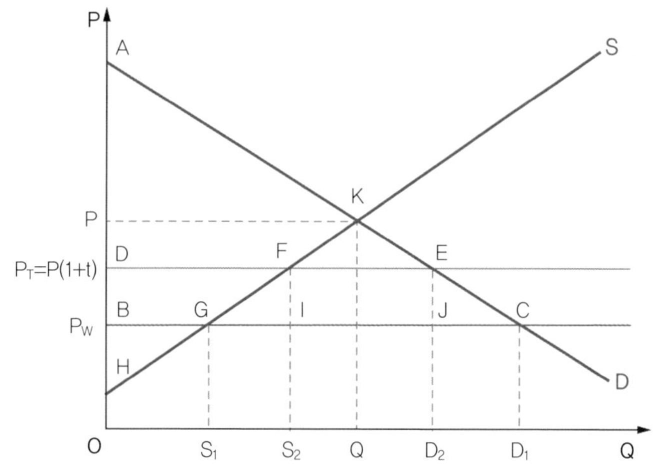

그림 4-1 관세의 효과

1) 교역이 없는 상황

관세의 효과를 분석하기 위해서는 소비자의 잉여, 생산자의 잉여, 국내생산량, 수입량 그리고 가격의 변화를 관찰해야 한다. 그림에서 우하향하는 직선 D는 수입상품에 대한 한 국가의 국내수요곡선을 의미하고, 우상향하는 직선 S는 그 상품에 대한 국내의 공급곡선을 의미한다. y축은 거래가격으로 가격 P는 관세가 없는 자유무역조건하의 국제가격이다. 관세가 부과되지 않는 상태의 자유무역하에서 가격은 P로 국내생산은 생산량 Q, 국내소비도 Q로 균형상태가 된다. 즉, 수입이 발생하지 않은 경우 국내시장의 수요와 공급은 공급량 Q, 수요량 Q, 그리고 가격은 P이다. 이때 생산자의 잉여는 그림에서 △HPK 면적이며, 수요자의 잉여는 △APK가 된다.

2) 교역 발생 이후 관세 부과가 없는 상황

기존의 국내시장에 해외에서 가격경쟁력이 있는 제품이 시장에 공급되면 시장에서 가격 P는 하락하여 P_W로 가격이 형성된다. 가격의 하락은 수요를 증가시켜 기존의 균형적인 수요량 Q에서 $\overline{QD_1}$만큼 수요가 증가하게 된다. 즉, 시장이 균형적인 상황에서 해외로부터 P보다 낮은 P_W의 가격으로 수입을 통한 공급이 발생하면, 수요량은 기존의 Q에서 $\overline{QD_1}$만큼 증가한 $\overline{OD_1}$이 된다. 하지만 P_W의 가격에서 가능한 국내의 공급량은 $\overline{OS_1}$이며, 가격하락으로 증가한 국내 수요에 필요한 물량 $\overline{OD_1} - \overline{OS_1}$는 수입에 의존하게 된다. 결과적으로 국내공급과 국내수요의 차이에 해당하는 $\overline{S_1D_1}$만큼은 수입에 의존하게 된다. 이 경우 국내생산은 $\overline{S_1Q}$만큼 감소하게 되며, 수입량은 $\overline{S_1D_1}$이 된다. 그리고 생산자의 잉여는 △HBG이며, 소비자의 잉여는 △ABC가 되어 소비자의 잉여가 □PBCK만큼 증가하게 되고, 생산자의 잉여는 □PBGK만큼 줄어들게 된다.

3) 교역 발생 이후 관세를 부과하는 상황

교역이 발생한 후 관세장벽이 없는 상황에서 관세를 부과하게 되면 기존의 수입가격에서 관세율만큼 가격이 상승하게 된다. 즉 P_W의 가격에서 관세율(t)만큼 인상되어 P_T의 가격이 된다. 관세부과에 따른 가격 상승은 교역으로 인해 위축되었던 국내생산을 기존의 $\overline{OS_1}$에서 $\overline{S_1S_2}$만큼 증가시켜 국내생산량은 $\overline{OS_2}$가 된다. 반면 수입량의 경우 기존의 $\overline{S_1D_1}$에서 감소하여 $\overline{S_2D_2}$가 되면서 소비량 역시 $\overline{OD_1}$에서 $\overline{OD_2}$로 줄어들어 $\overline{D_2D_1}$만큼 소비억제효과를 유발하게 된다. 결과적으로 관세를 통한 가격의 인상은 국내생산 증가와 함께 수입량 감소로 이어진다. 이때 줄어든 수입량은 $\overline{S_1S_2}$와 $\overline{D_2D_1}$가 되며 관세부과로 인해 인상된 가격의 변동폭과 수입량은 관세수입이 된다. 즉, $P_T - P_W$와 $\overline{S_2D_2}$의 곱이 관세로 인한 수입이 되며, 그림에서 □FIJE가 된다. 한편 관세부과로 발생한 외부의 힘에 의해 전체 잉여는 기존의 소비자 잉여 △ABC에서 △ADE로 줄어들게 되고, 생산자의 잉여는 △HBG에서 △HDF로 증가하게 된다. 이때 관세부과 전과 후의 소비자 잉여 차이는 □DBCE이며, 관세수입 □FIJE만큼을 제외하면 △FGI와 △EJC는 총잉여에서 사라지게 된다. 이 부분을 외부의 힘에 의한 경제적 순손실(Dead Weight Loss: DWL)이라고 한다.

이상의 관세부과로 인한 경제적 효과를 보면 먼저 소비억제효과($\overline{D_2D_1}$), 가격상승효과($P_T - P_W$), 국내산업보호효과($\overline{S_1S_2}$), 재정수입증대효과(□FIJE만큼), 소득재분배효과(□DBGK), 수입대체효과($\overline{S_1S_2}$), 국제수지개선효과($P_W \times (\overline{S_1S_2} + \overline{D_2D_1})$), 교역조건개선효과($\overline{D_2D_1}$) 등이 있다.

4) 관세부과 효과

(1) 소비억제효과

시장을 수요와 공급에 맡겨 놓지 않고 외부의 힘, 즉 국가가 무역정책으로 관세를 부과하는 경우 해외에서 수입되는 수입품에는 관세가 부과된다. 관세율을 t라고 두고, 해외로부터의 수입을 규제하기 위하여 t만큼의 관세를 부과하면, 수입품의 국내가격은 $P_T = P_W(1 + t)$가 된다. 점D와 점B의 차이만큼 국내가격은 상승하게 된다. 수입품에 관세가 부과되기 전 수입품의 국내가격은 P_W였으며, 이때 소비량은 $\overline{OD_1}$이었다. 국내생산량 $\overline{OS_1}$ 외에 $\overline{OD_1} - \overline{OS_1}$만큼의 수요량을 위해 해당 제품은 수입되었다. 관세가 부과되면 국내가격 상승효과로 국내소비량은 P_T의 가격에 따라 $\overline{OD_2}$가 된다. 이때 국내생산량은

$\overline{OS_2}$가 되며 수입량은 $\overline{OD_2} - \overline{OS_2}$가 된다. 관세의 부과로 국내가격은 상승하고, 국내생산량은 증가하는 반면 수입량은 감소하게 된다. 이 경우 소비자 측에서는 소비자 잉여의 손실이 발생한다. 수입품에 관세가 부과되기 이전 소비자 잉여는 △ABC만큼이었지만, 관세를 부과하고 난 이후 소비자 잉여는 △ADE로 □DECB만큼의 잉여가 감소하게 된다.

(2) 가격상승효과

관세를 부과할 경우 국내 소비자는 관세부과 이전의 가격보다 높은 수준의 가격에서 물품을 구매해야 한다. 이때 상승한 가격은 수입가격에 관세율(t)이 부가된 $P_T = P_W(1+t)$이다. 수입국에서 수요가 있기만 하면 수출국이 얼마든지 공급이 가능한 경우, 즉 교역상대국의 수출공급이 무한히 탄력적인 경우를 가정한 분석이기 때문에 결국 국내 소비자가 관세부가액만큼의 가격상승분을 부담해야 한다.

(3) 국내산업보호효과

관세의 보호효과는 수입상품에 대하여 관세가 부과될 경우 수입량의 관소로 인하여 국내산업이 보호를 받는 것을 의미한다. 국내산업의 보호효과는 수입수요의 가격탄력성 및 국내공급의 가격탄력성 크기와 관세율의 차이에 따라 영향을 받는다. 만일 양자의 탄력성이 크고 관세율이 높을 경우에는 보호효과가 크며, 반대의 경우에는 보호효과가 작다. [그림 4-1]에서 소비자들은 국내가격의 상승과 소비량의 감소로 인하여 □DECB의 소비자잉여의 감소를 경험하게 된다. 하지만 생산자들에게는 □DBGF만큼의 생산자잉여가 추가된다. 결과적으로 관세를 부과하여 국가의 재정수입이 확보되고 생산자잉여가 증가하는 반면, △FGI와 △EJC만큼의 사회적 손실이 발생한다. 아울러 △FGI는 관세의 부과로 국내에서 증가된 생산량의 비용은 이를 외국으로부터 수입하는 비용보다 더 비싸기 때문에 관세의 보호비용이라고 한다.

(4) 재정수입증대효과

관세부과로 인해 정부는 재정수입을 얻게 된다. [그림 4-1]에서 단위당 관세율(t)에 관세부과로 인한 수입량 $D_2 - S_2$를 곱한 만큼 관세부과로 인하여 정부는 재정수입을 얻는다. 그러나 재정수입을 얻기 위하여 관세를 부과하는데는 일정한 한계가 있다. 지나치게 고율의 관세를 부과하면 수입이 억제될 수 있으므로, 오히려 재정수입은 감소될 수 있다. 따라서 관세율의 변화와 수입량의 변화 간의 상관관계를 고려하여 적정관세율이 책정되어야 한다.

(5) 소득재분배효과

소득재분배효과란 실직소득이 소비자에서 생산자로 재분배되는 것을 의미하는 것으로, 관세부과는 소득의 재분배효과를 가져온다. 관세부과는 소비자에게는 잉여의 감소를 가져오지만, 생산자에게는 잉여의 증가를 가져올 뿐만 아니라 정부의 재정수입도 증가한다. [그림 4-1]에서 관세를 부과하면 소비자잉여는 □ADE가 되지만, 생산자잉여는 △DHF가 되어 증가한다.

이와 같이 관세부과로 소비자잉여는 감소하지만 이 감소분의 일부는 생산자와 정부로 전환되는데, 이러한 효과를 재분배효과라고 한다. 하지만 △FGI와 △EJC 두 삼각형 면적은 관세의 부과로 경제 전체로 볼 때에는 부(−)의 효과가 발생하는데, 이를 관세의 비용이라고 한다.

(6) 수입대체효과

국내에서 생산이 가능하면서도 수입가격이 낮아 외국으로부터 수입되는 경우, 관세를 부과하면 국내상품보다 가격이 높아져 수입이 억제된다. 억제된 수입량만큼 국내에서 더 생산하게 되고, 이러한 생산의 증가가 완전고용상태를 전제로 생산자 보수의 증가로 나타나게 되는 효과를 수입대체효과 또는 소득효과라고 한다.

관세가 부과되지 아니하면 총수요량은 D_1이 되고, 이 경우 국내공급량은 S_1, 국내 수입량은 $D_1 - S_1$이 된다. t율의 관세가 부과되면, 총수요량은 D_1에서

D_2로 줄지만, 국내 공급량은 S_1에서 S_2로 증가하므로 수입량은 $D_1 - D_2$만큼 더 축소된다. 따라서 $S_2 - S_1$만큼의 수입대체효과가 발생한다.

(7) 교역조건개선효과

관세의 교역조건개선효과란 관세부과 전보다 관세부가 후 교역조건이 개선됨을 의미하는데, 구체적으로 교역조건의 개선은 관세를 부과할 때 수출량을 관세부과 후에도 유지하는 상황에서 수입량의 감소를 의미한다. 관세의 부과로 수출량은 유지되면서 수입량이 줄어들면 줄어든 수입량만큼의 무역이익이 발생한다. 결과적으로 한 국가는 관세가 부과되어 관세부과국의 교역조건은 개선되지만, 반대로 교역상대국의 교역조건은 악화된다. [그림 4-1]에서는 줄어든 수입량($D_1 - D_2$)이 교역조건의 개선효과이다.

(8) 고용효과

고용효과는 관세부과를 통해 국내의 생산량 증가로 국내산업 활성화를 통한 고용의 증가 및 소득 향상의 효과를 의미한다. 관세부과를 통해 줄어든 수입을 대체하기 위하여 국내생산량은 증가하게 되어 생산규모의 확대는 시설뿐만 아니라 고용의 증대로 이어진다. [그림 4-1]에서는 국내생산량 증가분($S_2 - S_1$)을 고용효과로 볼 수 있다.

(9) 국제수지개선효과

국제수지개선효과란 수입물품에 대한 관세의 부과로 수입이 감소되고, 국내의 생산량이 증가하여 국제수지가 개선되는 것을 의미한다. 그림에서 관세의 부과로 생산면에서 $S_2 - S_1$의 생산 증가와 소비면에서 $D_1 - D_2$의 수입 감소가 발생하여 금액을 계산할 경우 $P_W \times [(S_2 - S_1) + (D_1 - D_2)]$로 수입의 감소분만큼 정(+)의 국제수지효과로 나타난다.

3) 실효보호율

생산효과는 관세부과에 의해 수입품의 가격을 인상시킴으로써 수입상품과 경쟁관계에 있는 국내상품을 보호하는 효과이다. 예를 들어 구두 한 켤레가 외국으로부터 10,000원으로 수입될 때 국내 구두산업을 보호하기 위해 20%의 관세를 부과하였다면, 국내 구두 한 켤레의 가격은 12,000원이 된다. 이 경우 일반적인 기준으로 산업보호의 효과를 측정하면 완제품인 구두에 부과된 명목관세율 20%가 보호의 효과라고 생각하여 명목관세율이 높으면 보호효과도 그만큼 높아진다고 생각할 수 있다. 그러나 명목관세율의 크기만으로는 관세의 산업보호효과를 알 수 없으며, 정확한 효과를 산정하기 위해서는 투입재에 부과되는 관세율도 알아야 한다.

실효보호율은 완제품에 부과되는 관세만을 고려한 명목보호율과 대비되는 개념으로, 관세의 보호정책에 의해 창출되는 실질적인 국내부가가치의 증대를 의미한다. 다시 말해 실효보호율이란 관세율과 국내부가가치 상승률관의 관계로서, 관세에 의한 국내산업보호의 실질적 효과를 말한다. 결국 실효보호율이란 관세의 부과로 보호되고 있는 산업이 실질적으로 어느 정도 보호를 받고 있는가를 나타내는 것이라고 할 수 있다. 예를 들어 특정한 국가에 상품 A를 수출한다고 가정할 때, 상품 A 한 단위의 최종재 가격이 10,000원이고, 상품 A에 대한 명목관세율이 30%라고 하자. 그리고 상품 A를 만들기 위해 필요한 부품 B의 가격은 4,000원이며, 부품 B에 대한 관세율을 20%라고 하자. 이 경우 최종 재화에 해당하는 상품 A의 실효보호율을 계산하면 다음과 같다.

$$\frac{(13,000\text{원} - 4,800\text{원}) - (10,000\text{원} - 4,000\text{원})}{10,000\text{원} - 4,000\text{원}} \times 100 = 36.67\%$$

결국 A에 부과된 명목관세율은 30%이지만 관세부과로 인하여 실질적인 보호 정도를 나타내는 실효보효율은 36.67%이다. 관세의 실효보호율은 완제품에 대한 관세율이 투입재의 관세율보다 높은 경우에 실질적인 보호효과를 가져올 수 있다. 완제품에 대한 관세부과는 국내부가가치의 상승효과를 가져오고, 원료 등에 대한 관세부가는 국내부가가치의 하락을 가져온다. 따라서 원료나 부품 등 중간재에 대해서는 무관세 혹은 저율의 세율을 부과하고, 완제품은 고율의 세율을 부과한다면 실효보호율을 높일 수 있는 과세율 정책이 된다.

제2절 비관세

1. 비관세장벽

비관세장벽(non-tariff barriers: NTBs)은 관세 이외에 수입을 억제하기 위한 모든 조치를 의미한다. 관세가 가격을 높여 수입물품의 국내시장에서의 경쟁력을 약화시키는 방법이라면, 비관세장벽은 관세를 통한 가격 약화를 제외한 수입물품의 경쟁력을 약화시키는 방법이라고 할 수 있다. 관세장벽과 함께 비관세장벽은 물품을 포함한 물품 등과 자본 등의 국제거래에 있어 원활한 흐름, 즉 자유거래를 저해하는 요소이다. 관세장벽과 더불어 비관세장벽 역시 한 국가의 수출은 장려하고 수입은 억제하여 국제수지 개선을 통한 국가경제발전을 도모함을 주된 목적으로 신보호무역주의를 통해 확대되었다. 그리고 비관세장벽은 수입 억제의 목적이 국제수지 개선에만 있는 것은 아니며, 무역을 통한 수입물품 등이 사회문화에 미치는 부정적인 영향을 차단하기 위해서 사용되기도 한다.

표 4-3 비관세장벽의 분류 비교

<table>
<tr><th>관세</th><th>볼드윈</th><th>UNCTAD</th><th>WTO</th><th>미국</th><th>EU</th><th>일본</th></tr>
<tr><td>세금차별</td><td>선별적 간접세</td><td></td><td></td><td rowspan="4">수입정책</td><td>관세 이외 세금</td><td></td></tr>
<tr><td>수입허가</td><td></td><td>자동허가조치</td><td rowspan="2">수입에 관한 특정제한</td><td>수입감시</td><td></td></tr>
<tr><td>수량규제</td><td>쿼터, 무역 제한적 국영무역정책</td><td>수량통제</td><td>수입금지 수입허가 수량규제</td><td>수량규제</td></tr>
<tr><td>통관절차</td><td>무역제약적 통관절차</td><td></td><td rowspan="2">세관 및 행정상의 수입절차</td><td>등록, 서류, 통관절차</td><td></td></tr>
<tr><td>무역구제법</td><td>반덤핑 규제</td><td></td><td></td><td></td><td>반덤핑 등 무역구제법</td></tr>
<tr><td>가격통제</td><td></td><td>가격통제정책</td><td></td><td></td><td>최소수입가</td><td></td></tr>
<tr><td>독점행위</td><td></td><td>독점적 조치</td><td></td><td>독점방지관행</td><td>국영무역기업 수입카르텔</td><td></td></tr>
<tr><td>기술장벽</td><td>행정 및 기술규제</td><td>기술조치</td><td>제품기준</td><td>표준, 검사, 라벨링, 인증 (환경 포함)</td><td>표준 및 기술적 요건</td><td>표준, 적합성 평가제도 원산지 규정</td></tr>
<tr><td>수출제한</td><td>수출세</td><td></td><td></td><td></td><td>수출제한</td><td></td></tr>
<tr><td>정부보조</td><td>수출보조금 및 선별적 국내보조금</td><td></td><td rowspan="2">정부관여</td><td>수출보조금</td><td>보조금</td><td></td></tr>
<tr><td>정부조달</td><td>차별적 정부조달</td><td></td><td>정부조달</td><td>정부조달</td><td>정부조달</td></tr>
<tr><td>투자장벽</td><td>외국인 투자 제한</td><td></td><td></td><td>투자장벽</td><td>투자관련조치</td><td>무역관련 투자규정</td></tr>
<tr><td>지적재산권</td><td></td><td></td><td></td><td>지적재산권 보호 미비</td><td>지재권 관련조치</td><td>지재권보호</td></tr>
<tr><td>서비스업 제한</td><td></td><td></td><td></td><td>서비스업 장벽</td><td></td><td>서비스교역</td></tr>
<tr><td>전자상거래 제한</td><td></td><td></td><td></td><td>전자상거래 장벽</td><td></td><td></td></tr>
<tr><td>기타</td><td>지역적 영업관행 제한적 이민정책 선별적 통화통제</td><td>금융통제정책 기타 조치</td><td>가격에 의한 규제 기타 규제</td><td>기타</td><td>로컬콘텐츠 규정 수입밸런싱 규정</td><td>차별관행</td></tr>
</table>

출처: 수입규제 통합지원센터(http://ntb.kita.net). 2019년 자료.

한편, 관세의 경우는 무역의 대상 중에서 물품에만 부과된다. 하지만 비관세의 경우는 나라마다 내용 및 형태가 각기 다르다. 이러한 문제로 비관세장벽은 관세와 달리 그 실체 파악이 힘들며, 그 파급효과를 측정하기 힘들기 때문에 관세장벽처럼 정량적으로 무역마찰을 해결하는 데는 한계가 있다. 나아가 비관세장벽은 그 종류만 수백 종류가 넘고, 지금도 새로운 형태의 비관세장벽도 계속 나타나고 있으며 고도화되고 있다.

2. 비관세장벽의 분류[1)]

1) 비관세장벽의 분류체계

비관세장벽은 범위가 넓고 종류가 다양해서 분류작업이 쉽지 않다. 아울러 연구자나 국가 그리고 국제기구마다 그 분류를 달리하고 있다. 비관세장벽에 대한 분류는 대표적으로 1970년 볼드윈(R. E. Baldwin)이 발표한 12개 카테고리 분류 외에도 국제연합무역개발협의회(UNCTAD, 7개 분류), 세계무역기구(WTO, 6개 분류) 등이 있으며, 각 국가마다 비관세장벽에 대한 정의를 가지고 있다. 비관세장벽의 분류에 있어 가장 대표적인 분류방식은 1970년에 발표된 볼드윈의 분류방식은 12개 카테고리이며, UNCTAD는 비관세장벽을 7개로 분류하고 있다. UNCTAD는 이 가운데 특히 수량통제조치, 금융통제조치 및 가격통제조치가 가장 무역제한적인 조치이며, 각국이 가장 빈번하게 적용한다고 판단하여 이를 핵심비관세장벽(core non-tariff barriers)으로 규정하고 있다. GATT/WTO는 비관세장벽을 6개로 분류하고 있으며, 이 분류체계는 특정 장벽이 WTO 규정에 합치하는가를 판단하는 분쟁해결의 관점에서 사용된다.

---

1) 비관세장벽의 분류에 대한 내용은 수입규제 통합지원센터(http://ntb.kita.net) 자료를 인용함.

2) 비관세장벽의 종류

(1) 수입권한 및 자격제한

① 국영무역제도로 인한 애로: 특정 품목(또는 전 품목)에 대한 수입창구를 국가가 독점 운영하고 있어 실수요자에 대한 직접 수출이 용이치 않거나 수출부대비용이 증가하는 등 애로 발생

② 지정무역제도에 따른 애로: 특정인(들)에 대해서만 수입권한을 부여하고 있어 실수요자에 대한 직수출이 곤란하거나 대행수수료 등 비용이 증가

③ 무역업 허가제에 따른 애로: 수입자격을 허가제로 운영 · 제한하고 있어 애로 및 비용 증가

※ 예로 외국인에 대해서는 무역업 자격 취득을 불허하는 경우 등

(2) 수입규제 및 수량제한

① 수입금지: 특정 품목(예: 중고자동차 등)에 대해서 비합리적인 사유에 근거하여 또는 차별적으로 수입을 금지하고 있어 수출이 불가능

② 비자동 수입승인(non-automatic import license): 특정 품목 수입 시 사전에 일정한 요건 심사를 받도록 하고 있으나 비합리적인 수입 거부 · 보류 등 수입 억제수단으로 활용

③ 자동수입승인(automatic I/L): 일정기간 내 특정 사유가 없는 한 I/L(수입허가서)을 자동 발급하고 있으나 종종 부당한 발급 지연이나 수출조건 수정 등을 강요

④ 수입쿼터: 국별, 업체별 수입쿼터제도의 비합리적 운영으로 수출에 애로

⑤ 관세할당(tariff quota): 일정 수량까지의 수입에는 정상관세를 부과하지만 그 이상에 대해서는 매우 높은 관세를 부과하는 데 따른 수출 제약

⑥ 수출자율규제: 수출 상대국의 요구에 따라 국내업체 간에 수출물량을 자율적으로 규제

⑦ 특정 지역에 대한 수입감시제: 우리나라를 포함한 특정 지역을 수입감시

대상지역으로 정해 별도 관리를 하는 등 수입 억제정책을 실시하는 데 따른 애로

(3) 선적전검사 및 영사확인제도

① 복잡한 선적전검사 절차: 복잡하고 까다로운 검사절차 및 장시간 소요로 인한 선적 지연

② 선적전검사 수수료 과다: 과다한 선적전검사 수수료 징수로 수출업체에 부담을 가중

③ 지나치게 높은 감정가격: 선적전검사 기관의 감정능력 부족 등으로 자의적으로 높게 감정가격을 책정함으로써 현지 관세부담을 가중

④ 선적전검사와 현지검사의 중복: 선적전검사를 필한 물품을 현지에서 다시 검사하는 데 따른 수출 지연 및 애로

⑤ 사전영사확인제도: 수출 시 국내 해당국 대사관에서 수출 비자를 받도록 하고 있으나 이에 대한 과도한 수수료 및 수출 지연 등의 문제 발생

(4) 원산지제도

① 차별적 원산지증명서 요구: 다른 나라에 비해 차별적으로 엄격하고 까다로운 원산지증명서를 요구하는 데 따른 애로

② 보다 강한 원산지 기준 적용: 특정한 경우 다른 경우에 비해 보다 강한 원산지 기준을 요구

③ 불명확한 원산지제도: 불명확한 원산지 규정과 이에 대한 자의적 해석·운용으로 많은 마찰 소지 및 수출 애로 발생

④ 무리한 원산지 표시 요구: 부품, 상품 자체 등 특정 부분에 대한 표시나 특정 방법에 의한 표시 등 무리한 원산지 표시 요구에 따른 애로

(5) 라벨링(Labelling)

① 수입품에 대한 상이한 표시·부착 요구: 수입품에 대해서는 자국상품과 비

교해 상이한 라벨링 표시나 부착을 요구하는 등 차별적인 대우

② 라벨링에 과다한 표시 요구: 라벨링 표기사항으로 소비자에 대한 적정한 정보 제공의 차원을 넘어 과다한 내용들을 요구하는 데 따른 애로

③ 자국어 표기만을 요구: 자국어 표기 외에 영어 표기 등을 인정치 않아 부담이 가중

④ 특정 위치에 대한 표기 요구: 상품 자체에 대한 표기 등 특정 위치 표시를 강제하는 데 따른 애로

⑤ 완제품에 국가별 조달비율 표시를 요구: 완제품이 다수 국가로부터 부품 조달 · 생산 등을 거친 경우 완제품 구성부분에 대하여 국가별 조달비율을 표시할 것을 요구

(6) 표준, 규격 및 검사제도

① 국제표준과의 불일치: 국제표준과 괴리된 자국 고유의 기술 요건 · 표준을 고집하는 데 따른 낭비 및 수출 애로

② (국제규격 등) 유사 규격 불인정: 기술적으로 동일한 기준 또는 보다 강한 기준들을 충족하고 있는 표준 · 규격(특히 국제규격)들을 획득하였음에도 불구하고 자국 절차에 따른 검사를 무리하게 요구하는 데 따른 애로

③ 타국 검사기관에 의한 검사대행 불인정: 자국 소재 검사기관 이외에 타국의 검사기관에 의한 검사결과는 인정치 않는 등 융통성 없는 검사제도에 따른 수출 애로

④ 이중의 상이한 표준 · 규격제도 운영: 동일 지역에의 수출에 대하여 각기 다른 규격 · 표준을 동시에 요구하는 데 따른 수출 애로

⑤ 복수기관에 의한 중복검사 실시: 동일한 국가의 서로 다른 기관들이 동일 또는 유사한 검사를 중복적으로 요구하는 데 따른 애로

⑥ 수입품에 대한 차별적 기준 적용: 수입품에 대하여 (또는 우리나라에 대해서만) 차별적으로 까다로운 검사기준 · 기술요건을 요구하는 데 따른 애로

⑦ 불필요하게 과도한 기술요건 요구: 안전, 보건 등의 목적에 비추어볼 때

필요 이상으로 많은(또는 복잡한) 규격, 표준, 기타 기술요건을 요구하는 등의 애로

⑧ 인증 획득 · 검사에 장기간 소요: 해당국 수출을 위해 필요한 규격 · 인증 획득이나 검사에 지나치게 장기간이 소요되어 사실상 수입장벽으로 작용하는 경우

⑨ 과다한 검사료 요구: 해당국 통관 과정에서 실시하는 각종 검사와 관련, 지나치게 높은 검사료를 요구하여 수출상품의 경쟁력을 해치는 경우

⑩ 검사 지연 및 연기: 수출자의 잘못에 기인하지 않은, 수입국 사정에 의한 검사 지연으로 손해 또는 수출에 차질을 빚는 경우

⑪ 잦은 기준 변경 및 짧은 공시기간: 해당국에서 지나치게 자주 검사기준을 변경하거나 변경에 따른 사전 공시기간을 너무 짧게 주어 대처하기가 곤란한 경우

⑫ 불공정한 검사: 검사기관으로 자국(또는 관련국)의 민간기업을 지정 · 대행토록 함으로써 정보 유출이나 불공정한 검사의 우려가 있는 경우

⑬ 불투명한 검사기준 · 절차: 해당국 통관 과정에서 실시하는 각종 검사 및 기준이나 절차가 애매하고 불투명하여 그 결과를 신뢰할 수 없는 경우

(7) 관세평가 및 수입부가금

① 최저가격(또는 표준가격고시)제도: 최저(또는 표준) 수입가격을 정하여 그 이하로 수입되는 물품에 대하여는 차액에 대한 관세를 예치하게 하거나 I/L(수입허가서) 발급 거부 등을 통하여 사실상 수입을 금지하는 경우

② 최고가격제도: 위의 경우와는 반대로 수입가격의 상한을 정해 놓고 그 이상으로 신고하는 경우에는 세관심사를 매우 엄격하게 실시함으로써 현지 통관이 지연되는 등 애로요인으로 작용

③ 실거래가격 불인정 및 자의적 평가: 세관신고 시 실거래가격을 인정하지 않고 세관의 자의적인 평가에 따라 부당하게 높은 관세를 부과하는 경우

④ 차별적인 수입부가금: 수입품에 대하여 자국산과 차별적인 조세나 각종

부담금을 부과함으로써 수출업체들에게 불리한 대우를 하는 경우

(8) 수입통관

① 과다한 서류요건: 현지 통관 시 지나치게 복잡하거나 불필요한 서류작성 요구로 인한 부담

② 자국어에 의한 통관서류 작성 요구: 통관서류를 반드시 자국어로만 작성토록 요구하여 서류 작성에 큰 부담

③ 중복된 자료 요구: 해외 통관과 관련하여 현지의 각기 다른 기관들이 중복적으로 유사한 자료들을 요구하여 불필요한 업무 부담을 발생

④ 자의적 심사기준: 해외 통관 시 현지 세관별, 담당자별로 각기 다른 기준을 적용하여 수출 지연이나 혼선을 야기

⑤ 지나치게 잦은 통관방침 변경: 현지의 통관방침이 지나치게 자주 바뀌어 우리 수출업체들이 적응하기가 쉽지 않을 뿐만 아니라 종종 차질을 발생

⑥ 지나친 통관 지연: 현지 세관의 근무시간이 너무 짧거나 세관원의 업무태만, 인력 부족 등으로 종종 통관이 지연되어 차질을 발생

⑦ 부당한 통관 시비: 중량, 포장상의 사소한 차이 등 부당한 사유로 통관을 보류하거나 벌금을 부과하는 등 수출업체들에게 부담감을 주는 경우

⑧ 과도한 지체금 등 부과: 수입신고가 약간 늦어진 경우에도 과도한 지체금을 부과하는 등 외국의 수출업체들에게 불리한 정책을 실시하는 경우

⑨ 과다한 통관 수수료: 현지 세관에서 부당한 또는 지나치게 높은 통관 수수료를 요구하여 외국으로부터의 수출에 대하여 부담을 주는 경우

⑩ 부적절한 세번 분류: 현지 세관의 세번(HS code) 분류가 일관성이 없거나 부당한 세번을 적용하여 높은 관세를 부과하거나 처벌을 강요하는 경우

⑪ 샘플, 전시용품에 대한 관세 부과 등: (샘플 등) 비매품이나 (전시용품 등) 임시 수입물품에 대하여 관세를 부과하거나 복잡한 통관절차를 거치도록 하는 등으로 부당한 통관행정을 실시하는 경우

(9) 운송 · 항만 이용

① 보세운송 제한: 현지 내륙으로의 보세운송 제한에 따라 통관 지연 및 창고료 등 운송비용의 증가를 유발

② 수입항구 제한: 특정 물품별로 수입항구를 별도로 지정해 놓아 불필요한 운송비용 및 시간 지연 등의 불편한 대우

③ 특정 운송수단 강요/제한: 특정 국가의 운송수단을 이용하도록 (반대로 이용하지 못하도록) 강요함으로써 불편을 초래하는 경우

④ 부당한 항만 이용료: 현지 항만에의 입 · 출항과 관련하여 부당하거나 과다한 각종 항만 이용료를 부담시키는 경우

⑤ 통과화물에 대한 예치금제도: 단순히 국토를 통과하는 화물에 대해 예치금을 요구하는 경우

(10) 수입대금결제

① 신용장 개설 제한: 수출입을 연계한 경우에만 L/C 개설을 허용하는 등 신용장 개설 제한을 통하여 수입억제정책을 펴는 경우

② 외환 할당: 현지 수입상들이 대금결제를 위해 외환을 자유로이 사고 팔 수 없도록 외환을 배정함으로써 수입을 통제하는 경우

③ 수입대금 지불기간 제한: 선적 후 일정기간 내에 수입대금을 지불할 수 있도록 제한함으로써 수입에 제한을 가하는 경우

④ 상습적 대금결제 지연 등: 정책적으로 고의 · 상습적으로 수입대금결제를 지연하거나 미결제하는 경우

PRINCIPLES OF INTERNATIONAL TRADE

CHAPTER 05

외환시장과 국제수지

제1절 외환과 외환시장
제2절 환율의 이해
제3절 환율의 구조
제4절 국제수지의 이해

CHAPTER 05 외환시장과 국제수지

제1절 외환과 외환시장

1. 외환의 정의

환(exchange, 煥)이란 격지자 간의 채권과 채무의 관계를 현금의 흐름 없이 어음, 수표, 증서를 사용하여 은행 등의 금융기관을 통해 결제, 송금, 추심 등의 방법으로 처리하는 수단이나 방식을 의미한다. 외환(외국환)은 먼저 환의 정의에 따라 격지자 간 중 특히 해외에 있는 당사자나 경제 주체와 채권 및 채무의 관계에 있어 현금의 흐름 없이 금융기관을 통해 결제하는 방식을 의미하며, 아울러 외화, 즉 외국통화(foreign currency)의 개념도 함께 가진다. 한편 국내에 있는 당사자나 경제 주체와 채권 및 채무관계를 현금의 흐름 없이 금융기관을 통해 결제하는 방식은 내국환이라 한다.

외환과 내국환은 채권 · 채무관계를 현금의 흐름 없이 금융기관을 통해 결제한다는 유사점이 있으나, 국제거래인지 아닌지에 대한 차이점이 있다. 외환의 개념에 대해 우리나라는 외국환거래법에서 대외지급수단, 외화증권, 외화파생상품 및 외화채권을 의미한다고 정의하고 있으며, 각각의 정의는 다음과 같다. 먼저 대외지급수단은 외국통화, 외국통화로 표시된 지급수단, 그 밖에 표시통화에 관계없이 외국에서 사용할 수 있는 지급수단을 의미한다. 대외지급수단에는 외국에서 가용할 수 있는 정부지폐, 은행권, 주화, 우편환, 신용장, 환어음, 약속어음, 직불카드(debit card) 등이 있다. 참고로 내국지급수단은 대외지급수단 외의 지급수단을 말한다. 다음으로 외화증권은 외국통화로 표시된 증권 또는 외국에서 지급받을 수 있는 증권을 의미하며, 외화파생상품은 외국통화로 표시된 파생상품 또는 외국에서 지급받을 수 있는 파생상품을 의미한다. 마지막으로 외화채권은 외국통화로 표시된 채권 또는 외국에서 지급받을 수 있는 채권을 의미한다. 참고로 내국통화는 대한민국의 법정통화인 원화(KRW)를 의미하며, 결과적으로 외국통화는 내국통화 외의 통화를 말한다.

외국환거래는 기본적으로 환위험과 함께 환거래계약을 수반한다. 먼저, 외국환은 사용하는 통화가 서로 다른 국가 간에 발생하는 결제 과정이므로 통화 간의 교환비율인 환율(foreign exchange rate) 문제가 반드시 발생한다. 이러한 환율 문제는 결과적으로 거래의 시점과 대금결제의 시점이 다를 경우 환율변동으로 발생하는 환위험을 의미한다. 다음으로 외국환의 경우 내국환과 달리 유통성이 지극히 제한적이기 때문에 예치환거래관계에 있는 은행을 통해 결제가 이루어짐으로 외국환을 사용하는 경우에 주의가 필요하다. 예치환거래은행은 외국환은행이 외국환업무를 수행하기 위해서는 상호 간 은행의 서비스가 필요하다. 따라서 외국환은행은 외국에 환거래은행을 설치하게 된다. 예치환거래은행에는 당좌예금계정(current account, 언제든지 현금화할 수 있는 계정)을 개설하여 자금의 지급이나 수치를 하도록 한다. 이렇게 예금계정을 개설하고 있는 환거래은행을 예치환거래은행이라고 한다. 그리고 예치환관계가 아닌 은행을 무예치환거래은행이라고 한다.

2. 외환시장

외환시장(foreign exchange market)은 좁은 의미로 보면 외환의 수요와 공급이 일어나는 외환의 거래가 발생하는 장소를 의미한다. 즉 외환의 매입자, 매도자, 딜러, 중개회사 등의 당사자들이 통신망을 이용하여 거래가 이루어지는 공간이다. 하지만 넓은 의미에서 외환시장은 장소적인 개념뿐만 아니라 외환거래의 형성, 유통, 결제 등 외환거래와 관련된 포괄적인 작동원리나 체제, 즉 메커니즘을 말한다.

외환시장의 주된 목적은 구매력을 한 통화에서 다른 통화로 이전시킬 수 있게 해주는 것이며, 외환시장의 주된 참가자는 금융회사(은행 포함), 개인이나 기업, 기관투자자, 각국의 중앙은행, 정부의 부처, 외환중개회사 등이다.

외환시장의 특징을 보면 거래 주체의 비중에 따라 거래규모 측면에서는 은행 간 외환시장의 규모가 가장 크다. 그리고 외환거래의 발생형태에서는 실질적인 수요가 존재하는 외환거래인 실수요거래(underlying transaction)와 순수하게 환거래 수익을 얻고자 하는 투기거래(speculation transaction) 가운데 투기거래의 비중이 상대적으로 크다. 마지막으로 외환시장은 국제적인 하나의 시장이며, 24시간 돌아가는 시장이다.

3. 외환의 종류

1) 송금환과 추심환

송금환(remittance bill)은 국가 간 자금의 대차관계를 결제하는 과정에 있어 채무자가 채권자에게 자금을 보내주는 방법을 의미한다. 송금환은 환의 흐름이 자금의 흐름과 같은 방향으로 흐르기 때문에 순환(順煥)이라고도 한다.

추심환(collection exchange)은 국가 간 자금의 대차관계를 결제하는 과정에 있어 채권자가 채무자에게 자금을 청구하는 방법을 의미한다. 추심환은 환의 흐름이 자금의 흐름과 서로 역행하는 방향으로 흐르기 때문에 역환(逆換)이라고도 한다.

2) 당발환과 타발환

당발환(outward exchange)은 외환은행의 입장에서 외환을 취급하거나 추심하는 것을 일컫는 말로, 환거래에 시발점이 되는 은행인 당발은행에서 취급하는 외환을 의미한다. 당발환은 외환은행이 채무자의 의뢰에 따라 채권자에게 외환을 송금하는 당발송금환, 외환은행이 채권자의 의뢰에 따라 외국의 지급인에게 추심하는 당발추심환으로 나뉜다.

타발환(inward exchange)은 외환은행이 해외에 위치한 상대은행으로부터 송금환을 받거나 추심을 받는 것을 일컫는 말로, 거래가 종결되는 은행의 입장에서 자금을 송금한 은행인 타발은행에서 취급하는 외환을 의미한다. 타발환은 타발송금환과 타발추심환으로 나눌 수 있다. 타발송금환은 외환은행이 해외의 상대은행으로부터 송금된 외환을 매입하고 그에 따른 대가로 채권자에게 송금대금을 지급할 것을 위탁받는 경우이며, 타발추심환은 외환은행이 해외의 상대은행으로부터 수표나 어음의 추심의뢰에 따라 채무자인 지급인으로부터 대금을 지급받은 후 상대은행에게 송금하는 경우이다.

3) 매도환과 매입환

외환은 외환은행이 외환을 매각 또는 매입하는지에 따라 매도환과 매입환으로 구분한다. 매도환(selling exchange)은 외환은행이 고객의 외환을 매도하는 경우로 국내의 외환은행이 대금을 외국에 송금할 필요가 있는 국내 고객에게 외환을 매도하는 경우를 의미한다.

매입환(buying exchange)은 외환은행이 고객으로부터 외환을 매입하는 경우로 국내의 외환은행이 국내 고객에게 지급된 환어음의 대금을 매입하고 그 대금을 수취인에게 지급하는 경우를 의미한다. 따라서 외환은행의 입장에서 보면 당발송금환의 취결과 타발추심환의 지급은 매도환, 타발송금환의 지급과 당발추심환의 추심은 매입환이 된다.

4) 보통환과 전신환

보통환(ordinary exchange)은 예치환거래은행(depositary correspondent bank)이 자행예금계좌(예치환거래은행예금계좌)에서 차기(debit)함으로써 외환의 결제가 종결되는 과정 중 예치환거래은행에게 자행예금을 인출하도록 지시하는 방법이 우편으로 전달되는 경우를 의미한다. 전신환(telegraphic exchange)은 자금 전달의 신속성을 위해 전신으로 결제를 지시하는 경우를 의미한다.

5) 현물환과 선물환

현물환(spot exchange)은 대외지급수단의 매매계약일로부터 통상 두 번째 영업일(2 days)에 결제하기로 하는 외환의 거래를 의미하며, 대외지급수단의 매매계약일로부터 통상 두 번째 영업일이 경과한 후 장래의 약정한 시기에 거래당사자 간 미리 약정한 환율에 의해 실제 외환의 거래가 이루어지는 경우를 선물환(forward exchange)이라 한다.

4. 외환거래계약

외환거래계약(correspondent arrangement)은 무역결제나 자본거래에 따른 거래당사자 간의 대금 송금, 추심, 지급 등과 같은 외환업무를 원활히 수행하기 위해 외환은행 상호 간에 체결되는 계약을 의미한다. 환거래 약정을 체결하는 은행은 상호 간에 외환은행의 대상지점, 대금결제방법, 거래통화의 종류 등에 관한 계약체결 후 계약목록(schedule of agency arrangement), 서명감(list of authorized signature), 전신암호(telegraphic test key), 거래조건 및 수수료율표(terms and conditions) 등 외환거래를 위한 각종 부대문서(control document)를 교환한다.

외환계약을 체결한 후 외환거래를 행하는 은행을 환거래은행(correspondent bank)이라 하며 통상적으로는 코레스은행(corres bank)으로 약칭된다. 환거래은행은 상대방의 은행에 외환은행 명의의 예치금계정(current account) 개설 여부에 따라 예치환거래은행(depositary correspondent bank)과 무예치환거래은행(non-depositary correspondent bank)으로 나뉜다. 예치환거래은행은 원활한 무역거래를 위해 예금계정을 개설하고 있는 환거래은행을 지칭하는 말이다. 예치금계정 없이 송금에 관한 지급위탁, 환어음의 추심위탁, 신용장의 통지 및 매입의 위탁 등 일반적인 외환거래관계만을 유지하는 은행을 무예치환거래은행이라 한다.

제2절 환율의 이해

1. 환율의 정의와 환율제도

환율(exchange rate)이란 한 나라의 통화를 다른 나라의 통화로 표시한 것으로 양국 통화 간의 교환비율을 의미한다. 즉 서로 다른 나라 통화 간의 교환비율이다. 이러한 환율은 자국통화로 외국상품 및 용역을 구매할 수 있는 구매력으로 표시되며, 자국통화의 대외가치를 나타낸다. 자국통화의 대외가치는 자국과 타국 간의 경제력 차이에 종속적이다.

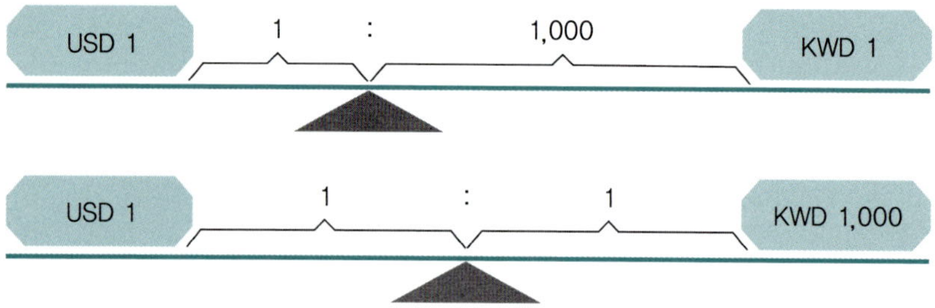

그림 5-1 **환율의 이해**

환율제도는 고정환율제도와 변동환율제도로 구분할 수 있다. 고정환율제도는 정부나 중앙은행에서 환율의 수준을 일정하게 고정시켜서 통제하는 제도이다. 반면 변동환율제도는 외화의 수요와 공급에 따라 자유롭게 환율이 결정되는 제도이다. 고정환율제도는 19세기 말부터 시작된 금본위제도가 대표적인데 이후 1944년 7월, 제2차 세계대전 종전을 앞두고 44개의 연합국 대표들은 미국의 브레튼우즈(Bretton Woods)에서 금 1온스당 35달러의 고정된 비율로 금과 달러를 교환하는 데 합의하였다. 세부적으로 브레튼우즈 체제는 금과 달러본위제와 고정환율제를 기초로 미달러의 가치를 금에 고정시키고, 다른 국가들은 자국의 통화가치를 미달러에 고정시킨 제도이다. 그러나 이후 미국의 국제수지적자와 미달러의 신용 추락으로 미달러에 대한 금태환이 불가능해지면서 이 체제는 붕괴되었다. 1971년 미국 닉슨 대통령은 금태환 중단을 선언하였으며, 이후 1976년 자메이카의 수도 킹스턴(Kingston)에서 개최된 IMF 잠정위원회에서 각 국가는 자국의 경제 여건에 따라 환율제도를 자유로이 선택할 수 있는 킹스턴 체제가 출범하게 되었다. 변동환율제도는 시장의 수급에 따라 자유로운 환율변동을 허용하는 제도이며 현재 대부분의 국가에서 채택하고 있다. 참고로 제한적 변동환율제도는 고정과 변동의 중간단계에 있는 환율제도로 특정 통화에 대한 환율변동폭이 일정 범위 내(1~2.15% 등)로 제한되는 제도이다.

표 5-1 환율제도 변화

1816년	영국, 금본위제 법제화
1871년	독일, 금본위제 채택
1873년	네덜란드 등으로 금본위제 확산
1914년	금본위제 소멸 및 각국 자체 태환제도 수립
1929년	각국 평가절하 경쟁, 국제금융시장 혼란
1944년	미국 달러화 기준 브레튼우즈 체제 출범
1971년	미국, 달러화 금태환 정지 선언(브레튼우즈 해제)
1976년	변동환율제도 출범(킹스턴 체제)

출처: KDI경제정보센터 (2019). http://eiec.kdi.re.kr

2. 환율의 표시방법

환율의 표시 원리는 크게 두 가지가 있다. 하나는 자국통화표시환율이고, 다른 하나는 외국통화표시환율이다. 현재 우리나라를 비롯하여 대부분의 나라에서는 자국통화표시방법을 사용하고 있다. 자국통화표시방법과 외국통화표시방법에 따라 직접표시환율, 간접표시환율, 미국식(American term) 그리고 유럽식(European term) 등으로 분류되지만 기본원리는 동일하다.

1) 직접표시환율과 간접표시환율

국내 금융시장에서 환율의 표시방법은 직접표시환율(direct quotations)과 간접표시환율(indirect quotations)이 있다. 직접표시환율은 외국통화 한 단위의 가격을 자국통화로 표시하는 방법으로 외국통화 한 단위와 교환될 수 있는 자국통화의 가격으로 환율을 표시하는 방법이다. 간접표시환율은 외국통화로 표시한 자국통화의 단위당 가격으로 표시하는 방법으로 자국통화 한 단위의 가격을 외국통화로 나타내는 방법이다. 즉, 자국통화 한 단위를 기준으로 외국통화가 얼마에 교환될 수 있는가를 나타낸다. 일반적으로 우리나라에서 환율을 말하는 경우 미국 달러를 기준으로 하는 직접표시환율을 사용한다.

표시법으로 보면 'USD 1=KRW 1,000'은 직접표시환율방식이며, 'KRW 1=USD 0.001'는 간접표시환율방식이다. 이러한 표시법은 관점에 따라 다를 수 있다. 다시 말해 기축통화에 해당하는 미국 통화인 달러(USD)의 경우 우리나라에서 직접표시환율방식으로 표시한 환율은 미국의 입장에서 보면 간접표시환율이 된다. 'USD 1=KRW 1,000'는 한국의 입장에서 보면 직접표시환율방식을 따른 것이지만, 미국의 입장에서 보면 간접표시환율방식을 따른 것이다.

2) 유럽식 표시법과 미국식 표시법

한편 국제금융시장에서는 국가 간 유럽식 표시법(European term)과 미국식 표시법(American term)을 사용하는데 사용원리는 앞서 언급하였던 국내 금융시장에서 환율을 표기하는 직접표시환율방식과 간접표시환율방식의 맥락과 같다. 유럽식 표시법은 미국 달러를 기준으로 상대통화를 표시하는 방법으로 미국의 입장에서 보면 간접표시환율방식과 같다. 예를 들어 'USD/HKD=7.88', 'USD/CNY=5.29' 등이 이러한 예이다. 반면, 미국식 표시법은 외국통화 한 단위당 지불할 달러를 표시한 방법으로 직접표시환율방식과 같다. 예를 들어 'GBP/USD=1.21', 'EUR/USD=1.19' 등이 이러한 예이다.

우리나라 통화를 이용하여 표현하면 'USD/KRW=1,000' 또는 'USD 1=KRW 1,000'은 유럽식이자 미국 기준으로 보면 간접표시환율방식이 되며, 'KRW/USD=0.001' 또는 'KRW 1=USD 0.001'는 미국식이자 미국 기준으로 보면 직접표시환율방식이 된다.

참고로 외환거래에서 환율의 변동을 파악할 때 환율의 제일 마지막 단위인 핍(percentage in point: PIP)을 단위로 한다. 핍은 일상 상거래에서 사용되는 최소화폐단위의 1/100을 의미하며, 외환거래시장에서 최소가격변동폭을 의미한다. 예를 들어 미국식 표시법으로 'KRW/USD'를 표현하면 달러의 최소단위는 센트이며, 1핍은 0.01센트로 0.0001 달러가 된다. 일반적으로 일본의 엔화(0.01을 1핍으로 함)를 제외하고 0.0001을 1핍으로 하며, 국제외환거래시장 가운데 장외해외통화선물거래(foreign exchange margin trading)에서 호가단위가 된다.

3. 환율의 종류

앞서 살펴본 외환의 종류에는 송금환, 추심환, 당발환, 타발환, 매도환, 매입환, 보통환, 전신환, 현물환, 선물환 등이 있었다. 외환거래의 종류에 따라 그 거래성격이 다르며 이에 따라 거래환율은 달라진다. 특히 외환의 매도와 매입, 선물과 현물에서 환율의 차이가 있으며, 그 외 재정환율 및 기준환율 등 기준이 되는 환율이 있다.

외환거래는 결제일(value date)을 기준으로 당일거래(cash, value today), 익일거래(next day, value tomorrow), 현물환거래(spot), 선물환거래(forward)로 구분한다. 따라서 계약 당일 거래되는 환율과 익일거래, 현물환거래, 선물환거래에 적용되는 환율은 각각 다르다. 일반적으로 거래되는 금액의 규모가 클수록 당일 또는 익일거래보다는 현물환과 선물환거래의 비중이 크다.

1) 매도환율과 매입환율

외국환거래에서 은행을 주체로 두고 외국환을 매도할 때와 매입할 때 다른 환율을 적용한다. 먼저 매도율(offer rate)은 외국환은행이 고객에게 외국환을 판매할 때 적용하는 환율이며, 반대로 고객이 외국환을 은행에게 판매할 때, 즉 은행이 매입할 때 적용하는 환율을 매입률(bid rate)이라고 한다. 두 환율에는 차이가 있으며, 그 차이를 스프레드(spread)라 한다. 은행은 외국환거래에 있어 매도율과 매입률의 차이로 외국환매매에 따른 이익을 얻게 된다.

2) 현물환율과 선물환율

현물환율(spot exchange rate)은 외국환의 종류 가운데 현물환(매매계약일 기준 통상 두 번째 영업일에 결제하기로 하는 거래)을 거래할 때 적용되는 환율이며, 선물환율(forward exchange rate)은 선물환(매매계약일 기준 통상 두 번째 영업일을 경과한 후 결제하기로 하는 거래)을 거래할 때 적용되는 환율이다. 선물환율의 스프레드는 현물환율의 스프레드보다 크며, 일반적으로 지칭하는 환율은 현물환율을 의미한다.

3) 재정환율

재정환율(arbitrated rate)은 미국 달러 이외의 통화와 자국의 통화 간 환율을 의미한다. 미국 달러 이외의 통화에 대한 자국통화의 가치를 의미한다. 예를 들면 'JPY/KRW', 'GBP/CNY'와 같이 미국 달러화가 포함되지 않은 환율이다. 우리나라 통화(KRW)를 기준으로 하면 'JPY 1=KRW 10.22', 'GBP=1,479.75'로 표현된다.

4) 기준환율

기준환율은 외국환은행이 고객과 거래할 때 기준이 되는 환율로 외국환중개회사(금융결제원)를 통해 전영업일 거래된 은행 간 원/달러 현물거래 중 익일물(value spot)의 거래환율을 거래량으로 가중평균하여 결정되는 환율이다. 보통 미국 달러를 이용하여 자국의 통화와 기준환율을 정한다. 예를 들면 'USD 1=KRW 1,125.50'로 표현된다.

5) 크로스 환율

크로스 환율은 재정환율과 기준환율을 이용하여 제3의 통화에 대해 환율을 표기하는 환율이다. 즉 어느 한 통화의 환율을 제3의 통화에 대하여 구하는 것이다. 다만 표기법이 동일한 경우에는 나누어서 산출되며, 표기법이 다른 경우에는 곱하여 산출된다. 예를 들어 표기법이 다른 경우를 보면 'USD/KRW=1,000'와 'KRW/EUR=1.2'의 환율로 두 환율을 곱하면 'USD/EUR=1,200'의 환율을 알 수 있게 된다. 반대로 'USD/KRW=1,000'과 'EUR/KRW=1,200'의 경우에는 두 환율을 나누어 'USD/EUR=0.8333'을 알 수 있다. 즉 'USD 1=EUR 0.8333'을 얻게 된다.

4. 환율의 변동

환율의 등락에 따라 자국통화든 상대국가의 통화든 그 가치는 변하게 되며 가격변동으로 표시된다. 이때 직접표시환율제와 간접표시환율제에서 가치변동의 방향이 의미하는 바가 달라진다. 예를 들어 외국통화를 기준으로 자국통화를 표시하는 직접표시환율제에서 환율이 상승한다는 것은 자국통화의 가치가 하락함을 의미하며, 하락한다는 것은 자국통화의 가치가 상승함을 의미한다. 극단적으로 'USD 1=KRW 1,000'에서 환율이 2배 상승하면 'USD 1=KRW 2,000'으로 미국과 우리나라 간 통화가치가 달라지게 된다. 기존의 'KRW 1,000'이 'USD 1'의 가치를 가지고 있다가 환율이 상승함에 따라 'KRW 2,000'이 'USD 1'의 가치를 가지게 되므로 우리나라의 통화가치는 하락한 것이다. 그리고 환율변동에 있어서 통화의 가치변동에 대해 환율제도가 고정환율제도와 변동환율제도 따라 다르게 명명된다.

1) 환율의 가치변동

고정환율제도는 정부나 중앙은행이 환율을 일정수준으로 유지하는 제도이다. 고정환율제도하에서 정부나 중앙은행이 직접표시환율에 따른 환율을 올리면 자국 화폐가치가 하락하는 것이고 환율을 내리면 자국 화폐가치가 상승하는 것이다. 이때 자국의 화폐가치가 하락하는 것이 평가절하(devaluation)이며, 자국의 화폐가치가 상승하는 것을 평가절상(revaluation)이라고 한다.

한편, 변동환율제도하에서는 외환의 가치인 환율이 재화의 가격과 마찬가지로 시장의 수급에 의해 결정된다. 만약 직접표시환율로 환율이 상승하면 변동환율제도에서 고정환율제도와 달리 평가의 의미를 제외하게 된다. 따라서 변동환율제도에서는 환율의 변동에 따라 직접표시환율이 상승하는 것은 원화가치의 하락을 의미하는데 이 경우 '절하(depreciation)'되었다고 표현한다. 반대로 환율이 하락하는 것은 원화가치의 상승을 의미하며 '절상(appreciation)'되었다고 한다.

2) 변동환율제도에서의 환율결정

한 국가에서 외환에 대한 수요는 경상수지와 자본 · 금융수지에서 알 수 있듯이 해외의 재화와 용역 그리고 자산을 이용하고자 할 때 발생한다. 외환 수요곡선은 우하향한다. 환율이 하락하면 수입재화의 가격이 저렴해지는 효과가 있기 때문에 사람들의 수입재화 구매가 늘어난다. 수입의 결제는 외환으로 해야 한다. 따라서 수입재화 수요가 늘어나면 원화를 달러로 환전할 필요가 증가한다. 이 과정에서 더 많은 달러가 필요하고, 달러 수요량이 증가하는 것이다. 결론적으로 환율이 하락하면 달러의 수요량이 증가하기 때문에 달러 수요곡선은 재화의 수요곡선과 마찬가지로 우하향하는 형태로 그려진다.

반대로 외환의 공급은 한 국가가 다른 국가의 상품이나 자산을 구매하려는 과정에서 발생한다. 외환 공급곡선은 우상향한다. 환율이 상승하면 국내 재화의 해외 판매가격이 하락하는 효과가 있기 때문에 수출이 증가하고, 수출대금으로 받게 되는 달러의 양이 증가한다. 즉 외환시장에 달러 공급량이 증가한 것이다. 또한 환율 상승으로 국내 자산의 상대가격이 하락하면 외국인의 국내 실물자산(부동산 등) 수요가 증가하고 실물자산 투자를 위해 달러를 원화로 환전하는 과정에서 달러 공급량이 증가한다. 이처럼 환율이 올라가면 달러 공급량이 증가할 것이므로 달러 공급곡선은 우상향한다.

한편, 환율의 등락에 따라 수요와 공급이 정해질 수도 있지만, 반대로 수요와 공급의 변화가 환율의 변화를 가져올 수 있다. 현실적으로는 환율의 등락은 외환에 대한 수요와 공급의 변화로 발생한다고 할 수 있다.

3) 변동환율제도에서의 환율변화

재화시장과 마찬가지로 환율이 변하면 외환의 수요량과 공급량이 변하기 때문에 곡선상에서의 움직임이 된다. 반면, 환율 이외의 요인에 의한 대외적 거래의 변화는 외환의 수요곡선과 공급곡선을 이동시킨다.

환율에 영향을 미치는 주된 요인은 수출입이라고 할 수 있다. 예를 들어, 우리나라의 주요 수출국이었던 한 국가의 경기가 침체되어 우리나라의 재화와 용역에 대한 수요가 감소하면 이는 결국 우리나라의 수출 감소로 이어진다. 수출의 감소는 국내시장에 공급되는 외환의 감소로 이어진다. 이것은 환율 변화로 인한 시장 변화가 아니기 때문에 공급곡선을 좌측으로 이동시키게 된다. 이와 같이 공급곡선이 좌측으로 이동하면 환율은 상승하고 달러 거래량은 감소한다.

다음으로 이자율도 외환시장에 영향을 준다. 외환시장의 모든 조건은 모두 같은데 우리나라의 이자율이 올라가면 해외 투자자들은 국내 자산에 대한 예상 수익률이 상승한 것으로 생각해 국내 자산을 구입하려고 할 것이다. 이들이 투자자금을 원화로 환전하는 과정에서 달러 공급이 증가할 것이고, 이는 달러 공급곡선을 우측으로 이동시켜 환율을 하락시킬 것이다.

그리고 물가의 변화도 외환시장에 영향을 줄 수 있다. 국내 물가가 상승하면 환율에 변화가 없어도 수출품의 가격이 상승한다. 수출재의 가격 상승은 수출 감소로 이어지고, 달러 공급은 감소할 것이다. 한편, 해외에서 생산된 재화는 상대적으로 저렴해지기 때문에 수입이 증가하고 이는 달러 수요를 증가시킨다. 결론적으로 국내 물가의 상승은 수출을 감소시키고 수입을 증가시키며, 이는 외환시장에서 달러 공급 감소와 수요 증가를 가져와 환율은 상승하게 된다.

마지막으로 해외직접투자 등 직접적인 외환의 유입과 유출은 외환의 공급과 수요에 직접적인 영향을 미치므로 환율의 변화에 영향을 미친다.

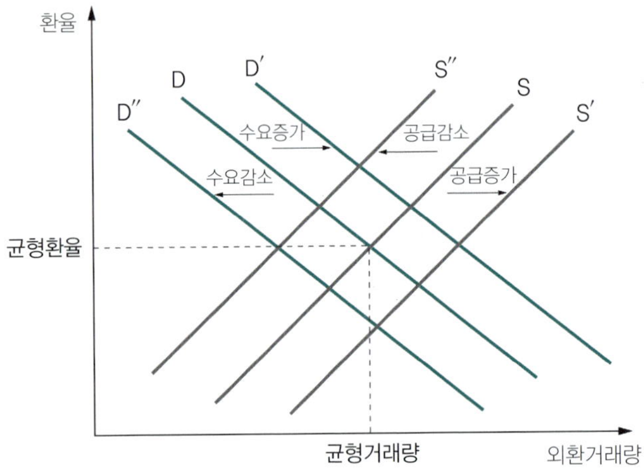

그림 5-2 외환의 수급과 환율변동

제3절 환율의 구조

1. 구매력 평가설

1) 일물일가의 법칙

'일물일가의 법칙(law of one price)'은 동질적인 재화는 어느 국가에서든지 그 가격이 같아야 한다는 것을 의미한다. 일물일가의 법칙은 국제적 재화의 차익거래(arbitrage transaction)를 전제로 한다. 차익거래는 동질적인 재화가 서로 다른 독립적인 시장에서 다른 가격으로 거래가 되고 있을 때, 거래비용이 무시할 만큼 작다면 낮은 가격의 시장에서 해당 재화를 구입하여 높은 가격의 시장에 공급함으로써 무위험 차익을 거둘 수 있다는 원리를 말한다. 이러한 차익거래가 발생하면, 낮은 가격의 시장에서는 수요가 증가하는 반면 높은 가격의 시장에서는 공급이 증가하여 결국 동일한 가격으로 수렴하게 된다. 그러므로 국제적 재화의 차익거래가 발생하면 동질적인 재화에 대해 다른 가격이 형성된 국가 간 거래를 통해 해당 재화의 가격이 같아진다. 일물일가의 법칙을 수식으로 나타내면 다음과 같다.

$$p = S \cdot p^*$$

S : 현물환율(방화표시법)
p : 특정 재화의 국내통화 표시 가격
p^* : 특정 재화의 외국통화 표시 가격

하지만 일물일가의 법칙을 적용하여 계산한 환율은 대부분 실제 환율과 많은 차이를 보인다. 그 이유는 국제적 재화의 차익거래가 현실적으로 성립하기 매우 어려운 엄격한 가정에 기반하고 있기 때문이다. 일물일가의 법칙이 현실에서 성립하기 어려운 이유는 다음과 같이 생각해볼 수 있다. 첫째, 운송비를 포함한 거래비용이 무시할 수 없을 만큼 높은 경우, 둘째, 관세 등의 무역장벽이 존재하는 경우, 셋째, 제품차별화의 정도가 심하여 동질적인 재화로 보기 어려운 경우, 넷째, 특정 재화가 비교역재(non-traded good)인 경우 등이다.

빅맥 지수(Big Mac index)나 스타벅스 지수(Starbucks Index)는 일물일가의

법칙을 적용한 각 국가의 환율 수준을 나타낸다고 할 수 있다. 글로벌 프랜차이즈 기업인 맥도날드(McDonald's)와 스타벅스(Starbucks)는 세계 각국에 동일한 빅맥과 카페라떼(tall size)를 각각 판매하고 있다. 만약 일물일가의 법칙이 성립한다면 동질적인 재화인 빅맥과 카페라떼는 세계 각국에서 동일한 가격에 판매되어야 한다. 다음은 맥도날드의 빅맥 지수의 계산과정을 통해 빅맥 지수를 어떻게 해석하는지를 살펴보도록 한다.

한국의 빅맥 가격: ₩6,000

Case 1. 현재 환율수준: ₩600/$ 미국 달러화로 계산한 가격: $10.00
Case 2. 현재 환율수준: ₩1,200/$ 미국 달러화로 계산한 가격: $5.00
Case 3. 현재 환율수준: ₩2,000/$ 미국 달러화로 계산한 가격: $3.00

위 사례에서 현재 환율수준을 적용하여 한국의 빅맥 가격을 미국 달러화로 계산한 가격이 빅맥 지수가 된다. 만약 미국에서 실제 빅맥 가격이 $5.00이라면 미국의 빅맥 지수는 $5.00이기 때문에 한국의 빅맥 지수가 $5.00인 Case 2에서는 일물일가의 법칙이 성립하게 된다. 하지만 Case 1의 경우 한국의 빅맥 지수($10.00)가 높은 반면 Case 3의 경우에는 한국의 빅맥 지수($3.00)가 낮다. 이를 환율수준으로 비교해 보면, 빅맥 지수와는 반대로 Case 1에서는 환율이 너무 낮고 Case 3에서는 높은 것을 알 수 있다. 따라서 특정 국가의 빅맥 지수가 높다는 것은 실제 환율이 일물일가의 법칙에 의한 환율수준보다 낮다(자국통화의 가치가 고평가)는 것을 의미한다. 반대로 특정 국가의 빅맥 지수가 낮은 경우에는 실제 환율수준이 일물일가의 법칙에 의한 환율보다 높다(자국통화의 가치가 저평가)는 것을 의미한다. 여기서 실제 환율수준이 높고 낮다는 것은 일물일가의 법칙에 의한 환율수준을 기준으로 비교한 표현이다.

- 특정 국가의 빅맥 지수가 높다 → 실제 환율수준이 낮다
  (특정 국가의 통화가치가 고평가)
- 특정 국가의 빅맥 지수가 낮다 → 실제 환율수준이 높다
  (특정 국가의 통화가치가 저평가)

2) 절대적 구매력평가설

'절대적 구매력평가설(purchasing power parity theory – absolute version)'은 일물일가의 법칙을 하나의 재화에서 재화 바스켓(basket)으로 확장한 개념이다. 특정 재화가 아닌 재화 바스켓으로 확장했다는 것은 특정 재화의 단일가격이 아닌 물가수준과 환율을 연계했다는 것을 의미한다. 여기서 '구매력(purchasing power)'이란 화폐의 구매력이라고 할 수 있다.

물가의 상승은 재화의 가치가 높아진 것으로 생각할 수 있지만 반대로 화폐의 관점에서는 화폐가치가 하락한 것으로 볼 수 있다. 그러므로 물가의 상승은 화폐가치의 하락을 의미하기 때문에 화폐의 구매력이 하락하고 있다는 것과 같은 의미라고 할 수 있다.

다음은 절대적 구매력평가설의 수식이다. 일물일가의 법칙과 수식은 같지만 여기서 P와 P^*는 특정 재화의 가격이 아닌 각각 국내물가수준과 해외물가수준을 의미한다.

$$P = S \cdot P^*$$

S : 현물환율(방화표시법)
P : 국내물가수준
P^*: 해외물가수준

일반적으로 물가지수(price index)는 특정 경제에서 대표적으로 통용되는 재화의 바스켓을 대상으로 해당 재화들의 가격을 가중평균하여 도출할 수 있다. 위의 식이 현실에서 잘 성립하지 않은 이유로는 일물일가의 법칙과 마찬가지로 다음의 4가지를 생각해볼 수 있다. 첫째, 거래비용이 높은 경우다. 거래비용이 높으면 동질적인 재화임에도 불구하고 각국에서 가격이 다르게 형성되어 물가지수가 달라질 수 있다. 둘째, 무역장벽이 높은 경우에도 마찬가지로 각국에서 시장가격이 달라져서 물가지수가 다르게 계산될 수 있다. 셋째, 제품차별화의 정도가 크면 같은 품목이라 하더라도 동질적인 재화로 볼 수 없으므로 다른 가격이 책정되어 물가지수가 달라진다. 넷째, 물가지수를 측정하는 대표 재화 바스켓의 구성이 다르거나 비교역재의 비중이 클 때 절대적 구매력평가설이 성립하지 않을 수 있다. 일반적으로 절대적 구매력평가설은 환율을 매개로 하여 각 국가의 물가를 절대적 수치로 비교하기 때문에 현실에서 성립하기 매우 어렵다.

3) 상대적 구매력평가설

절대적 구매력평가설이 물가의 절대적 수준을 비교하고 있다면 '상대적 구매력평가설(purchasing power parity – relative version)'은 변수들의 상대적인 변화율에 초점을 맞춰 환율과 물가상승률은 연계하고 있다. 상대적 구매력평가설의 식은 절대적 구매력평가설의 각 변수들을 상대적 변화율의 개념으로 변환하여 다음과 같이 나타낼 수 있다.

$$\hat{S} = \pi - \pi^*$$

$\hat{S}$: 환율의 상대적 변화율
π : 국내물가상승률
π^* : 해외물가상승률

과거 자료를 적용하여 상대적 구매력평가설의 성립 여부를 판단하는 것도 중요하겠지만 사람들이 더 많은 관심을 보이는 것은 미래 환율이나 물가상승률에 대한 예측일 것이다. 아래의 식은 각 변수의 변화율을 모두 1년 단위를 기준으로 한 연율표시방법을 사용하여 나타낸 것이다. 따라서 환율의 변화율, 물가상승률 모두 향후 1년 동안의 예상 변화율이라고 할 수 있다.

$$\frac{E(S_{t+n})-S_t}{S_t}\times\frac{12}{n}\times 100=\pi^e-\pi^{*e}$$

$E(S_{t-n})$: t시점에서 예상한 $(t+n)$시점의 현물환율에 대한 기대치
S_t : t시점의 현물환율
n : 개월수
π^e : t시점에서 예상하는 향후 1년 동안의 국내예상물가상승률
π^{*e}: t시점에서 예상하는 향후 1년 동안의 해외예상물가상승률

위의 식을 구체적인 사례에 적용하여 미래 환율수준을 예측하는 방법을 알아보도록 하자. 향후 1년 동안 우리나라의 물가상승률은 5%, 미국의 물가상승률은 3%로 예상하고 있다고 가정한다. 현재 ₩/$ 환율은 1,100(₩/$)이라고 할 때, 3개월 후의 환율은 어떻게 될 것으로 예상할 수 있을까? 주어진 정보를 각 변수에 대입해 보면, S_t=1,100(₩/$), π^e=5(%), π^{*e}=3(%), n=3이 된다. 이때, $E(S_{t+n})$을 계산하면 1,105.5(₩/$)가 된다. 그러므로 3개월 후의 환율수준은 현재보다 ₩5.5 상승한 1,105.5(₩/$)가 되리라고 예상할 수 있다.

상대적 구매력평가설의 수식은 두 국가 사이의 환율의 변화율이 두 국가의 물가상승률 차이와 같다는 것을 나타낸다. 어떻게 두 국가 사이의 환율의 변화율은 물가상승률 차이와 동일할 수 있을까? 통화론자(monetarist)의 주장에 의하면 물가상승은 화폐적 현상(monetary phenomenon)으로 화폐의 구매력이 감소하는 것이다. 즉, 물가상승은 화폐의 관점에서 화폐가치가 하락하는 것

을 의미한다. 그러므로 매년 양(+)의 물가상승률을 기록하는 국가는 지속적인 화폐가치의 하락을 경험하고 있는 것이다. 하지만 화폐가치가 하락하는 정도는 국가마다 다르다. 그렇다면 화폐가치가 크게 하락하는 국가와 작게 하락하는 국가 사이의 환율은 어떻게 변할 것인가? 특정 국가와 비교하여 물가상승률이 더 낮아 화폐가치가 작게 하락했다면 그 국가의 통화는 비교 대상 국가의 통화에 비해 강세를 보이게 될 것이다. 그러므로 두 국가의 물가상승률 차이를 계산하는 우변은 어느 국가의 통화가치가 더 많이 하락했는지 비교하는 식으로 볼 수 있다. 환율은 정의에 의해 서로 다른 통화의 교환비율이라고 할 수 있으므로 자국화폐가치가 강세라면 방화표시법으로 나타낸 환율은 하락해야 한다. 만약 자국의 물가상승률이 더 높아 화폐가치가 더 많이 하락했다면 그것은 좌변에서 환율의 상승으로 나타나야 하고 반대로 자국의 물가상승률이 더 낮아 화폐가치가 더 작게 하락했다면 자국통화가치가 상대적으로 강세이기 때문에 환율의 하락으로 나타나야 한다.

한편, 상대적 구매력평가설이 현실에서 성립하지 않는 이유로는 경제의 구조적 요인을 생각할 수 있다. 국내와 해외의 물가수준에 큰 변동이 없지만 경제의 구조적인 변화가 있을 경우 예상하지 못한 자본의 유출입이 발생하여 상대적 구매력평가설로부터의 괴리가 발생할 수 있다.

참고 5-1 절대적 구매력평가설에서 상대적 구매력평가설로의 전환

$$P = S \cdot P^* \qquad \text{식(1)}$$

$$S = \frac{P}{P^*} \qquad \text{식(2)}$$

양변에 자연로그함수를 취하면,

$$S = \frac{P}{P^*} \rightarrow \ln S = \ln P - \ln P^* \qquad \text{식(3)}$$

자연로그함수는 미분을 했을 때, 다음과 같은 결과를 도출할 수 있다.

$$\frac{d(\ln x)}{dx}=\frac{1}{x} \quad \text{식(4)}$$

그러므로 식(3)을 시간 t에 대해서 미분하면 다음과 같이 전개할 수 있다.

$$\frac{d(\ln S)}{dt}=\frac{d(\ln P)}{dt}-\frac{d(\ln P^*)}{dt} \quad \text{식(5)}$$

$$\frac{d(\ln S)}{dS}\frac{dS}{dt}=\frac{d(\ln P)}{dP}\frac{dP}{dt}-\frac{d(\ln P^*)}{dP^*}\frac{dP^*}{dt} \quad \text{식(6)}$$

$$\frac{1}{S}\frac{dS}{dt}=\frac{1}{P}\frac{dP}{dt}-\frac{1}{P^*}\frac{dP^*}{dt} \quad \text{식(7)}$$

위 식에서 $\frac{dS}{dt}$, $\frac{dP}{dt}$, $\frac{dP^*}{dt}$는 각각 시간의 흐름에 따른 환율, 국내물가, 해외물가의 변화율을 의미한다. 각 변수의 변화율을 $\dot{S}$, $\dot{P}$, $\dot{P}^*$로 나타내면, 식(7)은 다음과 같이 쓸 수 있다.

$$\frac{\dot{S}}{S}=\frac{\dot{P}}{P}-\frac{\dot{P}^*}{P^*} \quad \text{식(8)}$$

식(8)은 각 변수의 상대적 변화에 대한 식으로 이를 변화율로 나타내기 위해 양변에 100을 곱해주면 다음의 식으로 나타낼 수 있다.

$$\hat{S}=\pi-\pi^* \quad \text{식(9)}$$

2. 이자율평가설

1) 유위험 이자율평가설

'유위험 이자율평가설(Uncovered Interest rate Parity: UIP)'은 국제금융시장에 차익거래의 원리를 적용하여 설명할 수 있다. 자본이 완전히 자유롭게 이동할 수 있는 상황에서 투자자들은 국내투자를 할 것인지 국제투자를 할 것인지 선택할 수 있다.

현재 우리나라 투자자가 국내투자를 할 것인지 미국에 투자를 할 것인지 고민하고 있다고 가정해 보자. 우리나라 금융시장에서의 연간 이자율을 i라고 하면, 국내투자를 통해 1년 후에 받을 수 있는 원리금의 합계는 ₩1을 투자했을 때 ₩$(1+i)$가 된다. 국제투자를 선택하는 경우와의 비교를 위해 동일하게 ₩1을 미국에 투자하는 것을 고려해 보도록 한다. 미국에서는 원화로 투자할 수 없으므로 ₩1을 $로 바꿔 투자해야 한다. 현물환시장에서 현물환율이 S_t(₩/$)로 주어져 있다면 ₩1은 $\$\frac{1}{S_t}$가 된다. 미국의 금융시장에서 연간 이자율이 i^*라고 하면 미국에 투자할 때 1년 후의 원리금 합계는 $\$\frac{1}{S_t}(1+i^*)$가 된다. 하지만 1년 후의 환율수준은 알 수 없기 때문에 1년 후 환율의 예측치를 사용하여 예상할 수 있는 원리금 합계를 계산하여 비교하면 다음과 같이 표현할 수 있다.

• 1년 후 국내투자의 원리금과 미국투자의 원리금의 비교

국내투자	미국투자
₩ $(1+i)$	₩ $\frac{E(S_{t+12})}{S_t}(1+i^*)$

단, $E(S_{t+12})$는 1년(12개월) 후 현물환율의 예측치다.

투자자들은 국내투자를 통해 얻을 수 있는 원리금 합계와 미국에 투자했을 때 예상되는 원리금 합계를 비교하여 어디에 투자할 것인지 결정할 것이다. 미국에 투자하는 것보다 국내투자의 원리금 합계가 더 높게 예상된다고 가정해 보자.

국내투자		미국투자
₩ $(1+i\downarrow)$	$>$	₩ $\dfrac{E(S_{t+12})\uparrow}{S_t\downarrow}(1+i^*\uparrow)$

국내투자가 더 높은 수익률을 보일 것으로 예상되므로 국제 투자자들 또한 우리나라에 투자할 것이다. 우리나라에 대한 투자가 증가하면 국내금융시장에 자본이 유입되어 자금의 공급이 증가하게 되고 국내 이자율은 하락할 것이다($i\downarrow$). 하지만 미국 금융시장에서는 자본의 유출이 발생하여 자금의 공급이 감소하여 미국의 이자율은 상승하게 된다($i^*\uparrow$). 한편 외환시장에서는 원화에 대한 수요가 증가하고 달러화에 대한 공급이 증가하여 현물환율이 하락하게 된다($S\downarrow$). 그리고 특별히 경제적 상황이 변하지 않는다면 1년 후에는 우리나라에 투자했던 외국투자자금의 만기가 도래하여 현재 자본의 흐름과 반대방향으로 움직일 것이므로 1년 후 현물환율은 현재와는 반대로 상승할 것으로 예상할 수 있다($E(S_{t+12})\uparrow$). 따라서 시간이 흐르면서 국내투자 시의 수익률은 하락하고 미국투자 시의 수익률은 상승하므로 두 원리금 합계는 동일해질 것이다. 국내투자와 미국투자의 원리금 합계가 동일하다고 가정하고 식을 전개해 보면 다음과 같은 결과를 도출할 수 있다.

$$(1+i) = \frac{E(S_{t+12})}{S_t}(1+i^*)$$

양변을 모두 $(1+i^*)$로 나눠준 다음 1을 빼서 정리하면 다음과 같다.

$$\frac{(1+i)}{(1+i^*)} = \frac{E(S_{t+12})}{S_t} \dashrightarrow \frac{(1+i)}{(1+i^*)} - 1 = \frac{E(S_{t+12})}{S_t} - 1$$

$$\frac{(1+i)-(1+i^*)}{(1+i^*)} = \frac{E(S_{t+12})-S_t}{S_t}$$

$$\frac{(i-i^*)}{(1+i^*)} = \frac{E(S_{t+12})-S_t}{S_t}$$

여기서 $(1+i^*) \approx 1$로 볼 수 있으므로 위 식을 정리하면,

$$i-i^* = \frac{E(S_{t+12})-S_t}{S_t}$$

위 식에서 상대적 구매력평가설과 마찬가지로 환율의 변화율을 연율표시 방법을 사용하여 나타낸 후 양변의 위치를 서로 바꿔주면 다음과 같이 정리할 수 있다.

$$\frac{E(S_{t+n})-S_t}{S_t} \times \frac{12}{n} \times 100 = i-i^*$$

유위험 이자율평가설은 환율의 변화율이 서로 다른 통화 간의 이자율 차이와 같다는 것을 의미한다. 즉, 서로 다른 통화로 표시되고 있지만 동일한 종류의 금융상품에 투자할 때, 투자자들이 통화가치의 하락이 예상되는 통화로 표시된 금융상품에 투자하기 위해서는 통화가치 하락에 의한 손실을 만회할

수 있을 정도로 명목이자율이 충분히 높아야 한다는 것이다. 이를 보다 구체적으로 설명하면, 일정한 기간 동안 투자자들이 외국통화가치가 자국통화가치보다 상대적으로 3% 더 상승할 것으로 예상한다면 동일한 기간 동안 국내이자율은 외국의 이자율보다 3% 더 높아야 한다는 것이다.

유위험 이자율평가설은 미래의 현물환율에 대한 투자자들의 기대치를 사용하여 환율의 변화율을 예상하고 있다. 미래의 현물환율은 현재시점에서 정해지지 않았으므로 언제든지 변동할 위험이 존재한다. 그러므로 유위험 이자율평가설은 헤지(hedge)되지 않은 환율의 변동위험이 여전히 존재하므로 위험이 커버되지 않아(uncovered) '유위험' 이자율평가설이라고 한다. 또한 유위험 이자율평가설은 국제피셔효과(international Fisher effect)라고도 불린다.

원래 피셔효과(the Fisher effect)는 명목이자율이 실질이자율과 예상물가상승률의 합과 동일하다는 것을 의미한다.

$$i = r + \pi^e$$

i : 명목이자율
r : 실질이자율
π^e: 예상물가상승률

자국과 외국에 대해서 각각 피셔효과의 식을 전개하여 두 식을 빼주면 다음을 얻을 수 있다.

$$\begin{array}{lrcl} & i & = & r + \pi^e \\ -) & i^* & = & r^* + \pi^{*e} \\ & (i - i^*) & = & (r - r^*) + (\pi^e - \pi^{*e}) \end{array}$$

자국의 피셔효과에서 외국의 피셔효과를 빼면 두 국가의 명목이자율 차이는 실질이자율의 차이와 예상물가상승률의 차이의 합과 같다는 식을 얻을 수 있다. 이때, 장기적으로 국가 간 실질이자율은 동일한 수준으로 수렴하는 성격을 갖기 때문에 장기에는 $r = r^*$가 되어 결국에는 명목이자율의 차이가 예상물가상승률의 차이와 같게 된다고 할 수 있다.

$$\text{장기: } i - i^* = \pi^e - \pi^{*e}$$

그러므로 피셔효과를 이용하면 장기에 상대적 구매력평가설의 식을 유위험 이자율평가설의 식으로 변형할 수 있다. 즉, 단기에서는 상대적 구매력평가설과 유위험 이자율평가설이 서로 다르다고 할 수 있지만 장기에서는 두 식이 동일하다는 것을 알 수 있다.

$$\frac{E(S_{t+n}) - S_t}{S_t} \times \frac{12}{n} \times 100 = \pi^e - \pi^{*e} \rightarrow \frac{E(S_{t+n}) - S_t}{S_t} \times \frac{12}{n} \times 100 = i - i^*$$

참고 5-2 피셔효과

피셔효과(the Fisher effect)란 명목이자율이 실질이자율과 예상물가상승률의 합과 같다는 것이다. 원래 피셔효과는 다음의 식(1)로 나타낼 수 있다.

$$(1+i) = (1+r)(1+\pi^e) \qquad \text{식(1)}$$

i: 명목이자율

r: 실질이자율

π^e: 예상물가상승률

어느 특정한 금융상품에 투자했을 때, 만기에 기대할 수 있는 투자의 원리금은 좌변인 $(1+i)$로 나타낼 수 있다. 하지만 투자시점부터 만기까지 발생하는 물가상승률은 화폐가치의 하락을 유발하기 때문에 실질적인 투자수익은 식(1)의 r로 계산할 수 있다. 식(1)을 전개하면,

$$1+i = 1+r+\pi^e+r\pi^e \quad \text{식(2)}$$

$$i = r+\pi^e+r\pi^e \quad \text{식(3)}$$

그런데 실질이자율과 예상물가상승률의 곱인 $r\pi^e$은 매우 작아 '0'에 가까운 값을 갖기 때문에 $r\pi^e \approx 0$으로 볼 수 있다. 그러므로 식(3)은 다음과 같이 간단하게 정리할 수 있다.

$$i = r+\pi^e \quad \text{식(4)}$$

2) 무위험 이자율평가설

무위험 이자율평가설(Covered Interest rate Parity: CIP)은 유위험 이자율평가설에서 커버되지 않은(uncovered) 위험이 헤지되었다는 것을 의미한다. 유위험 이자율평가설에서의 위험은 미래 환율의 변동위험이므로 무위험 이자율평가설에서는 미래 환율이 변하지 않고 고정되어 있으면 된다. 그런데 미래 환율을 현재시점에서 정하여 거래하는 것은 선도환 거래이기 때문에 유위험 이자율평가설에서 미래 환율의 예측치를 선도환율로 바꿔주면 무위험 이자율평가설이 된다.

$$\frac{E(F_{t+n})-S_t}{S_t}\times\frac{12}{n}\times 100 = i-i^*$$

위 식의 좌변은 선도환율을 연율표시방법으로 표현한 식이다. 환율을 방화표시법으로 표시하였을 때, 좌변의 식이 0보다 크다면 선도환율이 현물환율

보다 높다고 볼 수 있다. 따라서 외국통화는 선도환 시장에서 더 비싸게 거래되고 있어 선도환 프리미엄(forward premium)에 있다. 반면 좌변의 식이 0보다 작다면 현재 선도환율이 현물환율보다 낮아 외국통화는 현물환 시장보다 선도환 시장에서 싸게 거래되고 있으므로 선도환 디스카운트(forward discount)에 있다고 할 수 있다. 좌변의 식이 0이라면 현물환 시장과 선도환 시장에서 같은 가격에 거래되고 있으며, 'flat'하다고 한다.

$$\frac{E(F_{t+n})-S_t}{S_t}\times\frac{12}{n}\times 100 > 0$$

: 외국통화가 선도환 프리미엄(forward premium)

$$\frac{E(F_{t+n})-S_t}{S_t}\times\frac{12}{n}\times 100 < 0$$

: 외국통화가 선도환 디스카운트(forward discount)

3. 환율의 구조

구매력평가설과 이자율평가설은 환율을 설명하기 위해 각각 재화시장과 금융시장을 이용하고 있다. 서로 다른 시장을 이용하고 있지만 두 이론은 모두 환율의 구조를 설명하기 위해 각각의 시장에서 차익거래(arbitrage transaction)의 원리를 사용하고 있다는 공통점을 가진다. 즉, 구매력평가설은 재화시장에서의 국가 간 차익거래, 이자율평가설은 금융시장에서의 국가 간 차익거래를 통해 환율을 설명한다. 각 시장에서의 차익거래는 동질적인 재화에 대해 동일한 가격을 가지도록 하거나 동일한 금융상품에 대해 동일한 수익률을 보장받을 수 있게 한다. 구매력평가설에서는 화폐를 '교환의 매개체' 혹은 '가치의 척도'로 이용하고 있으므로 재화시장을 통해 화폐의 구매력이라는 개념을 환율과 연결하고 있다. 반면 이자율평가설은 화폐를 '가치의 저장수단'으로 보아 금융시장에서의 이자율을 이용하여 환율을 설명하고 있다. 실증분석 결과에 의하면 구매력평가설이 이자율평가설보다 훨씬 장기에 성립하는 것으로 나타났다.

〈그림 5-3〉은 환율과 이자율, 물가상승률 간의 상호관계를 어떤 이론을 통해 설명하고 있는지 보여준다. 환율과 물가상승률의 관계는 상대적 구매력평가설을 통해 설명할 수 있으며, 환율과 이자율의 관계는 국제피셔효과(이자율평가설)을 이용하여 파악할 수 있다. 그리고 물가상승률과 이자율의 관계는 피셔효과를 통해 설명할 수 있다.

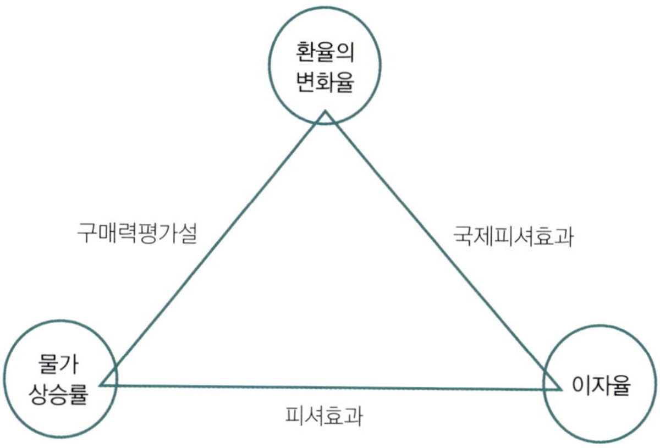

그림 5-3 **환율의 구조: 이자율, 환율 및 물가상승률의 상호관계**

제4절 국제수지의 이해

1. 국제수지와 국제수지표

한 나라가 일정기간 동안 외국과 거래를 통해 발생한 수입과 지출을 국제수지(balance of payment: BP)라고 하며, 이 국제수지를 표로 기록한 것을 국제수지표라고 한다. 일정기간 동안 외국과의 거래는 상품 및 서비스, 그리고 자본 등의 모든 경제적 거래이며, 이러한 거래를 통해 수입과 지출이 발생하게 된다. 국제수지표는 일정기간 한 국가와 다른 국가 사이에 발생하는 모든 경제적 거래를 종합적으로 기록한 회계장부는 경제정책을 수립함과 동시에 다양한 목적으로 사용된다.

국제수지표에 기록되는 경제활동은 국내외 거래로 경제활동이 한 국가의 경제 영역 내에 있는 거주자와 영역 밖에 있는 비거주자 사이의 모든 경제활동을 의미한다. 여기서 거주자와 비거주자의 구분은 GDP와 GNP의 차이처럼 비단 국적이 아니라 경제활동이 어디서 발생했는가가 중요하다. 예를 들어 국외의 경제 주체라도 1년 이상 우리나라에서 경제활동을 하거나 할 의향이 있다면 거주자로 간주한다.

국제수지는 현재 IMF의 '국제수지 매뉴얼'에 따라 한국은행이 작성하고 있다. 한국은행에서 작성하는 국제수지표는 과거 BPM5가 아닌 2010년 1월 발표된 새로운 국제수지통계 매뉴얼(balance of payments and international investment position manual, 6th ed.: BPM6)을 따르고 있다. IMF는 2007년 3월 새로운 국제수지통계 매뉴얼(BPM6) 초안을 발표하고 회원국 간의 토의 등을 거쳐 시행한 것으로 한국은행은 국민소득통계와의 정합성 확보, 현실반영 정도의 제고 등을 위해 새로운 국제수지매뉴얼(BPM6) 1단계 이행을 시행하였다.

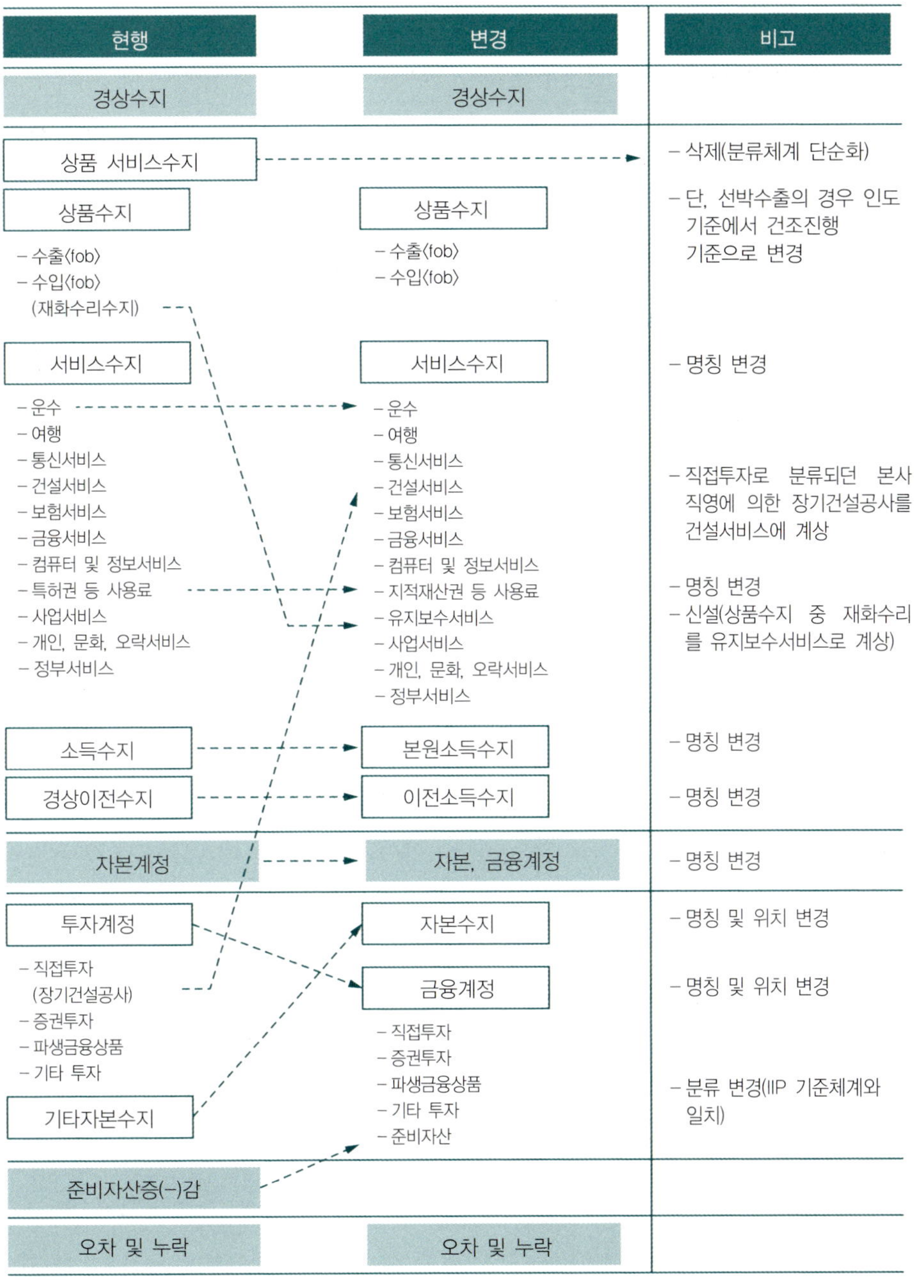

그림 5-4 BPM6(Balance of Payments Manual 6) 변경 내용

출처: 한국은행 (2010). 새로운 국제수지통계 편제기준(BPM6)의 주요 개정 내용.

지금 사용되고 있는 국제수지표 작성매뉴얼(BPM6)은 BPM5와 달리 계정명칭의 변경과 함께 몇 가지 변동사항이 있다. 상위계정에서 기존의 경상수지, 자본계정, 준비자산증감, 오차 및 누락의 명칭은 경상수지, 자본 · 금융계정, 오차 및 누락으로 단순화되었다. 하부계정으로 경상수지의 상품 및 서비스수지는 삭제되었으며, 소득수지와 경상이전수지는 각각 본원소득수지와 이전소득수지로 명칭이 변경되었다. 자본계정의 투자계정과 기타 자본수지는 자본 · 금융계정의 자본수지와 금융계정으로 변경되었다. 마지막으로 기존의 준비자산증감계정은 자본 · 금융계정의 하부계정인 금융계정의 준비자산으로 분류 및 변경되었다.

1) 국제수지표의 구성

새롭게 적용된 국제수지표 작성매뉴얼(BPM6)에 따르면 국제수지표는 크게 경상수지와 자본 · 금융계정 그리고 오차 및 누락계정으로 구분된다. 여기서 오차 및 누락계정은 단순히 통계상의 불일치를 조정하기 위한 것으로 큰 의미는 없기 때문에 경상수지계정과 자본 · 금융계정이 국제수지표의 골자라고 하겠다.

경상수지계정에는 상품수지, 서비스수지, 본원소득수지, 이전소득수지가 있다. 특히 상품수지는 상품의 수출입에 대한 계정이며, 서비스수지는 운송, 여행, 통신, 건설, 보험, 금융, 컴퓨터, 지적재산권, 유지보수, 사업, 개인, 문화, 오락, 정부서비스 등 서비스와 관련한 계정이다.

자본 · 금융계정은 자본수지와 금융계정으로 구분된다. 금융계정은 직접투자, 증권투자, 파생금융상품, 기타 투자 그리고 독립계정이었던 준비자산계정이 금융계정으로 편입되었다.

2) 국제수지의 균형

국제수지는 단식부기가 아닌 복식부기 원칙[1)]에 따라 작성된다. 국제수지표에서 각 연도의 경상수지, 자본 · 금융계정, 오차 및 누락의 합을 구하면 언제나 '0'이 된다. 이 말은 복식부기의 원리를 따른다는 의미이다. 국제수지표의 각 계정의 합이 '0'이라는 것은 외화 수취의 합과 지급의 합이 같다는 것이다. 한 국가의 자산현황을 한눈에 파악할 수 있도록 하기 위하여 단식부기가 아닌 복식부기를 사용한다.

국제수지에서 수익은 대변에, 지급은 차변에 적는데, 외화를 지급하는 거래를 차변, 외화를 수취하는 거래를 대변이라고 판단할 수 있다. 경상수지의 차변에는 상품수입(실물자산 증가), 서비스지급(서비스 제공받음), 본원소득지급, 이전소득지급이 기록되며, 금융 · 자본계정에는 금융자산 증가, 금융부채 감소, 자본이전지급, 비생산 · 비금융자산취득이 기록된다. 경상수지의 대변에는 상품수출(실물자산 감소), 서비스수입(서비스를 제공함), 본원소득수입, 이전소득수입이 기록되며, 금융 · 자본계정에는 금융자산 감소, 금융부채 증가, 자본이전수입, 비생산 · 비금융자산처분이 기록된다.

예를 들어 수출, 해외여행, 그리고 해외직접투자가 발생했다고 가정하자. 먼저 첫 번째 거래는 우리나라의 한 기업이 200달러의 물품을 수출한 것이며, 두 번째 거래는 우리나라 어느 국민이 해외여행을 한 것이다. 마지막으로 해외 특정기업이 우리나라에 직접투자 500달러를 했다고 하자. 이 경우 복식부기의 원리에 따르면 먼저 첫 번째 거래로 발생하는 수출은 경상수지 대변에 실물자산의 감소로 기록됨과 동시에 금융 · 자본계정의 차변에는 수출로 발생한 대금으로 금융자산의 증가가 기록되어야 한다. 두 번째 거래로 발생하

1) 부기란 장부기입의 약칭이며, 복식부기란 하나의 동일한 경제활동을 장부 좌측의 차변(−)과 우측의 대변(+)에 두 번 기록하는 것을 말한다. 단식부기는 모든 거래를 수입 또는 지출이라는 한쪽 측면에서만 기록하는 방식으로 입출금만 기록하기 때문에 전체적인 자산보유 내역을 한눈에 파악하기 힘들다. 복식부기에서 왼쪽 차변항목에는 자산의 증가, 부채의 감소, 자본의 감소, 비용의 발생과 관련한 사항이 기록되며, 오른쪽 대변에는 자산의 감소, 부재의 증가, 자본의 증가, 수익 항목이 기록된다.

는 해외여행서비스로 경상수지의 차변에 기록해야 하며, 이에 해당하는 비용 발생으로 금융 · 자본수지 계정의 대변에는 금융자산 감소로 기록되어야 한다. 마지막으로 해외에서 우리나라로 직접투자가 발생하였기 때문에 자본 · 금융계정 차변에 금융자산 증가로 기록됨과 동시에 대변에는 금융부채의 증가의 의미로 동시에 기록된다.

표 5-2 국제수지와 복식부기원리

구분	차변(−)/출금	대변(+)/입금	수지
경상수지	100 달러 (거래2)	200 달러 (거래1)	200 달러 −100 달러
자본 · 금융계정	200 달러 (거래1) 500 달러 (거래3)	100 달러 (거래2) 500 달러 (거래3)	−200 달러 +100 달러 −500 달러 +500 달러
소계	800 달러	800 달러	0

2. 경상수지

1) 경상수지

국제수지표에 기록하는 대외거래는 경상거래와 자본거래로 구성된다. 재화와 용역의 거래를 경상거래라 정의한다. 국가는 경상거래를 통해 외국으로부터 벌어들인 외화가 발생하게 되며, 반대로 외국으로 지급한 외화가 발생하게 된다. 이때 지급받은 외화와 지급한 외화의 차이를 경상수지라고 한다. 그리고 경상수지는 다시 상품수지, 서비스수지, 본원소득수지, 그리고 이전소득수지로 구분된다.

경상수지 계정에서 상품수지는 재화의 수출액과 수입액의 차액을 의미한다. 서비스수지는 용역, 즉 서비스거래로 수취한 돈과 지급한 돈의 차액이다. 본원소득수지는 거주자와 비거주자 간에 급료 및 임금 또는 투자의 대가로 받은 배당금이나 이자소득의 차액을 기록한 것이다. 이전소득수지는 한 국가의 거주자와 비거주자 간에 아무런 대가 없이 주고받은 거래의 수지를 의미한다. 특히 이전소득수지는 단순히 주고받은 것이기 때문에 경제적 의미의 거래라고 보기 어렵지만 경상수지에 기록하는데 대외송금, 재화의 무상원조, 국제기구 출연금 등이 여기에 분류된다.

경상수지는 흑자와 적자의 형태로 나타나며, 국제수지에서 가장 큰 비중을 차지하고 있다. 경상수지가 흑자인 경우는 국제수지표로만 보면 단순히 수출의 증가로 판단할 수 있지만, 수출의 증가는 결과적으로 수출을 위한 수요의 증가로 이어진다. 수요의 증가는 생산의 확대로 이어지며 생산의 확대는 고용으로 이어져 가계소득의 증대로 이어진다. 앞서 국민경제에 무역이 미치는 영향과 같은 맥락이다. 한편 경상수지가 적자인 경우 수입이 수출을 넘고 있는 상황으로 해외로부터 재화와 용역을 수입하여 외화가 유출되는 것 외에도 국내 생산의 위축이 발생한다. 생산의 위축은 결과적으로 고용의 축소로 이어지며 가계소득의 감소로 이어진다. 따라서 경상수지는 국가의 무역 및 경제정책 집행에 중요한 지표라고 할 수 있다.

2) 경상수지의 구성항목

경상수지의 세부 구성항목을 보면 수출, 수입으로 구성된 상품수지가 있다. 그리고 운송, 여행, 통신서비스, 건설서비스, 보험서비스, 금융서비스, 컴퓨터 및 정보서비스, 지적재산권 등 사용료, 유지보수서비스, 사업서비스, 개인 · 문화 · 오락서비스, 정부서비스로 구성된 서비스수지가 있다. 그리고 본원소득수지와 이전소득수지로 구성되어 있다. 경상수지 항목 중에서 특이한 것을 몇 가지 살펴보면, 금을 거래하는 것은 재화의 수출입으로 간주해 상품수지에 포함시킨다. 승무원을 포함한 운송장비의 임대차는 서비스수지의 '운수' 항목이지만, 승무원을 포함하지 않은 수송장비의 임대차는 '사업서비스'에 해당한다. 또한 해외여행에서 취득한 물건은 상품수지가 아니라 서비스수지에 해당한다. 과거에는 선박이나 항공기 등에 대한 수리비는 서비스적인 성격이 강하지만 '재화수리'로 상품수지에 포함시켰었다. 그러나 2010년 1월 확정 · 공표된 새로운 국제수지통계 매뉴얼에 따라 이는 서비스수지에 포함되었다. 본원소득수지 중에서 투자수지를 보면 자본투자의 목적에 따라 3가지 소득이 발생하는 것으로 구분하고 있다. 투자를 위한 자본의 이동은 자본수지이며 이로 인한 소득의 발생은 경상수지의 본원소득수지에 해당한다. 이처럼 구성항목의 적용에 있어서는 항목의 명칭을 넘어 실무적 구분의 이해가 필요하다.

3. 자본 · 금융계정

1) 자본 · 금융계정

자본 · 금융계정은 우리나라가 다른 나라와 주고받는 자본거래를 보여준다. 자본 · 금융계정수지는 자본거래의 결과로 유입된 외화와 유출된 외화의 차이를 기록한 것이며, 이는 다시 자본계정과 금융계정으로 구분된다. 자본계정(자본수지)은 과거 계정의 기타 자본수지 항목을 의미하는 것으로, 자본이전과 비생산 · 비금융자산으로 구분된다. 자본이전은 해외 이주비나 채무면제 등이 포함된다. 비생산 · 비금융자산은 토지, 지하자원 등 비생산유형자산과 특허권, 저작권, 상표권 등의 비생산무형자산의 취득 및 처분 거래(매매)를 기록한 것이다.

금융계정은 직접투자, 증권투자, 파생금융상품, 기타 투자, 준비자산으로 나눠진다. 직접투자는 경영참여 등 영속적인 이익을 취득하기 위해 행하는 대외투자로 주식 구입이나 자금대여 등의 채무거래를 포함한다. 증권투자는 투자자본의 가치 증가 또는 이윤획득만을 목적으로 한 대외투자로, 외국과의 주식 · 채권거래가 여기에 해당한다. 이때 주의할 점은 똑같은 주식 구입이라고 해도 목적에 따라 서로 다른 항목(직접투자와 증권투자)으로 계산된다는 점이다. 투자대상 기업의 의결권을 10% 이상 보유하고 있는 경우에는 직접투자로 분류한다. 파생금융상품은 파생금융상품거래에서 발생한 손익을 기록한다. 기타 투자는 직접투자 · 증권투자 · 파생금융상품거래를 제외한 모든 금융거래를 포함한다. 즉, 대출 및 차입, 무역신용, 현금 및 예금 등의 금융거래를 기록한다. 재화를 1억 달러 수출하고 수출대금을 현금으로 받았다면 수출은 경상수지에, 대금 수취는 금융계정의 기타 투자에 기록한다. 마지막으로 중앙은행이 국제수지 불균형을 바로 잡기 위해 사용할 수 있는 대외자산의 증감을 기록하던 준비자산도 과거와 달리 금융계정에 포함되었다.

2) 자본 · 금융계정의 구성항목

자본 · 금융계정의 구성항목 중에서 특이한 사항은 민간의 별장이나 주택과 같은 해외부동산 취득은 직접투자에 계상되며, 토지나 지하자원 등의 거래는 자본계정의 비생산 · 비금융자산에 기록된다는 점이다. 또한 특허권 매매 자체는 특허권이라는 자본을 사고 판 것으로 자본계정에 포함되지만 특허권의 사용은 무형자산의 사용료로 경상수지의 서비스수지에 포함된다.

PRINCIPLES OF INTERNATIONAL TRADE

CHAPTER 06 국제경영의 이해

CHAPTER 06 국제경영의 이해

제1절 국제경영의 이해

경제협력개발기구(Organization for Economic Cooperation and Development: OECD) 국가 중 무역의존도(degree of dependence upon foreign trade)[1]가 0%인 국가는 존재하지 않는다. 상이한 두 국가 간에 물품 등을 대상으로 하는 국제상거래인 무역의 정의를 고려하면 무역의 당사자는 국가라 할 수 있다. 그러나 오늘날 무역의 당사자는 국가뿐만 아니라 기업 그리고 개인으로까지 확장되었다. 특히 1960년대 이후 국가 간 경계가 무의미해지는 글로벌화(globalization) 시대를 맞이하면서 기업들 간의 무역이 활발히 이루어졌다. 이러한 맥락에서 대부분의 기업들은 제품을 생산함에 있어 원자재, 부자재, 부품, 노동력, 기술 등을 국내에서 조달 및 생산하고 국내 소비자들만을 대상으로 판매활동을 하지 않는다. 따라서 무역실무를 이해하기 위해서는 국제경영의 이해가 필수적이라 할 수 있으므로 이 장에서는 글로벌화와 국제경영에 대해 논의하고자 한다.

1) 한 나라의 국민경제 중 무역이 차지하는 비중을 나타내는 지표로 일반적으로 수출입 총액 대 GDP 비율로 계산됨

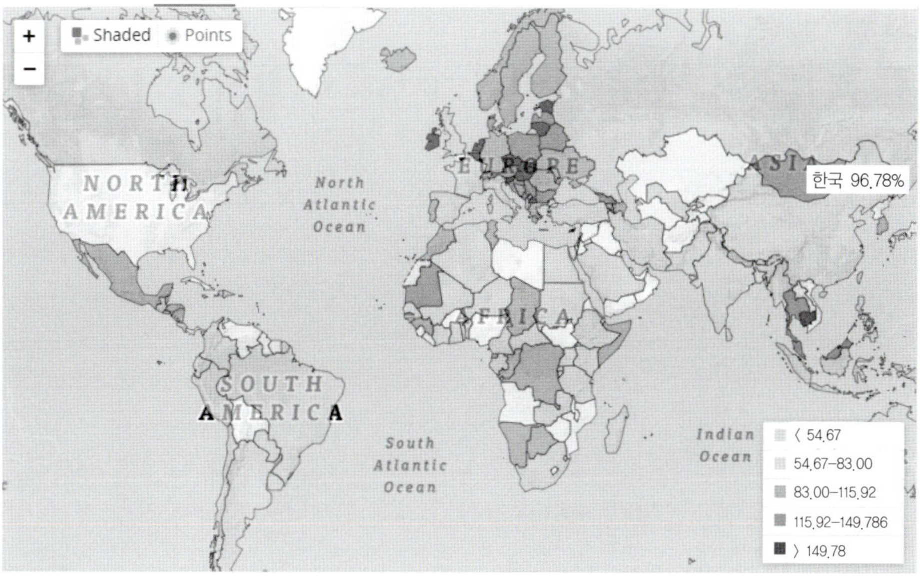

그림 6-1 세계 무역의존도(Trade % of GDP)
출처: The World Bank (2023).

1. 국제경영의 개요

1) 국제경영의 정의

제2차 세계대전 이후 과학기술이 발전함에 따라 국가 간 교류가 증가하였으며 자연스럽게 기업의 경영활동 범위는 국내는 물론이고 해외시장으로까지 확장되었다. 기업이 경쟁적으로 해외시장을 개척하기 시작하면서 그 규모는 커지고 성격은 복잡해지기 시작했다. 이러한 배경으로 국내경영과는 다른 새로운 경영전략이 필요해짐에 따라 탄생한 것이 국제경영(International Business)이다.

국제경영은 1960년대 이후 독자적인 학문분야로 주목받기 시작하였으며, 많은 연구자들이 국제경영에 관한 연구활동을 활발하게 진행하였다. 하지만 활발한 연구활동에도 불구하고 연구자들의 연구목적과 연구방법에 따라 국제경영을 다르게 정의하고 있어 단정적인 정의를 내리기 어렵다. 그러나 대표적인 연구자들의 견해를 고려하면 다음과 같이 국제경영을 정의 내릴 수 있다. 국제경영은 국경을 넘어서거나 2개국 이상에서 동시에 발생하는 경영활동에 대한 학문적 연구 및 실무의 한 분야이다. 이러한 경영활동의 사업대상은 상품, 서비스, 자본, 노동, 기술 이전, 인력관리 등이 모두 포함된다.

2) 국제경영의 목적

오늘날 기업은 세계의 시장을 하나로 보는 글로벌화 시대 속에서 활동하고 있어 대부분의 기업들은 직접적으로나 간접적으로 국제경영활동과 연관되어 있다고 할 수 있다. 또한 국제경영을 통해 기업은 세계 자원을 효율적으로 사용할 수 있게 됨으로써 국가의 경제발전에 공헌한다. 이러한 맥락에서 한 국가의 경제개발 수준에 따라 국제경영활동에 대한 규모와 발전 정도는 다를 수 있으나 선진국이든 개발도상국이든 혹은 신흥공업국이든 모든 국가들에게 국제경영활동은 중요하다.

기업이 해외시장에 진출하여 국제경영활동을 하는 이유는 다양하다. 그러나 기업은 주로 시장 다각화, 규모의 경제, 자원 활용의 효율성 제고, 소비자 수요의 동질화를 이유로 국제경영활동을 수행한다. 즉, 기업은 경쟁우위를 강화하고 성장의 기회를 창출하고 이윤의 극대화를 위해 국제경영활동을 실행한다.

첫째, 기업은 시장 다각화를 통한 새로운 성장의 기회 창출과 위험관리를 위해 국제경영활동을 수행한다. 빠르게 변화하는 경영환경 속에서 기업은 수많은 위험과 직면하게 되며 성공적인 기업경영을 위해 위험관리는 필수적이다. 이러한 맥락에서 시장 다각화는 특정시장에서 수익률이 낮은 경우 그 손실을 다른 시장에서 만회할 가능성을 제공한다. 즉, 시장 다각화를 통해 사업 리스크를 경감시켜 현금흐름을 안정적으로 유지할 수 있다. 또한 새로운 시장을 개척하여 기업 성장의 새로운 기회를 창출하고 이윤을 극대화시킬 수 있다.

둘째, 다양하고 넓은 시장의 확보를 통한 규모의 경제를 추구하기 위해 국제경영활동을 수행한다. 인간의 노동력은 기계와 로봇 등을 통해 점차 자동화되고 있어 기업은 노동집약적 생산방식보다 자본집약적 생산방식으로 전환하고 있다. 자본집약적 생산방식을 채택함에 따라 자본비용이 점차 증가하여 규모의 경제 효과가 증가하고 있다. 이러한 상황에서 기업은 생산시설을 확장하고 생산량을 증가시키면 평균생산비용(average production cost)을 감소시킬 수 있다. 따라서 해외의 넓은 시장을 확보하여 규모의 경제를 통한 생산비용의 절감을 추구할 수 있다.

셋째, 기업은 해외의 희소한 자원 이용이나 저렴한 비용을 통한 자원 획득 등 자원 활용의 효율성을 제고하기 위해 국제경영활동을 수행한다. 희소금속이나 석유와 같은 특정한 원료는 제한적이기 때문에 이러한 자원을 투입요소로 하는 기업에게 국제경영은 필수적이다. 또한 해외시장 진출을 통해 풍부한 자원을 저렴하게 획득할 수 있어 생산비용절감이 가능하다.

넷째, 글로벌화의 대표적 특징인 소비자 수요의 동질화에 의해 기업은 국제경영활동을 수행한다. 커뮤니케이션 기술이 발전함에 따라 세계 소비자들의 기호와 취향은 점차 동질화되었다. 따라서 과거와 달리 기업은 세계를 단일시장으로 간주하여 동시다발적으로 세계 소비자들의 니즈를 충족시킬 수 있는 제품을 생산하여야 높은 수익창출을 기대할 수 있다. 또한 해외시장에 진출하게 되면 보다 가까이 소비자들의 니즈를 파악할 수 있어 빠르고 더 좋은 서비스를 제공할 수 있다.

3) 국제경영의 특성

해외의 다양한 환경 속에서 경영활동이 전개되는 국제경영은 한 국가의 일정한 환경 속에서 경영활동을 하는 국내경영과 다른 독특한 특성이 있다. 이러한 특성은 국경을 넘어 이루어지는 경영활동에 따른 특성과 이질적 경영환경에 따른 특성으로 구분하여 설명할 수 있다.

(1) 국경을 넘어 이루어지는 경영활동에 따른 특성

첫째, 국제경영은 국가 간 재화, 서비스, 기술, 자본, 인력 등의 생산요소와 경영자원의 이전을 전제로 한다. 이러한 이전을 위해 수출이나 라이선싱 또는 해외직접투자 등의 해외시장 진출 전략을 선택해야 하며, 선택한 전략에 따라 그 성격이 달라진다. 따라서 기업은 기업 목표를 효율적으로 달성할 수 있도록 해외시장 진출 전략에 대한 이해가 필요하다.

둘째, 국제경영은 국경을 넘어 이루어지는 경영활동으로 수출입과는 달리 재화, 서비스, 기술, 자본, 인력 등의 단순한 이전거래뿐만 아니라 정치적 · 경제적 · 행정적인 장벽을 고려해야 한다. 자유로운 생산요소와 경영자원의 이동을 저해할 수 있는 관세나 비관세장벽을 고려해야 한다. 또한 진출국의 통화와 환율상의 문제를 고려해야 하며 정책상의 이유로 자본의 이동을 통제하는 경우도 고려해야 한다. 아울러 다양하고 복잡한 구비서류 등의 행정적 절차도 고려해야 한다.

(2) 이질적 경영환경에 따른 특성

첫째, 기업은 정치적 특성에서 비롯되는 각종 차별적 규제나 언어 · 관습과 같은 문화적 차이 등의 이질적 경영환경 속에서 국제경영활동을 수행해야 한다. 따라서 국제경영을 수행하는 기업은 법률과 정치 그리고 문화 등 거시적 환경요인과 노동 여건과 산업 여건 그리고 기술수준 등 미시적 환경요인에 대해 이해하고 이질적인 경영환경 속에서 적응해야 한다. 이러한 이질적인 경영환경은 해외진출 국가가 많을수록 더욱 복잡해지고 어려워진다.

둘째, 국제경영활동은 다양한 다수의 국가를 대상으로 이루어지므로 활동을 조정하거나 통합할 필요가 있다. 기업은 전체적 이익을 고려하여 국제경영활동을 조정하거나 통합함으로써 국제경영의 시너지효과를 얻는다. 따라서 기업은 국가별로 경영자원 및 자원을 범세계적 차원에서 생각하여 배분하고 활용하여 이익의 극대화를 추구해야 한다.

2. 글로벌화

1) 글로벌화와 국제화

오늘날 세계경제를 설명함에 있어 '글로벌화(globalization)'는 가장 중요한 키워드이다. 1980년대부터 성행하던 글로벌화는 학자들의 관점과 분야에 따라 다양하게 정의되며 단일한 정의가 아직 존재하지 않는다. 그러나 일반적으로 글로벌화는 국가별로 분리되어 있던 경제시장이 교역 · 투자 등의 확대로 국가 간 상호의존성이 높아져 궁극적으로 세계경제시장이 단일화되는 현상을 의미한다. 즉, 국경에 따라 구분되던 시장이 자원 · 자본 · 상품 · 서비스 등의 이동이 보다 자유로운 하나의 시장으로 통합되는 것을 뜻한다. 기업 관점에서 글로벌화는 세계시장을 하나의 시장으로 바라보기 때문에 개별 국가를 대상으로 각각 다른 전략을 수립하던 기존과 달리 하나의 세계시장을 대상으로 통합된 경영활동 전략을 수립하는 것을 의미한다. 이러한 글로벌화는 기술의 발전, 정책 및 제도(무역장벽의 감소, 국제 대금결제 제도의 발전 등), 규모의 경제, 소비자 수요의 동질화 등에 의해 더욱 촉진되었다.

연구자의 기준에 따라 국제화는 글로벌화와 혼용되어 사용되거나 비슷한 개념으로 정의되기도 한다. 그러나 글로벌화와 국제화는 다른 개념이다. 글로벌화가 각국의 경제가 하나의 세계경제로 통합되는 것을 의미한다면, 국제화는 서로 다른 국가의 고유성을 인정하면서 이루어지는 국가 간 경제교류를 의미한다. 세계의 경제가 국경을 초월하여 통합되는 글로벌화가 국경과 고유성을 인정하고 경제교류가 이루어지는 국제화보다 상위 개념이라 할 수 있다. 기업 관점에서 국제화는 국내에서만 경영활동을 하지 않고 내부자원을 해외로 이전하면서 해외시장에 진출하여 국내외적 경영활동을 위해 전략을 수립하는 것을 의미한다. 이해를 돕기 위해 음식을 예로 들어 글로벌화와 국제화의 차이를 설명하면, 김치는 우리나라의 고유성을 가지고 있으므로 국제적 음식이며 피자는 어느 나라의 고유의 음식이라는 인식이 사라지고 세계

공통의 개념을 가지고 있으므로 글로벌 음식이다.

글로벌화와 국제화의 개념이 다르기 때문에 기업에 있어 글로벌 기업(global corporation)과 다국적 기업(multinational corporation)은 그 의미에 차이가 있다. 미국 하버드 대학교 교수인 시어도어 레빗(Theodore Levitt)은 1983년 Harvard Business Review에서 글로벌 기업과 다국적 기업은 다르다고 주장하였다. 글로벌 기업은 전 세계를 하나의 독립체로 바라보고 낮은 상대적 비용으로 어디에서나 같은 방식으로 동일한 물건을 판매하는 기업이지만, 다국적기업은 여러 나라에서 운영되며 높은 상대적 비용으로 각각의 제품 및 관행을 고려하여 판매하는 기업이라는 것이다.[2)]

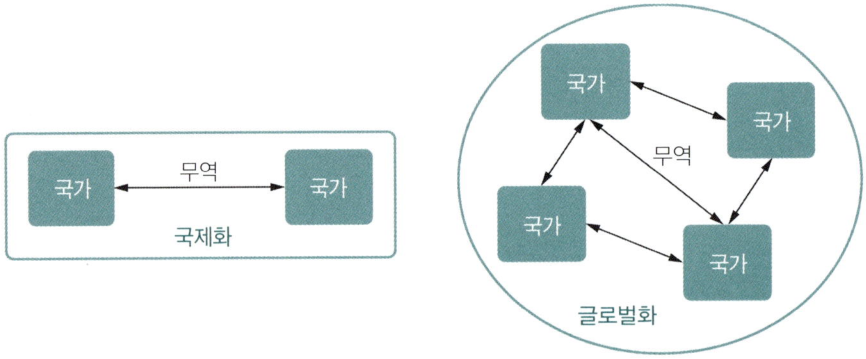

그림 6-2 글로벌화와 국제화

2) 글로벌화 과정

오늘날 경영환경을 이해함에 있어 중요한 키워드인 글로벌화는 갑자기 생겨난 현상이 아니라 과거부터 점진적으로 발전해온 현상이다. 유럽, 아시아, 아프리카, 아메리카 등의 초기 문명은 모두 국경을 넘나드는 무역 성장에 기여했으며, 글로벌화는 이러한 문명들의 교류 속에서 발전해왔다. 역사적으로

2) Theodore Levitt (1983). "The Globalization of Markets". Harvard Business Review. https://hbr.org/1983/05/the-globalization-of-markets

1980년대 이후부터 해외직접투자 및 기업 간 협력이 증가됨에 따라 글로벌화가 본격적으로 전개되었다고 본다. 과거부터 점진적으로 발전해온 글로벌화는 1830년부터 현재까지 그 발전 단계를 4단계로 구분할 수 있다. 각 단계별 발전 원인과 주요 특징은 〈표 6-1〉과 같다.

표 6-1 글로벌화 발전단계

글로벌화 단계	시기	발전 원인	주요 특징
1단계	1830~1880년대 말 (1880년 절정기)	• 산업혁명으로 철도와 해상수송(증기선) 도입 • 전신과 전화 발명	• 운송시스템의 발전 • 대형제조회사와 무역회사가 증가함에 따라 대규모 무역 가능 • 국가 간 원활한 정보 흐름 가능
2단계	1900~1930년	• 전기와 철강 생산량 증가	• 제조업, 채굴업, 농업에서 초기 다국적 기업(주로 유럽 및 북아메리카)의 등장과 지배
3단계	1948~1970년대	• GATT 출범 • 제2차 세계대전 종결 • 유럽 재건을 위한 미국의 마셜플랜(Marshall Plan)	• 무역 장벽을 점진적으로 낮추기 위한 노력의 결과로 GATT 출범 • 미국과 서유럽 그리고 일본에서 비롯된 초기 다국적 기업의 등장 • 세계적인 무역기업의 등장 • 자유로운 자본의 흐름에 따른 세계 금융시장의 성장
4단계	1980~현재	• 정보, 통신, 제조, 운송 기술의 급진적인 성장 • 체제전환국의 국유기업 민영화, 신흥시장의 눈에 띄는 경제 성장	• 제품, 서비스 및 자본이 국경을 넘는 국제무역의 높은 성장률 • 국제경영에 참여하는 중소기업과 대기업의 증가 • 신흥시장에 초점을 맞춘 수출 및 FDI 등의 활발한 활동

출처: Cavusgil, Knight, Riesenberger, Rammal, & Rose (2014). p.32 인용하여 재구성

1단계(1830~1880년대 말)에서는 철도와 효율적 해상수송(증기선)이 도입되어 운송시스템이 발전하였고, 대형제조회사와 무역회사가 증가함에 따라 대규모의 무역이 가능하게 되었다. 1800년대 말에 전신과 전화의 발명은 국가 간 정보의 흐름을 원활히 이루어지게 해주었으며, 아울러 기업의 공급사슬관리에도 큰 영향을 미쳤다.

2단계(1900~1930년)로 글로벌화를 발전시킨 원인은 전기와 철강 생산량의

증가였으며, 1929년에 시작된 사상 최대의 경기침체인 대공황(Great Depression) 직전까지 2단계의 글로벌화가 활발히 진행되었다. 1900년까지 네슬레(Nestle), 쉘(Shell), 지멘스(Siemens) 등의 기업은 해외 제조공장의 형태로 초기 자회사를 설립하였다. 즉, 이 시기부터 오늘날의 다국적 기업들은 아시아와 아프리카 그리고 중동 등 다양한 국가에 초기 자회사를 설립하기 시작했다. 또한 제1차 세계대전이 발발하기 전부터 이미 많은 기업들은 세계적으로 경영활동을 수행하고 있었다.

3단계(1948~1970년대)의 글로벌화는 제2차 세계대전이 끝난 후에 시작되었다. 전쟁이 끝나고 가장 피해를 적게 입은 미국은 세계경제강국이 되었으며, 미국은 서유럽 16개국에 대한 대외원조계획인 '마셜 플랜(Marshall Plan)[3]'을 추진하였다. 이러한 정부의 원조는 유럽의 경제활동을 촉진하는 데 도움이 되었다. 전쟁 전에는 통화와 자본 이동에 대하여 엄격하게 통제하였으며 관세 등의 무역장벽이 높았다. 이러한 국제무역에 대한 장벽을 낮추기 위해 호주와 영국 그리고 미국을 포함한 몇몇의 산업화된 국가들은 체계적인 방법을 강구하였다. 그 결과 1947년 제네바에서 23개국이 조인한 '관세 및 무역에 관한 일반 협정(General Agreement on Tariffs and Trade: GATT)'이 출범하게 되었다. 이후 GATT는 무역과 투자의 공정한 질서를 구축하기 위한 정식 국제기구인 '세계무역기구(World Trade Organization: WTO)'로 재출범한다. 또한 이 단계에서 미국과 서유럽 그리고 일본에서 비롯된 초기 다국적 기업들이 등장하였다. 유니레버(Unilever)와 필립스(Philips) 등은 경영활동을 하던 다른 국가에 각각 독립적 자회사를 설립하였으며, 캘로그(Kellogg)와 코카콜라(Coca-Cola) 등 많은 기업들이 국제적 무역기업으로 발전하였다. 다국적 기업들은 점차 비용의 효율성을 고려하여 인건비가 낮은 개발도상국에 공장을 설립하기 시작했다. 이러한 다국적 기업활동의 증가와 무역 자유화에 대한 노

3) 마셜 플랜(Marshall Plan)은 제2차 세계대전의 종전 후, 미국이 서유럽 16개국에 행한 대외원조계획으로 정식적 명칭은 유럽부흥계획(European Recovery Program: ERP)이다. 그러나 당시 미국의 국무장관이었던 조지 마셜이 공식적으로 처음 제안하여 그 이름을 따 '마셜 플랜'이라 한다.

력은 무역장벽과 통화 통제완화 그리고 자유로운 자본의 이동을 가능하게 하여 궁극적으로 세계 금융시장의 통합으로 이어졌다.

일반적으로 오늘날 세계란 4단계의 글로벌화를 의미한다. 4단계(1980~현재)의 글로벌화를 촉진시킨 원인으로는 컴퓨터의 상용화와 인터넷 개발 등 통신과 제조기술의 발전, 소련의 붕괴로 중동과 동유럽 시장의 개방, 중국을 포함한 동아시아의 경제적 산업화 등이 있다. 이 시기에 제품, 서비스 및 자본 등이 국경을 넘어 매매되는 국제무역과 해외투자가 급격하게 성장한 것이 주요 특징이다. 브라질과 인도 그리고 멕시코 같은 신흥시장이 성장하기 시작했으며, 특히 1980년대에 자본과 기술집약적 부문의 해외직접투자가 크게 증가하였다. 정보와 통신 그리고 운송의 기술적 발전은 지리적으로 멀리 떨어져 있는 다국적 기업들 간의 국제적 운영과 관리를 용이하게 만들었다. 이러한 기술은 물품뿐만 아니라 은행, 보험, 소매업, 엔터테인먼트와 같은 서비스 분야의 글로벌화를 촉진시켰다. 또한 1980년대 이후 미국 지엠(GM)이 스웨덴의 사브(Saab)를 인수했고, 독일의 다임러 벤츠(Dimler-Benz AG)와 미국의 크라이슬러(Chrysler)는 합병하였고, 중국의 지리(Geely)가 스웨덴의 볼보(Volvo)를 인수하였듯 각 국가의 주요 기업들이 다른 국가의 기업을 인수하거나 합병하는 일이 보편화되었다.

기술의 발전으로 오늘날 수많은 기업들은 거대한 세계경제 시장 속에서 무역과 투자활동을 하고 있다. 글로벌화는 국가들 간 지리적 그리고 문화적 거리를 줄여나가며 거리를 소멸시키고 있다.

제2절 기업의 글로벌화

1. 기업의 글로벌화 동기

과거 기업은 국내시장 내에서의 경제활동을 통해 성장 및 생존이 가능했지만 지금의 글로벌화 시대에서는 국내 경제활동만으로는 성장 및 생존이 어려운 실정이다. 무역의 패러다임 변화 중 글로벌화는 국가 대 교역과 경제활동을 넘어 하나의 거대한 공급사슬로 시장에 대한 공급과 수요의 예측 및 생산을 가능하게 하고 있다. 따라서 기업은 지속적 성장과 생존을 위한 생산 및 수요의 다변화를 추구하기 위하여 해외시장으로 진출하여 시장다각화나 기업활동의 다각화 등의 전략을 바탕으로 국내외로 경제활동을 펼치고 있다. 크게는 수요와 공급의 다변화지만 세부적으로 보면 기업의 글로벌화는 다음과 같은 동기를 가지고 있다.

첫째, 정부가 무역협정, 관세장벽, 수입규제, 독점금지 등의 규제를 가하는 경우로부터 기업을 보호하기 위한 경우

둘째, 현지국 기업이 보유하고 있지 않은 경쟁우위 요소(자본, 인적자원, 기술력, 정보, 노하우 등)를 활용하여 글로벌 시장에서 기업의 이윤을 확대하고자 하는 경우

셋째, 시장의 불확실성과 위험을 감안하더라도 국내보다 해외의 투자수익률이 높은 경우

넷째, 민족주의(nationalism) 고조 등을 원인으로 해외시장에서 해외현지생산을 요구 및 강요받는 경우

다섯째, 대리인이나 라이선싱 제휴자와의 원만하지 않은 관계로 인해 직접 개입해야 하는 경우

여섯째, 해외시장에서 애프터서비스(after service)[4] 제공이 어렵거나 다른

기술적인 난관에 봉착하는 경우

일곱째, 자재, 부자재, 부품 등의 조달에 어려움이 있어 이를 극복하기 위함이거나 수송과 관련하여 물류비용이 과다하게 요구되는 경우

여덟째, 기업이 경영활동에 있어 경기변동 등 다양한 위험을 지역분산화나 제품다각화로 회피하고자 하는 경우(포트폴리오 전략)

아홉째, 주주의 이익 극대화나 그 외의 비경제적 동기(시장점유율 확대, 경영자의 태도, 우연한 자극, 경쟁기업 견제 등)에 의한 경우

이상의 동기 외에도 향후 기업의 글로벌화는 기술이나 정치 등과 같은 다양한 요인으로 진행될 수 있다.

2. 기업의 글로벌화 과정

1) 기업의 글로벌화 단계

오늘날 다수의 기업들은 경영활동을 국내에만 국한시키지 않고 세계를 하나의 시장으로 바라보고 거대한 규모의 경영활동을 전개하고 있다. 이러한 다국적 기업의 형태는 처음부터 등장한 것이 아니고 점차 발전해 오면서 현재의 다국적 기업의 모습을 갖추게 되었다. 이러한 과정이 모든 기업에 적용되는 것은 아니다. 처음부터 세계시장을 표적으로 다국적 기업으로 시작하여 고도로 글로벌화된 세계기업의 형태로 거듭난 경우도 존재한다. 그러나 대부분의 다국적 기업은 국내에서 생산하여 판매하는 국내기업으로 시작하여 수출을 통해 해외시장에 진출하는 수출기업으로 발전한다. 그리고 수출기업은 해외직접투자 전략을 채택하여 다국적 기업으로 나아가고 최종적으로 세계지향 기업으로 국제화 단계가 진행된다.

4) 상품을 판 뒤 제조업자가 그 상품의 설치, 수리, 점검 따위를 책임지는 일

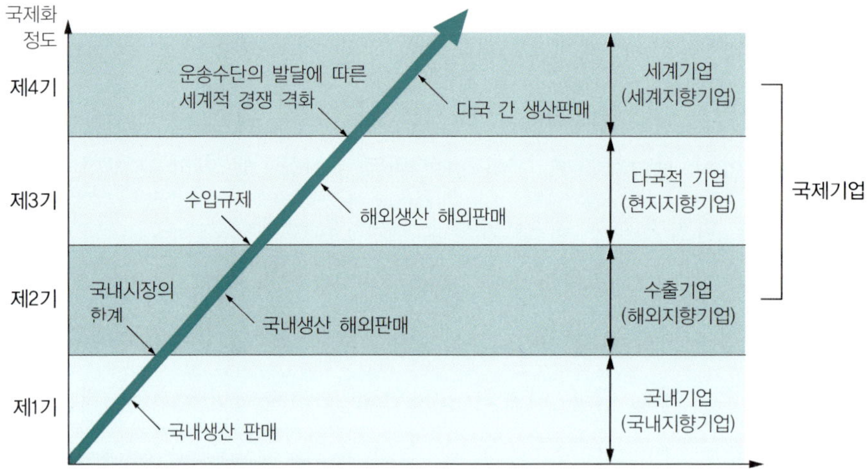

그림 6-3 **기업의 글로벌화 단계**
출처: 조동성 (2007). p.411.

(1) 국내기업(국내지향기업)

처음 기업이 설립되는 경우 대부분 국내시장을 표적으로 생산 및 판매활동이 이루어지는 것이 일반적이다. 철저한 준비와 차별화 등의 노력을 하더라도 국내시장에서 성공적으로 자리 잡는 것은 쉬운 일이 아니다. 하물며 지리적 거리감과 정보수집 등의 어려움이 있는 해외시장에 진출하는 것은 더욱 쉬운 일이 아니다. 이러한 이유로 대기업 대비 자본과 경영능력이 낮은 중소기업을 중심으로 국내기업이 구성되어 있다. 국내기업은 생산시설의 효율화를 통해 국내시장 점유율을 증대시켜 이익을 극대화하고자 한다.

(2) 수출기업(해외지향기업)

시간이 지나면서 기업의 규모는 커지고 국내시장의 한계를 체감하거나 국내 수요의 침체로 판매가 부진해지는 순간 이를 탈피하기 위해 수출기업으로 전환하게 된다. 즉, 기업은 시장의 규모나 경쟁조건 등이 국내시장보다 해외시장이 유리하다고 판단되는 경우 해외시장 진출을 고려하게 된다. 이러한 내부적 요인뿐만 아니라 우리나라나 스위스, 네덜란드 등과 같이 국내시장 자체가 협소한 경우에도 해외시장 진출을 고려하게 된다. 초기에는 정보력 부족, 수출활동에 소요되는 비용, 환율과 관세 등의 무역의 위험요소를 고려하여 비교적 지리적이나 문화적 거리감이 적은 국가들 위주로 수출활동을 전개한다. 이후 수출 경험과 노하우가 쌓이면 시장규모나 다른 조건들이 보다 유리한 국가로 수출대상국을 확대해 나간다. 우리나라를 보면 종합무역상사가 수출기업에 해당한다고 할 수 있다.

(3) 다국적 기업(현지지향기업)

기업의 수출활동은 국내외의 여건 변화에 따라 많은 어려움을 겪게 된다. 임금상승으로 국내생산비가 증가하거나 수입국 정부의 국내기업 보호를 위한 관세 및 비관세장벽으로 수입규제를 강화하는 통상정책 등으로 수출에 많은 제약이 존재하게 된다. 이러한 상황 속에서 기업은 생존과 발전을 위해 무역규제를 피하거나 생산원가 절감을 위한 해외직접투자 전략을 채택하여 다국적 기업으로 나아간다. 다국적 기업은 해외직접투자 전략을 추구하므로 막대한 자본과 인력 그리고 노력 등을 국제경영활동에 투입해야 한다. 따라서 그 위험성이 높아지지만 기업의 글로벌화 과정에 있어 해외직접투자는 경영인에게 중요한 계기가 된다. 해외직접투자를 통해 해외에 진출하는 경우 경영자는 제반 여건이 현저히 다른 현지국가에서 성공적인 정착을 위해 근본적으로 시야를 국제적으로 넓혀야 한다.

(4) 세계기업(세계지향기업)

성공적인 해외직접투자를 한 다국적 기업은 노하우와 경험을 바탕으로 투자대상국과 투자규모를 확대하게 된다. 기업이 한 국가의 자원만을 가지고 한정된 시야 속에서 경영활동을 전개한다면 자원, 자본, 상품, 서비스 등의 이동이 보다 자유로운 하나의 시장으로 통합되는 오늘날의 글로벌화 속에서 살아남기 힘들 것이다. 이와 같은 문제점을 인식하고 세계기업은 본사와 현지기업(현지기업은 자회사와 지사를 포함하는 개념임)을 구분하지 않고 생산, 재무, 회계, 인적자원관리, 마케팅 등을 유기적으로 결합하여 세계적 공급사슬 관리(global supply chain management)를 추구하게 된다. 세계기업 단계에서 현지기업을 기준으로 경영활동 전개방법을 살펴보면, 본사와 독립적으로 경영활동을 전개하거나 현지기업 상호 간 혹은 모국 본사와의 관계를 유지하면서 경영활동을 전개한다.

2) 웁살라 모형

'웁살라 모형(Uppsala Model)'은 국제경영에서 보편적으로 기업의 글로벌화 과정을 설명하기 위해 사용된다. 최초의 웁살라 모형은 요한슨과 비더스하임폴(Johanson & Wiedersheim-Paul, 1975: 305-323)이 1975년 스웨덴의 4개 기업 사례분석을 통해 기업이 비정기적 수출을 시작으로 해외시장의 경험과 노하우가 축적되면 기업의 능력이 성장하여 최종적으로 해외생산 · 제조 자회사 설립 단계까지 점차 성장해 나간다는 사실을 발견하면서 등장하였다. 즉, 비정기적 수출에서 중간상을 통한 수출로 나아가게 되며, 이는 해외판매 자회사 설립으로 이어지고 최종적으로 해외 생산 · 제조 자회사 설립으로 기업의 글로벌화 단계가 나타난다는 것이다.

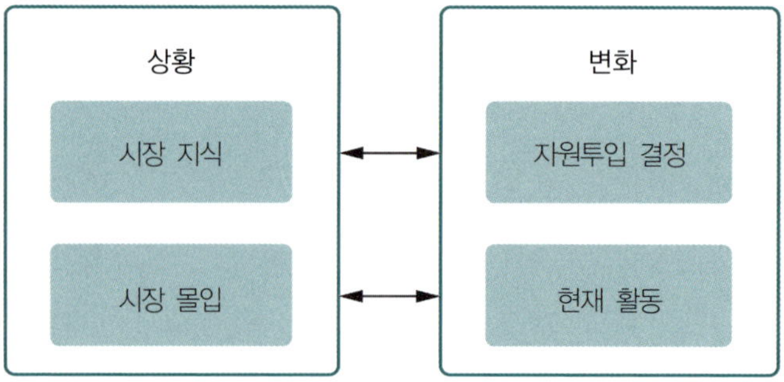

그림 6-4 웁살라 모형의 구조

출처: Johanson & Vahlne (1977). p.26.

이러한 발견을 기반으로 1977년 요한슨(Johanson)과 발느(Vahlne)가 상황(state)과 변화(change) 측면이 서로 상호작용하면서 기업의 글로벌화 과정이 이루어지는 '웁살라 모형'을 제시하였다. 진출시장에 대한 시장 지식(market knowledge)은 시장 몰입(market commitment)으로 이어지고, 이러한 과정에 따른 결과가 새로운 해외시장 진출을 위한 자원투입 결정(commitment decisions)에 영향을 주고 궁극적으로 현재 기업활동(current activities)에 영향을 미치게 된다. 이러한 경험을 통해 형성된 현재 활동은 다시 새로운 시장 지식과 시장 몰입으로 이어져 결국 끊임없는 상호작용을 통해 기업의 글로벌화가 이루어진다. 웁살라 모형에서 '심리적 거리(psychic distance)'는 기업의 해외시장 진출에 영향을 미치는 중요한 개념이다. 심리적 거리는 기업과 진출하고자 하는 해외시장 간의 정보흐름을 방해하는 모든 요소를 의미한다. 이러한 심리적 거리로 인해 기업은 본국시장과 비교적 유사한 해외시장에 먼저 진출하여 시장 지식과 경험을 축적하고, 이를 활용할 수 있는 새로운 해외시장 진출을 위해 자원을 투입하면서 점진적으로 진출시장을 확대해 나간다.

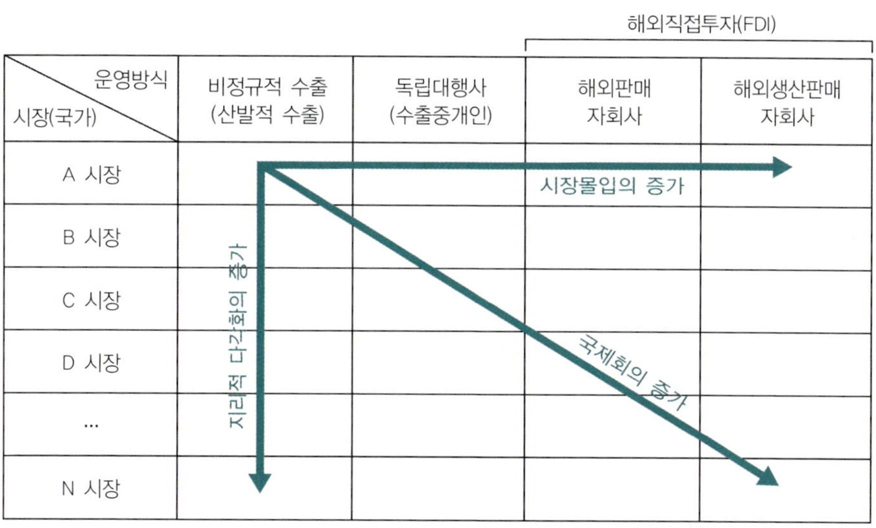

그림 6-5 웁살라 모형의 기업 글로벌화 과정

출처: Forsgren & Johanson (1975). p.16.

3) 본-글로벌 모형

1980년대까지 기업 글로벌화는 점진적으로 이루어졌기에 웁살라 모형이 기업의 글로벌화 과정 설명에 가장 적합했다. 그러나 1990년대부터 설립과 동시에 해외시장에 진출하는 새로운 형태의 기업이 등장하면서 웁살라 모형으로는 이러한 기업의 글로벌화 과정을 설명하지 못한다는 한계점이 드러났다. 따라서 새로운 전략 모형이 필요하게 되었고, 그 결과 '본-글로벌 모형(Born-Global Model)'이 등장하게 되었다.

1994년 카뷔스길(Cavusgil)은 전통적으로 점진적 국제화 과정을 거쳐 성장한 세계기업과 다른 형태의 본-글로벌 기업이 등장하였으며 점진적인 글로벌화를 거친 세계기업 형태는 점점 사라지고 있다고 하였다(Cavusgil, 1994). 본-글로벌(born-global)에 대한 통일된 정의는 아직 존재하지 않지만, 벤저민 오비애트(Benjamin Oviatt)와 패트리샤 맥두걸(Patricia McDougall)은 1994년 본-글로벌 기업은 설립 초부터 여러 국가의 자원을 얻고 판매를 통한 경쟁적 이점을 추구하는 기업이라 하였다(Oviatt, & McDougall, 1994). 즉, 본-글로벌은 장기적인 국제화의 기간을 거치지 않고 설립 초기 단계에서 해외시장을 목표로 빠르게 글로벌화를 추진하는 기업을 의미한다.

국경의 경계가 무의미해지는 글로벌화 시대에서 본-글로벌 기업의 등장은 놀라운 일이 아니다. 과거와 달리 이미 전략적 제휴나 합작기업 등이 널리 퍼져 있어 굳이 전통적 기업 설립 과정을 거칠 필요성이 없다. 또한 기업의 설립자가 교육, 해외경험, 국제적인 직업 등의 경험을 가진 경우 해외시장에 대한 심리적 거리가 감소되어 본-글로벌 기업의 형태로 기업을 설립할 수 있다. 이미 많은 산업분야에서 국경을 넘는 네트워크 형성과 소싱(sourcing) 활동이 보편화되어 있으며, 글로벌화에 따른 소비자들의 욕구와 수요가 동질적으로 변화되어 기업의 글로벌화 과정과 단계는 다양해질 수밖에 없다.

웁살라 모형과 본-글로벌 모형이 설명하는 기업의 글로벌화 과정을 비교해보면 두 모형 모두 외부적 환경과 내부적 환경을 고려하지만, 경영자의 특성과 태도에 따라 기업의 글로벌화 과정이 웁살라 모형을 선택할지 아니면 본-글로벌 모형을 선택할지가 결정된다. 웁살라 모형은 심리적 거리가 비교적 가까운 해외시장에서 먼 시장으로 확대해 나가며 직접적인 기업의 해외시장 경험과 지식을 쌓아가며 기업의 글로벌화를 추진하는 것이 특징이다. 그러나 본-글로벌 모형은 빠른 성장과 글로벌화를 추구하기 위해 직접경험뿐만 아니라 경영자의 특성과 태도의 영향을 받기 때문에 심리적 거리는 고려 대상이 되지 않는다. 따라서 심리적 거리보다 진출하고자 하는 해외시장에 기업의 네트워크가 존재하는지가 더 중요한 고려 대상이다. 두 모형의 다른 시간적 구조와 전제 조건에도 기업의 글로벌화는 지식과 경험이 함께 간다는 공통적인 특징이 있다. 이는 과거의 지식과 경험은 기업의 현재 지식에 영향을 미친다는 것을 의미한다(Hollensen, 2008).

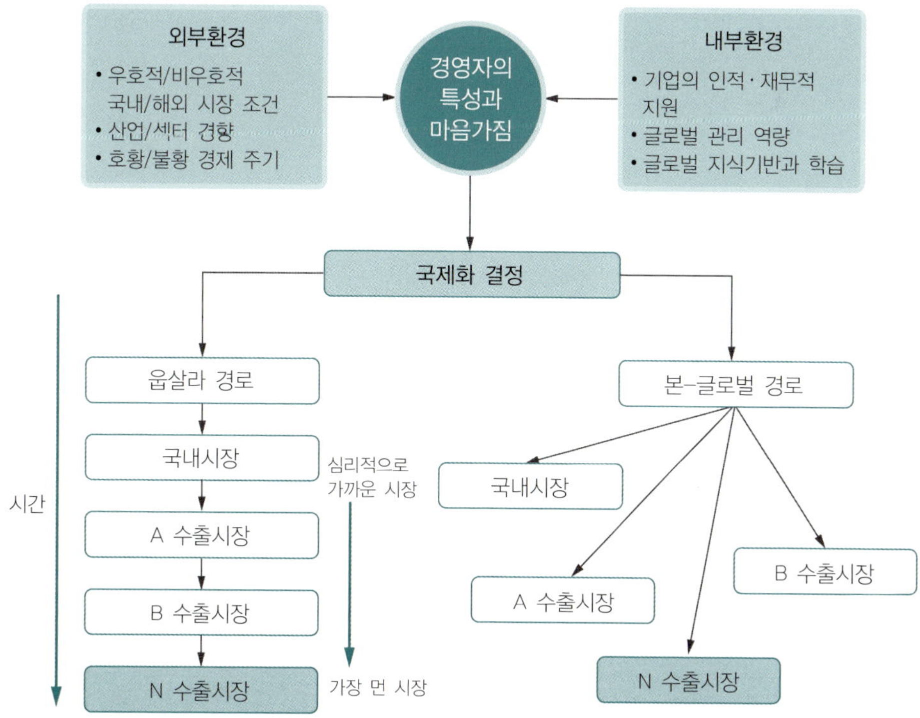

그림 6-6 웁살라 모형과 본-글로벌 모형의 기업 글로벌화 과정 비교
출처: Kuivalainen, Saarenketo, Lindqvist, & Hanninen (2005). p.6.

PRINCIPLES OF INTERNATIONAL TRADE

CHAPTER 07

다국적 기업의 국제경영전략

CHAPTER 07 다국적 기업의 국제경영전략

제1절 다국적 기업

1. 다국적 기업의 개요

1) 다국적 기업의 정의

세계는 제2차 세계대전을 기점으로 전쟁보다는 새로운 공생의 패러다임으로 세계경제를 활성화시키고자 노력하였다. 제2차 세계대전 이후 국제통화기금(International Monetary Fund: IMF), 국제개발부흥은행(International Bank for Reconstruction and Development: IBRD), 그리고 초기에는 작동하지 못하였지만 ITO(International Trade Organization) 등의 조직으로 범세계적 공영을 추구하였다. 이러한 배경으로 세계경제시장은 단일화되고 있어 자원, 자본, 상품, 그리고 서비스 등의 흐름이 비교적 쉽게 이루어지고 있다. 이러한 국제무역은 다국적 기업에 의해 활발하게 이루어지고 있다. 1960년 릴리엔탈(Lilienthal)에 의해 처음으로 소개된 다국적 기업(multinational corporation: MNC 혹은 multi-national enterprise: MNE)은 초국적기업(supranational corporation), 세계기업(world enterprise) 등 다른 용어로 불리기도 한다. 다양한 용어가 혼용되지만 일반적으로 다국적 기업이라는 용어를 많이 사용하고 있다. 다국적 기업은 포괄적으로 최소 2개 이상의 국가에서 자회사 · 지사 · 공장 등의 현지법인을 운영하며 국제경영활동을 하는 기업을 의미한다. 다국적 기업은 해외직접투자를 통해 세계 각국에 자회사나 제조공장 혹은 판매회사 등을 설립해야 한다. 주의할 점은 단순히 해외에 지점이나 자회사를 두었다고 하여 다국적 기업이 되는 것이 아니라 현지 국적을 취득한 현지법인이어야 한다는 것이다.

2) 다국적 기업의 유형

기본적으로 다국적 기업은 본사가 여러 국가에 현지기업(자회사 또는 지사)을 소유하고 있는 형태이다. 펄뮤터(Permutter)는 1969년 다국적 기업을 본사와 현지기업 간의 역할 및 관계에 따라 본국중심주의(ethnocentrism)와 현지국중심주의(polycentrism), 권역중심주의(regiocentrism) 그리고 세계중심주의(geocentrism)로 유형을 구분하였다(Perlmutter, 1969).

(1) 본국중심주의(ethnocentrism)

본국중심주의는 말 그대로 본국시장을 중심으로 기업활동이 전개되는 유형이다. 기본적으로 본사의 경영시스템을 기반으로 현지기업이 운영되는 형태로서 성과평가의 기준이나 주요한 의사결정은 본사에 의해 이루어진다. 또한 현지기업의 요직에는 본국 출신의 인재를 파견하는 형태로 인사관리가 진행된다. 따라서 본사의 조직구조는 복잡하지만 현지기업은 비교적 단순한 구조를 보인다.

(2) 현지국중심주의(polycentrism)

현지국중심주의는 본국중심주의와 반대로 현지국 시장을 중심으로 활동이 전개되는 유형이다. 현지국에 대한 이해를 바탕으로 현지기업의 운영이 이루어지므로 요직에는 현지시장의 이해도가 높은 현지국 출신의 인재를 채용한다. 또한 현지기업은 본사로부터 경영에 대한 상당한 권한을 위임받아 주요한 의사결정은 현지기업의 경영자에 의해 이루어진다. 따라서 본사와 현지기업의 조직구조는 다양하고 서로 독립적이다.

(3) 권역중심주의(regiocentrism)

권역중심주의는 지리적으로 근접한 몇 개의 현지 자회사들을 하나의 지역 또는 권역을 중심으로 묶어서 관리하는 것을 말한다. 현지중심주의가 개별 현지국을 담당하는 각각의 현지 자회사들에 초점을 맞춘 경영관리 활동인 반면, 권역중심주의는 권역을 한 단위로 하여 통합적으로 관리한다는 점에서 차이가 있다.

(4) 세계중심주의(geocentrism)

세계중심주의는 세계시장을 중심으로 활동이 전개되는 유형이다. 현지기업의 국가에 상관없이 범세계적인 시장을 하나의 단위로 보고 이에 알맞은 경영활동이 이루어지므로 본사와 현지기업 간의 구분은 큰 의미가 없다. 두 조직은 서로 활발한 정보를 교환하고 요직에는 국적과 상관없이 능력 있는 인재를 중용한다. 또한 주요한 의사결정은 본사와 현지기업이 모두 참여하여 결정한다. 따라서 본사와 현지기업의 조직구조는 복잡하고 상호의존적 형태를 띤다.

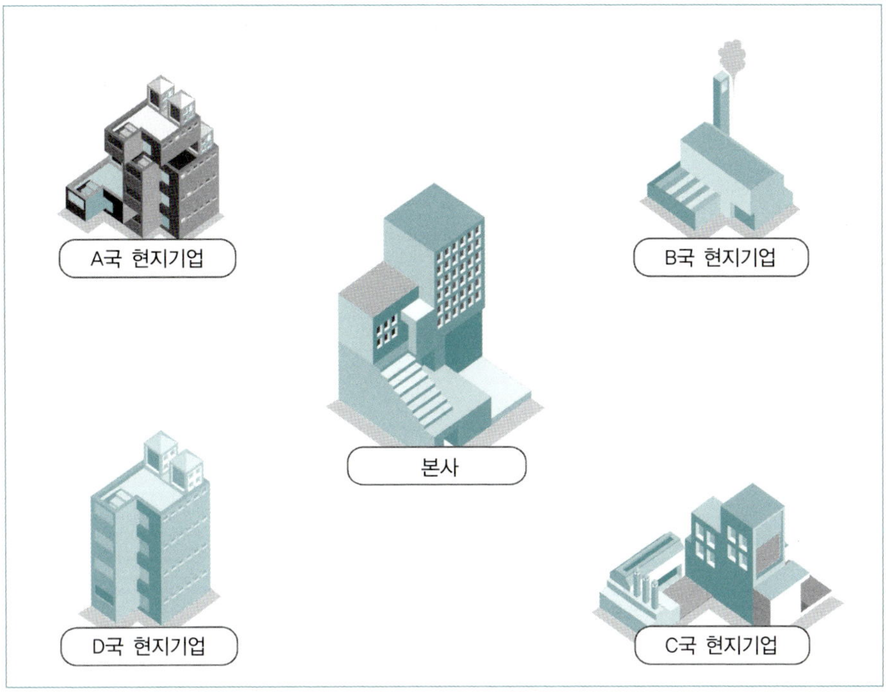

그림 7-1 **다국적 기업(multinational corporation: MNC)**

3) 다국적 기업의 특성

다국적 기업은 다양한 전략적 목표 달성을 위해 전 세계적으로 현지기업을 설립 및 운영하면서 해외시장 진출 확대, 유리한 산업입지 획득, 자원 확보, 효율적인 기업 이윤의 극대화 등을 목적으로 한다. 이러한 다국적 기업은 일반적으로 다음과 같은 특성을 가진다.

첫째, 다국적 기업은 다수의 상이한 경제발전단계에 있는 국가에서 기업의 경영활동이 전개되며 국내와 국외의 활동 구별 없이 세계지향적 성격을 띤다. 둘째, 다국적 기업은 생산 · 판매 · 연구개발 등의 경영전략을 종합적으로 수립하여 국가와 국경의 개념을 초월한 공동전략을 추구한다. 셋째, 다국적 기업은 세계 각국의 국적을 갖는 현지법인으로써 현지기업을 설립하고 본사와 현지기업들은 공동의 소유권으로 연결되어 있다. 넷째, 다국적 기업은 신용 · 자금 · 정보 · 특허권 등의 기업자원을 공동으로 활용한다. 다섯째, 다국적 기업은 해외직접투자를 통해 현지기업을 설립하고 그 운영에 현지인을 참여시킨다. 여섯째, 다국적 기업은 다국 간 경영으로 인해 발생한 문제점 협의와 조정을 위해 각 국가에서 선출된 전문가와 본국의 경영진으로 구성된 외국인본부를 설치 및 운영한다. 마지막으로 다국적 기업은 다국적으로 소유권을 구성하여 상이한 국적의 주주들이 기업의 주식을 소유한다.

2. 다국적 기업의 영향

오늘날 세계 교역량에서 다국적 기업이 차지하는 비중을 고려할 때 국가 간 교역의 실질적 주체는 다국적 기업이라 할 수 있다. 또한 다국적 기업은 국제 기술 이전의 매개체로서 선진국과 개발도상국 간의 기술 및 경제 격차를 감소시키는데 중요한 역할을 한다. 이는 기업이 세계자원을 합리적이고 보다 효율적으로 배분함으로써 세계경제에 긍정적인 영향을 미치고 있음을 의미한다. 그러나 다국적 기업은 긍정적인 영향뿐만 아니라 독과점적 시장지배력으로 경제의 효율성을 감소시키고 국제수지를 악화시킨다는 부정적 영향도 존재한다.

1) 본국에 미치는 영향

(1) 긍정적 영향

첫째, 다국적 기업은 본국의 국제수지를 개선시킨다. 현지기업으로부터 과실송금, 해외투자 수입의 본국송금, 로열티 수입, 다국적 기업과 관련된 산업의 수출증가에 따른 외환유입 등으로 본국의 국제수지를 개선시키는 효과가 있다.

둘째, 효율적인 자원 활용이 가능하여 높은 수익성을 실현하고 국민소득을 증대시킬 수 있다. 다국적 기업은 생산요소와 경영자원이 풍부한 현지국에 진출하여 보다 저렴하게 자원을 얻을 수 있고 안정적 공급기반을 마련할 수 있어 생산비용절감이 가능하다. 이를 통해 기업은 이윤을 향상시킬 수 있고 이러한 기업의 이윤 향상은 주주 및 기업 종사자들의 소득을 높여 궁극적으로 국민소득을 증대시킨다.

셋째, 다국적 기업의 국제경영활동을 위해 필요한 전문직 및 관리직 등의 새로운 고용기회가 창출된다. 국내기업과 달리 다국적 기업은 성공적 국제경영활동을 통해 성장하고 발전한다. 이러한 국제경영활동을 성공적으로 수행하기 위해 전문직이나 관리직 등의 새로운 고용기회가 창출되어 국민소득이 증가하고 이는 본국에 경제적 안정을 가져다준다.

(2) 부정적 영향

첫째, 자본의 유출로 인해 생산직의 실업이 늘어나 고용수준이 저하된다. 다국적 기업의 입장에서 해외시장 진출은 자원을 효율적으로 활용할 수 있다는 장점이 있지만 국가의 입장에서는 자본이 유출되어 생산직의 일자리가 줄어든다. 이는 결국 실업자 수를 증가시켜 국가의 고용수준을 저하시키는 요인이 된다.

둘째, 본국의 국제경쟁력이 약화되거나 조세수입이 감소될 수 있다. 선진기술의 유출에 의해 본사의 기술적 우위가 잠식되는 경우 국제경쟁력이 약화될 수 있다. 또한 조세회피를 위해 조세피난처(tax haven)를 활용하거나 이전가격을 조작하여 절세나 탈세를 하는 등 본국의 조세수입을 감소시킬 수 있다.

셋째, 현지국과의 경영방식 차이에 따른 마찰이 발생할 수 있다. 다국적 기업은 국경의 개념을 초월하여 세계를 하나의 시장으로서 바라보고 국제경영활동을 전개한다. 그러나 현지국이 상대적으로 보수적인 경영방식을 추구하는 경우 이러한 다국적 기업의 국제경영활동은 현지국에 경영혁명을 일으킴과 동시에 인사나 노동 또는 기업구조 등과 관련한 다양한 문제점 및 부작용을 야기시켜 마찰이 발생할 수 있다.

2) 현지국에 미치는 영향

(1) 긍정적 영향

첫째, 다국적 기업은 기술이나 자본 그리고 경영노하우 등을 공급하여 현지국 경제의 성장과 안정에 큰 기여를 한다. 해외시장 진출을 위한 다국적 기업의 현지투자는 현지국의 생산 및 고용을 증가시켜 경제적으로 긍정적 영향을 미친다. 특히 자원이 부족한 개발도상국에게는 이러한 국제자원의 이전은 더욱 중요한 의미를 가진다.

둘째, 다국적 기업은 현지국의 국제수지를 개선시킬 수 있다. 이는 다국적 기업의 해외직접투자를 통해 현지국에 자본이 유입되어 국제수지가 개선될 수 있음을 의미한다. 즉, 다국적 기업에 의한 현지생산은 현지국의 수입을 감소시켜 국제수지를 개선시킨다.

셋째, 현지기업들의 경영합리화가 개선될 수 있다. 세계의 모든 국가에서 공정한 자유경쟁을 통한 시장형성이 이루어지는 것은 아니다. 이러한 경우 다국적 기업의 해외시장 진출에 따라 현지기업들이 자극을 받아 해당 현지시장의 자유경쟁체제를 유발시키거나 경영합리화 개선에 기여한다.

(2) 부정적 영향

첫째, 현지시장의 기업(현지국 기업)이 다국적 기업과의 경쟁에서 생존하지 못할 가능성이 있다. 다국적 기업은 기술이나 자금 그리고 경영관리 등 여러 측면에서 강한 경쟁력을 갖춘 경우가 많다. 경쟁력이 약한 현지국 기업은 강한 경쟁력을 갖춘 다국적 기업과의 경쟁에서 생존하지 못하고 시장을 빼앗기거나 기반을 상실할 수 있다.

둘째, 현지국의 국제수지를 약화시킬 수 있다. 앞서 긍정적인 영향에서 기술하였듯 본국의 국제수지를 단기적으로 개선시킬 수도 있다. 그러나 장기적으로는 이익과 배당금의 송금, 기술 이전에 대한 대가 지급, 원리금의 상환, 현지생산에 의한 수입 증가 등 오히려 국제수지가 약화될 수도 있다.

셋째, 다국적 기업에 의해 기술적 식민지화가 발생할 수 있다. 다국적 기업이 해외시장에서 연구개발을 하는 경우 그 결과는 일반적으로 다국적 기업의 소유가 된다. 이러한 경우 현지국의 연구개발은 침체되고 장기적으로 기술적 식민지화가 될 가능성이 있다. 또한 연구개발 인력이 다국적 기업으로 편중되는 현상이 발생하여 현지국 기업은 독자적으로 연구개발하기 위한 기반을 형성하기 어려울 수 있다.

제2절 국제경영전략

1. 국제경영전략의 개요

1) 국제경영전략의 정의

경영전략은 기업이 변동하는 경영환경하에서 경쟁우위를 점하고 기업 목표를 달성하기 위해 자원과 핵심역량을 효율적으로 활용하려는 최적의 의사결정이다. 경영전략의 정의를 바탕으로 국제경영전략을 다음과 같이 정의내릴 수 있다. 국제경영전략(international business strategy)은 둘 이상의 국가에서 자원과 기업의 핵심역량을 효율적으로 활용하여 기업 목표를 달성하기 위해 경영활동을 조정하고 통합하는 전략이다. 이러한 국제경영전략을 수립하는 경우 기업은 크게 효율적인 가치사슬 구축과 다양한 기회 확보 및 위험요인 관리를 위한 유연성 그리고 학습능력 제고를 위한 학습조직을 고려해야 한다.

첫째, 다국적 기업은 효율적인 가치사슬을 구축해야 한다. 효율적으로 가치사슬을 구축한다는 것은 기업의 경영활동 전반에 걸친 비용들을 축소시키는 것이다. 다국적 기업은 국제경영전략을 수립하기 위해 제조, 마케팅, 유통, 서비스 등의 가치창출활동을 세계적인 차원에서 고민하고 효율적으로 구축해야 한다. 즉, 단순히 생산비용절감만을 고려하는 것이 아니라 전반적 가치사슬의 비용절감을 고려해야 한다.

둘째, 다국적 기업은 국가별로 상이하게 발생하는 다양한 기회를 확보하고 위험요인을 관리하기 위한 유연성을 갖추어야 한다. 다국적 기업은 다수의 국가에서 경영활동을 수행하기 때문에 매우 다양한 기회와 위협요인이 발생한다. 이러한 요인들을 관리하기 위해 다국적 기업은 유연한 조직과 문화를 갖추어야 한다.

셋째, 다국적 기업은 학습능력 제고를 위해 학습조직을 갖추어야 한다. 다국적 기업은 다양한 국가에서 경영활동을 전개하므로 새로운 경영노하우나 기술 등을 습득할 수 있다. 이렇게 습득한 학습내용을 세계적 차원에서 활용할 수 있도록 다국적 기업은 학습능력 제고를 위한 학습조직을 갖추어야 한다.

참고 7-1 마이클 포터의 가치사슬

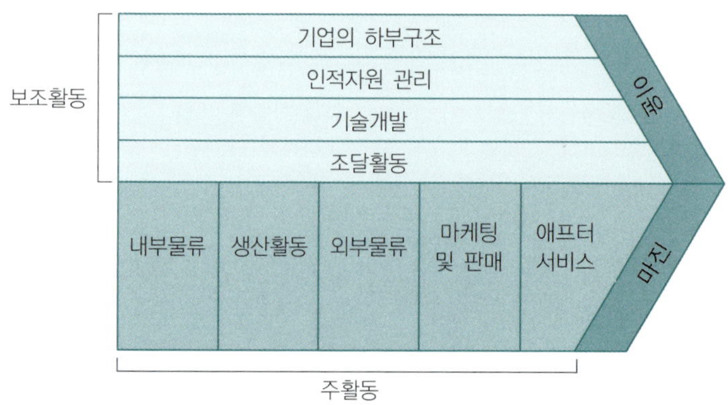

1985년 마이클 포터가 제시한 가치사슬은 부가가치 창출과 관련된 기업활동의 연계체계이다. 가치사슬은 물리적 변화와 관련된 기능을 수행하는 주활동(내부 물류, 생산활동, 외부물류, 마케팅 및 판매, 애프터서비스)과 주활동을 지원하는 지원활동(기업의 하부구조, 인적자원 관리, 기술개발, 조달활동)으로 나뉘어 구성된다.

출처: Porter (1985), p.37.

2) 국제경영전략의 수립 과정

다국적 기업은 빠르게 변동되는 경영환경 속에서 기업 목표 달성과 경쟁우위를 점하기 위해 체계적인 국제경영전략의 수립 과정을 거친다. 국제화된 다국적 기업의 국제경영전략 수립 과정은 근본적으로는 국내에서만 경영활동을 수행하는 기업과 크게 다르지 않다.

국제경영전략 수립의 첫 단계는 기업 내·외부의 환경분석이다. 기업환경은 크게 일반적 외부환경과 경쟁적 환경 그리고 내부적 환경으로 구성된다. 일반적 외부환경에는 경제, 정치, 사회, 문화, 법률 등이 포함되며, 경쟁적 환경에는 잠재적 진출기업, 경쟁기업, 대체품, 구매자, 공급자 등이 포함된다. 마지막으로 내부적 환경에는 기업의 조직, 문화, 자원 등이 포함된다. 이러한 환경분석은 기업의 국제경쟁력을 평가하기 위함이다. 즉, 환경변화에 따른 기회 및 위협에 대처하기 위해 기업의 강점과 약점을 평가한다는 것이다. 환경분석에서 중요한 핵심은 특정 시장의 매력도와 핵심성공요인 등 성공적인 기업경영을 위해 필요한 요소이다.

기업 내·외부의 환경분석을 통해 사업영역을 결정한 후, 다음 단계는 특정 사업을 수행함에 있어 지속적 우위를 확보하고 이를 강화할 수 있는 전략대안을 개발하는 것이다. 전략대안의 개발이 끝나면 이를 수행하기 위한 비용 및 효과를 평가하여 최적의 전략대안을 선정한다. 또한 선정된 전략대안을 수행하기 위한 세부적 행동계획이나 운용계획을 수립해야 한다. 이때, 세부행동계획에는 초기 전략수립 과정에서 예측하지 못한 환경변화에 대응하기 위한 비상계획(contingency plan)이 포함되어야 한다. 이러한 과정을 거쳐 수립된 전략을 실행하고 그 성과를 분석하여 차후의 전략수립 과정에 반영시켜야 한다.

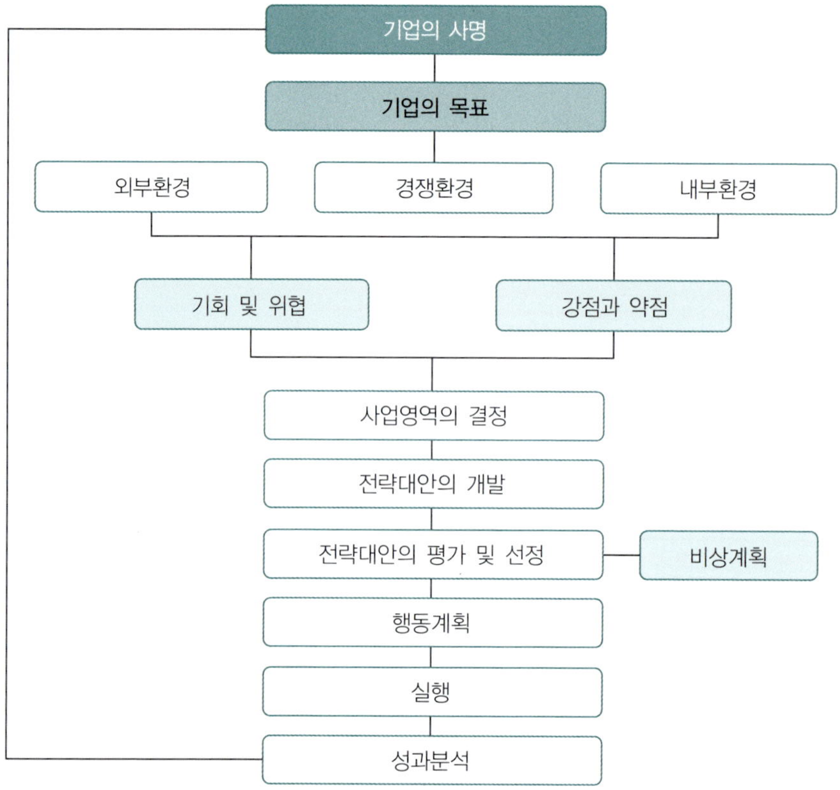

그림 7-2 **국제경영전략의 수립 과정**

출처: 박대위, 구종순 (2012), p.211.

2. 국제경영전략의 모델

글로벌화의 영향으로 세계가 하나의 단일시장으로 변하더라도 기업은 상이한 각 국가의 시장구조와 선호도를 반드시 고려해야 한다. 따라서 기업은 국제경영전략을 수립함에 있어 기업의 경쟁우위와 국가들 간의 비교우위가 최적으로 결합하는 전략을 찾아야 한다. 기업의 경쟁우위는 차별화 우위 또는 원가우위를 말하며 가치사슬상의 여러 활동 중 어느 활동에 기업의 자원과 노력을 집중하여 경쟁력을 확보할 수 있는지에 대한 의사결정에 영향을 미친다. 그리고 국가들 간의 비교우위는 국가 특유의 우위로 기업의 가치사슬상의 특정한 활동을 어느 국가에서 수행하는 것이 유리한지에 대한 의사결정에서 중요한 역할을 한다.

1) 글로벌 통합에 대한 압력과 현지 적응에 대한 압력

기업이 글로벌 시장에 진출할 때 크게 두 가지 압력을 받게 되는데, 바로 비용절감(글로벌 통합에 대한 압력)과 현지 적응에 대한 압력이다. 이러한 압력은 기업에 상반된 대응을 요구한다. 즉 원가절감 압력에 대처하기 위해 해외진출을 고려하는 기업은 경험곡선 효과와 입지경제를 활용하여 생산원가를 최소화해야 한다. 반면 현지의 적응 압력에 대처하기 위해서는 국가마다 다른 소비자 기호와 선호도, 비즈니스 관행, 유통채널, 경쟁환경, 현지 정부정책에 맞도록 제품과 전략을 수정해야 한다. 그런데 국가마다 다른 제품과 마케팅 전략을 사용하면 중복투자가 발생하고, 표준화가 어려워지기 때문에 비용이 증가한다. 이처럼 기본적으로 상반되는 이 두 가지 압력에 어떻게 대처하느냐는 국제기업 경영자에게 매우 어려운 전략적 과제라 할 수 있다. [그림 7-3]은 글로벌 통합에 대한 압력, 즉 원가절감에 대한 압력을 야기하는 요인들에 대한 특징과 현지 적응에 대한 압력을 야기하는 요인들의 특징을 설명하고 있다.

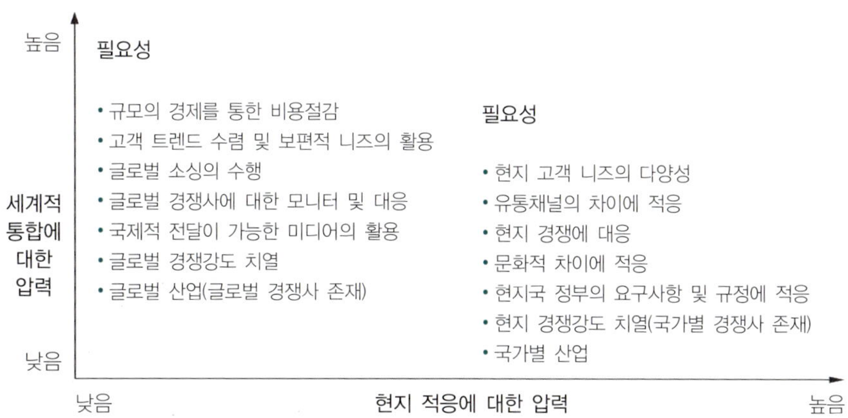

그림 7-3 글로벌 통합에 대한 압력 및 현지 적응에 대한 압력

출처: Bartlett & Ghoshal (1989).

2) 프라할라드와 도즈의 통합-반응 모델

다국적 기업은 범세계적 경쟁사 출현, 첨단 R&D 산업의 등장, 소비자 수요 동질화에 따른 범세계적 소비자 등장, 비용절감에 대한 압력 등 범세계적 통합의 압력을 받는다. 이와 반대로 시장구조의 상이성, 대체품의 존재, 소비성향의 이질성, 현지국 정부의 압력 등 지역별 대응의 압력도 받는다. 이러한 압력들이 작용하는 환경에서 다국적 기업은 경영활동을 수행하고 있다. 따라서 다국적 기업은 국경을 초월한 통합과 지역적 대응성에 대한 두 가지 압력을 적절하게 배합하여 전략을 수립해야 한다.

(1) 세계적 통합전략(글로벌사업)

세계적 통합전략은 다국적 기업의 현지기업들이 본사에 의해 직접적으로 통제를 받으며 현지기업들 간에 긴밀한 상호의존성을 갖는 전략을 의미한다. 여기서 상호의존성은 특히 생산이나 판매 면에서 발생한다. 통합은 비용절감과 투자의 효용 극대화를 위해 필요하다. 따라서 기업은 비교적 저임금의 국가에 공장을 설립하여 제품을 생산하고 다른 해외시장으로 운송한다. 이러한 전략은 일반적으로 중앙집권적 조직구조를 보인다.

(2) 다중심전략(다초점사업)

다중심전략은 현지기업들 간의 독자적인 자율경영을 원칙으로 각 지역의 현지기업 간 조정과 상호협력을 갖는 것을 의미한다. 즉, 연구개발의 우선순위와 범세계적 소비자에 대한 가격결정을 조정하여 본사에서 현지기업으로 혹은 현지기업 간의 기술 이전을 촉구한다. 이러한 전략은 경쟁능력 개발을 위해 현지기업들에게 차별화된 목표를 할당한다.

(3) 현지대응전략(현지반응사업)

현지대응전략은 개별 국가의 환경변화에 따라 마치 해당 국가의 기업(현지국 기업)처럼 현지국에서 자율적으로 활동하는 전략을 의미한다. 현지기업은 현지 경쟁사나 소비자의 요구에 대응해 독자적인 경영활동에 대한 의사결정을 내린다. 이러한 전략은 일반적으로 분권적 조직구조를 보인다.

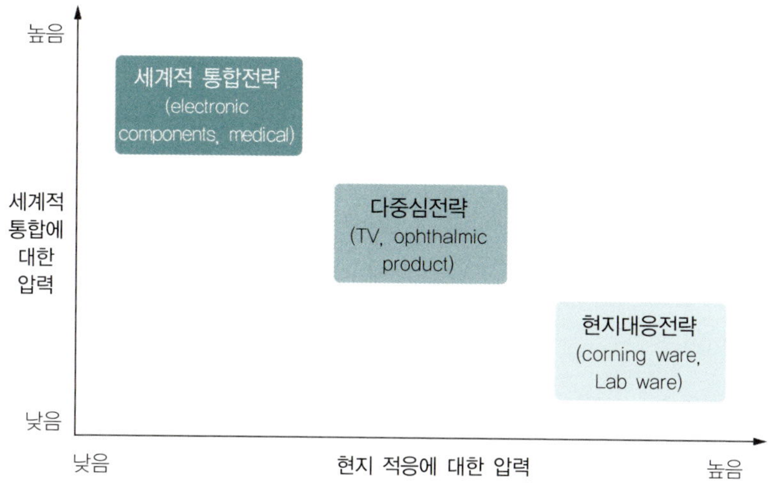

그림 7-4 **통합-반응 모델**

출처: Prahalad & Doz (1987). p.24.

3) 바틀렛과 고샬의 통합과 적응 모형(I-R Model)

앞에서 살펴본 것처럼 기업은 글로벌 전략을 선택할 때 크게 두 가지 압력, 즉 비용절감 압력과 현지 적응 압력을 받는다. 글로벌 시장에서 경쟁하는 기업들은 이 두 가지 압력에 어떻게 대응하는가에 따라서 [그림 7-5]와 같이 네 가지 전략으로 유형을 구분할 수 있다.

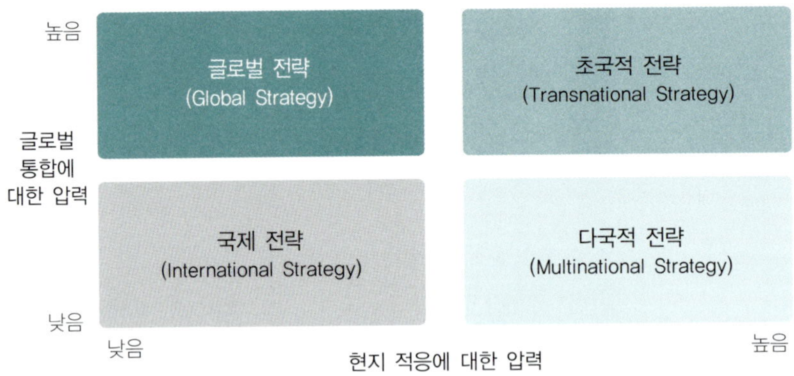

그림 7-5 Bartlett & Ghoshal의 통합과 적응 모형
출처: Bartlett & Ghoshal (1989).

(1) 글로벌 전략(Global Strategy)

글로벌 전략은 글로벌 통합 정도는 높고 현지 적응에 대한 압력은 낮을 때 선택하게 되는 전략 유형이다. 비용을 줄이기 위하여 주요 가치창출활동인 개발과 생산 및 마케팅 활동을 전 세계적으로 가장 적합한 소수 지역에서 통합하여 집중적으로 수행한다. 이러한 전략 유형의 목표는 규모의 경제 및 학습효과 그리고 입지경제를 최대한 활용하는 것이다. 즉, 범세계적 차원에서 원가 리더십 전략을 추구하는 것이다. 이러한 전략 유형을 선택한 기업은 글로벌 시장에서의 표준화와 원가절감을 위해 본사가 해외자회사에 대한 강력한 통제를 실행한다.

(2) 국제 전략(International Strategy)

국제 전략은 글로벌 통합 수준도 낮고 현지 적응에 대한 압박도 낮은 상황에서 선택할 수 있는 가장 소극적 전략이다. 이 전략은 국내에서 개발되고 생산된 제품을 해외시장환경에 맞춰 수정하지 않고 그대로 수출하는 경우에 해당한다. 이 전략은 제품에 대한 공통된 요구가 국제적으로 존재하나 경쟁이 치열하지 않기 때문에 표준화 전략을 추구하는 기업들의 경우처럼 원가절감의 필요성이 크지 않을 때 사용된다. 이 전략 유형에서 국제사업은 제품수명주기를 확장하고 국내시장의 성공을 복제하고 확장하는 것을 목표로 한다.

(3) 다국적 전략(Multinational Strategy)

다국적 전략은 글로벌 통합에 대한 압박은 낮으나 현지 적응에 대한 압박은 높은 경우 선택하게 되는 전략 유형이다. 이 전략은 소비자 기호와 선호도가 국가들 간에 상당한 차이가 존재하고 비용절감 압력이 높지 않을 때 적합하다. 또한 이 전략은 기능의 국가별 중복을 초래하고 제품의 대량생산을 어렵게 하기에 비용절감은 어려우나 현지화로 제품의 가치를 높여 가격을 높이거나 현지 수요를 높여 매출이 높아질 경우에 타당성이 있다. 이 전략의 경우 각국 경영관리자에게 상당한 자율성과 권한을 위임함으로써 현지화 전략을 지원한다.

(4) 초국적 전략(Transnational Strategy)

초국적 전략은 글로벌 통합수준도 높고 현지 적응수준도 높은 경우에 선택하는 전략 유형이다. 이 전략은 전 세계적으로 제품개발 및 마케팅, 생산활동을 통일시키되 현지의 지역사정 및 소비자 기호에 따라 제품과 마케팅 전략을 약간씩 수정하는 전략으로 현지 적응 압력과 비용절감 압력을 동시에 달성하려는 전략이다. 하지만 이는 이론적으로는 이상적이나 현실적으로는 여러 가지 한계가 존재한다.

PRINCIPLES OF INTERNATIONAL TRADE

CHAPTER **08**

해외시장 진출 전략

CHAPTER 08 해외시장 진출 전략

제1절 해외시장 진출

다수의 기업은 초기에는 국내시장을 대상으로 경영활동을 시작한다. 그러나 기업의 지속적인 생존과 성장을 추구하기 위해서는 시장의 크기가 제한적인 국내시장을 벗어나 보다 넓고 다양한 해외시장에 진출해야 한다. 성공적이고 보다 효율적인 기업의 글로벌화를 추진하기 위해 기업은 해외시장 진출 전략을 최우선적으로 마련해야 한다. 기업의 해외시장 진출 전략은 대표적으로 수출이나 계약 그리고 해외직접투자를 통한 해외시장 진출방법으로 나눌 수 있다. 이때 기업은 다양한 해외시장에 대한 이해와 기업의 성격 그리고 제품의 특성 등을 고려해 가장 적합한 해외시장 진출 전략을 선택해야 한다. 따라서 각 진출방법의 장단점을 이해하는 것은 필수적이다.

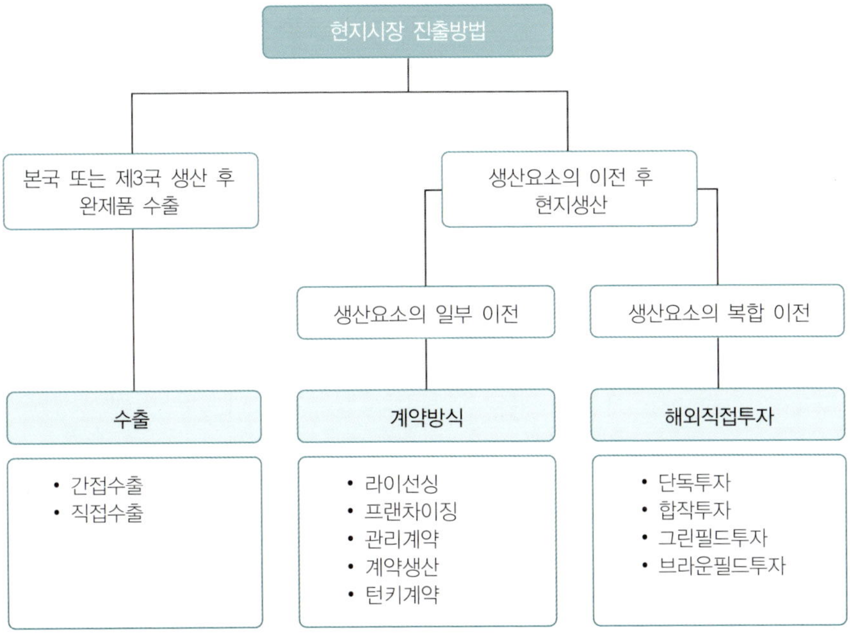

그림 8-1 해외시장 진출방법

1. 수출을 통한 해외시장 진출

수출(export)은 한 국가에서 생산된 재화나 서비스를 다른 국가에 판매하거나 유통하는 경영활동을 의미한다. 글로벌화 초기 단계에 있는 기업은 진출하고자 하는 해외시장에 대한 지식이 부족하고, 해당 시장의 고객 니즈를 정확히 파악하지 못하며, 정치적 · 문화적 차이에 따른 문제점을 관리하는 능력이 결여되어 있어 해외시장으로 진출하는 데 많은 위험요소와 직면한다. 이러한 기업에게 수출은 상대적으로 많은 자원의 투입 없이 해외시장에 대한 지식을 획득할 수 있고 경쟁능력을 함양할 수 있는 방법이다. 또한 투입비용 대비 위험이 적어 다른 전략도 동시에 활용할 수 있다. 따라서 수출은 가장 기본적인 전략으로 최소한의 자원 투입으로 해외시장 진출을 추구하기 때문에 비교적 위험이 적어 해외시장에 대한 경험과 지식이 충분히 없는 글로벌화 초기 단계의 기업에게 적합한 방법이다.

1) 수출의 장점

수출의 첫 번째 장점은 규모의 경제 실현을 가능하게 해준다는 것이다. 수출을 통해 해외시장의 판매량이 증가하면 생산규모도 함께 증가하므로 규모의 경제를 실현할 수 있게 된다. 규모의 경제 효과가 발생하게 되면 평균생산비용절감이 가능해 기업의 이익을 증대시킬 수 있다. 두 번째 장점은 다른 해외시장 진출방법보다 비교적 위험이 낮다. 수출은 적은 자원비용의 투자를 통해 해외시장 진출이 가능하기 때문에 철수해야 하는 상황이 발생하여도 비용과 위험이 비교적 낮아 전략적 선택이 유리하다. 마지막 장점은 시장 다각화를 통해 자국시장의 의존도를 줄일 수 있다. 하나의 시장에만 집중하여 경영활동을 수행한다면 그 시장의 수익률이 낮아지는 경우 손실을 만회할 기회가 없다. 그러나 수출을 통해 시장을 다각화한다면 특정시장의 수익률이 낮아지더라도 손실을 다른 시장에서 만회할 수 있어 특정시장 환경 변동에도 안정적 수익 창출이 가능하다.

2) 수출의 단점

수출은 장점도 있지만 단점도 있다. 수출의 첫 번째 단점은 낮은 수준의 통제 역량을 요구하기 때문에 해외시장에서 모든 경영활동을 경험하지 못한다. 따라서 국제경영활동에 따른 지식이나 경험을 얻을 수 있는 기회가 적다. 이러한 단점은 특히 중개인을 통한 수출을 하는 경우 더 크게 나타난다. 두 번째 단점은 국내거래와 달리 수출계약에 필요한 새로운 지식이나 기술을 습득해야 한다. 비록 수출이 해외시장 진출 전략 중 가장 간단한 전략일지라도 국내거래가 아니므로 새로운 지식이나 기술을 습득해야 하는 부담감이 존재한다. 마지막 수출의 단점은 무역장벽에 민감하다는 것이다. 관세나 비관세장벽 또는 환율의 변동 등이 수출 가격에 반영되는 경우 가격경쟁력이 하락하거나 수익률이 감소할 수 있다.

3) 간접수출과 직접수출

(1) 간접수출

간접수출(indirect export)은 제조기업이 수출상이나 수출대리점을 통해 제품을 수출국으로 수출하여 판매하는 방법을 의미한다. 간접수출에서 제조기업은 수출국에서 요구하는 수출에 필요한 절차 및 관련 기능을 스스로 수행할 필요가 없다. 따라서 납기일에 맞추어 제품을 수출중간상에게 공급만 하면 의무가 끝나므로 국내시장에서 제품을 판매하는 것과 큰 차이가 없다. 이러한 간접수출은 전문적인 수출중간상을 통해 수출이 진행되므로 전문인력 및 조직재편성을 할 필요성이 없고 안전하게 수출판매이익을 향유할 수 있다. 또한 해외시장의 관리를 수출중간상이 전담하므로 직접적인 관리비용과 추가적인 자원투입을 줄일 수 있다. 그러나 제품을 수출중간상에게 판매한 후 수출에 대한 통제권을 상실하기 때문에 직접적 해외마케팅 및 고객과의 접촉이 불가능하다. 또한 기업이미지 제고에도 어려움이 있다.

(2) 직접수출

직접수출(direct export)은 제조기업이 수출중간상을 통하지 않고 본사의 수출전담부서나 계열무역회사를 통해 직접적으로 제품을 수출국에 수출하여 판매하는 방법이다. 직접수출에서 제조기업은 수출과 연관된 모든 업무를 수출중간상에게 위임하지 않으므로 간접수출에 비해 강력한 통제권을 가지게 된다. 따라서 해외고객 관리를 직접 할 수 있고, 신속하고 정확하게 시장정보에 접근할 수 있어 보다 전문적 지식을 습득할 수 있다. 또한 제조기업이 직접 유통경로나 광고전략 그리고 제품 서비스 등에 관한 의사결정을 할 수 있어 해외마케팅을 통한 이익추구가 가능하다. 그러나 제조기업이 수출에 대한 전반적 업무를 모두 담당해야 하므로 높은 초기비용과 위험부담이 있다. 또한 제조기업 내에 수출 전문인력이나 전담부서를 설치 및 운영하거나 현지국에 현지기업을 설립 및 운영해야 하는 경우도 발생하므로 이에 따른 비용부담이 있다.

표 8-1 간접수출과 직접수출 비교

구분	간접수출	직접수출
이용경로	• 수출상 • 수출대리점	• 현지대리점/유통업자 • 현지판매지사/자회사
장점	• 안정적으로 수출 판매이익 향유 가능 • 위험과 분쟁회피 • 해외시장 관리의 직접비용 감소 • 전문인력 및 조직재편성 불필요	• 신속하고 정확한 시장정보 접근 가능 • 해외고객 관리 • 직접마케팅을 통한 이익추구 • 자사 수출상품 관리 강화
단점	• 해외마케팅 통제권 상실 • 해외고객과의 접촉 제한 • 기업이미지 제고 어려움	• 무역 전문인력 및 전담부서 운영을 위한 비용부담 • 수출분쟁 발생 시 위험비용 증가

출처: 이서영 (2011). p.191.

2. 계약을 통한 해외시장 진출

계약을 통한 해외시장 진출 전략은 일반적으로 공업소유권이나 저작권 같은 지적소유권과 기술적 노하우나 경영 노하우 같은 무형자산 등을 하나의 제품으로 취급하여 기업 간 권리와 의무가 공식적인 계약을 체결함으로써 이루어진다. 계약의 형태는 주로 기업이 직접 해외에 진출하여 경영활동을 수행하는 데 어려움이 있는 경우에 이용된다. 계약을 통한 해외시장 진출의 거래 대상이 무형의 자원과 서비스인 점을 고려할 때 근본적으로 일반상품의 수출방식과 다르며 주식투자가 수반되지 않기 때문에 해외직접투자방식과도 다르다. 계약을 통한 해외시장 진출 전략의 대표적 유형은 라이선싱과 프랜차이징이며 그 외에도 관리계약, 계약생산, 턴키계약이 있다.

1) 라이선싱

라이선싱(licensing)은 특허 · 노하우 · 상호 등의 산업재산권과 저작권을 포함하는 지식재산권을 소유한 특정기업(licensor)이 로열티나 다른 반대급부를 대가로 일정 조건하에 다른 기업(licensee)이 사용할 수 있도록 권리를 제공하는 당사자 간에 계약을 체결하는 것을 의미한다. 일반적으로 라이선서는 라이선시에게 기술적 정보를 지원할 때 다른 기업과 라이선싱 자산을 공유하지 못하도록 배타적 계약을 체결한다. 다국적 기업이 라이선싱 계약을 통해 해외시장에 진출하는 원인은 다양하지만 크게 세 가지로 정리할 수 있다. 첫째, 목표 해외시장에 수출이나 해외직접투자에 대한 무역장벽이 존재하는 경우 이를 대체하기 위한 방안으로 라이선싱 계약을 통해 해외시장에 진출한다. 둘째, 국내에서 이미 사용된 기술을 해외로 이전시킴으로써 추가적 이윤 확보를 기대할 수 있기 때문이다. 셋째, 현지기업과 형식적 라이선싱 계약 체결을 통해 외환규제의 경우에도 현지국에서 본국으로 어느 정도의 과실송금이 가능하기 때문이다.

(1) 라이선싱의 장점

첫째, 라이선싱은 비교적 적은 위험과 비용으로 해외시장에 진출할 수 있다. 라이선싱은 지식재산권 사용에 대한 권리를 이전하는 계약이므로 대규모의 사업기반이나 자본 투자를 필요로 하지 않는다. 따라서 그 위험과 비용이 비교적 적다.

둘째, 해외직접투자에 앞서 해외시장의 성공 여부를 검증하는 수단으로 사용할 수 있다. 기업이 진출하고자 하는 목표시장에서의 판매 가능성이 낮거나 예측 불가능한 경우 라이선싱 계약방법을 이용한다면 대규모 자본을 투자해야 하는 해외직접투자보다 유리하다.

셋째, 라이선싱은 효율적으로 기업이 보유한 지식재산권을 활용할 수 있게 도와준다. 라이선시 입장에서 라이선싱은 기술을 개발하는 것보다 저렴한 비용으로 기술을 활용할 수 있고, 라이선서 입장에서는 자신이 보유한 지식재산권으로 수익을 창출할 수 있어 자산 이용의 활용성이 높다.

넷째, 라이선싱은 무역장벽이 높은 경우 이에 대한 우회수단으로 활용하여 보다 용이하게 해외시장에 진출할 수 있다. 관세 인상과 쿼터 적용 같은 정부의 규제 및 제한은 수출과 해외직접투자에는 직접적으로 작용할 수 있지만 라이선싱은 그렇지 않아 유리하다.

(2) 라이선싱의 단점

첫째, 라이선싱의 계약 대상인 자산을 통제하는 것이 어렵다. 라이선싱 계약을 체결한 후에는 계약기간 동안 그 기술에 대한 독점권을 라이선시가 가지고 있어 그 활동에 관여할 수 있는 부분이 제한적이다. 따라서 라이선서는 라이선시에 대한 통제가 어렵기 때문에 라이선시의 역량에 의존해야 한다.

둘째, 라이선시가 미래에 라이선서의 무서운 경쟁자로 성장할 수 있다. 라이선싱을 통해 라이선서의 기술을 습득한 라이선시는 이를 활용하여 제3국의 시장에 진출하거나 새로운 기술을 개발하게 되는 경우 경쟁자로 성장할 위험이 존재한다. 이러한 위험을 관리하기 위해 라이선서는 계약조건에 여러 제한규정을 삽입하기를 원하지만 상당수의 국가에서 독점금지법(anti-trust law)으로 이를 금지시키고 있다.

셋째, 라이선싱을 통해서는 해외시장의 기반을 마련하기 어렵다. 라이선싱은 다른 해외시장 진출 전략에 비해 해외시장에 대한 경험과 지식을 습득할 기회가 제한적이다. 따라서 이를 통해 해외시장의 기반을 마련하는 것은 굉장히 어렵다.

2) 프랜차이징

프랜차이징(franchising)은 라이선싱의 한 형태로 프랜차이저(franchisor)가 소유하고 있는 상표나 상호의 사용권을 프랜차이지(franchisee)에게 허가해 주고 원료 및 경영관리시스템까지도 제공해 주는 방법이다. 이는 프랜차이저와 프랜차이지 모두 직 · 간접적으로 경영에 참가하는 방식이다. 이러한 프랜차이징은 생산공정 또는 관리시스템이 쉽게 상대방에게 이전될 수 있는 경우나 기업의 제품이 성격상의 이유로 완제품 형태로 수출국에 수출될 수 없는 경우에 활용가치가 높다. 또한 프랜차이징은 합작투자나 단독투자를 위한 과도기적 진출방식으로도 종종 사용되기도 한다. 코카콜라, 맥도날드, 피자헛 같은 음식점이나 호텔 같은 서비스 업종에서 주로 프랜차이징을 활용하여 해외시장에 진출한다. 프랜차이징이 라이선싱의 한 형태지만 라이선싱보다 좀 더 장기적이고 안정적인 진입방식이며, 프랜차이지에게 끊임없는 지원과 통제를 강조한다는 점에서 라이선싱과 구별된다.

(1) 프랜차이징의 장점

프랜차이징의 장점은 프랜차이저 입장의 장점과 프랜차이지 입장의 장점으로 구분할 수 있다.

첫째, 프랜차이저의 입장에서는 저렴한 비용으로 신속하게 해외시장 진출이 가능하다는 장점이 있다. 프랜차이징은 저위험 · 저비용 진출 전략으로 비교적 저렴한 비용으로 해외시장에 진출할 수 있다. 그리고 계약을 통해 표준화된 제품과 서비스를 제공하기 때문에 신속한 진출이 가능하다.

둘째, 프랜차이저의 입장에서 유명 브랜드나 상표를 이용하여 진출 초기부터 이익 창출이 가능하다는 장점이 있다. 프랜차이저는 세계적으로 유명한 브랜드나 상표를 소유하고 있어 시장 내 인지도가 높은 편이다. 따라서 해외시장 진출 초기부터 이익을 얻을 수 있다.

셋째, 프랜차이지의 입장에서 해외시장 진출의 초기 단계에서 인지도가 낮은 경우 프랜차이징을 이용하면 유명 브랜드나 상표를 활용할 수 있다는 장점이 있다. 진출시장에서 초기 인지도가 낮더라도 이미 세계적인 브랜드와 상표를 이용하게 되면 판매의 어려움을 해소할 수 있다.

넷째, 프랜차이지의 입장에서 프랜차이징은 프랜차이저가 제공하는 교육 및 지원을 지속적으로 받아 사업의 성공 가능성을 높일 수 있다는 장점이 있다. 시장의 흐름과 변화에 따라 프랜차이저는 세계적 관점에서 표준화된 방식을 변경하기 때문에 프랜차이지는 변화에 따른 방식 변화를 위한 추가적 자원을 소비할 필요가 없다.

(2) 프랜차이징의 단점

프랜차이징의 단점도 프랜차이저의 입장과 프랜차이지의 입장에서 나누어 설명할 수 있다.

첫째, 프랜차이저 입장에서 프랜차이지를 통제하는 데 어려움을 겪을 수 있다는 단점이 있다. 프랜차이지가 세계적으로 넓게 분포하고 있는 경우 이를 지속적으로 일일이 통제하는 것은 현실적으로 매우 어려운 과제이다.

둘째, 프랜차이저 입장에서 프랜차이지가 표준화된 사업방식을 준수하지 않는 경우 법적 분쟁을 포함한 다양한 갈등이 양산될 수 있다는 단점이 있다.

셋째, 프랜차이지 입장에서 높은 초기 투자자금을 지불해야 할 가능성이 있다는 단점이 있다. 표준화된 사업방식이나 서비스의 품질을 유지하기 위한 초기 투자자금이 높을 수 있다. 또한 특정 물품이나 시설 그리고 설비 등을 구매하거나 설치하라고 강요당할 수 있다.

넷째, 프랜차이지 입장에서 프랜차이저가 동일한 지역 내에서 신규 프랜차이지를 출점하는 경우 프랜차이지 간의 경쟁이 심화될 수 있다는 단점이 있다.

3) 관리계약

관리계약(management contract)은 기업의 소유와 경영을 분리하여 경영기업이 일정기간 동안 현지국에 있는 소유기업의 일상적인 영업활동에 대한 권리를 받는 방법이다. 관리계약방법은 경영노하우를 얻기 위해 주로 병원이나 호텔 그리고 공항 등과 같은 전문서비스 업종에서 이용된다. 때로는 진출하고자 하는 진출국에서 일정비율 이상의 주식 보유를 허용하지 않는 경우 진출국의 합작선과 합작투자를 통해 설립한 기업의 경영권을 장악하기 위한 수단으로 이용된다. 관리계약은 정부가 사회간접자본 프로젝트를 운영하기 위한 인력이 부족할 때 유용하게 사용될 수 있다. 그러나 제조기업에게는 낮은 위험으로 해외시장 진출이 가능하다는 장점이 있음에도 자기제품의 시장위치를 확보할 수 없어 그리 만족스러운 방법은 아니다. 따라서 플랜트 수출이나 합작투자 등의 다른 방법과 결합되어 이용하는 경우에 더욱 바람직한 효과를 기대할 수 있다.

4) 계약생산

계약생산(contact manufacturing)은 라이선싱과 해외직접투자의 중간적 성격을 가진 방법으로 진출대상국 소재의 제조기업에게 일정한 조건 하에 제품을 생산하도록 하여 그 제품을 현지시장이나 제3국 시장에서 판매하는 방법이다. 이른바 주문자 상표부착생산(original equipment manufacturing: OEM)이라고도 하는 계약생산은 현지시장의 규모가 해외직접투자 형태로 진출하기에 너무 협소하거나 높은 무역장벽으로 인해 수출을 통한 해외시장 진출이 어려운 경우에 유용하게 이용된다. 우리나라에서 생산되어 수출되는 공산품의 상당량이 해외수입업자의 상표가 붙어 세계시장에 판매되는 경우도 일종의 계약생산이다. 계약생산은 해외생산에서 필요한 시설 및 설비에 대한 투자 없이도 라이선싱으로는 어려운 마케팅에 대한 통제가 가능하다는 이점이 있다.

5) 턴키계약

턴키계약(turn-key contract)은 특정기업이 해외로부터 공장이나 기타 산업시스템을 발주받아 이를 설계 및 건설한 후 시운전이 성공적으로 끝나면 발주자에게 운영을 인계하는 방법이다. 턴키계약은 플랜트 수출(plant export)이라고도 하며, 오늘날 많은 국가의 정부와 공공기관 그리고 기업들은 각종 사회간접자원을 비롯하여 다양한 제조공장과 생산설비 등을 건설하는 크고 작은 사업들을 국제입찰 후 계약을 통해 해외기업에게 발주하고 있다. 턴키계약은 주로 항만 · 도로 · 철도 등과 같은 사회 인프라 시설을 건설하기 위한 경우에 이용된다. 턴키계약의 일종으로 도로나 댐 등의 주요 시설을 계획 및 건설한 후 일정기간 시공한 기업이 운영하다가 그 운영권을 중앙정부나 지방정부에게 양도하는 BOT(build-operate-transfer) 계약이 있다. 턴키계약에서 한 단계 더 나아가 발주자가 사업을 독자적으로 운영할 수 있도록 경영관리나 근로자 훈련 같은 서비스를 제공하는 턴키플러스(turn-key plus)방식도 있다.

제2절 해외직접투자

1. 해외직접투자를 통한 해외시장 진출

해외투자는 투자자가 경영에 참여하는 유무에 따라 해외직접투자와 해외간접투자로 나누어진다. 투자현지에서 경영에 참가하기 위한 목적으로 자본 · 경영기술 · 생산시설 등 생산요소를 이전시키는 것을 해외직접투자라 하고, 경영에 참가하지 않고 주식배당 · 이자 등 투자과실을 획득하기 위해 하는 투자를 해외간접투자라 한다. 따라서 해외직접투자(foreign direct investment: FDI)는 경영권 확보를 위해 기업의 유형 · 무형의 경영자원을 해외에 이전하여 현지시장에 물리적인 사업 기반을 구축하는 해외시장 진출 전략이다. 해외직접투자는 기업이 이용할 수 있는 해외시장 진출 전략 중 가장 복잡하고 중요하다.

국제경영전략적 차원에서 해외직접투자는 수출의 상대 개념으로 정의된다. 즉, 수출은 국내의 생산요소를 국내에서 결합하여 제품의 상태로 해외로 이전시켜 판매하지만 해외직접투자는 국내의 생산요소를 해외로 이전시켜 현지국의 생산요소와 결합하여 생산 및 판매한다는 점에서 상대적이다. 해외직접투자는 소유권의 특징에 따라 100% 소유권을 행사할 수 있는 단독투자와 둘 이상의 기업이 공동으로 참여하는 합작투자방식으로 나뉜다. 그리고 형태에 따라 국외자본이 투자대상국의 용지를 직접 매입해 공장이나 사업장을 새로 짓는 방식의 투자로 새로운 기업이 신설되는 그린필드 투자(green field investment)와 기존에 존재하던 현지국 기업을 인수하거나 합병하는 방식의 M&A로 나눌 수 있다.

1) 해외직접투자의 장점

첫째, 기업은 해외직접투자를 통해 현지생산이 가능해져 수출에 비해 해외시장에서의 공급가격을 낮출 수 있다. 현지생산은 운송비와 관세를 절감할 수 있고 현지에서 값싼 노동력 · 원료 · 공장부지 등의 활용이 가능하기 때문에 제조원가 이상의 이점이 커져 공급가격을 낮출 수 있다.

둘째, 현지생산을 통해 생산이나 마케팅에 대한 통제권을 강화시킬 수 있다. 현지생산으로 양질의 제품을 생산 및 판매할 수 있고, 현지 소비자의 니즈를 빠르게 파악할 수 있어 현지의 기호와 구매력에 제품을 맞추는 데 유리하다. 따라서 현지시장에서 보다 긍정적인 반응을 기대할 수 있다.

셋째, 로열티 수입만을 기대할 수 있는 라이선싱과 달리 자본 참가에 따른 수익도 기대할 수 있다.

2) 해외직접투자의 단점

첫째, 해외직접투자는 다른 해외시장 진출 전략에 비해 고위험 · 고비용 진출 전략이다. 본질적으로 다른 해외시장 진출 전략에 비해 많은 기업자원의 투입이 요구되고 따라서 높은 위험이 따르게 된다. 즉, 투자기업은 높은 착수

비와 긴 회수기간을 부담해야 하며 전략이 실패할 경우 그 손실규모가 크다.

둘째, 해외직접투자의 현지국 정부의 정치적 위험에 민감하게 노출되어 있다. 해외직접투자는 현지국에 미치는 영향이 지대하다. 따라서 현지국 정부의 정책 변경이나 상거래에 대한 개입 및 방해 등의 정책적 위험에 많이 노출되어 있다.

3) 해외직접투자의 동기

(1) 시장 추구

기업이 해외직접투자 전략으로 해외시장에 진출하는 이유 중 하나는 시장 추구이다. 현지시장의 규모가 크거나 지리적 요충지에 위치한 경우 기업은 새로운 시장을 확보하기 위해 특정 국가에 투자한다. 또한 해외직접투자를 통해 현지기업을 설립하여 직접 경영활동을 할 수 있어 보다 현지 소비자의 니즈를 충족시키고 만족스러운 서비스를 제공할 수 있다.

(2) 자원 추구

원자재나 중간재를 많이 사용하는 기업의 경우 경영자원을 안정적으로 확보하기 위해 해외직접투자를 한다. 광물이나 농 · 축 · 임산물 등의 원재료를 직접 수입하여 사용할 경우 수송비가 많이 소비되며, 자원보유국의 경영환경이 나빠지는 경우 자원을 안정적으로 확보하기 어려울 수도 있다. 이러한 경우를 대비하기 위해 기업은 해외직접투자를 한다. 또한 기술집약적 산업에 해당하는 기업은 기술이나 경영 노하우를 얻고 시너지 효과를 도모하기 위해 산업 클러스터(industrial cluster)와 같은 해당 산업집적단지 환경이 잘 조성되어 있는 특정 국가에 투자한다.

(3) 생산효율성 추구

기업이 생산효율을 높이기 위해 요소가격이 낮은 국가로 생산설비를 이전하는 것은 이상한 일이 아니다. 이를 통해 규모의 경제나 범위의 경제 효과를 누릴 수 있기 때문이다. 해외직접투자로 대규모 생산설비를 갖추면 규모의 경제 효과를 누릴 수 있으며 현지시장의 풍부한 경영자원을 이용해 생산원가를 낮출 수 있다. 또한 기업이 자사가 보유한 자산을 현지시장에 활용하면 범위의 경제 효과도 실현할 수 있다.

(4) 기술 습득 추구

기업이 해외직접투자를 통해 해외시장에 진출하는 마지막 원인은 기술 습득을 추구하기 위함이다. 이는 해외의 선진기술을 습득하기 위해서 해외직접투자를 결정하는 경우이다. 우리나라 기업들이 해외직접투자를 통해 미국의 실리콘밸리나 영국 또는 프랑스에 연구개발센터를 설립하는 이유가 바로 기술을 습득하기 위해서다.

2. 해외직접투자의 유형

1) 단독투자

단독투자(sole venture)는 완전소유자회사(wholly owned subsidiary)를 진출국에 설립하여 시장에 진입하는 방법으로 100%의 소유권을 행사할 수 있는 방식이다. 해외시장에 현지기업을 설립하기 위해서는 새로운 기업을 설립하는 그린필드 투자방식과 기존의 기업을 인수 및 합병하는 방식이 있다. 단독투자의 경우 합작투자와 달리 100%의 소유권을 가지므로 완전한 경영권 장악과 투자에 따른 이익을 독점할 수 있다. 또한 세계적 차원에서 다국적 기업이 통일된 기업 목표를 달성하기 위한 전략 추구와 현지기업의 활동을 조정할 필요가 있는 경우 이를 용이하게 할 수 있다. 그러나 단독투자는 현지기업을 설립하고 운영하는 모든 경영활동에 대한 비용과 위험을 모두 본사가 부담해야 한다는 단점이 있다. 그리고 현지국 정부와의 마찰이 심한 경우도 있다.

2) 합작투자

합작투자(joint venture)는 상이한 국적을 가진 둘 이상의 합작선이 특정한 목적을 달성하기 위해 공동으로 소유하는 현지기업을 설립하는 것을 의미한다. 합작투자는 일반적으로 법인체로 설립되어 운영되기 때문에 영구적인 기반 위에서 설립된다. 소유권의 비율에 따라 50% 이상은 다수의 지분, 50%는 대등한 지분, 50% 미만은 소수의 지분으로 세분화된다. 이러한 소유권의 비율에 따라 현지기업의 경영활동에 참여할 수 있는 정도가 달라진다.

이러한 합작투자는 단독투자와 다른 장점이 있다. 첫째, 많은 개발비용이 투입되거나 신규투자의 위험부담이 큰 사업에도 상대적으로 적은 자본과 경영자원으로 참여할 수 있다. 둘째, 투자 파트너의 현지시장 정보력과 지식을 활용하여 낯선 해외시장 환경에 신속히 적응할 수 있다. 셋째, 합작투자는 단독투자를 허용하지 않는 정책적 규제에서 벗어날 수 있는 수단으로 사용될 수 있다. 현지국 정부가 자국기업의 보호와 이익을 위해 단독투자를 허용하지 않는 경우 합작투자를 통해 이러한 규제나 간섭을 피할 수 있다. 그러나 합작투자는 단독투자와 달리 투자 파트너와 이익을 나누어야 하며 현지기업에 대한 강력한 통제권을 가질 수 없어 세계적 차원의 통일된 전략을 추구할 수 없다는 단점이 있다. 그리고 기업이 보유한 기술이나 노하우가 외부로 흘러 갈 수도 있고, 파트너 기업과 이해관계의 상충이 발생할 가능성이 높다.

3) 그린필드 투자

그린필드 투자(green field investment)는 진출하고자 하는 현지시장의 부지를 매입하여 신규 기업을 설립하는 방식의 투자이다. 그린필드 투자는 본사가 기업 목표에 따라 현지기업의 조직이나 전략 및 문화를 새롭게 구성할 수 있다. 그린필드 투자는 기업이 직접 생산시설을 통제할 수 있으며 현지시장의 판매망 확보가 용이하다는 장점이 있다. 따라서 세계적 차원에서 국제경영전략을 추구하는 다국적 기업에게 장기적인 관점에서 그린필드 투자는 현지국에 있던 기존 기업을 인수 · 합병하는 M&A보다 유리하다. 또한 투자대상국의 입장에서 기술 이전 효과나 신규 고용창출 등 긍정적인 영향을 기대할 수 있다. 그러나 새롭게 기업을 설립해야 하기 때문에 다른 투자방식보다 정상적으로 기업을 운영하기까지 시간이 오래 걸리고 초기 설립비용이 많이 든다. 따라서 실패했을 때 발생하는 위험 역시 크다.

4) 기업인수합병(M&A)

기업인수합병(mergers & acquisitions: M&A)은 그린필드 투자와 달리 현지국에 이미 설립되어 있는 기업을 인수하거나 합병하는 방식이다. 기업인수는 투자하고자 하는 대상 기업의 자산이나 주식을 취득해 경영권을 획득하는 것을 의미한다. 기업합병은 둘 이상의 기업이 결합하여 법률적으로 하나의 기업으로 탄생하는 것을 의미한다. 이러한 M&A는 최근 그 의미가 넓어져 기업의 인수 · 합병뿐만 아니라 합작관계와 전략적 제휴 등도 포함된다. 기업은 M&A를 경쟁사 인수를 통한 시장점유율 확대, 숙련된 전문인력과 기존 기업의 대외적 신용 활용, 해외시장 진출에 소요되는 시간과 투자비용절감 등의 목적으로 선택한다. 많은 다국적 기업들은 M&A가 그린필드 투자에 비해 안전하다고 생각하기 때문에 M&A 방식을 이용한다. 이는 그린필드 투자는 신규 기업을 설립해야 하므로 실질적인 가치를 눈으로 확인할 수 없지만 기존에 존재하는 기업은 수익과 자산을 눈으로 확인할 수 있어 불확실성이 적기 때문이다. 그러나 M&A 방식을 채택할 때 M&A 대상 기업의 자산 가치를 과대평가하여 과도한 대가를 지불하거나 M&A 대상 기업이 자사의 불리한 정보를 숨겨 추가적 비용이 발생하는 경우 혹은 인수기업과 피인수기업의 조직문화 융합에 관한 어려움 등 다양한 문제점이 발생할 수도 있다.

CHAPTER 09

무역의 흐름

CHAPTER 09

무역의 흐름

제1절 무역절차

무역은 그 흐름상 크게 무역계약이 성립하기 전과 후로 구분할 수 있다. 절차나 단계를 정형화(package)할 수 있는 것은 아니지만, 무역을 처음 시작한다고 가정한다면 무역을 진행하면서 공통적으로 고민해야 할 부분과 함께 통상적으로 밟아야 할 절차가 있다. 따라서 무역의 전체 흐름에 대해 언급한 것처럼 무역계약을 체결하는 시점을 기준으로 전과 후로 구분하여 세부적으로 접근한다면 단계별로 보다 명확하게 무역을 진행할 수 있다. 그리고 무역은 수입과 수출로 이루어져 있지만, 일반적으로 무역의 흐름은 수출자를 중심으로 기술하기 때문에 이 장에서도 각 절차의 중심은 수출자의 관점에서 기술하며, 단계별 필요에 따라 수입자의 관점에서 책임과 의무를 기술한다. 국제물품매매거래는 무역계약을 의미하므로 당사자는 매도인과 매수인이 존재하며 각각 수출자와 수입자이다. 참고로 우리나라 대외무역법에서는 무역당사자에 해당하는 무역업자와 무역대리업자를 무역거래자로 통칭하고 있다.

1. 무역계약 성립 전 절차

무역계약이 성립하기까지의 단계를 보면, 사업자등록증과 무역업고유번호(선택사항)를 보유한 매도인의 주요 활동은 다음과 같이 구분할 수 있다. 1단계 무역품목 선정, 2단계 해외시장조사, 3단계 목적시장 선정, 4단계 거래처 선정, 5단계 거래의 권유이다. 그리고 6단계 거래조회, 7단계 거래회신, 8단계 신용조회, 9단계 청약 단계, 10단계 승낙으로 구분할 수 있다.

1단계 무역품목 선정은 무역거래 중 가장 중요한 단계이며, 수출과 수입을 통한 이익이 발생할 수 있는 물품 등을 선정하는 것이다. 시장상황에 따라 수요와 공급을 고려하여 무역품목을 선정해야 한다.

2단계 해외시장조사에서는 해외거래처를 발굴하기 위해 대한무역투자진흥공사(KOTRA), 한국무역협회(KITA), 대한상공회의소(KORCHAM) 등 기관을 이용하거나 개별적으로 시장조사를 진행할 수 있다.

3단계 목적시장 선정은 조사된 자료를 토대로 무역품목에 적합한 시장을 선정하는 단계이다.

4단계는 거래처 선정단계로 해외시장조사자료에 기초하여 목적시장을 세분화하여 선정한 다음 구체적으로 거래당사자를 정하는 단계이다. 이 단계에서 전시회나 박람회 또는 직접적 거래처 발굴의 활동을 진행한다.

5단계 매도인의 거래권유 또는 거래제의는 일반적으로 거래권유장(circular letter)을 통해 이루어진다. 오늘날 인터넷을 통한 전자메일의 보편화로 거래권유장 역시 과거 팸플릿이나 일방적인 우편이 아니라 거래처 선정 과정에서 확보된 거래처 명단을 대상으로 전자메일을 통해 이루어진다. 참고로 최근 거래의 권유 기회는 전시회나 박람회를 통해 활성화되어 있어 4단계와 5단계가 동시에 발생하여 효과를 극대화하고 있다. 다만, 매도인이 거래의 유인에 해당하는 거래권유장을 잠재적 매수인에게 발송한 이후 매수인이 거래권유에 대한 아무런 반응이 없다면 무역은 더 이상 이루어질 수 없다.

6단계 거래조회(business inquiry)는 매수인이 매도인의 거래권유장에 대해 처음으로 반응하는 단계이며 거래권유에서 제시된 정보에 대해 매수인이 보다 구체적으로 거래에 대해 문의를 하는 단계이다.

7단계 회신(reply to inquiry)에서는 매수인의 거래조회에 대해 매도인의 회신(reply to inquiry)이 이루어진다. 8단계 신용조회(credit inquiry)에서는 매도인은 매수인의 신용조사를 진행한다. 거래조회와 이에 대한 회신으로 실무적인 논의가 진행되면서 동시에 거래 당사자들은 상호간에 신용을 조회하게 된다. 일반적으로 상도덕(character), 거래역량(capacity), 자본역량(capital)을 조회하며 경우에 따라 문화, 정치, 경제 등 거래에 영향을 미치는 간접적인 요소를 점검한다.

9단계에서는 매도인은 매수인에게 거래를 위한 청약(offer)을 진행한다. 청약(offer)은 일반적으로 매수인의 반대청약(counter offer)을 통해 매도인의 최종 확정청약(firm offer)으로 진행하기까지 매도인과 매수인이 협상하는 과정으로 무역 대상에 대한 거래조건(품질, 수량, 가격, 포장, 선적, 결제, 보험, 클레임 조항 등)에 대한 합의를 이루는 과정이다.

최종적으로 합의가 이루어지게 되면 이 시점이 바로 10단계 매수인이 승낙(acceptance)으로 무역계약은 성립하게 된다. 즉, 매도인의 청약(selling offer)에 대한 매수인의 승낙으로 계약을 체결하는 것이다. 반대로 매수인이 매도인을 발굴하여 거래를 청약(buying offer)하는 것은 주문(order)이 되는데, 매도인이 청약(selling offer) 시 발행하는 청약서(offer sheet)를 바로 계약서로 사용할 수 있는 것처럼, 매도인이 주문승낙(acknowledgement)하는 주문서가 계약서를 대체할 수 있다. 이 경우 사용하는 것이 바로 견적송장(proforma invoice: P/I)이다. 매수인의 주문에 대해 매도인이 확인한다는 견적송장을 작성 및 서명하면 이 역시 계약서의 효력을 갖게 된다.

이처럼 매도인의 청약에 대한 매수인의 승낙이든, 매수인의 주문에 대한 매도인의 주문승낙이든, 승낙은 무역계약의 성립을 의미한다. 하지만 계약 성립 단계까지 진행하는 동안 상호 간의 수정요청, 반영 또는 거절, 그리고 합의사항을 명확하게 하기 위해 전체 합의내용을 정리하여 문서화할 필요가 있다. 또한 계약 성립 이후 무역계약을 이행하는 데 있어 당사자 간 합의내용을 최대한 성실하고 정확하게 이행하여 클레임이 발생하지 않도록 하기 위해서는 문서화한 계약서를 활용하는 것이 가장 현명하다. 참고로 계약서는 편지식과 표준식으로 구분하는데, 편지식은 당사자가 2명일 경우 활용하며, 표준식은 계약당사자의 수가 많은 경우 활용한다.

표 9-1 무역계약 체결 이전 절차

1단계: 매도인(seller)	1단계: 무역품목 선정
2단계: 매도인(seller)	2단계: 해외시장조사
3단계: 매도인(seller)	3단계: 목적시장 선정
4단계: 매도인(seller)	4단계: 거래처 선정
5단계: 매도인(seller)	5단계: 거래의 권유
6단계: 매수인(buyer)	6단계: 거래조회
7단계: 매도인(seller)	7단계: 회신
8단계: 매도인(seller), 매수인(buyer)	8단계: 상호 간 신용조사
9단계: 매도인(seller)	9단계: 청약
10단계: 매수인(buyer)	10단계: 승낙(계약 성립)

2. 무역계약 성립 후 절차

계약 성립 이후 매도인은 계약 체결의 대상이 된 물품을 수출하기 위한 활동과 함께 대금 수령을 위한 활동을 전개하며, 매수인은 무역계약의 반대급부로 대금결제와 함께 수입물품 인수를 위한 활동을 시작한다. 무역계약 성립 후 절차는 은행의 신용을 이용한 대금결제방식인 신용장을 기초로 설명한다. 만약 신용장을 이용하지 않을 경우에는 무역 절차를 상당부분 간소화할 수 있다.

먼저 1단계에서 매수인은 수입물품 승인절차를 거쳐야 한다. HS (harmonized commodity description and coding system) 코드를 확인하여 관련 법령 등에 기초하여 품목별 수출입 요령에 따라 수입승인을 진행한다. 특히 수입물품에 관한 통합공고를 확인하여 수입물품에 제한이 없는지 확인해야 한다. 수입승인은 수입승인신청서(import license)를 통해 진행한다. 참고로 수입승인은 대외무역법상 수출입공고의 제한품목을 승인품목이라고 한다. 승인품목의 경우 당해 물품을 관장하는 기관에서 승인을 받아 수출입 통관을 진행할 때 세관에 이를 제시하여야 한다.

매수인과 매도인이 상호 체결한 무역계약에서 대금결제 수단으로 신용장을 이용한다면, 2단계는 매수인이 자신의 거래은행에게 신용장 개설을 신청하는 것이다. 이 경우 매수인은 신용장 개설은행과 은행거래 약정 및 담보관계를 설정해야 한다. 신용장 개설에는 수수료가 발생하며, 즉시 지급이 아닌 후지급의 경우 이자도 발생한다. 3단계에서는 신용장 개설은행이 발행한 신용장이 매도인의 현지은행을 통하여 매도인에게 전달된다. 이를 신용장의 내도라고 하며, 내도를 알리는 은행은 통지은행이 된다. 이때 매도인은 무역계약 체결 내용과 신용장의 내용이 완전히 일치하는지 여부를 확인해야 한다. 무엇보다도 신용장 유효기간과 화물 선적기한 확인이 필수적이며, 선적서류 제시기간 역시 확인해야 한다. 4단계는 매도인이 수출승인을 이행하는 단계로서 수출승인신청서를 통해 진행하는데, 수출물품이 승인품목인지의 여부를 품목별 수출입요령을 통해 확인해야 한다. 요건확인 대상은 통합공고 및 전략물자공고를 통해 진행한다. 5단계는 매도인이 무역계약에 기초하여 대상물품을 조달하거나 생산하여 선적을 준비하는 단계이다. 이 경우 수출물품과 관련하여 내국신용장 또는 외화획득용 원료 및 물품 등에 관한 구매확인서를 사용한다. 6단계에서는 가격조건(특히 인코텀즈)에 따라 운송계약과 보험계약을 책임당사자가 체결한다. 만일 매도인이 운송과 보험계약의 책임이 있다면(CIP 또는 CIF 조건), 매도인은 운송 및 보험계약을 체결하고 무역계약에 맞게 서류를 준비한다. 7단계에서 매도인은 수출신고와 함께 통관을 진행한다. 8단계에서 매도인은 기존에 체결한 운송계약을 기반으로 선적을 진행한다. 9단계에서 매도인은 신용장의 지급, 연지급, 인수, 그리고 매입 가운데 해당하는 경우에 맞게 대금결제를 진행하며, 은행을 통해 선하증권(bill of lading: B/L)을 포함한 선적서류를 매수인에게 전달한다. 이때 전달된 서류를 기반으로 매수인은 화물을 인수한다. 마지막 10단계에서 매수인은 인수한 화물의 수입신고 및 통관절차를 진행한다.

표 9-2 **무역계약 체결 이후 절차**

1단계: 매수인(buyer)	1단계: 수입승인
2단계: 매수인(buyer)	2단계: 신용장 개설 및 통지(신용장 기준)
3단계: 매도인(seller)	3단계: 신용장 내도 및 확인(신용장 기준)
4단계: 매도인(seller)	4단계: 수출승인
5단계: 매도인(seller)	5단계: 수출물품 확보(조달, 생산 등)
6단계: 매도인(seller)	6단계: 운송, 보험계약(CIP 또는 CIF 기준)
7단계: 매도인(seller)	7단계: 수출신고 및 통관
8단계: 매도인(seller)	8단계: 선적
9단계: 매수인(buyer)	9단계: 대금결제 및 물품 인수(신용장 기준)
10단계: 매수인(buyer)	10단계: 수입신고 및 통관

제2절 무역계약

1. 무역계약의 정의

무역계약은 무역 당사자들이 국제적으로 이행하는 물품매매계약을 의미한다. 여기서 계약이란 일정한 채권관계 발생을 목적으로 하는 당사자 간 의사표시의 합치에 의하여 성립하는 법률행위이다. 따라서 물품매매계약은 물품을 대상으로 일정한 채권관계를 발생할 목적으로 당사자 간에 대치되는 의사의 합의에 의해 성립하는 계약이라고 할 수 있다.

물품매매계약을 정의함에 있어, 영국의 물품매매법(Sale of Goods Act: SGA)

에서는 매도인이 금전의 대가를 받고 매수인에게 물품의 소유권을 이전하거나 이전하기로 약정하는 계약이라고 정의하고 있다. 미국 통일상법전(Uniform Commercial Code: UCC)에서의 매매는 대가를 받고 매도인으로부터 매수인에게 권리를 이전하는 것이다. 우리나라는 민법 제563조에서 매매는 당사자 일방이 재산권을 상대방에게 이전할 것을 약정하고 상대방이 그 대금을 지급할 것을 약정함으로써 그 효력이 생긴다고 정의하고 있다.

각 나라마다 자국에서 정의하는 물품매매계약에 대한 정의는 결과적으로 같은 의미를 가지고 있다. 이에 여러 국가들 사이에서 발생하는 물품매매계약에 대해 1980년 비엔나(Vienna)에서 국제법으로 규정한 것이 바로 국제물품매매계약에 관한 UN협약(United Nations Convention on Contracts for the International Sale of Goods, 1980), 즉 비엔나협약(Vienna Convention)이다. 약칭 CISG인 비엔나협약은 UN 국제무역법위원회(UNCITRAL)이 제정하였으며, 1988년부터 세계적으로 발효하였다. 우리나라는 2005년부터 이 협약의 적용을 받고 있다. CISG는 계약의 성립부터 총칙, 매도인과 매수인의 의무, 위험이전, 매도인과 매수인의 의무에 대한 공통규정 등에 관해 규정하고 있다. CISG 외에도 국제무역에서 필요한 준거법들은 꾸준하게 제정되고 있다.

한편 무역계약을 적용하고 해석하기 위해서는 법원(source of law)이 필요하다. 이러한 무역계약의 법원 가운데 가장 중요한 것은 바로 당사자의 약정이다. 무역거래는 개인 간의 문제이므로 사법의 분야에서 이루어지기 때문에 계약자유의 원칙이 기본적으로 적용된다. 따라서 당사자 간 합의된 내용은 법원 가운데 가장 우선 적용되며, 사람들이 제정하거나 경험적 사실에 의거하여 형성된 실정법(조약, 상관습법)보다 우선 적용된다. 당사자의 약정 외에 무역계약의 법적 근거가 될 수 있는 것은 국제무역계약법, 무역클레임의 해결에 관한 법, 당사국의 국내매매법, 상관행, 성문화되지 않은 상관습법, 조리 등이 있다.

무역계약의 법원은 실무적 의미에서는 준거법이라고 할 수 있다. 준거법은 무역계약의 성립과 효력 등 제반 법률 관계에 적용에 필요한 법이다. 이러한 준거법은 대부분의 국가에서 주관주의에 입각하여 당사자의 합의에 의하여 지정하고 있다. 하지만 행위지법, 계약지법을 준거법으로 하는 국가도 있으며, 반대로 이행지법을 준거법으로 하는 국가도 존재한다.

표 9-3 거래의 당사자

구분	수출자	수입자
무역	exporter	importer
매매	seller	buyer
신용장	beneficiary	applicant
운송	shipper, consignor	consignee
어음	drawer	drawee

2. 무역계약의 특징

1) 유상계약

유상계약(remunerative contract)은 매도인이 계약 내용을 이행하는 것에 대하여 상대 당사자인 매수인이 반대급부로 경제적 대가의 지급을 수반하는 약인(consideration)에 의한 계약을 의미한다. 원칙적으로 반대급부에 해당하는 경제적 대가의 지급을 수반하는 약인은 국제적으로 통용되고 있는 지급수단을 의미하지만, 물물교환 같이 실물도 가능하다. 유상계약과 반대되는 개념은 무상계약이다.

2) 쌍무계약

쌍무계약(bilateral contract)은 계약에 대해 당사자 모두가 각각 상대방에 대하여 대가적 의미를 지니는 채무를 부담하게 되는 계약을 말한다. 무역계약의 당사자를 보면 매도인의 경우 물품을 선적하여 수출해야 하는 의무가 있으며, 매수인의 경우 이에 대한 반대급부로 대금지급을 해야 하는 의무가 있다. 즉 무역계약의 당사자는 모두가 준거법에 따라 법률적 관계가 있으며, 이러한 의무가 쌍방에 있기 때문에 쌍무계약이라고 할 수 있다. 한편 일방적인 의무부담으로 체결되는 계약은 편무계약이다.

3) 낙성계약

낙성계약(consensual contract)은 계약 당사자 간의 계약체결에 대한 의사표시의 합치, 즉 합의만으로 성립되는 계약이다. 무역계약은 매매당사자의 일방의 거래제의에 대하여 상대방이 이를 승낙하기만 하면 거래목적물이 당장 존재하지 않더라도 계약이 성립한다. 이러한 낙성계약은 합의계약이라고도 하며, 요물계약과 구별된다. 요물계약은 합의와 함께 물건의 인도, 소유권의 이전과 같은 법률 사실이 없으면 성립하지 않는 계약이다.

4) 불요식계약

불요식계약(informal contract)은 계약 성립을 위해 특정의 방식을 요구하지 않는 계약이다. 무역계약은 반드시 서면에 의한 체결을 요구하지 않는다. 여기서 특정의 방식은 계약서를 작성할 때 필요한 법정기재사항을 의미하므로 불요식계약의 경우 계약서를 작성할 때에 법정기재사항을 설정하지 않아도 된다. 아울러 구두청약(oral offer) 역시 상대방이 승낙하면 계약이 성립한다. 참고로 선하증권의 경우 만약 헤이그규칙을 따른다고 한다면 헤이그규칙에서 정하는 내용을 반드시 선하증권에 표기해야 하므로 선하증권은 요식계약이다.

3. 무역계약서의 종류

무역계약 성립의 경우 무역계약의 흐름에서 당사자 일방의 거래제의에 대하여 상대방이 수락하면 성립한다. 즉, 합의가 되는 시점이 무역계약이 성립하는 시기이다. 무역계약은 그 특징에서 알 수 있듯이 불요식계약이므로 계약에서 발생하는 청약과 승낙 및 그에 관련된 여러 가지 의사표시, 계약 등의 법률행위에 대해 반드시 서면화할 필요는 없으나, 미래에 발생할지 모르는 분쟁을 대비하여 서면화하는 것이 상호 간의 분쟁을 피할 수 있는 방법이라고 할 수 있다. 즉, 무역계약은 불요식 및 낙성계약으로 다양한 방법으로 합의되지만, 실무에서는 당사자 간의 합의내용에 대한 확인과 향후 분쟁 소지 예방을 위해서 거래에 따라 적합한 무역계약서를 이용한다. 이때 거래 합의에 사용되는 서식은 낙성계약에 대한 확인 차원의 서류이므로 반드시 사용되어야 하는 서식은 아니다. 거래의 속성에 따라 다양한 서식이 무역계약서의 성격을 가질 수 있다. 일반적으로 무역거래에서는 판매확인서, 구매주문서, 청약서, 주문서, 일반거래조건협정서 등이 사용된다.

1) 판매확인서

판매확인서(sales note)는 매도인이 매수인의 주문에 대하여 승낙을 하여 매매계약이 성립하였을 때 계약 내용의 확인을 위하여 매도인이 작성하는 서류이다. 판매확인서의 정본과 부본을 작성하여 서명과 함께 매수인에게 발송하여 확인을 요구한다.

2) 구매주문서

구매주문서(purchase note)는 매수인이 매도인의 청약에 승낙하여 매매계약이 성립하였을 때 계약 내용을 토대로 구매주문서를 작성하여 정본과 부본을 서명과 함께 매도인에게 발송하여 확인을 요구한다.

3) 청약서

일방이 발행한 청약에 상대방이 서명할 경우 무역계약서로서의 역할을 한다. 따라서 매도인이 발행한다면 청약서(offer sheet)가 되며, 매수인이 발행한다면 주문서(order sheet)가 된다. 청약서는 계약을 체결시킬 목적으로 청약자가 피청약자에게 계약의 일정조건을 기재한 후 확정적으로 의사를 표시하는 확정청약서이다. 매도인이 발행한 확정청약서에 매수인이 승낙의 의사표시를 서명하거나, 매수인이 발행한 확정청약서에 매도인이 승낙의 의사표시를 서명하는 것으로, 이렇게 서명한 확정청약서를 무역계약서로 이용할 수 있다.

4) 일반거래조건협정서

무역거래는 다른 국가들 간의 미이행 조건부 매매이기 때문에 쌍방 간 관습상의 상이점을 조정해 놓을 필요가 있다. 일반거래조건협정서(Agreement of General Terms and Conditions of Business)는 법률과 관습이 서로 다른 국가들 간의 무역거래를 신속하게 하기 위하여 작성하는 것으로, 일반협정서(general agreement) 또는 거래협정서(memorandum of agree: MOA)라고도 한다. 따라서 당사자 간의 거래관계 합의가 이루어진 후 또는 청약과 승낙이 이루어진 후 장래의 거래를 보다 신속하게, 그리고 오해나 분쟁을 방지하기 위해서 당사자 간의 장기적인 거래 또는 당해 계약에 적용할 일반거래조건에 관해 협정을 하게 되는데, 이를 일반거래조건협정이라 한다.

이 협정서에는 매매계약의 기본조건인 품질, 수량, 가격, 포장, 선적, 보험 및 결제 등 일곱 가지 조건의 기초적인 협의 이외에 거래형태, 거래방법 내지는 절차, 그리고 분쟁이 생겼을 경우의 해결방법 등을 포함하고 있다. 즉, 구체적으로 약정해야 하는 사항들은 제외하고 어느 경우에도 공통적으로 적용하는 사항들을 다룬다. 상품명 · 단가 · 수량 · 금액 등 구체적인 사항들은 판매확인서(sales note)나 구매주문서(purchase note) 등 개별 계약서에 명시하며,

일반거래조건협정서는 주로 포괄계약에 이용한다.

제3절 청약과 승낙

1. 청약

청약(offer)이란 매매거래의 조건을 구체적으로 상대방에게 제시하면서 그러한 조건으로 물품을 판매 또는 구매하겠다는 제의를 의미하며, 피청약자의 승낙이 있으면 계약을 체결하겠다는 의사표시이다.

표 9-4 CISG 제14조, 제15조

CISG 제14조

(1) 1인 이상의 특정한 자에게 통지된 계약체결의 제의는 그것이 충분히 확정적이고 또한 승낙이 있을 경우에 구속된다고 하는 청약자의 의사를 표시하고 있는 경우에는 청약으로 된다. 어떠한 제의가 물품(goods)을 표시하고, 또한 그 수량(quantity)과 대금(price)을 명시적 또는 묵시적으로 지정하거나 또는 이를 결정하는 규정을 두고 있는 경우에는 이 제의는 충분히 확정적인 것으로 한다.

(2) 1인 이상의 특정한 자에게 통지된 것 이외의 어떠한 제의는 그 제의를 행한 자가 반대의 의사를 명확히 표시하지 아니하는 한, 이는 단순히 청약을 행하기 위한 유인으로만 본다.

CISG 제15조

(1) 청약은 상대방에게 도달한 때에 효력이 발생한다.

(2) 청약은 철회될 수 없는 것이더라도, 회수의 의사표시가 청약의 도달 전 또는 그와 동시에 상대방에게 도달하는 경우에는 회수될 수 있다.

청약서에는 보통 청약자(offeror)와 피청약자(offeree)의 상호와 주소를 기재하며, 이외 연락처 등을 청약서 머리말로 표시한다. 그리고 물품에 대한 명세, 즉 품명, 규격, 소재, 용도 등 품질과 관련한 내용을 기재한다. 또한 수량, 단가, 금액과 함께 기타 매매조건(선적, 보험, 화인 등)을 표시하며, 발행일자와 유효기간(승낙기간) 그리고 서명을 포함한다.

1) 청약의 종류

청약은 발행 주체에 따라 일반적으로 매도인이 이행하는 판매청약(selling offer)을 의미하며, 반대되는 개념은 매수인이 발행하는 매수 또는 구매청약(buying offer)으로 주문(order)이다.

구속력에 따른 청약은 확정청약(firm offer)과 불확정청약(free offer)이 있다. 확정청약은 일단 발행하여 법률상 효력이 발생하면 당사자는 이에 구속되어 그 유효기간 내에는 그 내용을 변경하거나 취소할 수 없는 청약이다. 반대로 불확정청약은 구속력이 없으며, 단순한 제안의 성격이다. 따라서 피청약자가 승낙을 하여도 무역계약은 성립하지 않는다. 하지만 피청약자가 승낙한 이후 청약자의 최종 확인(offeror's final confirmation)이 있으면 계약이 성립한다.

보통 확정청약은 유효(승낙)기간을 제시하지만, 불확정청약은 기간을 제시하지 않는다. 하지만 유효기간을 표시하고 있더라도 청약의 조건 변경이 가능하다는 표현이 있다면 불확정청약이다. 반대로 유효기간이 없더라도 확정적인 표현(firm, irrevocable)이 있다면 확정청약이다.

이외 불확정청약의 성격을 가지고 있지만, 그렇게 볼 수 없는 특수한 확정청약이 존재하며 이를 조건부청약(conditional offer)이라고 한다. 조건부청약 가운데 먼저 무확약청약(offer without engagement)은 제시된 거래조건 가운데 특히 가격을 언제든지 사전통고 없이도 변경할 수 있음을 나타내는 유동적 조항을 포함한 청약이다. 불확정청약처럼 취급하지만 이를 승낙하면 청약자의 최종확인 없이 그것만으로 계약이 성립한다. 특히 가격변동이 심한 물품에 대해 주로 사용한다. 재고잔류조건청약(offer subject to being unsold)은 청약이 승낙되었지만 물품의 재고가 있어야만 계약이 성립한다는 청약으로 선착순판매조건청약(offer subject to prior sale)이라고도 한다. 점검후구매조건청약(offer on approval)은 청약과 함께 물품을 송부하여 피청약자가 이를 점검해

본 후 구매할 의사가 있다면 대금을 지급하고 아니면 반품하도록 하는 청약이다. 반품허용조건청약(offer on sale or return)은 청약과 함께 대량의 물품을 송부하여 피청약자가 이를 판매하며, 판매하지 못한 물품은 반품을 허용하는 청약이다. 확인조건부청약(subject to confirmation offer)은 피청약자가 승낙을 하여도 그것만으로 계약이 성립하는 것이 아니며, 청약자의 최종 확인이 있어야 계약이 성립하는 청약이다. 확인조건부청약은 불확정청약과 유사해 보이지만, 유효기간이 존재하며, 제시한 매매조건이 임의로 변경 또는 취소가 불가능하다는 점에서 확정청약의 성격을 가지고 있다.

한편, 반대청약(counter offer)은 피청약자가 청약의 내용 일부를 변경해서 원래의 청약자에게 반대로 청약을 하는 것이다. 반대청약을 하게 되면 원래의 청약자와 피청약자가 바뀌게 된다. 따라서 원 청약은 법률상 효력을 상실하게 된다. 피청약자가 청약의 내용을 부가(addition)하거나, 제한(limitation) 또는 변경(modification)을 한 후 승낙한 경우에는 원 청약서가 아닌 반대청약을 구성하게 되는 것이다.

2) 청약의 효력

청약의 효력 발생 시점은 청약의 성립, 철회 그리고 변경 또는 취소와 관련되어 매우 중요한 사안이다. 비엔나협약에서는 도달주의를 채택하고 있는데, 여기서 도달한다는 것은 피청약자에게 청약서가 전달되는 것을 의미한다. 전달방법은 구두 또는 기타의 방법으로 직접 상대방에게 전달하는 것, 상대방의 영업소나 우편 주소 또는 그러한 곳이 없는 경우에는 상주 주소로 전달하는 것을 말한다. 대륙법, 영미법, 우리나라 민법 등 대부분의 국가에서는 도달주의를 채택하고 있다.

참고로 효력 발생 시기에는 표백주의, 발신주의, 도달주의, 요지주의 등이 있다. 표백주의는 의사를 표시하는 자가 그 내용을 명백히 표시한 때로부터 효력이 발생한다는 것으로, 표의자가 의사표시를 했는지의 여하를 밝힐 수 있는 객관적 입증 수단이 없기 때문에 매매거래에서는 채택하지 않고 있다. 발신주의는 의사표시를 상대방에게 발송한 때로부터 효력이 발생한다는 견해이다. 도달주의는 의사표시가 상대방에게 전달(도달)된 때로부터 효력이 발생한다는 견해이다. 요지주의는 상대방이 의사표시의 내용을 알게 된 때로부터 효력이 발생한다는 견해이다. 이는 표백주의와 마찬가지로 상대방이 의사표시를 알았다는 것을 객관적으로 증명하기 힘들기 때문에 매매거래에서 채택하지 않고 있다.

3) 청약의 취소

청약의 취소와 관련하여 비엔나협약에서 청약은 유효기간이 정해져 있거나 기타 방법으로 취소불능임을 표시한 경우에는 청약의 취소가 불가능하다. 그리고 유효기간을 설정하지 않거나 취소불능임을 표시하지 않은 경우에는 상대방이 승낙의 의사를 발송하기 전에 청약자의 청약취소의 의사가 먼저 상대방에게 도달한 때에 한하여 취소가 가능하다.

참고로 의사표시를 실효시키는 행위에는 철회와 취소가 있다. 철회(withdraw)는 어떤 의사표시의 효력이 발생하기 전에 또는 그 의사표시로 인하여 당사자 사이에 권리의무가 발생되기 전에 그 표의자가 임의로 그 효력을 발생하지 못하게 하는 것이다. 반면, 취소(revocation, cancellation)는 의사표시의 효력이 발생한 후에 일정한 취소 원인에 의하여 그것을 소급적으로 실효시키는 행위이다. 우리나라 민법에서는 취소의 원인으로 제한능력자, 착오로 인한 의사표시, 사기나 강박에 의한 의사표시를 그 원인으로 인정하고 있다.

표 9-5 CISG 제16조, 제17조

CISG 제16조
(1) 계약이 체결되기까지는 청약은 취소될 수 있다. 다만, 이 경우에 취소의 통지는 피청약자가 승낙을 발송하기 전에 피청약자에게 도달하여야 한다.
(2) 그러나 다음과 같은 경우에 청약은 취소될 수 없다.
  (a) 청약이 승낙을 위한 지정된 기간을 명시하거나 또는 기타의 방법으로 그것이 철회불능(irrevocable)임을 표시하고 있는 경우
  (b) 피청약자가 청약을 취소불능이라고 신뢰하는 것이 합리적이고, 또 피청약자가 그 청약을 신뢰하여 행동한 경우

CISG 제17조
청약은 그것이 취소불능한 것이라도 어떠한 거절의 통지가 청약자에게 도달한 때에는 그 효력이 상실된다.

4) 청약의 소멸

청약의 효력 소멸 원인은 첫째, 청약의 거절, 둘째, 청약의 철회와 취소, 셋째, 유효기간의 경과가 있다. 청약의 거절은 피청약자가 청약을 거절한 경우로 그 청약은 효력을 잃게 된다. 청약의 거절은 거절통지가 청약자에게 전달되었을 경우이다. 한편 청약을 받고도 침묵하거나 아무런 행위도 하지 않는 것은 청약의 승낙으로 보지 않는다. 청약의 철회와 취소는 앞서 언급한 것과 같다. 유효기간의 경과는 청약에 유효기간 또는 승낙기간이 설정된 경우이며, 그 기간이 경과할 때까지 아무런 반응이 없다면 그 청약은 효력을 상실한다. 우리나라 민법에서 승낙기간을 정하지 않은 청약은 청약자가 상당한 기간 내에 승낙의 통지를 받지 못한 때 그 효력을 잃는다고 정하고 있다.

한편 유효기간을 명시한 경우(예를 들어, This offer shall remain effective until August 10, 2023)에는 큰 문제가 없지만, 유효기간의 산정이 필요한 경우(예를 들어, This offer shall valid for 10 days.) 다음과 같은 방법으로 기산일을 산정한다. 우편의 경우 청약서에 표시한 날이며, 표시한 날이 없는 경우에는 우편봉투에 표시된 날로부터 산정한다. 전자메일의 경우에는 발송일을 기준으로 한다. 동시적 통신수단의 경우에는 피청약자에게 도달한 때부터 산정한다. 아

울러 일수 계산에서 공휴일, 휴무일도 일수 계산에 포함된다. 하지만 유효기간 만료일이 청약자의 영업소 소재지에서 공휴일이나 휴무일일 경우에는 다음 최초 영업일로 연장된다.

2. 승낙

1) 승낙의 의미

승낙은 청약의 내용에 동의하여 계약을 성립시키겠다는 의사표시이다. 대부분의 경우 청약에 대한 상대방의 승낙으로 무역계약이 성립한다.

표 9-6 CISG 제18조, 제19조

CISG 제18조

(1) 청약에 대한 동의를 표시하는 피청약자의 진술 또는 기타의 행위는 이를 승낙으로 한다. 침묵(silence) 또는 부작위(inactivity) 그 자체는 승낙으로 되지 아니한다.
(2) 청약에 대한 승낙은 동의의 의사표시가 청약자에게 도달한 때에 그 효력이 발생한다. 승낙은 동의의 의사표시가 청약자가 지정한 기간 내에 도달하지 아니하거나, 또는 어떠한 기간도 지정되지 아니한 때에는 청약자가 사용한 통신수단의 신속성을 포함하여 거래의 사정을 충분히 고려한 상당한 기간 내에 도달하지 아니한 경우에는 그 효력이 발생하지 아니한다. 구두의 청약은 별도의 사정이 없는 한 즉시 승낙되어야 한다.
(3) 그러나 청약의 규정에 의하거나 또는 당사자 간에 확립된 관습 또는 관행의 결과에 따라, 피청약자가 청약자에게 아무런 통지 없이 물품의 발송이나 대금의 지급에 관한 위를 이행함으로써 동의의 의사표시를 할 수 있는 경우에, 승낙은 그 행위가 이행된 때에 그 효력이 발생한다. 다만 그 행위는 전항에 규정된 기간 내에 이행된 경우에 한한다.

CISG 제19조

(1) 승낙을 의도하고 있으나, 부가, 제한 그 밖의 변경을 포함하는 청약에 대한 응답 은 청약에 대한 거절이면서 또한 새로운 청약이 된다.
(2) 승낙을 의도하고 있고, 청약의 조건을 실질적으로 변경하지 아니하는 부가적 조건 또는 상이한 조건을 포함하는 청약에 대한 응답은 승낙이 된다. 다만, 청약자가 부당한 지체 없이 그 상위(相違)에 구두로 이의를 제기하거나 그러한 취지의 통지를 발송하는 경우에는 그러하지 아니하다. 청약자가 이의를 제기하지 아니하는 경우에는 승낙에 포함된 변경이 가하여진 청약 조건이 계약 조건이 된다.
(3) 특히 대금, 대금지급, 물품의 품질과 수량, 인도의 장소와 시기, 당사자 일방의 상대방에 대한 책임범위 또는 분쟁해결에 관한 부가적 조건 또는 상이한 조건은 청약 조건을 실질적으로 변경하는 것으로 본다.

2) 승낙의 효력 발생

승낙의 효력 발생 시기는 각국의 민법이나 매매법에서 원칙적으로 도달주의를 취하고 있다.

표 9-7 승낙의 효력 발생

<table>
<tr><th colspan="3">준거법
통신수단</th><th>한국법</th><th>일본법</th><th>영국법</th><th>미국법</th><th>독일법
비엔나협약</th></tr>
<tr><td colspan="3">의사표시의 일반원칙</td><td>도달주의</td><td>도달주의</td><td>도달주의</td><td>도달주의</td><td>도달주의</td></tr>
<tr><td rowspan="6">승낙의 의사 표시</td><td rowspan="4">대화자 간</td><td>대면</td><td>도달주의</td><td>도달주의</td><td>도달주의</td><td>도달주의</td><td>도달주의</td></tr>
<tr><td>전화</td><td>도달주의</td><td>도달주의</td><td>도달주의</td><td>발신주의</td><td>도달주의</td></tr>
<tr><td>텔렉스</td><td>도달주의</td><td>도달주의</td><td>도달주의</td><td>도달주의</td><td>도달주의</td></tr>
<tr><td>EDI(e-mail)</td><td>도달주의</td><td>도달주의</td><td>도달주의</td><td>도달주의</td><td>도달주의</td></tr>
<tr><td rowspan="2">격지자 간</td><td>우편</td><td>발신주의</td><td>발신주의</td><td>발신주의</td><td>발신주의</td><td>도달주의</td></tr>
<tr><td>전보</td><td>발신주의</td><td>발신주의</td><td>발신주의</td><td>발신주의</td><td>도달주의</td></tr>
</table>

3) 승낙의 취소와 철회

승낙도 청약과 마찬가지로 철회할 수 있다. 하지만 승낙 이후 승낙의 취소는 불가능하다. 청약에 대한 승낙은 계약의 성립을 의미하기 때문이다. 즉 승낙은 목적달성 이후 소멸한다. 대신 승낙의 철회는 인정되지만, 그것은 어디까지나 승낙의 효력 발생 시기에 있어 도달주의를 취하는 경우에만 가능하며, 발신주의를 취하는 경우에는 불가능하다.

따라서 동시적 통신수단(대화자 간)의 승낙인 경우에는 철회가 인정되지만, 격지자 간의 통신수단에 의한 승낙의 경우에는 철회가 불가능하다. 한편 비엔나협약에서는 통신수단 여하를 불문하고 승낙의 철회를 허용하고 있다. 하지만 비엔나협약에서도 승낙보다 그 승낙철회의 의사가 청약자에게 먼저 도달한 경우 또는 승낙과 동시에 그 승낙철회의 의사가 청약자에게 도달한 경우에만 승낙은 철회가 가능하다.

4) 계약을 성립시키지 못하는 승낙

계약을 성립시키지 못하는 승낙은 조건부승낙(conditional acceptance), 일부승낙(partial acceptance), 지연승낙(delay of acceptance), 변경승낙(modified acceptance), 침묵 또는 무행위에 의한 승낙(acceptance by silence or inactivity), 반대청약 후 원 청약의 승낙 등이 있다.

조건부승낙은 피청약자가 원 청약에 대해 일부 청약내용을 변경하거나 추가하는 것이다. 일부승낙은 청약의 내용 중 일부만을 승낙하는 것이다. 지연승낙은 청약에 대한 승낙의 의사표시가 정해진 기간을 경과하는 것이다. 변경승낙은 청약의 내용을 변경해서 승낙하는 것이다. 침묵 또는 무행위에 의한 승낙은 피청약자가 청약자의 청약에 대해 아무런 행위나 회신을 하지 않고 침묵하는 것이다. 반대청약 후 원 청약의 승낙은 청약에 대한 반대청약을 발송하였다가 이를 번복하여 원래의 청약을 승낙하는 것이다.

표 9-8 CISG 제20조, 제21조, 제22조, 제23조, 제24조

CISG 제20조

(1) 전보 또는 서신에서 청약자가 지정한 승낙의 기간은 전보가 발신을 위하여 교부된 때로부터, 또는 서신에 표시된 일자로부터, 또는 그러한 일자가 표시되지 아니한 경우에는 봉투에 표시된 일자로부터 기산된다. 전화, 텔렉스 또는 기타의 동시적 통신수단에 의하여 청약자가 지정한 승낙의 기간은 청약이 피청약자에게 도달한 때로부터 기산된다.

(2) 승낙의 기간 중에 들어 있는 공휴일 또는 비영업일은 그 기간의 계산에 산입된다. 그러나 기간의 말일이 청약자의 영업소에서의 공휴일 또는 비영업일에 해당하는 이유로 승낙의 통지가 기간의 말일에 청약자의 주소에 전달될 수 없는 경우에는, 승낙의 기간은 이에 이어지는 최초의 영업일까지 연장된다.

CISG 제21조

(1) 지연된 승낙은 그럼에도 불구하고 청약자가 지체 없이 구두로 피청약자에게 유효하다는 취지를 통지하거나 또는 그러한 취지의 통지를 발송한 경우에는 이는 승낙으로서의 효력을 갖는다.

(2) 지연된 승낙이 포함되어 있는 서신 또는 기타의 서면상으로, 이것이 통상적으로 전달된 경우라면 적시에 청약자에게 도달할 수 있었던 사정에서 발송되었다는 사실을 나타내고 있는 경우에는, 그 지연된 승낙은 승낙으로서의 효력을 갖는다. 다만, 청약자가 지체 없이 피청약자에게 청약이 효력을 상실한 것으로 본다는 취지를 구두로 통지하거나 또는 그러한 취지의 통지를 발송하지 아니하여야 한다.

CISG 제22조
승낙은 그 효력이 발생하기 전 또는 그와 동시에 회수의 의사표시가 청약자에게 도달하는 경우에는 회수될 수 있다.

CISG 제23조
계약은 청약에 대한 승낙이 이 협약에 따라 효력을 발생하는 시점에 성립된다.

CISG 제24조
이 협약 제2편의 적용상, 청약, 승낙 그 밖의 의사표시는 상대방에게 구두로 통고된 때 또는 그 밖의 방법으로 상대방 본인, 상대방의 영업소나 우편주소에 전달된 때, 상대방이 영업소나 우편주소를 가지지 아니한 경우에는 그의 상거소에 전달된 때에 상대방에게 "도달"된다.

CHAPTER 10
무역계약조건

CHAPTER 10

무역계약조건

제1절 계약물품조건

무역계약은 무역거래의 조건을 대상으로 한다. 청약과 승낙에서 매도인과 매수인의 협의 대상이 바로 무역거래의 조건들이다. 무역거래조건은 무역계약이 자유계약인 만큼 다양하게 제시하여 협의할 수 있다. 그럼에도 계약서는 권리 및 의무를 발생 · 변경 · 소멸을 꾀하는 것이므로, 육하원칙에 따라 정확 · 간결 · 평이 · 명료하게 작성되어야 한다. 또한 계약서는 당사자가 누구이며, 또한 어떠한 법률 관계가 어떻게 이루어져 어떻게 이행할 것인가에 관하여 요점이 되는 사실만을 어법에 맞게 그리고 법률용어 및 거래상 명확하게 확정된 용어를 사용하여 작성하여야 한다. 일반적으로 국제거래에 사용되는 계약서에는 계약서 제목(title), 전문(nonoperative part), 본문(operative part), 그리고 말미 문언 및 서명날인으로 구성한다. 전문은 계약날짜, 당사자 그리고 설명조항 등으로 구성된다. 본문은 주된 계약 내용에 관한 조항, 기타 계약상 일반조항, 계약기간, 계약의 종료, 불가항력, 중재, 준거법, 재판관할, 통지, 다른 계약과의 관계 등으로 구성된다.

계약서 작성에 있어 세부적인 항목들의 경중을 따지기는 쉽지 않지만, 관습적으로 본문에 기재되어 협의 대상이 되는 무역거래의 조건에는 기본조건과 물품조건 그리고 이행 및 불이행조건, 기타 조건이 있다. 무역거래의 기본조건에는 거래형태, 서명 합의, 확정 문언, 그리고 계약의 유효기간을 명시하여야 한다. 그리고 거래의 대상, 즉 물품에 대한 조건 및 이행조건, 불이행조건이 합의의 대상이 된다. 세부적으로 주요한 계약조건에는 품질조건(terms of quality), 수량조건(terms of quantity), 가격조건(terms of price), 포장 및 화인 조건(terms of packing/marking), 선적조건(terms of shipment), 보험조건(terms of insurance), 결제조건(terms of payment), 그리고 클레임(terms of claim) 등이 있다.

1. 품질조건

무역계약에서는 거래목적물의 품명(commodity)을 표시하고 그 물품의 명세를 구체적으로 제시한다. 거래목적물의 크기, 형태, 규격, 색상, 종류 등 그 물품의 특징적 내용을 나타내는 물품명세나 품질수준 표시에 쓰이는 조건을 말한다. 즉 어떤 물품을 인도하기로 하는가를 약정하는 조건이 품질조건이다.

품질조건에서 결정해야 할 사안은 먼저 거래목적물의 명세나 품질수준의 약정조건을 결정하는 것이다. 즉 어떤 물품을 계약물품으로 정의하는가이다. 다음으로 어느 시점의 품질상태를 기준으로 계약물품을 정의할 것인가에 대한 품질검사의 시기 문제를 고려하여 결정해야 한다.

1) 물품의 품질 기준

무역계약의 대상인 물품의 품질은 화물의 특성에 따라 구분한다. 화물은 크게 공산품(단위화된 화물)과 1차 산물 및 광물 등으로 구성된 벌크화물로 구분할 수 있으며, 화물의 특성에 따라 품질을 결정하는 기준은 다르다. 특히 벌크화물의 경우에는 표준품매매(sales by standard)방식을 이용한다.

(1) 견본매매(sales by sample)

견본매매방식은 견본을 제공하고 그와 같이 제조하여 물품을 인도하는 것이다. 일반적으로 견본매매는 중소형 공산품에 많이 사용되는 품질조건 방법이다. 그리고 매매당사자의 일방이 제공한 원 견본(original sample)을 받은 상대방이 그 형태나 색상 또는 규격이나 소재 등의 물품명세에 대하여 그 일부 또는 전부를 수정하여 반대로 제시하는 경우가 많은데 이러한 견본을 반대견본(counter sample)이라고 한다. 이때 샘플을 제시한 당사자는 상대방에게 제공한 샘플과 같은 제2견본(duplicate sample)을 보유하여 향후 조회나 분쟁 발생 시 입증용으로 사용할 수 있다. 이런 용도의 제2견본을 keep sample, file sample, 그리고 checked sample이라고 한다.

그리고 실무에서 견본을 이용하여 품질조건을 결정할 경우 주의해야 하는 점은 바로 견본에 대한 설명이다. '견본과 같은 것'이라는 표현은 유사할 수도 있지만(유사일치), 반드시 똑같아야 하는 경우(엄밀일치)도 있다. 이때 엄밀일치와 유사일치의 문제가 발생하는 경우가 있기 때문에 각각의 표현을 숙지하는 것이 좋다.

엄밀일치의 표현에는 same as the sample, up to the sample, fully(exactly) equal to the sample 등이 있으며, 유사일치의 표현에는 as per the sample similar to the sample, about equal to the sample, almost equal to the sample 등이 있다.

(2) 상표매매(sales by brand/trade mark)

상표매매는 일반적으로 널리 알려진 제품으로 견본이 특별하게 필요하지 않은 경우 사용한다. 상표매매는 단순하게 상표(Brand) 또는 통명(Trade Mark)으로 거래목적물의 규격이나 품질을 약정하는 방법이다.

(3) 명세서 또는 규격서매매(sales by specification)

선박, 철도, 대형기계류 등 거대한 중공업제품이나 산업설비 등의 무역에는 견본이나 상표를 이용하여 품질을 약정할 수 없다. 따라서 거래목적물의 설계도나 규격서 또는 설명서에 의하여 거래목적물의 명세를 약정하며, 이러한 거래방식을 명세서 또는 규격서매매라고 한다.

(4) 표준규격매매(sales by grade)

국제기구나 공인기관이 설정한 기준과 방법에 따라 물품의 규격이나 품질수준에 대해 등급을 부여할 수 있는 제품인 경우에는 표준규격매매(sales by grade)를 이용할 수 있다. 국제 및 국가 규격에는 국제표준화기구가 제시하는 규격(ISO), 한국산업규격(Korean industrial Standards: KS), 일본표준규격(JIS), 미국규격협회(ANSI), 중국강제인증(CCC), 유럽공동체마크(CE) 등이 있다.

(5) 표준품매매(sales by standard)

- **평균중등품질조건(fair average quality term: FAQ)**: 평균중등품질조건은 당해 연도 당해 지역에서 생산되는 동종 생산물 가운데 중간 정도의 품질에 해당하는 생산물을 기준조건으로 거래목적물을 약정하는 방법이다. 이러한 조건은 곡물이나 과일류에 많이 사용한다.
- **판매적격품질조건(good merchantable quality term: GMQ)**: 판매적격품질조건은 거래목적물의 인도 당시에 그 품질이 판매할 수 있는 상태의 것을 인도하기로 약정하는 것이다. 이 품질조건은 거래목적물의 등급의 여하를 상관하지 않고 인도 당시에 상품성이 보장되는 생산물을 인도하는 경우 그 품질조건을 인정받는 조건이다. 특히 목재류, 냉동어류, 광석류 등 잠재하자(latent defect)가 있을 가능성이 많은 생산물의 매매에 사용한다.
- **보통품질조건(usual standard quality term: USQ)**: 보통품질조건은 생산물을 관장하는 공인기관의 판정에 의해 보통 수준의 품질의 것을 인도하기로 하는 조건이다. 주로 인삼, 오징어, 원면 등에 사용한다.

2) 물품의 품질결정 시기

물품의 검품시기는 선적품질조건(shipped quality term)과 양륙품질조건(landed quality term)으로 구분한다. 실무적으로 선적품질조건은 수출국(선적지)에서 검사를 최종적으로 하는 것으로 공산품 거래에서 가장 많이 사용한다. 선적지에서 공인검사기관의 품질확인을 받음으로써 검사증명서(inspection of certificate)를 발부받기 때문에 운송 중 제품의 하자에 대해서 매도인은 책임을 지지 않게 된다. 양륙품질조건의 경우 수입국(목적지)에서 물품의 품질을 최종적으로 검사하는 조건으로 1차 산품에서 주로 활용한다. 양륙지에서 품질검사를 받고 물품이 계약에서의 품질기준과 차이가 없다면 수출업자는 제품의 품질에 대해서는 책임이 없다는 논리이다. 선적품질조건의 경우 품질입증책임은 매도인에게 있으며, 양륙품질조건의 경우 매수인에게 품질입증책임이 있다.

이론적으로는 공산품의 경우 인코텀즈에서 선적지조건인 경우 선적품질조건을 이용할 수 있으며, 도착지조건인 경우 양륙품질조건을 이용할 수 있다. 1차 산품의 경우 FAQ는 선적지품질조건으로, GMQ는 양륙지품질조건으로 사용할 수 있다.

특히 1차 산품 중 곡물의 경우 부패성이 있기 때문에 품질결정시기는 매우 중요한 부분이다. 따라서 곡물거래에 대해서는 보다 구체적인 조건들을 사용하는데 TQ(tale quale), RT(rye term), SD(sea damaged)가 이용된다. 먼저 TQ는 선적품질조건으로 as they are, as it is, just as they come 등의 의미를 가지고 있다. 이러한 맥락에서 선적품질조건이라 할 수 있다. RT의 경우 호밀(rye)에 주로 사용하는 조건으로 양륙품질조건이라 할 수 있다. 그리고 SD는 원칙적으로는 선적품질조건을 기준으로 하지만 양륙 시 다시 검사하여 물품이 손상된 경우에 제한적으로 매도인에게 배상책임을 부과하는 조건이다. 즉, 선적 시에는 물품에 이상이 없었지만 양륙 시 특정 원인에 의한 변질 등이 발생한 경우에 매도인이 그 책임을 진다. 특히 해상에서 발생한 하자 원인이 wet by sea water(fresh water, rain water, vapour) 등 해수, 담수, 빗물 그리고 수증기에 한한 것이며, 습기에 의한 손상(moisture damage), 그리고 곰팡이나 세균에 의한 부패(decay) 등일 경우 매도인이 책임을 지게 된다.

2. 수량조건

무역거래에서 수량조건은 물품의 개수, 길이, 넓이, 부피, 중량, 포장 등을 포괄적으로 의미한다. 국제적으로 규격화된 도량형이 존재하지만, 주요 국가들은 관습적 그리고 지배적으로 사용하여 보편화한 도량형이 존재한다. 이러한 경우 수량조건에 대한 잘못된 해석으로 무역분쟁이 발생하기 쉽다. 따라서 계약체결 시 수량조건에서는 수량의 단위, 수량의 결정시기, 그리고 과부족용인조항에 대한 주의가 필요하다.

1) 주요 단위

(1) 개수단위

개수단위는 낱개로 거래되는 공산품의 주요 계산단위로 piece(pcs), each, set, unit, dozen, gross(12 dozen = 12 × 12 = 144 pcs), small gross(10 dozen = 120 pcs), great gross(12 gross = 1,728 pcs) 등의 단위를 사용한다.

(2) 길이 및 넓이단위

길이는 meter, inch(약 2.54 cm), feet(= 12인치, 약 30.4 cm), yard(3 ft = 36 inch, 약 91 cm) 등이 있다. 넓이는 m^2, ft^2, yd^2, acre(약 4,177.7 m^2), hectare(약 10,000 m^2), 평(약 3.3 m^2) 등이 있다.

(3) 부피(용적)단위

부피를 나타내는 단위는 CBM(cubic meter, m^3), CFT(cubic feet, ft^3), liter, gallon(미국 3.8 liter, 영국 4.5 liter), barrel(158.984 liter), bushel, drum(200 liter) 등이 있다. 참고로 컨테이너 단위인 TEU(twenty-foot equivalent unit)는 부피관점에서 평균 25 CBM, 최대 33 CBM이며, FEU(forty-foot equivalent unit)는 평균 55 CBM, 최대 67 CBM을 적재할 수 있다.

(4) 중량단위

중량은 pound(lb[1)]), kilogram(kg), tonnage(ton)이 대표적이다. 특히 ton의 경우 중량을 표시하는 중량톤과 용적톤이 있다. 중량톤은 다시 long ton(L/T), short ton(S/T), metric ton(M/T)이 있다. 영국계는 주로 L/T를 사용하며, 미국계는 S/T를 사용하고, 유럽계에서는 M/T를 사용한다.

표 9-9 중량톤의 종류

- long ton(English ton; Gross ton; L/T) = 2,240 lbs = 1,016 kgs: 영국식
- short ton(American ton; Net ton; S/T) = 2,000 lbs = 907.2 kgs: 미국식
- metric ton(French ton; Kilo ton; M/T) = 2,204 lbs = 1,000 kgs: 대륙식

중량은 무역물품의 거래단위 중에서 매우 중요하며, 특히 운송 과정에서 화물의 무게는 매우 중요하기 때문에 구분하여 처리한다. 중량의 종류에는 정미중량, 순중량, 법정중량, 총중량 등이 있다. 무역거래에서 중요한 비엔나 협약에서는 순중량에 의하여 산출한 금액을 결제금액으로 한다는 원칙을 채택하고 있다. 하지만 운송에 있어서는 순중량 외에도 총중량과 부피 등을 고려하기 때문에 중량의 구분은 매우 중요하다.

먼저 정미중량(net net weight)은 순수한 내용물품만을 계량한 무게를 의미

1) 무게를 나타내는 파운드(pound)는 약어로 lb를 사용하는데 어원은 라틴어의 libra로 로마시대 무게단위(리브라 폰도, libra poundo)에 어원을 두고 있다. 리브라는 저울, 폰도는 무게를 의미한다.

한다. 순중량(net weight)의 경우 소매거래가 가능한 개포장을 인정한 상태에서의 포장을 무게로 포함한다. 법정중량(legal weight)은 특정 물품에 대해 포장과 내용물을 무게로 하는 것으로 캔 제품이 대표적이다. 마지막으로 총중량(gross weight)은 경우 개포장(unitary packing), 내포장(inner packing), 외포장(outer packing) 모두를 합한 무게를 의미한다. 특히 운송에서는 총중량이 중요하다고 할 수 있다. 참고로 tare weight는 'the weight of the wrapping or container in which goods are packed'의 의미로 포장용기의 무게를 의미한다.

특히 오늘날 가장 많이 사용되는 컨테이너의 경우 외관을 보면 총중량과 순준량 그리고 총부피를 표기하고 있다. 컨테이너 뒷면에서 제시하고 있는 MGW(max gross weight)의 경우 총중량을 의미하며, tare는 컨테이너 박스의 무게를 의미한다. 그리고 net은 적재할 수 있는 화물의 무게를 의미하며, CUCAP(cubic capacity)는 컨테이너의 적재 가능한 총부피를 의미한다.

그림 9-1 **컨테이너 중량과 부피**

(5) 포장단위

포장단위는 벌크화물의 포장화에서 많이 발생하며 주로 면화, 소맥분, 시멘트, 비료, 유류, 통조림 등의 측정기준으로 사용한다. 포장단위의 종류로는 상자(case), 곤포(bale), 포대(bag), 마대(sack), 깡통(can), 나무통(keg), 통(cask), 드럼통(drum), 다발(bundle), 사리(coil) 등이 있다.

2) 벌크화물의 수량

살화물(bulk cargo)이라고도 부르는 벌크화물은 불가산화물로 비포장상태로 거래되는 대량화물을 의미한다. 주요 살화물에는 철광석, 석탄, 곡물 등이 있다. 이러한 살화물의 경우 화물의 특성상 약정된 수량을 정확하게 인도하는 것은 불가능하다. 따라서 일정한 범위 내에서 초과 또는 부족을 허용하는 조건으로 계약하는 것이 현실적이다.

(1) 과부족용인조건(M/L clause, MOL clause, more or less clause)

과부족용인조건은 화물 수량의 과부족의 허용범위를 정해두고 그 범위 내에 속하는 수량을 인도하면 계약상의 물품인도의무를 수행한 것으로 간주하는 조건이다.

현행 신용장통일규칙(UCP 600)에서는 신용장상에 과부족을 인정하지 않는다는 금지표시가 없는 한 살화물의 경우에는 5%의 과부족(tolerance)이 허용된다는 규정을 두고 있다.

(2) 개산수량조건(approximate quantity term)

개산수량조건에서 개산은 어림 또는 대략의 의미로 무역거래조건에서 물품의 수량을 개략적으로 개산하는 조건을 의미한다. 계약에 있어 화물의 수량을 표시할 때 about, circa, approximately 등의 용어를 사용하여 수량을 표시하면 개략의 개념이 된다. 이러한 개산수량조건에 대한 기준에 대해서는 일반적으로 신용장통일규칙(UCP 600)의 제30조 기준을 따른다. 신용장 수량이나 금액 또는 단가에 대하여 신용장상에 'about' 또는 'approximately'라는 단어는, 그것이 언급하는 금액, 수량 또는 단가에 관하여 10%를 초과하지 않는 범위에서 과부족 편차를 허용한다고 해석한다. 그리고 만일 신용장이 수량을 포장단위 또는 개별단위의 특정 숫자로 기재하지 않고 청구금액의 총액이 신용장의 금액을 초과하지 않는 경우에는, 물품의 수량에서 5%를 초과하지 않는 범위 내의 많거나 적은 편차는 허용한다. 하지만 무역계약 시 구체적인 약정이 없을 때는 향후 분쟁의 소지가 있으므로 이에 대해서 구체적으로 미리 약정 또는 합의를 해 놓는 것이 좋다.

3) 검량의 기준시기와 정산기준단가

(1) 검량의 기준시기

수량검사의 시기를 어느 때로 할 것인가, 즉 어느 시점의 수량을 실제 인도수량으로 인정할 것인가에 대하여는 검품의 기준시기와 마찬가지로 선적수량조건(shipped quantity term)과 양륙수량조건(landed quality term) 두 가지가 있다.

(2) 정산기준단가

과부족용인조건을 사용하여 물품을 인도하는 경우에 매수인은 그 수량대로 물품은 인수하되 매수인이나 매도인은 그 과부족수량에 대한 금액은 결제과정에서 정산해 주어야 한다. 수량이 부족한 경우 매도인이, 수량이 과한 경우 매수인이 계약한 물량을 기준으로 정산한다.

이 경우 과부족분에 대한 금액을 산출할 때 적용할 단가를 어떤 가격으로 할 것인가가 문제가 될 수 있다. 이러한 기준으로는 선적시의 시가, 도착시의 시가, 계약단가로 정할 수 있다. 특별한 기준을 마련하지 않은 경우에는 계약단가에 의해 정산하는 것이 일반적인 국제적 상관습이다.

(3) 최소 또는 최대주문량

공산품의 경우에는 원부자재가 확보되고 충분한 시간이 주어지면 물량이 많더라도 생산과 공급에 응할 수 있지만, 거래물량이 적정량이 아니면 생산비와 수출부대비용을 감안할 때 오히려 손해가 발생하거나 소기의 이윤을 기대할 수 없기 때문에 그 거래를 포기할 수밖에 없다. 따라서 최소주문량(minimum order quantity: MOQ)을 설정하여 그 미만의 소량주문을 거절하는 경우가 많다. 그러나 농산물과 같은 1차 산물의 경우에는 공급의 탄력성이 낮아 생산능력을 초과하는 주문에는 응할 수 없으므로 최대수량을 설정하여 계약하는 경우가 있다.

3. 포장조건

포장은 물품의 운송, 보관, 판매 등에 있어 적정한 재료 및 용기를 이용하여 그 가치와 상태를 유지하기 위해 물품을 보호하는 것이다. 포장은 기본적으로 내용물을 보호하는 기능이 있으며, 이외 운송, 보관, 하역 등 물류관리에 있어 효율적이고 편리하게 하는 기능이 있다. 무엇보다 개별포장의 경우 소비자에게 정보를 제공하고 구매의욕을 불러일으키는 마케팅 기능이 있다.

포장조건에서 고민되어야 할 부분은 바로 물품의 종류나 특성에 따라 무역거래를 이행함에 있어 운송에 적합하도록 포장을 해야 하는 의무가 매도인에게 있다는 점이다. 이를 전제로 포장의 방법, 포장의 종류와 포장 외부에 표기하는 화인을 고민해야 한다.

1) 포장의 종류

개별포장은 물품을 소매단위인 낱개로 포장한 것으로 소비자에게 직접적으로 노출되기 때문에 물품의 가치를 부가한다는 점과 보호한다는 점을 동시에 보유하고 있다. 내부포장의 경우 개별 포장된 물품의 수송 또는 취급이 용이하고 안전하도록 적정의 재료로 재포장하거나 완충하는 포장이다. 외부포장의 경우 운송 중 화물의 변질, 파손, 도난, 분실방지를 위하여 물품을 상자, 나무, 금속 등의 용기로 최종 포장하는 것을 말한다.

한편 상품의 외형을 미화시켜 소비자의 구매욕구 자극을 목적으로 하는 포장을 상업포장이라고 하며, 운송 또는 유통 과정에서 화물을 보호하기 위하여 행해지는 포장을 공업포장이라고 한다. 개장의 경우 전자에 해당하고, 내장과 외장은 후자에 해당한다.

2) 화인

화인은 포장화물의 표면에 기입하는 특정한 기호, 번호, 목적지, 취급상의 주의문구 등을 총칭한다. 화인의 목적은 화물취급자가 다른 물품과 구분하여 사용자의 편의 및 선적서류와 물품과의 대조에 편의를 제공하는 것이다. 국제거래에서 부정확한 화인은 화물의 운송 및 처리 과정에서 혼동을 야기하므로 화인의 내용에 대해서 계약서에 명확하게 표기하여야 한다.

화인은 크게 주표시, 부표시, 품질표시, 목적지표시, 수량표시, 주의표시, 원산지표시, 기타 등으로 구분된다. 주표시는 화인 중 가장 중요한 표시로 타 상품과 식별을 목적으로 한다. 부표시는 주표시의 보조로 생산자나 수출대행사 등이 주표시 위쪽이나 아래쪽에 필요에 따라 표시한다. 품질표시는 내용물의 품질이나 등급을 쉽게 파악하도록 표시하는 것이다. 목적지표시는 화물의 양륙항이나 최종 도착지를 표시한다. 수량표시는 포장 화물이 여러 개일 경우 몇 번째 화물인지에 대한 표시로 일련번호가 이에 해당한다. 주의표시는 화물의 성격, 품질, 형상 등에 따라 취급상의 주의를 표시하는 것으로 문자나 그림으로 표시한다. 원산지표시는 물품의 생산지를 표시한다. 기타 표시에는 매수인의 요청에 따라 상품명, 내용품 번호, 총중량이나 순중량, 용적, 신용장번호, 수입허가번호 등을 표시한다.

4. 가격조건

매매계약에서 합의를 위해 제시되는 조건들은 전부 중요하지만 이 가운데 가격조건은 대금결제와 함께 민감하고 중요한 부분이라고 할 수 있다. 특히, 물품의 거래가격은 시장의 수급상황에 따라 변동하기 때문에 쉽게 정하기 힘든 부분이다. 따라서 매매계약에서 제시하는 가격은 시장상황을 반영하는 부분과 국제거래에 따른 비용부분에 대한 내용이 합의의 주된 대상이라고 할 수 있다. 이때 후자는 국제거래에서 발생하는 비용의 지불 범위를 어떻게 정하느냐가 물품의 단위당 가격, 즉 단가에 가장 큰 영향을 미친다고 할 수 있다.

물품가격을 원가기준방식으로 구분해 보면 크게 생산원가, 수출지 부대비용, 운송비용, 수입지 부대비용, 기타 비용 등이다. 생산원가는 제조원가, 기대이익, 수출용 포장비, 각종 검사 및 인허가비로 구성된다. 수출지 부대비용의 경우 수출지 내륙운송비, CY(Container Yard) 또는 CFS(Container Freight Station) 창고료, 수출관세 및 통관비, 선적비 등으로 구성된다. 운송비용은 주운송비, 보험비로 구성된다. 수입지 부대비용은 수입항 양륙비, 수입지 창고료, 수입관세 및 통관비, 수입지 내륙운송비 그리고 기타 비용은 환비용, 이자, 수수료, 통신비용 등으로 구성된다. 이러한 원가를 기준으로 계약의 당사자들은 가격에 대한 준거규정을 합의할 수 있다.

한편 보편적으로 사용되는 가격에 관한 규정은 인코텀즈(Incoterms® 2020)이지만, 이외 개정미국무역정의(Revised American Foreign Trade Definitions, 1941, 1990 개정), CIF 계약에 관한 바르샤바-옥스포드규칙(Warsaw-Oxford Rules for CIF Contract, 1970) 등의 규칙 역시 당사자의 합의에 따라 가격에 대한 임의규정으로 사용할 수 있다. 그럼에도 오늘날 가장 보편적으로 사용되는 국제물품거래의 가격에 관한 준거규정은 국제상업회의소(International Chamber of Commerce: ICC)에서 제정한 인코텀즈이다.

1) 인코텀즈의 의미

인코텀즈는 정형화된 무역거래에 관한 규칙으로, 국제무역거래에서 사용하던 상관습상의 조건을 정형화(formulaic)하여 국제규칙화한 것이다. 하지만 인코텀즈는 계약 당사자의 합의가 있는 경우에만 사용되기 때문에 실정법의 효력은 없다.

인코텀즈를 이해하기 위해서는 자의적인 해석보다는 의무규정을 잘 파악하는 것이 필요하다. 인코텀즈는 매도인의 관점에서 매도인을 주어로 하여 매매계약에 있어서 위험과 비용의 범위를 한정하고 있다. 따라서 어디서부터 어디까지 매도인이 위험과 비용을 의무적으로 부담해야 하는지에 대한 내용이라고 해도 무방하다. 물론 매수인의 의무 역시 인코텀즈에서 규정하고 있다.

그리고 인코텀즈는 서문에서 명시하고 있는 것처럼 매매대금, 지급방법, 소유권의 이전, 계약위반 등의 내용은 규정하고 있지 않다. 이러한 내용은 계약조건 또는 준거법을 이용한다. 특히 인코텀즈에서 의미하는 포장은 매매계약의 일정한 조건을 준수하기 위하여 물품을 포장하는 것 또는 물품이 운송에 적합하도록 포장하는 것으로 포장한 물품을 컨테이너 및 기타 운송수단에 적입하는 것은 포함하지 않는다. 따라서 인코텀즈 규칙에서는 컨테이너에 적입할 당사자의 의무를 다루지 않으며, 필요한 경우에 이러한 의무는 당사자들이 매매계약에서 다루어야 한다. 참고로 현재 인코텀즈는 Incoterms® 2020으로 2019년 9월 10일 발표되어 2020년 1월 1일부터 발효하였다.

2) 인코텀즈 2020의 내용

무역계약에 있어 가격조건으로 고려하여야 할 비용은 수출입 통관비용, 주운송비용, 적재비용, 양하비용, 그리고 보험료와 기타 비용들이 있다. 특히 가격의 주된 부분은 생산원가이지만, 무역계약에서는 물적이동에 따른 물류비용과 함께 보험료에 따라 가격변동이 크다. 따라서 인코텀즈 2020을 가격조건으로 합의한 경우, 물품의 인도지점을 기준으로 11가지 조건에 따라 비용과 위험의 책임을 구분한다. 각 조건들은 11가지 조건 가운데 합의한 조건을 무역계약에 표시한 후 조건에 맞는 장소명을 기입하고 마지막으로 Incoterms® 2020를 표기하여 인코텀즈 조건을 따름을 명시한다. 조건별 장소 표기는 EXW(EX Works, insert named place of delivery), FCA(Free Carrier, insert named place of delivery), CPT(Carriage Paid To, insert named place of destination), CIP(Carriage and Insurance Paid to, insert named place of destination), DAP(Delivered At Place, insert named place of destination), DPU(Delivered at Place Unloaded, insert named place of destination), DDP(Delivered Duty Paid, insert named place of destination), FAS(Free Alongside Ship, insert port of shipment), FOB(Free On Board, insert port of shipment), CFR(Cost and Freight, insert port of destination), CIF(Cost, Insurance and Freight, insert port of destination) 등이다.

인코텀즈 2020의 주요 내용과 위험이전 및 인도장소, 비용분기점 및 통관비용과 운송비용은 〈표 10-1〉과 같다.

표 10-1 인코텀즈의 주요 내용

규칙	주요 내용	위험이전 및 인도장소	비용 분기점	수출 통관	주운송비 (적재비) (양하비)	보험료	수입 통관
EXW	지정인도장소에서 수취용 차량에 적재하지 않은 채 매수인의 처분하에 둠	지정인도장소 (수출국)		매수인	매수인 (매수인) (매수인)		매수인
FCA	지정인도장소에서 매수인이 지정한 운송인(또는 제3자)에 게 인도(또는 그렇게 인도된 물품 조달)	지정인도장소 (수출국)		매도인	매수인 (매도인) (매수인)		매수인
CPT	지정인도장소에서 매도인과 운송계약을 체결한 운송인에 게 물품교부(또는 그렇게 인도된 물품 조달) 매도인이 지정목적지까지 운임 부담	지정인도 장소 (수출국)	지정목적지 (수입국)	매도인	매도인 (매도인) (매수인)		매수인

CIP	지정인도장소에서 매도인과 운송계약을 체결한 운송인에게 물품 교부(또는 그렇게 인도된 물품 조달) 매도인이 지정목적지까지 운임 및 보험료 부담	지정인도 장소 (수출국)	지정목적지 (수입국)	매도인	매도인 (매도인) (매수인)	매도인	매수인
DAP	지정목적지에서 도착운송수단에 실어둔 채 양하준비된 상태로 매수인의 처분하에 둠(또는 그렇게 인도된 물품 조달)	지정목적지 (수입국)		매도인	매도인 (매도인) (매수인)		매수인
DPU	지정목적지에서 도착운송수단으로부터 양하하여 매수인의 처분하에 둠(또는 그렇게 인도된 물품 조달)	지정목적지 (수입국)		매도인	매도인 (매도인) (매도인)		매수인
DDP	지정목적지에서 도착운송수단 에 실어둔 채 양하준비된 상태 로 매수인의 처분하에 둠(또는 그렇게 인도된 물품 조달) 매도인이 수입통관(수입관세와 기타 수입관련 조세 납부)	지정목적지 (수입국)		매도인	매도인 (매도인) (매수인)		매도인
FAS	지정선적항에서 매수인이 지정한 선박의 선측에 둠(또는 그렇게 인도된 물품 조달)	지정선적항 (수출국)		매도인	매수인 (매수인) (매수인)		매수인
FOB	지정선적항에서 매수인이 지정한 본선에 적재함(또는 그렇게 인도된 물품 조달)	지정선적항 (수출국)		매도인	매수인 (매도인) (매수인)		매수인
CFR	지정선적항에서 매도인이 지정한 본선에 적재(또는 그렇게 인도된 물품 조달) 매도인이 지정목적항까지 운임 부담	지정선적항 (수출국)	지정목적항 (수입국)	매도인	매도인 (매도인) (매수인)		매수인
CIF	지정선적항에서 매도인이 지정한 본선에 적재(또는 그렇게 인도된 물품 조달) 매도인이 지정목적항까지 운임 및 보험료 부담	지정선적항 (수출국)	지정목적항 (수입국)	매도인	매도인 (매도인) (매수인)	매도인	매수인

출처: 김상만 (2019). 인코텀즈 2020 주요 개정 내용과 시사점.

제2절 계약이행조건

1. 결제조건

대금결제는 무역계약에서 매도인의 기본적 의무인 물품인도 의무에 대응하는 매수인의 기본적 의무로서 그 의미를 찾을 수 있다. 대금결제에 대해서는 결제시기와 결제방식에 대한 고민이 필요하다.

1) 결제시기

결제시기로 대금결제를 구분하면 선지급, 동시지급, 그리고 후지급으로 구분할 수 있다. 선지급은 매도인이 물품을 인도하기 전에 매수인이 대금을 결제하는 방법이다. 주문과 동시에 현금을 지급하는 방법(cash with order: CWO), 송금수표나 우편환 또는 전신환 등을 이용하여 송금하는 방법 등이 있다. 동시지급은 매도인이 현물 또는 현물의 소유권을 갖추고 있는 운송서류를 인도함과 동시에 대금을 수령하는 방법으로 물품인도시지급방식(cash on delivery: COD), 서류상환불(cash against document: CAD), 그리고 추심에서 지급인도방식(documents against payment: D/P), 일람불(at sight) 형태의 지급 또는 매입방식이 있다. 후지급의 경우 물품의 선적이나 인도 또는 어음의 일람 이후 일정기간 내에 대금결제가 이루어지는 방식으로 기한부어음이 발행되는 인수신용장, 기한부매입신용장, 인수인도방식(document against acceptance: D/A), 청산계정결제(open account: O/A) 등이 있다.

2) 결제방법

결제방법은 크게 신용장을 이용하는 방법과 신용장 외의 방법으로 구분할 수 있다. 신용장의 경우 지급, 연지급, 인수 그리고 매입신용장이 있다. 신용장 외의 대금결제방법은 현금, 송금을 이용한 CWO, CIA, COD, CAD, 그리고 추심방식인 D/P, D/A, 청산계정결제, 에스크로우, 팩토링, 포페이팅 등의 방법이 있다.

2. 선적조건

무역계약에서의 선적의 의미는 선박에 화물을 적재하는 의미 이상을 포함하고 있다. 과거 신용장 통일규칙 UCP 500의 제46조 a항에서는 선적기일을 표시하는데 사용하는 “shipment(선적)”이라는 표현을 “loading on board(본선적재)”, “dispatch(발송)”, “accepted for carriage(운송을 위한 인수)”, “date of post receipt(우편수취일)”, “date of pick-up(집하일)”과 그 밖의 유사한 표현, 그리고 신용장에서 복합운송서류를 요구할 경우에는 “taking in charge(수탁)”과 같은 표현을 포함하는 것으로 해석한다라고 정의하였다. 하지만, 2007년에 개정된 UCP 600에서는 상기의 선적기일에 관한 내용이 UCP 600 제19조~제25조의 운송서류에 해당하는 조문들과 연관됨을 알 수 있어 삭제하였다. 그럼에도 무역거래에서 선적의 의미를 파악하기 위해서는 과거 UCP 500의 선적에 대한 정의가 중요하다고 할 수 있다.

선적에서 고민해야 할 부분은 선적의 시기와 지연 그리고 선적 시 화물을 분할할 수 있는지에 대한 분할선적의 유무와 환적에 대한 부분이다.

1) 선적시기

선적의 시기는 특정일, 특정월, 그리고 즉시선적으로 구분할 수 있다. 특정일 선적에서 가장 많이 이용하는 조건은 계약서에 특정일 이전 또는 최종선적기일을 약정하여 표기하는 것이다. 특정일 이전 선적은 특정기간을 표시하여 그 날짜 이전에 선적을 완료하는 조건이다. 예를 들면, 대금결제 선지급을 받은 날로부터 6개월 이내에 선적을 완료해야 한다는 표현이 이에 해당한다. 최종선적기일 조건은 최종선적일이 특정일을 넘지 않도록 기간을 정하는 것이다.

특정월 선적의 경우 선적기간을 월로 표현하는 방법이다. 예를 들면 5월에 선적이 완료되어야 한다고 하는 경우 선적기간은 5월 1일부터 5월 31일까지이다. 그리고 연월선적으로 2달 또는 2달 이상으로 선적기간을 지정할 수 있다.

즉시선적은 선적시기를 특정일이나 특정월로 정하지 않고 가능하면 빨리라는 의미로 표현하는 선적이다. 주로 immediate shipment, shipment as soon as possible, shipment without delay, prompt shipment 등의 용어를 사용한다. 이에 대해 미국은 관례상 신용장 발행일로부터 30일 이내, 영국은 관습에 따라 계약 성립 후 2주 이내로 해석하지만 보편적으로는 분쟁의 소지가 있기 때문에 보다 명확하게 표현하거나 사용하지 않는 것이 좋다.

2) 선적일자의 해석

운송서류별로 선적일자를 해석하는 것에는 다소 차이가 존재하지만, 선적의 개념이 다를 뿐 거의 유사하다. 선하증권의 경우 본선적재일 또는 선하증권 발행일이 선적일이 된다. 비유통성 해상화물운송장이나 복합운송서류의 경우 발송일, 인수일, 본선적재일이 선적일이 된다. 항공운송서류의 경우 항공운송서류 발행일 또는 비행일, 운송서류상의 인수 스탬프 일자 또는 발행일을 선적일로 간주한다. 도로, 철도, 내수로 운송서류는 수취 스탬프의 일자 또는 발행일자가 선적일이 되며, 우편이나 국제특배송(courier)의 경우 접수일이나 수령일이 선적일이 된다. 마지막으로 국제물류주선업자인 프레이트 포워더(freight forwarder)가 발행하는 운송주선인 발행서류는 서명이나 확인일이 선적일이 된다.

3) 분할선적

분할선적은 무역계약에서 계약물품을 최소 2회 이상 나누어서 선적을 이행하는 방법이다. 전량선적이 1회에 모두 선적하는 개념이라면, 분할선적은 계약물품을 수차례 나누어 선적하는 것이다. 따라서 계약은 1건이지만 선적은 두 번 이상 진행하게 되며, 이에 따른 운송서류도 건별로 발행한다. 그리고 수출입신고 역시 건별로 진행하여 각각의 면장을 발행할 수 있다. 하지만 선적의무기한 내에 선적을 진행한다면 1건으로 신고를 진행하되 분할 차수와 무관하게 모든 건의 개수와 수량이 수출신고필증과 일치하면 된다.

일반적으로 신용장에서 분할선적을 금지한다는 명시가 없으면 분할선적을 허용한다. 단, 신용장에서 선하증권이나 환어음의 분할발행이 금지되는 경우에는 분할선적 금지로 해석하여 분할선적은 허용하지 않는다고 해석한다. 그리고 분할선적에서 동일 목적지로 동일 항로를 운항하는 동일 선박에 대한 선적은 이를 증명하는 두 세트 이상의 선하증권이 있다고 하더라도, 즉 다른 선적일자 또는 다른 선적항을 표시하더라도 분할선적으로 간주하지 않는다. 반면 동일 목적지 및 동일 일자에 선적하더라도 다른 선박에 선적하는 경우 분할선적으로 간주한다. 즉 선적지가 아닌 목적지를 기준으로 동일 또는 상이한 선박에 선적하는가가 분할선적을 정의하는 기준이 된다.

참고로 할부선적의 경우 계약된 물품의 일정수량을 일정기간으로 나누어 주기적으로 선적하는 것으로, 주의사항은 해당 기간 내에 회차의 누락이 있다면 해당 회차뿐 아니라 이후의 선적은 무효가 된다는 점이다. 예를 들어 5회에 걸쳐 할부선적이 진행될 때 3회차에 선적의 의무를 다하지 못하였다면 3회차뿐 아니라 4회, 5회는 선적을 이행하였다고 하더라도 무효가 된다.

4) 환적

환적은 선적항으로부터 양륙항까지의 운송 과정에서 화물을 한 운송수단으로부터 양하 또는 이전하여 다른 운송수단으로 재선적하는 것을 말한다. 일반적으로 신용장에서는 환적의 금지 문언이 없다면 환적을 허용한다.

3. 보험조건

일반적으로 무역거래에서는 장거리, 장시간의 운송을 전제하므로 수출자로부터 수입자에게 인도되기까지 여러 가지 위험이 존재한다. 이러한 위험으로부터 발생할 수 있는 손해에 대비하여 화물에 대하여 보험을 부보하며 이 보험을 적하보험이라고 한다. 해상운송 외의 적하보험에 대한 용어는 항공운송의 경우 항공운송보험, 육상운송의 경우 육상운송보험, 복합운송의 경우 통과보험이라고 부른다. 한편, 적하보험은 해상보험의 일부이며, 해상보험에는 선주를 위한 선박보험, 운송인을 위한 손해배상책임보험이 존재한다.

1) 보험부보의 의무

인코텀즈를 가격조건으로 이용한다면, 보험은 CIF, CIP 조건에서 매도인의 부보 의무사항이며, 그 밖의 인코텀즈 조건에서는 매도인과 매수인은 각자의 판단에 따라 화물에 대하여 적하보험을 들 수 있다.

2) 보험금액

보험금액은 보험사고 또는 소정의 손해가 발생한 경우 보험자가 지급하여야 하는 금액 또는 그 최고한도의 금액으로 보험계약자와 보험자가 약정한 금액이다. 보험료는 보험계약자가 보험자에게 화물(피보험이익)을 부보하고 납입하는 금액이다. 보험금액은 인코텀즈의 CIF를 이용하는 경우 최소부보조건인 협회적하약관(ICC) (C)로 부보하며, CIF 송장금액에 10% 가산하여 부보하는 것이 일반적이다. 단, 협회적하약관을 (A), 또는 (B)로 조정하는 경우

가산비율이 달라지며 당사자의 합의에 따라 가능하다. 한편 인코텀즈 2020에서 CIP의 경우에는 협회적하약관 (A)에 해당하는 최대부보조건을 적용하며, 이 경우에도 당사자의 합의가 있는 경우 (B) 또는 (C)로 부보범위를 조정할 수 있다.

3) 손해보상범위

적하보험의 손해보상범위는 피보험자가 부보한 조건에 따라 보험자가 담보한 위험에 기인하여 발생한 손해만을 보상하며 약관에서 제외하고 있는 위험이나 면책위험의 경우 보상받지 못한다. 보험계약을 체결할 때 담보위험과 면책위험에 대한 이해가 필요하며, 협회적하약관에 따라 면책위험의 범위가 달라질 수 있다는 점을 유념해야 한다. 그리고 특별약관을 통하여 면책위험이 담보위험으로 바뀌는 경우도 있다. 예를 들어, 전쟁약관과 동맹파업약관의 경우 특약을 통하여 면책위험에서 담보위험으로 변경할 수 있다.

4. 클레임 조건

클레임은 무역거래에 대한 합의가 이루어져 계약이 성립한 이후 무역거래를 이행하는 과정에서 계약 당사자 일방이 계약을 위반하여 상대 당사자에게 손해를 입혔을 때 피해자가 가해자에게 자기의 권리 회복을 요구하거나 손해배상을 요구하는 적극적인 행위를 말한다.

일반 거래에서 클레임이 발생하였을 때 법률상 구제방법은 일반적으로 법원 등의 국가공권력이 계약을 위반한 당사자에게 계약의 내용 이행을 명하거나 손해배상을 청구하는 방법이 있다. 하지만 국제적 상거래에 기반한 무역클레임은 국가권력이 다른 국가에 미치지 못할 수 있으므로 이에 대한 충분한 대비가 필요하다.

국제통상과 관련된 분쟁 영역은 그 당사자 주체에 따라 구분할 수 있다. 개별기업들 간의 국제통상 분쟁, 개별기업과 국가 간의 국제통상 분쟁, 국가들 간의 국제통상 분쟁으로 나눌 수 있다. 먼저 개별기업들 간의 분쟁은 무역계약을 기초로 계약 당사자가 계약의 의무를 불이행하거나 충족시키지 못할 경우 발생한다. 다음으로 개별기업과 국가 간의 분쟁은 해외직접투자, 공익사업, 자원탐사 및 개발을 위한 국가와 외국투자기업 간의 합작투자 등에서 발생한다. 마지막으로 국가 간 분쟁은 무역거래에 있어서 특정국가가 관련법, 규칙 등을 위반하거나 국제통상협정을 위반하여 다른 회원 및 협정국에게 피해를 끼칠 경우에 발생한다. 국가 간 분쟁은 회원국 간 분쟁, 회원국과 비회원국과의 분쟁, 그리고 비회원국끼리의 분쟁이 있다. 세계무역기구(WTO) 회원국이라면 세계무역기구에서 규정하고 있는 분쟁해결 절차에 따라 해결이 가능하지만, 이외의 경우 외교적 수단, 국제기구, 국제중재, 국제재판 등에서 규정한 분쟁해결절차를 이용하여 해결한다.

1) 클레임 처리조건

클레임이란 권리의 주장, 청구권, 채권의 신청이라는 의미로 계약의 위반에 의한 손해에 관하여 피해자인 당사자가 책임이 있는 상대방에게 제기하는 손해배상 청구의 소(訴)를 말한다. 여기서 '소(訴)'는 알리다, 호소하다, 그리고 고소하다의 의미를 가지고 있다. 무역거래에서 클레임은 무역계약의 이행을 하지 않음, 즉 계약의 불이행에 의하여 발생하는 것을 말한다.

무역계약에서 클레임은 일정한 기한 내에 클레임을 처리하지 않으면 그 이후에는 클레임을 제기할 수 없다는 내용의 클레임 제기기한에 관한 조항을 설정한 경우 그 기한 내에 권리행사와 이행이 있어야 한다. 이때 제한된 기한(제척기간)이 경과하면 매수인은 인수한 화물에 하자가 있다고 하더라도 구제권을 행사할 수 없기 때문에 제척기간 동안 매도인은 클레임에 대한 책임을 부담하고 이후에는 면책된다.

2) 준거법 조건

준거법 조항은 그 계약서를 해석하고 당사자의 권리와 의무를 결정하는 데 어느 국가의 실체법을 적용할지를 규정하는 조항이다. 즉, 준거법은 계약이 성립할 때 당해 계약에 대하여 규율할 근거가 되고 규범 밖의 사항을 관할하는 지정된 각국의 국내법을 의미한다. 준거법은 무역계약을 체결함에 있어 계약 당사자가 정하며, 지정 준거법이 없거나 당사자의 의사가 불분명할 때에는 법률 관계의 성질에 따라 법정지의 국제사법에 정하는 준거법이 적용된다. 국제사법은 대한민국에서의 외국인 및 외국에서의 대한민국 국민의 섭외적 생활관계에 관하여 준거법을 정하는 것을 목적으로 하는 법이다.

3) 중재 및 재판관할조항

준거법과 함께 고민되어야 할 부분은 재판관할조항으로 계약에서 분쟁해결에 관한 규정이 없는 경우 계약 당사자가 분쟁에 관하여 새롭게 해결할 것을 합의하지 않는 한 그 계약으로 인한 분쟁은 최종적으로 국가가 행하는 재판에 의하여 해결하게 된다. 일반적으로 계약 당사자가 국가를 달리하는 소송은 원고는 피고의 관할 법원에 소송하지 않으면 안 된다는 원칙에 따라 피고의 소재지의 법원에 소송을 제기하면 그 법원이 재판관할권을 행사한다.

당사자 간 분쟁해결이 어려울 경우에는 알선, 조정, 중재 그리고 소송의 방법을 통한 제3자의 개입으로 문제를 해결한다. 이 경우 역시 분쟁해결에 대한 문언이 계약서에 명시되어 있어야 하며, 만약 없는 경우 새로운 합의를 통한다.

4) 클레임 제기와 해결의 형태 그리고 해결방안

클레임 제기의 형태는 크게 철회 또는 취소, 거절, 수락으로 구분할 수 있다. 클레임의 철회는 클레임을 제기한 자가 자기가 제기한 클레임을 스스로 철회 또는 취소하여 무효화시키는 행위이다. 클레임의 거절은 클레임을 제기받은 자가 클레임을 제기한 것에 대하여 부당성을 입증할 만한 증거와 이유를 제시하여 거절하는 것이다. 클레임의 수락은 클레임을 제기받은 당사자가 클레임을 수락하는 것으로 전면수락과 부분수락이 있다.

클레임 해결의 형태는 손해배상금의 지급, 대금의 감액, 물품의 반송, 계약의 이행, 해결불능, 중재 또는 소송의 형태로 나타난다. 손해배상금의 지급은 제기된 클레임에 대하여 제기당한 당사자가 상대방에게 계약이 이행된 것과 같은 상태로 회복시킬 목적으로 입힌 손해를 금전적으로 보상하는 것이다. 대금의 감액은 물품대금을 분할하여 지급 또는 후지급의 경우 등 대금잔액이 남아 있는 상황에서 감액하는 방법이다. 물품의 반송은 화물의 인수를 거절하여 다시 선적지로 반송하는 것이다. 계약의 이행은 원 계약대로 의무를 이행하는 것이고, 해결불능의 경우는 클레임을 제기당한 당사자가 파산하거나 소재불명으로 해결이 불가능한 경우이다. 마지막으로 중재와 소송은 당사자 간 해결이 힘들 때 제3자를 통하여 해결하는 방법이다.

클레임의 해결방법은 먼저 거래 당사자 자신이 무역실무에 대한 전문성을 갖추는 것으로 실무능력과 경험 그리고 지식을 통하여 무역에서 발생할 수 있는 분쟁의 요소를 제거하거나 최소화할 수 있다. 당사자 간 관점에서의 해결방법에는 클레임의 포기, 타협과 화해 등이 있다. 클레임의 포기는 클레임을 제기한 당사자가 구상액이 작거나 다른 조건에 만족하는 경우 제기한 클레임을 철회하는 것을 말한다. 또한 향후 상대방과의 원만한 거래관계를 위해 클레임을 제기하여 분쟁의 사안을 인지시켰지만 철회나 취소를 할 수 있다. 타협과 화해는 클레임의 포기보다 다소 심각한 분쟁사안으로 쌍방 간에 클레임에 대하여 합리적인 해결방안을 찾는 것으로 적당한 청구액과 구상방법의 합의라고 할 수 있다. 물론 이 경우 쌍방 간에 직접적으로 타협하거나 중개인을 통해 교섭할 수 있다. 쌍방 간의 관점에서 클레임이 해결되지 않는 경우 부득이 제3자의 역할이 발생하며 제3자를 통하여 클레임을 해결하는 방법으로는 보통 알선(intermediation), 조정(conciliation), 중재(arbitration) 그리고 소송(litigation)이 있다. 이 책에서는 클레임 해결에 있어 시간과 비용이 많이 소요되고, 법적 효력 생성에 문제가 생길 수 있는 소송을 제외한 대안적 분쟁 해결방안(Alternative Dispute Resolution: ADR), 즉 알선, 조정, 그리고 중재에 대해 살펴본다.

5) 제3자에 의한 분쟁해결방안

(1) 알선

① 알선의 정의: 알선은 국내외 상거래에서 발생하는 분쟁에 대하여 당사자의 일방 또는 쌍방의 요청에 의하여 제3자가 중간에서 사건에 개입하여 어느 일방에 치우치지 않는 공정한 입장에서 분쟁 당사자들이 원만한 합의에 도달할 수 있도록 조언하는 것이다. 대한상사중재원의 경우 일방당사자의 신청만으로 진행이 가능하며, 모든 경비는 무료이다. 알선은 양 당사자 간의 자발적인 합의를 통한 해결 절차이기 때문에 법률적인 구속력은 없다. 일반적으로 알선은 형식적 절차가 없기 때문에 제3자의 성격을 갖는 기관인 상공회의소, 대한상사중재원, 대사관, 영사관 등의 전문가가 사건에 개입하여 해결방안을 제시하거나 조언한다.

② 알선 유형: 국내거래 당사자 간의 분쟁에서 알선을 이용한 분쟁해결은 국내알선으로 우리나라의 경우 대한상사중재원에서 알선 전문인력을 1~2개월 범위 내에서 무료로 지원한다. 한편 국제알선의 경우 대내알선과 대외알선으로 구분된다. 먼저 대내알선은 분쟁 당사자 일방이 외국인(법인 포함)인 경우이며 외국 당사자가 국내 당사자를 상대로 클레임을 제기한 경우로 대외무역법(제44조)에서 정의한 바와 같이 무료로 지원한다. 대외알선의 경우 국내 당사자가 외국 당사자를 상대로 제기한 분쟁으로 3개월 범위 내에서 무료로 지원한다.

③ 알선의 대상: 알선은 물품거래(물품 및 용역 대금청구, 물품하자보수청구, 납품이행청구, 인수거절배상청구), 대리점거래(커미션청구, 독점대리점계약위반 배상청구), 운송거래(운송지연손실청구, 운송물품손상배상청구, 적하보험금청구), 투자거래(이익배당청구, 투자지분정산청구, 합작(기술)투자계약위반), 산업재산(산업재산 소유권(사용권) 양도금(사용료)청구, 산업재산권침해배상청구), 건설용역(설계변경 추가공사비청구, 공사지연지체상금청구, 공사기성고 확인정산청구, 공사하자수리이행청구), 부동산거래(공장, 상가, 주택 등의 분양, 매매, 임대차 계약위반청구), 기타 국내국제상거래 분쟁 등이 대상이다.

(2) 조정

① 조정의 정의: 조정은 분쟁 당사자가 조정인의 도움을 받아 당사자 사이의 대화와 상호양해를 통하여 조리를 바탕으로 분쟁을 실정에 맞게 자율적으로 해결하는 제도이다. 즉, 중립적인 제3자인 조정인이 분쟁 당사자들 간의 합의를 통해 분쟁을 해결하도록 도와주는 ADR의 대표적인 제도 중 하나이다. 참고로 우리나라의 대표적인 ADR 기관으로는 법정상설중재기관인 대한상사중재원이 있다.

조정은 당사자가 중재를 진행함에 있어 중재 절차에 앞서 간편하게 해결하면서 중재판정과 동일한 효력을 갖는 것으로 당사자들이 조정안을 수락할 의무는 없지만 일단 수락하면 구속력을 갖는다. 조정은 조정인 선정일로부터 일정기간 이내에 조정이 실패하면 중재로 넘어간다.

② 조정합의: 분쟁을 조정에 의하여 해결하기로 하는 합의를 조정합의라고 하는데, 중재원의 조정을 이용하기 위해서는 분쟁 당사자 간에 체결한 계약서나 합의서 등에 '대한상사중재원의 조정 규칙에 의한 조정 또는 대한상사중재원의 조정에 따라 해결하기로 합의한 경우', 즉 조정합의가 있는 경우에 해당해야 한다. 조정은 대한 사전합의(조정 조항)나 사후 조정합의의 형식으로 할 수 있다. 사법형 조정이나 행정형 조정의 경우 관련 법률에서 조정을 할 수 있는 근거 규정을 두고 있으므로 조정합의가

필요 없으나, 중재원의 조정은 당사자가 합의한 경우에 한하여 조정 규칙이 당사자의 합의의 일부로 편입되어 적용된다. 만일, 당사자 간에 조정합의가 없는 경우나 사후 조정합의가 곤란한 경우 일방 당사자(신청인)는 중재원에 조정참여 권유 요청을 할 수 있고, 이 경우 중재원은 타방 당사자(피신청인)에게 조정참여 권유 요청을 하고, 피신청인이 동의하면 조정절차를 진행한다.

③ 조정의 대상: 조정의 대상은 조정제도 도입 및 시행을 위한 조정규칙(2012년 7월 시행)에 명시한 것처럼 '사법(私法)상의 분쟁'으로서 '당사자 간의 계약, 기타 법률 관계로부터 이미 발생하였거나 장래 발생할 분쟁'을 대상으로 하고 있다. 구체적으로 매매, 납품, 건설, 해사, 무역, 보험, 엔터테인먼트, 의료, 부동산 등 일반적인 민사, 상사 분쟁은 모두 조정의 대상이 된다.

④ 조정의 장점: 조정은 조정 절차의 시작부터 합의에 이르기까지 당사자의 의사를 충분히 반영하는 제도로 조정 건에 대한 당사자의 합의는 법적인 기준이 아니라 당사자들의 기준이 적용되어 당사자 자치가 보장된다. 물론 조정에서는 당사자가 스스로 합의하므로 그 합의의 자발적인 이행률이 매우 높은 편이기 때문에 서로 간의 입장에 대해 충분히 이해할 수 있으므로 향후 당사자 간의 관계가 지속될 수 있다는 장점이 있다. 형식절차 측면에서 조정은 다른 분쟁해결방법에 비해 절차의 엄격성이 요구되지 않아 신속한 해결이 가능하며, 비용이 저렴하다. 무엇보다 조정은 비공개로 진행하고 그 결과도 공개하지 않기 때문에 당사자들의 비밀을 보장한다.

(3) 중재

① 중재의 정의: 중재는 사법상의 법률 관계에 관한 분쟁의 전부 또는 일부를 법원의 판결이 아닌 중재를 통하여 해결하는 자주법정제도라고 할 수 있다. 즉 분쟁에 대하여 제3자를 중재인으로 하여 중재인에게 분쟁의

판정을 맡기고, 판정에 복종함으로 분쟁을 해결하는 방법이다. 무엇보다 국가공권력을 통한 강제집행권리가 있으므로 상이한 국가 간의 대안적 분쟁해결제도를 대표하는 것이 바로 중재이다.

② 중재의 특징: 중재는 단심제로 소송에서 볼 수 있는 판결에 불복하여 진행하는 항소절차가 없다. 확정판결과 동일한 효력을 가진다는 것은 불복신청을 할 수 없음을 의미하며, 중재는 단심제로 진행한다. 특히 중재가 ADR로 국제적 신임을 얻는 이유는 바로 뉴욕협약(외국중재판정의 승인 및 집행에 관한 UN협약)을 통하여 외국중재판정에 대하여 상호 승인 및 강제집행을 보장하고 있기 때문이다. 2018년 기준 157개국이 가입된 상태로 동년 기준 WTO 가입국과 동일한 숫자로 그 의미를 알 수 있다. 그리고 중재는 소송과 비교하여 그 효력은 동일하지만 저렴한 비용과 함께 시간 소요가 적다. 비용의 경우 국내중재는 1억원 기준 약 500만원 정도라면, 국제중재는 3억원 기준 약 1천100만원 정도로 소송 대비 매우 저렴함을 알 수 있다. 시간의 경우 소송은 평균 2년 이상의 시간이 필요하지만, 중재의 경우 국내중재는 약 4개월, 국제중재는 약 6개월 정도 소요되어 매우 신속하다. 그리고 공정성을 위해 충분한 변론기회를 부여하며, 분쟁 분야의 전문가라 하더라도 분쟁 당사자가 직접 중재인을 선임하거나 배척할 수 있다는 특징이 있다.

③ 중재의 절차: 중재는 중재계약이 있는 경우에만 가능한데 이는 당초 체결한 무역계약서, 즉 원 계약서에 중재조항이 기재되어 있어야 한다. 하지만 중재계약이 무효이거나 효력을 상실한 경우, 또는 이행이 불능일 때에 한하여 소송을 제기할 수 있다.

중재는 먼저 중재계약의 체결로 시작한다. 이후 분쟁이 발생한 경우 중재신청 및 조정절차로 중재기관에 중재를 신청한다. 중재를 신청하였더라도 중재기관은 양 당사자가 합의한 경우 조정을 시도하게 되는데 조정이 되지 않으면 중재를 진행한다. 이후 중재판정부를 구성하는데 이 경우 당사자 간의 약정된 선정방식이 있다면 우선한다. 판정부의 구성 이후 중재심문을 거쳐 중재판정으로 이어진다. 최종적으로 분쟁에 대해 중재인들이 중재판정을 확정하면 법원의 확정판결과 동일한 효력을 가지게 된다.

PRINCIPLES OF INTERNATIONAL TRADE

CHAPTER 11 해상보험

CHAPTER 11 해상보험

제1절 위험과 보험

1. 위험과 국제거래

위험이란 어떤 '손해발생의 가능성(chance of loss)'과 '손해발생에 관한 불확실성(uncertainty concerning loss)'을 말한다. 위험은 리스크(risk), 페릴(peril), 그리고 헤저드(hazard)로 나뉘는데 리스크(risk)란 확실하지 않은 상황의 불확실성을 의미한다. 미래에 대한 예측능력의 부족한 것에 원인을 두는 것이며, 보험의 리스크는 객관적 리스크이다. 페릴(peril)이란 손해를 일으킨 우발적 사고의 원인으로 손해의 원인, 손실의 원천으로 주변에서 발생하는 것, 즉 손실의 원인이다. 헤저드(hazard)는 손실의 원인을 발생시켜 손실의 발생 가능성 또는 손실의 정도를 증대시키는 행위 또는 여건을 의미한다. 그리고 헤저드는 물리적 헤저드(physical hazard)와 도덕적 헤저드(moral hazard)로 구분할 수 있다. 물리적 헤저드는 손실의 원인에 미치는 모든 물리적 상황을 가리키며, 인간의 힘으로 통제 가능한 것과 그러하지 못한 것이 있다. 도덕적 헤저드는 주관적 · 심리적 · 정신적 상태로 인간의 의지로 고의적인 손실의 가능성을 증대시키는 경우를 의미한다. 결과적으로 리스크(risk)에 대해 페릴(peril)은 직접적인 위험 원인이라고 한다면, 헤저드(hazard)는 간접적인 위험 원인이라 할 수 있다. 국제물품매매거래, 즉 무역거래에서 발생하는 위험은 운송 과정에서 발생하는 경우를 의미한다. 이에 국제거래의 대부분은 해상운송과 항공운송으로 구성되어 있기 때문에 해상보험과 항공보험에 대한 이해가 무역거래에서 필요한 보험의 이해라고 할 수 있으며, 물적위험에 대한 보험이다. 즉 적하보험을 의미한다.

하지만 국제거래에 있어 보험은 물적위험에 대한 적하보험만을 의미하는 것은 아니다. 물품 외 상적위험(수출자의 대금회수 불능의 위험)에 대해서는 무역보험으로 위험을 담보(cover)한다. 일반적으로 각국은 수입보험은 제한적으로 사용하며 수출보험을 무역보험으로 이용한다. 참고로 수출보험은 국가가 운영하는 비영리정책보험으로 세계무역기구(WTO)체제에서 용인되는 유일한 수출지원정책이라는 데 의의가 있다. 수출보험은 크게 수출신용보증(선적 전/선적 후), 환변동보험으로 구분된다. 먼저 수출신용보증(선적 전)은 수출업체가 수출물품을 제조, 가공하거나 조달에 필요한 자금을 금융기관으로부터 대출받을 때 수출업체의 대출금 및 약정이자에 대하여 연대보증하는 제도이다. 이용 가능한 업체는 수출실적보유업체(로컬, 또는 구매확인서 실적) 및 신용장으로 수출계약을 체결한 업체로서 신용등급에 따라 연간보증한도를 부여하고 있다. 다음으로 수출신용보증(선적 후)은 금융기관이 수출거래 관련 환어음 등을 매입하는 방법으로 수출상에게 대출한 후 수입상이 대금을 지급하지 않아 수출상이 은행에 대하여 상환채무를 연대보증하는 제도이다. 이용 가능 대상은 수출대금의 결제기간이 2년 이내인 일반수출거래, 수출자의 해외현지법인 등을 통한 위탁가공무역 및 중계무역거래, 그리고 단기수출보험 또는 농수산물수출보험과 연계운영이다. 마지막으로 환변동보험은 수출자가 환율변동으로 입게 되는 손실을 보상하고 이익을 환수하는 보험제도이며 이용 가능한 통화는 미국 달러, 일본 엔화 그리고 유로화가 있다.

우리나라에서 수출보험은 한국무역보험공사에서 운영하며, 수출보험의 경우 수입자의 신용조회를 통해 신용이 있는 업체라고 판단할 경우에만 위험을 인수하며, 수입보험은 제한적으로 사용된다. 주요 상품은 수출신용보증(선적 전 · 후), 단기수출보험, 중장기수출보험, 환변동보험, 농수산물수출보험, 지식서비스수출보험 등이다.

2. 해상손해

해상손해는 물적손해, 비용손해 및 배상책임손해로 구분된다. 물적손해(physical loss)는 보험목적물 자체 손해를 의미하며 손해의 정도로 전손(total loss)과 분손(partial loss)으로 구분짓는다. 전손은 보험목적물 전부의 손실이며, 분손은 보험목적물의 일부가 소멸 또는 손상되는 것이다.

비용손해(expense loss)는 보험목적물에 손해가 발생하는 것을 방지하기 위하여 또는 이를 구조하기 위하여 지출되는 새로운 비용을 의미한다. 배상책임(liability loss)은 피보험자가 제 3자에 대해 법적으로 배상책임을 부담하게 될 경우로, 충돌로 인한 충돌손해배상이 대표적이다.

1) 물적손해

(1) 전손(total loss)

전손은 담보위험으로 인하여 보험목적물의 전부 멸실을 의미한다. 그러나 반드시 보험목적물이 완전히 소멸되는 것만을 의미하지는 않고 전멸에 가까운 경우도 전손으로 인정된다. 이때 손해의 정도가 전부가 아니라 약간의 이익을 제외한 나머지일 때 전손으로 간주한다. 보험목적물의 보존되어 있을 경우임에도 불구하고 피보험자의 접근이 불가할 경우, 즉 점유할 수 없으면 전손이 성립된다. 이때 손해는 물리적 손해만을 뜻하지 않는다.

해상보험의 전손은 현실전손(actual total loss)과 추정전손(constructive total loss)으로 나뉜다. 현실전손은 보험목적물의 완전한 손상, 원래의 성질을 잃은 상태, 피보험자가 다시 회복할 가능성이 없을 경우 성립된다. 복구불가이기에 절대전손이라고도 한다. 보통 화물의 현실전손은 선박의 실질적인 전손으로 인한 화물의 전손, 화물의 투하, 화물의 매각, 화물인도의 과실일 때 일어난다. 추정전손은 현실전손을 피할 수 없거나 보험목적물의 복구비용이 오히려 그 가액을 초과하여 그대로 현실전손처리하는 것이 경제적인 경우 피보험자가 적절한 위부를 수반하는 전손이다. 해상보험에서 추정전손은 보험목적물의 손해의 정도를 파악하기 불가능하거나 어려운 경우일 때 발생한다. 추정전손이 성립되기 위해서는 보험자와 피보험자 간의 추정에 의사합치가 있어야 한다. 피보험자가 전손으로 추정한다는 사실을 보험자에게 통지 후 보험자가 동의를 해야 성립되는 것이다. 피보험자가 손해를 전손으로 추정하겠다는 의사표시를 해상보험에서는 위부라 한다. 영국해상보험법 제56조 2항에 따르면 추정전손은 해상보험에서만 유일하게 인정되는 전손이다.

(2) 분손(partial loss)

분손은 담보위험으로 인하여 선박이나 화물 등의 일부분만이 손해를 입인 경우를 의미한다. 분손은 전손의 상대적인 개념으로 전손에 속하지 않는 모든 손해는 분손으로 취급된다. 분손은 단독해손과 공동해손으로 구분되어 단독해손은 담보위험으로 인하여 발생한 보험목적물 일부의 손해를 피보험자가 단독으로 책임지는 것을 의미하고 공동해손은 공동의 안전을 위하여 희생된 손실이나 비용을 해상사업에 관련되는 이해관계자들이 공동으로 비례하여 분담하는 손해이다. 공동해손의 인정 범위는 적하의 투하, 투하로 인한 손상, 선박의 소화 작업, 기계 및 기관손해, 임의좌초, 하역작업 중 발생하는 손해이다. 공동해손이 아닌 분손은 모두 단독해손에 해당한다. 분손의 형태는 다양하게 나타난다. 분손에 대한 사정은 고도의 지식을 요하기 때문에 주로 해손정산인들이 영국의 해손정산인협회에서 규정한 별도의 실무규칙에 따라 손해를 사정하게 된다. 일부멸실은 화물의 일부가 멸실된 것으로 화물의 일부가 전손을 입은 경우와 같다. 일부손상은 화물의 일부가 손상된 것이다.

추가적으로 공동해손은 보험목적물이 공동의 안전을 위하여 취해진 공동해손행위로 인해 발생된 손해를 말하며 공동해손희생손해와 공동해손비용손해로 구분된다. 공동해손행위는 적하 선박운임 등 공동의 해상사업으로 해상에서 사고가 발생되었을 때 위험에 처한 공동의 안전을 위해서 선장 및 선주의 적절한 조치를 의미하며, 그러한 조치로 인해 발생한 손해와 비용을 이해관계자 모두 공동으로 균등한 손해액을 분담하는 것을 공동해손분담금이라 한다. 이는 명시적인 규정이 있는 경우를 제외하고, 지급하였거나 지급할 책임이 있는 경우 그러한 분담금을 보험자로부터 보상받을 수 있다. 공동해손의 인정 범위는 공동해손희생손해로 ① 적하의 투하 ② 투하로 인한 손상 ③ 선박의 소화 작업 ④ 기계 및 기관손해 ⑤ 임의좌초 ⑥ 하역작업 중 발생하는 손해가 있으며, 공동해손비용손해는 ① 구조비 ② 피난항 비용 ③ 임시수리비이다.

2) 비용손해

비용손해란 보험목적물 자체의 손해가 아닌 손해방지를 위해 지출된 비용을 의미한다. 단독이익을 위한 비용으로 공동해손이 아니며 비용손해에는 구조비, 손해방지비용, 특별비용이 있다.

(1) 구조비

구조비는 구조행위로 인하여 발생한 비용으로 보험자가 피보험자를 대신하여 구조자에게 지급하는 것이다. 순수구조와 계약구조로 구분되며 순수구조는 구조계약을 체결하지 않은 상태에서 구조자가 자발적으로 위험에 직면한 재산을 구조하는 행위이다. 계약구조는 구조계약을 체결한 상태에서 행하는 구조 활동이다. 해상보험에서 구조비는 순수구조일 때 성립된다. 구조비가 성립될 수 있는 조건은 보험목적물이 위험한 상태에 있어야 하고, 구조자는 제 3자로서 임의적으로 구조행위에 임해야 하며 그리고 구조물의 전부 또는 일부를 취득해야 한다. 구조물이 전혀 없는 전손이 발생한 경우에는 구조비가 성립되지 않는다. 여기서 제 3자란 보험목적물의 소유자 · 대리인 · 사용인 · 양수인을 제외한 자를 의미한다.

(2) 손해방지비용

피보험자나 그의 대리인이 손해방지 및 경감의무를 수행하기 위해서 지출한 비용을 손해방지비용이라 하며 이러한 비용은 보험자가 별도로 보상한다. 피보험자의 손해방지의무는 자신을 위한 것이 아닌 궁극적으로 보험자를 위한 의무이기 때문에 피보험자가 의무를 다하는 과정에서 발생하는 비용은 당연히 보험자가 보상해야 한다. 또한 손해방지비용을 보장해줌으로써 피보험자들로 하여금 스스로 손해방지를 위해 노력하도록 유도하게 된다. 손해방지비용의 성립요건은 피보험자의 손해방지행위, 합리적인 비용, 위험의 실제, 담보위험의 발생이다.

(3) 특별비용

보험목적물의 안전과 보존을 위하여 발생한 비용 중에서 공동해손과 구조비 이외의 모든 비용을 특별비용이라 한다. 손해방지비용과 기타의 비용으로 구분되는 데 후자를 순수특별비용이라 한다. 손해방지비용은 피보험자나 그의 대리인이 손해방지 및 경감의무를 수행하기 위해서 지출한 비용을 손해방지비용이며 주로 목적지에 도착하기 전에 발생하는 비용이다. 순수특별비용은 손해의 평가와 관련하여 목적지에서 지출되는 비용을 의미한다. 적하보험에서는 부대비용이라고도 하는데 부대비용은 손해조사비용, 판매비용, 재포장비용, 재조정비용 등이 있다.

3) 배상책임손해

배상책임손해는 자신의 과실이 아닌 제3자가 입은 손실을 법적으로 배상해 줄 책임을 뜻한다. 해상보험은 담보위험으로 인한 보험목적물의 물적손해나 비용손해 외 선원의 과실로 인한 부보선박, 타 선박과 충돌사고로 인해 타 선박의 선주 및 화주에 대해 피보험자가 책임져야 할 배상책임손해까지 보상하는 것이다. 책임손해는 공동해손의 분담금과 선박보험의 충돌배상책임손해를 포함하며 선박보험약관의 충돌약관은 충돌배상책임손해만을 담보한다.

4) 위부와 대위

(1) 위부(abandonment)

추정전손은 반드시 위부가 수반되어야 한다. 위부는 추정전손의 사유로 피보험자가 보험목적물에 대한 손해를 전손으로 추정도록 일체의 권리와 제 3자에게 구상권을 보험자에게 이전하고 전손에 해당되는 보험금을 청구하는 행위를 의미한다. 즉 추정전손으로 처리하기 위해서는 피보험이익을 위부해야 한다. 피보험자의 위부를 하겠다는 의사표시를 보험자가 승낙하면 추정전손의 성립, 거절하면 분손으로 처리된다. 이때 보험자의 승낙은 손해배상책임을 결정적으로 인정한 결과가 된다. 위부의 통지가 수락되면 철회불가이며 위부는 추정전손의 필수절차이지만, 피보험자의 절대적 권리는 아니다.

(2) 대위(subrogation)

대위는 해상보험에서 보험자가 보험금을 지급하면 보험목적물에 관련되는 일체의 권리와 손해발생에 과실이 있는 제3자에 대한 청구권 등을 피보험자로부터 승계받는데, 이것을 대위의 원칙이라 한다. 대위의 원칙에 의해서 보험자가 취득하는 권리는 보험목적물에 대한 소유권과 제 3자에 대한 손해배상청구권으로 나누어지는데 전자를 보험목적물에 대한 대위라 하며 후자를 제3자에 대한 대위라 한다. 즉 대위는 보험목적물에 대한 대위는 보험사고의 결과 잔존물이 있는 경우 그 잔존물을 취득할 수 있는 권한을 말한다. 이 권한은 전손보험금을 지급한 경우에 한하며, 만약 보험자가 분손보험금을 지급했다면 잔존물에 대한 소유권을 취득할 수 없다. 보험자는 보험자가 지급한 금액한도 내에서 잔존물의 권리를 취득할 수 있다.

제2절 해상보험과 해상증권

1. 해상보험

1) 해상보험의 개념

해상보험은 해상사업과 관련되어 발생하는 손해를 보상하는 경제적 제도이다. 영국의 해상보험법에서는 “해상보험계약은 보험자가 피보험자에게 합의된 방법과 범위 내에서 해상손해, 다시 말해서 해상사업에 수반하여 발생하는 손해를 보상해 줄 것을 약속하는 계약이다”라고 해상보험에 대한 정의를 규정한다.

해상보험은 해상에서 우연히 발생하는 사고, 즉 페릴(peril)로 인하여 손해가 야기될 경우 이를 보상하는 제도일 뿐만 아니라, 영국의 해상보험법(Marine Insurance Act 1906: MIA 1906) 제2조에서는 해상보험계약은 그 명시된 특약 또는 상관습에 의해 담보의 범위를 확장해서 해상항해에 수반되는 내수로 또는 육상위험으로 인한 손해에 대해서도 보상할 것을 규정하고 있다. 따라서 해상보험계약만으로도 별도의 육상운송보험계약 체결 없이 전 운송구간에 대한 보험계약 체결이 가능하다. 이는 해상보험이 소급주의의 맥락에 있다고 할 수 있다.

해상보험은 피보험이익에 따라 크게 선박보험(hull insurance)과 적하보험(cargo insurance) 그리고 선주상호보험(Protection and Indemnity insurance: P&I

insurance)으로 구분되며, 이 절에서는 피보험이익이 화물에 해당하는 적하보험에 대해서만 설명한다. 참고로 선주상호보험의 경우 통상 적하보험이나 선박보험에서 담보하지 않은 인명이나 여객에 관한 선주의 손해, 선원의 과실에 의한 선체 또는 적하품의 손해 등을 보상해 주는 보험이다.

2) 해상적하보험의 특징

해상적하보험계약은 낙성계약이기 때문에 보험계약자가 청약을 하고 보험자가 이를 승낙했을 때 성립한다. 하지만 위험을 담보하고 보험의 효력이 발생하는 것은 보험료를 1회 납부했을 시에 발생한다. 보험청약은 긴급한 경우에는 구두나 전화로 청약하기도 한다. 하지만 원칙적으로 소정의 청약서에 필요한 사항을 기입하고 서명날인한 후 보험중개인 또는 보험자에게 제출해야 한다. 아울러 보험계약은 쌍무계약이 아닌 일방계약이며, 등가계약이 아닌 요행계약이다. 그리고 협상 과정을 통해 체결되는 계약이 아니기에 부합계약(contract of adhesion)으로 보험자에 의해 만들어진 계약을 선택하느냐 아니면 거절하느냐의 의사결정밖에 없다. 마지막으로 보험계약은 보험계약자가 보험자로부터 손실에 대한 보상을 받기 위해서는 계약에 정해진 조건을 충족시켜야 하기 때문에 조건계약이다. 다시 말해 보험료의 납부, 손실의 입증, 손실의 즉각적 통보, 손실의 방지활동 등이 전제되어야 하며, 반드시 지켜야 할 의무라기보다는 충족해야 하는 조건으로 이해해야 한다.

3) 보험계약의 당사자

(1) 보험자(insurer, assurer, underwriter)

보험자는 insurer, assurer, underwriter라고 불린다. 보험자는 보험계약을 인수하는 이로 보험계약을 통해 보험계약자에게 손실보장을 약속하는 당사자이다. 일반적으로 회사형태를 갖추고 있으나 영국의 로이즈(Lloyd's)같이 개인인 경우도 있다. 대부분의 국가에서 보험자는 주식회사의 형태를 띠며 보험사업은 공공의 이익과 아주 밀접한 관계에 있기에 보험자의 자격에 대해서는 일정한 제한이 있다.

로이즈는 1871년 로이즈법에 의해 외견상 법인격을 가지는 로이즈조합이다. 영국은 개인보험업자들에 의해 해상보험이 발전되었기 때문에 전통적으로 개인보험업자를 허용한다. 영국에서는 보험계약을 체결할 수 있는 재력과 자격이 있다면 누구든 보험자가 될 수 있다. 이 개인보험자들의 모임단체가 바로 로이즈이다.

(2) 보험계약자(policy holder)

보험계약자는 본인 명의로 보험계약을 체결하고 보험료를 지불할 의무가 있는 당사자를 의미한다. 보험계약자는 보험계약의 체결에 직접적으로 관여하기 때문에 계약상 모든 의무를 부담한다.

(3) 피보험자(insured, assured)

피보험자는 발생된 손실에 대한 보상을 보험계약에 의해 받을 수 있는 위치에 있는 이를 의미한다. 즉 피보험자는 손해의 피해자로서 보상을 청구하기 위해 피보험이익을 가져야 한다. 피보험이익은 보험목적물에 대해 특정인이 갖는 경제적 이해관계를 의미한다. 피보험자는 피보험이익에 대한 주의와 손해를 방지하거나 경감하기 위한 합리적인 조치를 강구할 의무가 있으며 보험계약자와 피보험자는 동일인이 될 수도 있고 아닐 수도 있다. 동일할 시 본인을 위한 보험이며, 그렇지 않은 경우 타인을 위한 보험이라고 볼 수 있다.

참고로 CIF계약에서는 수출업자가 수입업자를 위하여 적하보험을 체결해야 한다. 보험료를 지불하는 보험계약자는 수출업자이며 보상청구는 수입업자가 하기에 피보험자는 수입업자가 된다. 대부분 수출업자가 자기를 피보험자로 하여 보험계약을 체결한 후 보험증권을 배서하여 수입업자에게 양도하는 형식을 취한다. 보험사고가 발생하는 경우 수입업자는 보험증권의 소지인으로서 손해보상을 보험자에게 요구한다.

4) 보험계약의 원칙

(1) 피보험이익(insurable interest)

피보험이익은 보험목적물에 문제가 생겼을 때 피보험자가 직접적으로 경제적 손실을 입게 되는 관계를 의미한다. 즉, 보험계약에 의해서 불확실한 미래의 사고로부터 재산상의 손해를 보상받을 수 있는 이익을 피보험이익이라 한다. No interest, no insurance라는 말처럼 보험의 목적은 특정의 경제 주체가 보험목적물에 대하여 갖고 있는 경제적 이해관계, 즉 피보험이익을 보호하는 것이다. 피보험이익의 존재를 부정하는 것은 곧 보험의 목적을 부정하는 것이므로 보험계약이 체결되기 위해서는 피보험자는 반드시 피보험이익을 가져야 한다. 피보험이익은 일반적으로 경제성, 확실성, 그리고 합법성의 속성을 가진다.

(2) 소급보상의 원칙

통신시설이나 교통시설이 미발달된 18세기 후반에는 수입업자는 보험목적물을 직접 확인하지 않고 보험계약을 체결하기에 계약을 체결하기 전에 사고가 발생해도 알지 못할 때가 많았다. 보험계약 체결 전의 사고발생은 보험목적물이 수입업자에게 피보험이익이 없기 때문에 보상을 받을 수 없게 된다. 이때 피보험자를 보호하기 위해 적하보험(cargo insurance)에 한하여 보험계약이 체결되기 전에 발생한 손해까지도 소급하여 보험자가 보상한다는 원칙의 소급보상의 원칙이 적용된다. 보험계약을 체결할 때 보험목적물에 대한 확인 여부가 어려울 경우에는 “보험목적물의 멸실 여부는 불문한다.”는 조건으로 보험계약을 체결하면, 보험계약이 체결되기 전 이미 발생한 손해에 대해서도 보험자가 보상한다는 것이다. 소급보상의 원칙은 피보험자에 의해서 악용될 여지가 있기 때문에 보험계약 당사자 모두가 보험사고의 발생 사실을 모르고 있는 경우에만 이 원칙이 적용된다(영국해상보험법 제6조 제1항).

(3) 고지의무와 담보(duty of disclosure/warranty)

보험자는 고지 내용에 따라 위험의 인수 여부 또는 합리적인 보험료를 산정한다. 보험계약 체결 시 보험자에게 보험목적물에 대해 중요한 사항을 고지해야 하는 이유이다. 국제무역의 다양한 거래에 따라서 보험자와 보험목적물의 위치는 다르다. 통상적으로 수입지에 위치한 보험자와 보험계약을 맺는데 이에 대해 수입지의 보험자는 수입업자가 알려주지 않으면 보험목적물의 위험 속성과 정도를 파악할 수 없다. 따라서 합리적인 보험료를 선정하기 위해서는 피보험자가 보험목적물에 대한 구체적 사항을 보험자에게 알려야 하는 것이다. 영국의 해상보험 제18조 1항에서도 모든 중요 사항을 보험자에게 고지하도록 피보험자의 의무로 규정하고 있다. 적하보험에서는 운송선박명, 화물의 종류, 포장상태, 적재방법, 항로, 환적여부 등이 중요한 사항에 속한다. 고지의무를 위반 시 보험자는 보험계약을 취소할 수 있다. 우리나라 상법에 의하면 고지의무 위반에 대하여 보험자는 보험사고의 발생 전후를 불문하고 보험계약을 해지할 수 있다.

피보험자는 보험계약을 체결할 때 보험계약과 관련되는 조건을 약속하는데 이를 담보라 한다. 해상보험에서 담보는 피보험자가 보험자에게 행하는 약속으로 그 내용의 중요성을 떠나 먼저 충족되어야 하는 엄격성이 강조된다. 피보험자가 담보를 위반하면 그와 동시에 보험계약은 무효가 된다. 이에 발생하는 손해는 보험자에게 아무런 책임이 따르지 않는다(영국해상보험법 제33조 제3항). 명시담보(express warranty)는 보험증권(insurance policy)에 기재되는 담보이며, 보험증권상에 명시는 되어 있지 않으나 피보험자의 당연히 지켜야 하는 약속을 묵시담보(implied warranty)라 한다.

(4) 해상위험과 근인주의(maritime perils/principle of causa proxima)

해상위험은 해상에서 우연히 발생하는 사고나 재해이다. 보험자의 담보 여하에 따라 담보위험과 면책위험으로 구분된다. 담보위험은 보험자가 해상위험에 근거한 손해에 대한 보상을 약속하는 위험이다. 담보위험을 대상으로 해상보험계약을 맺으며 이로 인해 발생하는 손실만을 보상해 주는 계약이다. 보험자의 보상책임은 손해가 담보위험과 일정한 인과관계를 가지는 손해일 때만 발생한다. 손실의 범위가 넓으면 넓을수록 보험자의 책임이 커지기에 보험요율은 증가하게 된다. 면책위험은 손해가 발생하더라도 위험의 제한이나 일정사유로 인해 보험자의 책임이 면제되는 위험을 뜻한다. 면책위험은 법에 의한 규정이나 보험약관에 의해 정해질 경우도 있으며, 절대적 면책위험과 상대적 면책위험으로 구분된다. 절대적 면책위험은 어떠한 경우에도 보험자의 책임이 면책되는 것을 의미하며, 상대적 면책위험은 특약이 없는 한 면책되는 위험을 의미한다. 그 범위가 넓으면 넓을수록 담보위험이 줄기 때문에 보험요율은 낮아진다. 참고로 담보위험에 해당하더라도 면책위험에 해당될 경우 보험자의 책임은 면책된다. 담보위험과 면책위험이 상충하는 경우 면책위험이 우선하기 때문이다.

근인주의는 담보위험에 근인하여 발생하는 손해만 보상한다. 근인은 손실을 야기한 가장 지배적이고 효과적인 원인을 뜻하는데, 사고의 근인을 찾아 해당 근인이 담보위험에 속하는지 면책위험에 속하는지 조사해야 한다. 근인이 담보위험에 속할 때만 보험자가 보상을 한다. 이러한 보상원칙을 근인주의라 하며 근인주의하에서는 일단 근인이 규명되면 나머지의 모든 원인은 고려하지 않게 된다.

5) 피보험이익의 평가

(1) 보험가액(insurable value)

보험가액은 보험계약이 체결될 수 있는 금액이다. 이는 선박이나 화물 등 보험목적물의 실제 가치를 의미하는 것이다. 따라서 피보험자가 보험에 가입할 수 있는 손해액의 최고한도액을 뜻한다. 보험가액을 정확하게 평가하는 것은 기술적으로 어렵기 때문에 보험계약을 체결할 때 보험자와 보험계약자 간에 보험가액을 협정하기도 한다. 이 가액을 협정보험가액이라 하며 보험목적물의 협정보험가액이 기재된 보험증권을 기평가보험증권이라 한다(영국해상보험법 제27조 제2항). 당사자 간에 합의된 협정보험가액은 보험가액불변의 원칙에 따라 보험기간 동안 일정액으로 고정되며 실제 보험목적물의 시가가 급등하더라도 협정보험가액에는 영향을 미치지 않는다. 일반적 손해보험은 사고 발생시점의 실제 현금 가치로 보상해야 하는 원칙이 적용되나, 해상보험은 피보험이익인 선박과 적하가 시간적으로 항상 이동하기 때문에 협정보험가액으로 부보하게 된다.

(2) 보험금액(insured amount)

보험금액은 피보험자가 실제로 보험에 가입한 금액으로, 이것은 보험자가 보상해 주는 최고보상액이다. 보험금액은 보험자가 보상해 주기로 약속한 최고의 금액이기 때문에 보험사고가 발생할 경우 보험자는 보험금액의 범위 내에서 보상한다. 보험금액은 보상액과 직결되기 때문에 보험료 산정의 기준이 된다. 보험가액이 높게 평가되더라도 보험료의 부담을 피하기 위하여 보험금액을 낮게 산정하면 그만큼 보상액도 낮아진다.

(3) 전부보험, 일부보험 그리고 초과보험

보험가액과 보험금액의 관계는 전부보험과 일부보험, 초과보험이 있다. 전부보험은 보험가액과 보험금액이 일치하는 경우로 보험목적물의 실제 가치 모두를 보험에 붙인 경우로 손해액을 보험가액의 범위 내에서 전액 보상하기 때문에 이상적인 보험의 형태이다. 일부보험은 보험목적물의 가액 일부만을 보험에 붙인 경우로 보험가액이 보험금액보다 커져 보험료를 절감하고 비용 지출을 줄이기 위해서 이용한다. 다만 완전한 보상이 안 되기 때문에 미보상 부분이 생길 수 있다. 초과보험은 보험금액이 실제 가치 이상으로 보험가액을 초과하여 체결하는 것으로 선의의 경우를 제외하고 모두 무효가 된다.

2. 해상보험증권

1) 해상보험증권의 개요

해상보험계약이 체결되면 보험자는 보험증권(insurance policy)을 보험계약자에게 발급한다. 보험증권 발행이 보험계약의 성립요건은 아니지만, 보험증권은 보험계약의 성립과 그 내용을 증명하는 증거증권으로 계약의 내용을 기재 후 보험자가 기명, 날인하여 보험계약자에게 교부하는 증거서류이다. 보험증권의 개정작업이 이루어지다가 1981년 로이즈 및 런던 보험자협회의 합동적하위원회에서 새로운 해상보험증권을 제정하였고 신양식의 보험증권에 맞도록 협회약관들을 재정비하였다. 로이즈 보험시장에서는 'New Lloyd's Marine Policy Form'을 사용하고 회사형태의 보험시장에서는 'New ILU Marine Policy Form'을 사용하기 시작했는데 두 가지 양식은 계약실무부분에서 약간의 차이가 있을 뿐 본질은 동일하다.

2) 해상적하보험증권의 특징

해상적하보험증권에는 피보험자의 성명, 선적항과 도착항 등의 기재사항이 있다. 보험증권에 피보험자 또는 피보험자 대리인 성명을 기재하고 영국해상보험법에서도 피보험자 또는 피보험자를 대신하여 보험계약을 체결하려는 자의 성명은 반드시 기재하여야 한다. 보험증권에 'at and from(출발항)', 'arrived at(도착항)'을 기재하면 두 항구 간의 운송에 대해 보험계약이 체결된다는 의미이다. 'ship or vessel'이라고 표시된 란에는 선박명을 기재한다. 해상운송화물이 환적의 경우 제 1선과 제 2선을 병기해야 한다. 'sailing on or about'에 운송선박의 출항예정일을 기재한다. 화물을 정기선으로 운송될 경우 사전에 고시된 선박의 출항일자와 도착일자를 기재하면 되며, 부정기선일 경우 선주와 화주 간에 출항일자를 조정하여 날짜를 기재한다. 'amount insured hereunder'에 보험금액을 기재한다. 'subject-matter insured'에 화물의 명세를 기재하고 해당 상업송장의 일련번호를 기재한다. 화인과 화번을 화물의 명세에 표시하여야 한다. 적하보험증권의 본문약관으로 신해상보험증권의 본문에는 준거법약관 타보험약관 약인약관 및 선서약관이 있으며 그 외에 적색으로 인쇄된 중요 약관이 있다.

3. 협회적하약관

1) 협회적하 구약관과 신약관

해상보험거래에서 사용되는 약관은 대부분 런던보험자협회와 로이즈보험자협회의 기술 및 약관위원회가 합동으로 만든 협회약관이며 이 중 적하보험에 적용되는 약관을 협회적하약관이라 한다. 1912년에는 보험자가 분손, 소손해 등을 부담하지 않고, 이후 1921년 보험자들이 담보범위를 확장하는 협회적하약관 분손담보약관이 제정되었으며, 이 추세에 맞추어 1951년 협회적하약관 전위험담보약관이 제정되면서 이 세 가지가 협회적하약관의 기본약관으로 사용되기 시작하였다.

구약관은 분손부담보약관과 그 후에 제정된 분손담보약관이 손해의 형태에 따라 구분된 것이어서 그 내용이 애매모호한 점이 많았고, 전위험담보약관은 약관의 명칭과 실제 내용이 일치하지 않는 부분도 있었다. 따라서 1982년 신양식의 해상보험증권이 제정될 때 약관의 명칭과 내용을 알기 쉽게 정비한 협회적하약관 A, B, C를 기본약관으로 하는 신약관이 제정되었다. 협회적하약관 신약관이 사용된 지 20여 년이 지나는 동안 테러리즘, 해상사기 등 새로운 위험이 등장함에 따라 개정이 불가피하게 되어 2009년 1월 1일 개정된 신약관이 사용되고 있다. 이는 1982년 신약관과 동일하지만 테러리즘에 대해 새로운 정의를 포함하고 그동안 애매모호했던 표현을 확실하게 하였다.

우리나라의 경우 1983년부터 신약관을 시행하고 있다. 각 약관은 담보위험, 면책조항, 보험기간, 보험금청구, 보험이익, 손해경감, 지연의 방지, 법률 및 판례 8개의 그룹약관으로 구성되어 있다. 협회적하약관은 19개의 개별약관으로 구성되어 있으며, 제1조의 위험에 대한 담보범위에서 협회적하약관 A, B, C의 차이를 설명하고 있다. 그리고 3가지 협회적하약관은 제4조, 제5조, 제6조, 제7조에 규정된 사유를 제외하고 보험 목적물의 멸실 또는 손상에 대한 일체의 위험을 제1조의 담보범위에 따라 담보한다. 예컨대 협회적하약관 A의 경우 보험자의 면책위험(4, 5, 6, 7조)을 제외하고는 모든 보험사고에 대하여 보상받을 수 있다는 것이다. 아울러 A의 경우 제4조 일반면책약관에서 악의적 손해도 담보한다. 결과적으로 A약관, B약관, C약관은 각각 19개의 개별약관으로 구성되어 있으며, 제1조 위험약관, 제4조 일반면책약관, 그리고 제6조 전쟁위험면책약관만 다르며 나머지 항목은 모두 동일하다.

2) 협회적하약관 세부조항

(1) 담보위험*

제1조는 보험자의 담보범위를 규정하고 있는 약관이다. A약관은 포괄책임주의의 원칙이기 때문에 위험약관에는 보험자의 면책위험이 열거되어 있다. 제4조 일반면책위험, 제5조 선박의 불내항 및 부적합위험, 제6조 전쟁위험 및 제7조 동맹파업위험을 제외한 모든 위험에 근인하여 발생한 손해를 보상한다. 사고의 원인이 네 가지 면책위험에 속할 때 보험자는 보상하지 않지만 그러한 사실 입증 책임은 보험자에게 있다. 이 같은 원칙을 포괄책임주의라 한다. 과거 해당 약관을 전위험담보약관이라 하였다. 1982년 신약관이 제정되면서 불합리한 명칭을 피하고 보험자가 보상해 주는 범위를 명확하게 명시하였다.

(2) 공동해손

제2조는 공동해손 및 구조비를 보험자가 보상하는 내용이다. 즉 공동해손으로 피보험자가 분담해야 할 공동해손분담금이 있으면 보험자가 이를 부담한다. 만약 보험목적물이 희생되었거나 비용이 지출되었으면 피보험자는 보험자로부터 손해액의 전액을 먼저 회수할 수 있고 나머지 당사자들이 분담해야 할 분담금에 대해서는 보험자가 정산이 완료된 후 청구한다. 또한 제3자의 구조활동에 따라 피보험자가 스스로 부담해야 할 구조비용도 보험자가 보상한다. 그러나 공동해손과 구조비는 반드시 보험자의 담보위험에 근인하여 발생해야 한다.

(3) 쌍방과실충돌약관

보험자의 손해보상범위를 확장하여 선하증권의 쌍방과실충돌약관에 의하여 피보험자가 부담해야 할 금액 중 보험증권에서 보상받을 수 있는 손해에 대한 부분을 보험자가 지급해 줄 것을 규정한다. 선하증권의 쌍방과실충돌약관은 선주가 자선의 화물손해에 대해서 간접적으로 보상한 금액을 다시 회수할 수 있도록 규정한 것이며, 만약 피보험자가 선주로부터 이러한 금액을 청구받았을 경우에는 피보험자는 그 취지를 보험자에게 통지 후 보험자로부터 보상이 가능하다.

(4) 일반면책

제4조는 보험자의 면책사항을 협회적하약관의 일반면책위험으로 구분하여 구체적으로 명시한 약관이다. 해당 약관에 명시된 면책사항은 어떠한 특약에 의해서도 담보되지 않는다.

(5) 불내항 및 부적합 면책

제5조는 선박의 불내항성 및 부적합성으로 인한 보험사고에 대해 보험자가 책임을 지지 않는 약관이다. 선박, 운송용구 등의 불내항성 및 부적합성은 화

주가 통제할 수 없는 요인이기에 화주가 화물을 적재할 때 불내항성 및 부적합성을 모르고 있을 경우 보험자가 보상한다. 불내항 및 부적합면책위험은 어떠한 특약에도 담보되지 않는다.

(6) 전쟁면책*

제6조는 전쟁위험에 인한 손해에 대해 보험자의 면책을 규정한 것이다. 해당 약관에서 해적행위 제외라는 조건은 B와 C약관은 해당되지 않아 따로 명시된 것이다. 해적의 강탈, 파괴, 방화 등의 행위는 과거 전쟁위험으로 취급되었지만, A약관에서는 보험자가 해적행위도 담보한다. 전쟁위험은 협회전쟁약관을 이용하는 경우에 담보된다.

(7) 동맹파업면책*

제7조는 동맹파업, 폭동, 소요, 테러 등으로 인한 손해에 대해 보험자의 면책을 규정한 것이다. 과거 해당 약관을 동맹파업, 폭동, 소요 부담보약관으로 표현했지만 현재 동맹파업위험은 특약으로 담보된다.

(8) 운송약관

보험자가 손해보상의 책임을 져야 하는 보험기간에 대해 과거 로이드 SG 보험증권에서 보험기간을 화물이 본선 적재 시부터 도착항 양륙까지 항해구간으로 규정하였지만 현실적 불편한 점이 많아 19세기 말 이후 보험자의 책임은 선적항의 창고에서 목적항의 창고까지 연장하는 창고약관이 사용되어 지금까지 동일하다.

(9) 운송계약 종료

제9조는 피보험자의 영향력이 미치지 못하는 사정에 의해 목적지 도착 전 항해가 종료되는 경우 계속 담보하기 위한 약관이다. 불가항력으로 항해가 중단되는 경우 피보험자는 사태에 관한 정보 입수 후 즉시 보험자에게 통지하고

추가보험료를 납부하는 것을 조건부로 계속 담보가 가능하다.

(10) 항해변경

제10조는 보험증권상에 명시된 목적항이 변경될 경우 보험자의 책임이 중단됨을 규정한다. 목적항 변경을 즉시 보험자에게 통지할 것을 조건으로 추가보험료와 보험조건에 의해 담보는 계속될 수 있다.

(11) 피보험이익

보험을 도박이나 사행과 구별하기 위해 피보험자는 손해발생 시 피보험이익을 갖고 있어야 함을 규정한 약관이다. 적하보험에서는 소급보상의 원칙이 적용되기에 보험계약을 체결하기 전 발생한 보험사고에 대해 피보험자가 상황을 모를 경우 보상 가능하다.

(12) 계반비용

제12조는 담보위험으로 중간항에서 화물을 양륙할 경우 이에 따른 하역비용, 창고보관료, 재포장비, 재선적비 및 처음 약정된 목적지까지의 운반비용 등을 보험자가 보상한다. 해당 비용이 손해방지비용에 포함되는지의 여부에 논란이 있었지만 계반비용도 보험자의 보상범위에 포함시키고자 명시되었다.

(13) 추정전손

현실전손은 아니지만 현실전손을 불가피하거나 보험목적물의 복구비용이 오히려 그 가액을 초과해 그대로 현실전손으로 처리하는 것이 유리할 경우 피보험자는 위부를 적절히 통지하고 추정전손으로 처리할 수 있음을 규정한다.

(14) 증액

보험계약을 체결한 후 피보험자가 다시 동일한 보험목적물에 대한 증액보험을 체결하는 경우가 있다. 원보험과 별도로 증액보험을 체결하면 동일한 보험목적물에 대해서 두 가지 이상의 보험계약이 존재하기 때문에 중복보험에 의한 초과보험이 될 수 있다. 증액약관에서는 증액보험이 체결된 경우 보험목적물의 평가액은 증액된 보험금액만큼 증가하는 것으로 간주하여 손해보상도 원보험자와 증액보험자가 보험금액만큼 비례하게 보상하는 규정이다.

(15) 보험이익

운송인이나 해상사업에 관련 있는 수탁자에게 보험계약이 체결되어 있다는 이유로 어떤 이익이나 혜택을 주어서는 안 된다고 규정한다.

(16) 피보험자의 의무

피보험자의 손해방지활동과 운송인, 수탁자 또는 기타 제3자에 대한 손해배상청구권을 확보할 것을 피보험자의 의무로서 규정한 약관이다. 운송인의 잘못으로 손해가 발생할 경우 화주는 운송인에게 손해배상을 청구함이 당연하며, 손실 화물이 보험계약이 체결되어 있을 경우 화주는 보험자로부터 보상을 받고 운송인이 입힌 손실에 대한 배상청구권을 보험자에게 양도한다. 보험자는 피보험자에게 먼저 손해액을 배상하고 양도받은 대위권을 행사해 손해배상을 운송인에게 청구하게 된다. 이런 경우에 피보험자는 운송인에 대한 청구권을 보전해 두어야 후일 보험자가 손해배상을 청구할 수 있기에 이러한 피보험자의 의무를 규정한 것이다.

(17) 포기

보험목적물을 구조하기 위한 피보험자 또는 보험자의 손해방지행위는 위부의 포기 또는 승낙으로 간주되지 아니하며, 또한 각 당사자의 권리를 침해하지 아니함을 규정한다. 추정전손이 발생하여 피보험자가 위부통지를 하면 대개의 경우 피보험자는 보험자가 위부를 수락해 주길 기대한다. 보험자가 위부를 수락하려면 손해가 확대되어 현실전손과 비슷해야 하기 때문에 피보험자는 위부통지를 하면서 손해방지활동을 하지 않으려는 심리가 작용된다.

피보험자가 위부통지를 하고 동시에 손해방지활동을 할 경우 보험자는 이를 피보험자의 위부 포기로 착각하는 것이 가능하기에 피보험자는 위부통지를 할 때 손해방지활동을 하지 않으려는 경향이 있다. 보험자가 위부의 통지를 받고서 손해방지활동을 하면 피보험자는 이러한 보험자의 행동을 보고 위부의 승낙으로 간주하여 자칫하면 피보험자나 보험자는 손해방지행위를 서로 미룰 수 있다. 포기약관은 이를 방지하기 위해 쌍방이 서로 미루지 말고 손해방지행위를 성실히 수행할 것을 규정한다.

(18) 지연의 방지

제18조는 지연으로 보험자가 피해를 보는 것을 방지하기 위해 피보험자로 하여금 신속하게 행동하여 조치할 것을 보험의 조건으로 설정한 것이다.

(19) 법률 및 관례

제19조는 이 보험과 관련해 문제가 발생되면 영국의 법률과 판례에 따라 해결할 것을 규정한 것이다. 우리나라에서 발행되는 영문해상보험증권도 영국의 법률 및 관례에 따른다. 해당 준거법 약관은 당사자 사이에 법적으로 유효하다는 우리나라 대법원 판결이 있다(대법원 1977.1.11. 판결 71다 2116보험금-파기환송).

3) 협회적하약관의 특징

협회적하약관 B는 A약관과는 제1, 4, 6조만 다르며 나머지는 동일하다. 그리고 협회적하약관 C는 19개의 개별약관으로 구성되어 있지만, B약관과는 제1조만 다르고 나머지는 동일하다. 주요 내용은 다음과 같다.

참고 11-1 협회적하약관

(1) 협회적하약관 제1조 (ICC (A), (B) 그리고 (C))

① 위험약관 제1조 – ICC(A)

제1조 이 보험은 다음의 제4조, 제5조, 제6조 및 제7조에 규정된 사유를 제외하고 보험의 목적의 멸실 또는 손상에 관한 일체의 위험을 담보한다.

② 위험약관 제1조 – ICC(B)

제1조 이 보험은 다음의 제4조, 제5조, 제6조 및 제7조에 규정된 사유를 제외하고 다음의 멸실 또는 손상에 관한 위험을 담보한다.

1.1 다음의 사유에 합리적으로 기인하는 보험의 목적의 멸실 또는 손상

1.1.1 화재 또는 폭발

1.1.2 본선 또는 부선의 좌초, 膠沙(교사), 침몰 또는 전복

1.1.3 육상운송용구의 전복 또는 탈선

1.1.4 본선, 부선 또는 운송용구와 물 이외의 他物(타물)과의 충돌 또는 접촉

1.1.5 조난항에서의 양하

1.1.6 지진, 화산의 분화 또는 낙뢰

1.2 다음의 사유에 기인하는 보험의 목적의 멸실 또는 손상

1.2.1 공동해손희생

1.2.2 투하 또는 갑판유실

1.2.3 본선, 부선, 선창, 운송용구, 컨테이너, 지게차 또는 보관장소에 해수, 호수 또는 하천수의 침입

1.3 본선 또는 부선으로의 선적 또는 하역작업 중에 바다로의 낙하 또는 갑판상에 추락한 포장단위 전손

③ 위험약관 – ICC(C)

제1조 이 보험은 다음의 제4조, 제5조, 제6조 및 제7조에 규정된 사유를 제외하고 다음의 멸실 또는 손상에 관한 위험을 담보한다.

1.1 다음의 사유에 합리적으로 기인하는 보험의 목적의 멸실 또는 손상

1.1.1 화재 또는 폭발

1.1.2 본선 또는 부선의 좌초, 膠沙(교사), 침몰 또는 전복

1.1.3 육상운송용구의 전복 또는 탈선

1.1.4 본선, 부선 또는 운송용구와 물 이외의 他物(타물)과의 충돌 또는 접촉

1.1.5 조난항에서의 양하

1.2 다음의 사유에 기인하는 보험의 목적의 멸실 또는 손상

1.2.1 공동해손희생

1.2.2 투하

(2) 협회적하약관 제4조 (ICC (A), (B) 그리고 (C))

① **일반면책약관 – ICC(A)**

제4조 어떠한 경우에도 이 보험은 다음의 손해를 담보하지 아니한다.

4.1 피보험자의 고의의 불법행위에 기인하는 멸실, 손상 또는 비용

4.2 보험의 목적의 통상적인 漏損(누손), 통상적인 重量損(중량손) 또는 容積損(용적손), 또는 자연소모

4.3 보험의 목적의 포장 또는 준비의 불완전 또는 부적절에 기인하여 발생한 멸실, 손상 또는 비용(本條 제4조 제3항에서 "포장"이란 콘테이너 또는 지게차에 積付하는 것을 포함하는 것으로 한다. 다만 이러한 積付(적제)는 이 보험의 개시 전에 행하여지거나 또는 피보험자나 그 사용인에 의하여 행하여지는 경우에 한한다)

4.4 보험의 목적의 고유의 하자 또는 성실에 기인하여 발생한 멸실, 손상 또는 비용

4.5 지연이 피보험위험에 기인하여 발생한 경우라도, 그 지연에 近因(근인)하여 발생한 멸실, 손상 또는 비용 (다만 위의 제2조에 따라 지급되는 비용은 제외함)

4.6 본선의 소유자, 관리자, 용선자 또는 운항자의 지급불능 또는 금전상의 채무불이행으로 인하여 발생한 멸실, 손상 또는 비용

4.7 원자력 또는 핵의 분열 및/또는 융합 또는 기타 이와 유사한 반응 또는 방사능이나 방사성의 물질을 응용한 무기의 사용으로 인하여 발생한 멸실, 손상 또는 비용

② **일반면책약관 – ICC(B), ICC(C)**

제4조 어떠한 경우에도 이 보험은 다음의 손해를 담보하지 아니한다.

4.1 피보험자의 고의의 불법행위에 기인하는 멸실, 손상 또는 비용

4.2 보험의 목적의 통상적인 漏損, 통상적인 重量損 또는 容積損, 또는 자연소모

4.3 보험의 목적의 포장 또는 준비의 불완전 또는 부적절에 기인하여 발생한 멸실, 손상 또는 비용(本條 제4조 제3항에서 "포장"이란 컨테이너 또는 지게차에 積付하는 것을 포함하는 것으로 한다. 다만 이러한 積付는 이 보험의 개시 전에 행하여지거나 또는 피보험자나 그 사용인에 의하여 행하여지는 경우에 한한다)

4.4 보험의 목적의 고유의 하자 또는 성실에 기인하여 발생한 멸실, 손상 또는 비용

4.5 지연이 피보험위험에 기인하여 발생한 경우라도, 그 지연에 近因하여 발생한 멸실, 손상 또는 비용(다만 위의 제2조에 따라 지급되는 비용은 제외함)

4.6 본선의 소유자, 관리자, 용선자 또는 운항자의 지급불능 또는 금전상의 채무불이행으로 인하여 발생한 멸실, 손상 또는 비용

4.7 보험의 목적 또는 그 일부에 대한 어떠한 자의 불법행위에 의한 고의적인 손상 또는 고의적인 파괴

4.8 원자력 또는 핵의 분열 및/또는 융합 또는 기타 이와 유사한 반응 또는 방사능이나 방사성의 물질을 응용한 무기의 사용으로 인하여 발생한 멸실, 손상 또는 비용

(3) 협회적하약관 제6조 (ICC (A), (B) 그리고 (C))

① 전쟁위험면책약관 – ICC(A)

제6조 어떠한 경우에도 이 보험은 다음의 위험에 기인하여 발생한 멸실, 손상 또는 비용을 담보하지 아니한다.

6.1 전쟁, 내란, 혁명, 반역, 반란 또는 이로 인하여 발생하는 국내투쟁, 또는 교전국에 의하거나 또는 교전국에 대하여 가해진 일체의 적대행위

6.2 포획, 나포, 강류, 억지 또는 억류(해적위험은 제외함), 또는 이러한 행위의 결과 또는 이러한 행위의 기도

6.3 유기된 기뢰, 어뢰, 폭탄 또는 기타의 유기된 전쟁병기

② 전쟁위험면책약관 – ICC(B)·ICC(C)

제6조 어떠한 경우에도 이 보험은 다음의 위험에 기인하여 발생한 멸실, 손상 또는 비용을 담보하지 아니한다.

6.1 전쟁, 내란, 혁명, 반역, 반란 또는 이로 인하여 발생하는 국내투쟁, 또는 교전국에 의하거나 또는 교전국에 대하여 가해진 일체의 적대행위

6.2 포획, 나포, 강류, 억지 또는 억류, 또는 이러한 행위의 결과 또는 이러한 행위의 기도

6.3 유기된 기뢰, 어뢰, 폭탄 또는 기타의 유기된 전쟁병기

표 11-1 협회적하약관의 담보위험의 비교

담보위험(1조)	각 약관에서의 담보 여부		
	A	B	C
화재, 폭발	○	○	○
본선 부선의 좌초 교사 침몰 전복	○	○	○
육상운송용구의 전복 탈선	○	○	○
본선 부선 그 밖의 운송용구의 물 이외 타 물체와의 충돌 접촉	○	○	○
피난항에서의 화물의 하역	○	○	○
지진, 화산의 분화, 낙뢰	○	○	×
공동해손희생손해	○	○	○
투하	○	○	○
갑판유실	○	○	×
본선 부선 선창 운송용구 컨테이너 리프트 밴 보관 장소에서의 해수 호수 하천수의 침입	○	○	×
본선 부선에서 선적 하역 작업 중 바다에 떨어지거나 갑판에 추락한 매포장 단위당 전손	○	○	×
그 밖의 모든 위험에 의한 멸실, 손상	○	×	×

4) 협회적하약관의 대표적 특약

(1) 협회전쟁약관

전쟁위험은 협회적하약관 제6조 전쟁면책에 따라 보험자의 면책위험에 속하므로 특약에 의해서만 담보 가능하다. 적하보험에서 전쟁위험을 담보하는 약관은 협회전쟁약관이며 해상운송화물 항공운송화물 및 우송물에 각각 적용되는 세 가지 종류가 있다. 해상운송화물에 적용되는 전쟁담보약관은 협회전쟁약관이다.

(2) 협회동맹파업약관

협회적하약관의 제7조에 따라서 동맹파업, 폭동, 소요 등의 위험은 보험자의 면책위험이므로 협회동맹파업약관으로 특약을 체결해야 담보된다. 보험자가 담보하는 동맹파업과 관련되는 위험은 협회적하약관의 제7조에서 보험자의 면책으로 열거되는 위험이다. 협회적하약관에서와 마찬가지로 보험자는 보험목적물의 멸실 또는 손상만을 담보한다. 협회동맹파업약관에서 담보하는 위험은 동맹파업자 직장폐쇄를 당한 노동자 또는 노동분쟁 폭동 또는 소요에 가담한 자와 테러리스트 또는 정치적 동기에 의해 행동한 자이다.

CHAPTER 12
해상운송

CHAPTER 12 해상운송

제1절 해상운송

1. 해상운송의 개념

해상운송(carriage by sea)은 바다 위에서 선박(vessel)을 이용하여 사람(passenger)이나 재화(cargo)를 이동시키고 그 대가로 운임(freight)을 받는 상행위이다. 해상운송, 즉 해운은 서비스업으로 공간적 효용을 창출한다. 공간적 효용의 창출을 통해 다양한 화물들이 또 다른 가치 창출로 이어질 수 있다. 영국의 유명한 작가 리디어드 키플링(Rudyard Kipling, 1917)은 “운송은 문명이다(Transportation is civilization)”라고 하였다. 이 한 문장에서 세계경제에 미치는 운송의 파급효과를 가늠할 수 있다. 이와 맥락을 같이하여 해운은 무역량에 종속적이며, 무역량은 세계경제(세계총생산)에 종속적인 관계이다.

해상운송은 무역 발전에 기여하며 국민경제에서 상당한 비중을 차지하고 있다. 그리고 수출입화물로 발생하는 국제적 운임수입을 통해 국제수지 개선에 기여하고 있다.

1) 해운 관련 산업

해운산업은 해운업, 항만운송사업, 그리고 해운항만운부대사업으로 구성되어 있다. 해운업에는 해상여객운송사업, 해상화물운송사업, 해운중개업, 해운대리점업, 선박대여업 및 선박관리업이 있다. 항만운송사업에는 항만하역업, 검수업, 검정업, 검량업, 항만용역업 · 물품공급업 · 선박급유업(船舶給油業) 및 컨테이너수리업이 있다. 그리고 해운항만부대사업으로는 조선업, 해상보험업, 통관업(관세법), 보세운송업(관세법), 보세창고업(관세법) 및 도선업(유선 및 도선사업법) 등이 있다.

먼저 해상여객운송사업이란 해상이나 해상과 접하여 있는 내륙수로(內陸水路)에서 여객선으로 사람 또는 사람과 물건을 운송하거나 이에 따르는 업무를 처리하는 사업을 말한다. 해상화물운송사업이란 해상이나 해상과 접하여 있는 내륙수로에서 선박[예선에 결합된 부선 포함]으로 물건을 운송하거나 이에 수반되는 업무(용대선을 포함)를 처리하는 사업을 의미한다. 여기서 용대선(傭貸船)이란 해상여객운송사업이나 해상화물운송사업을 경영하는 자 사이 또는 해상여객운송사업이나 해상화물운송사업을 경영하는 자와 외국인 사이에 사람 또는 물건을 운송하기 위하여 선박의 전부 또는 일부를 용선(傭船)하거나 대선(貸船)하는 것을 말한다. 해운중개업이란 해상화물운송의 중개, 선박의 대여 · 용대선 또는 매매를 중개하는 사업을 말한다. 해운대리점업이란 해상여객운송사업이나 해상화물운송사업을 경영하는 자(외국인 운송사업자를 포함)를 위하여 통상(通常) 그 사업에 속하는 거래를 대리(代理)하는 사업을 말한다. 선박대여업이란 해상여객운송사업이나 해상화물운송사업을 경영하는 자 외의 자, 본인이 소유하고 있는 선박(소유권을 이전받기로 하고 임차한 선박을 포함)을 다른 사람(외국인을 포함)에게 대여하는 사업이다. 선박관리업이란 선박관리산업발전법에 규정된 국내외의 해상운송인, 선박대여업을 경영하는 자, 관공선 운항자, 조선소, 해상구조물 운영자, 그 밖의 선원법상의 선박소유자로부터 기술적 · 상업적 선박관리, 해상구조물관리 또는 선박시운전 등의 업무의 전부 또는 일부를 수탁(국외의 선박관리사업자로부터 그 업무의 전부 또는 일부를 수탁하여 행하는 사업을 포함)하여 관리활동을 영위하는 업을 칭한다.

2) 해운시장의 분류

해운시장은 화물에 따라 구분될 수 있다. 화물의 구분은 단위화(unitization)에 따라 결정된다. 먼저 단위화가 되는 화물의 경우 개장(unitary packing)을 모아 내장(inner packing)을 사용하여 외장(outer packing)으로 포장할 수 있으며, 파렛트와 컨테이너 등 단위화된 용기를 이용하여 정기선 선박인 컨테이너선을 이용하여 국제운송을 이행한다. 이렇게 형성된 시장이 정기선 시장이다. 한편 단위화되지 않는 화물은 소위 벌크화물(bulk cargo)이라고 불린다. 보통 철광석, 석탄, 곡물, 유류를 4대 벌크화물이라고 한다. 여기서 유류를 따로 분류하여 형성된 시장이 탱커시장이다. 건화물의 경우 벌크선시장으로 분류되며 정기선과 달리 탱커선과 벌크선은 부정기선으로 자율계약에 따라 화물을 찾아다닌다고 하여 부정기선(tramper)이라고 불린다. 국제운송을 이행함에 있어서 가장 중요한 부분이 바로 화물의 분류이며, 분류된 화물의 속성에 따라 다른 흐름을 가진다.

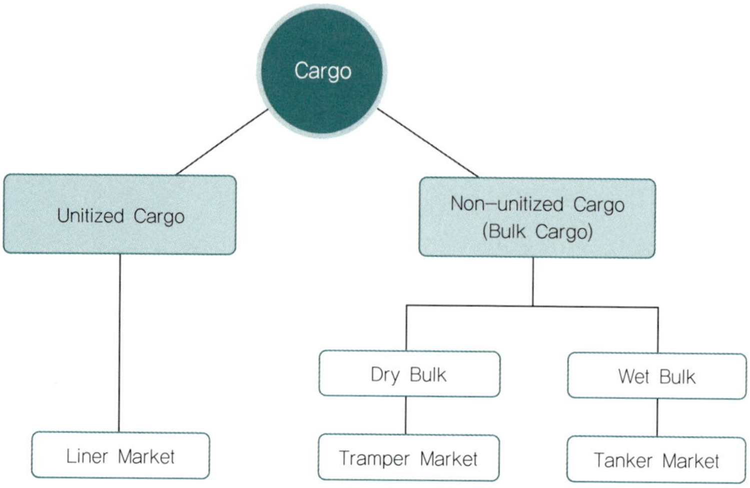

그림 12-1 화물에 따른 해운시장의 분류

참고 12-1 노트(knot)

1 knot=1 nautical mile/hour=1.852 km/h

- 1 노트는 1시간에 1 해리를 움직이는 속도의 단위로 시속 1.852 km와 동일한 속도이며, 바닷길과 하늘길에서 사용됨
- 1 해리(nautical mile)는 적도 경도 1분 또는 위도 1분의 거리
- 참고로 지구자오선을 360으로 나눈 1도(위도 45도에서)를 다시 60으로 나누면 1분이 되며 이 거리가 1 해리임 또는 적도에서의 경도 1분의 거리가 1 해리임
- 위도는 적도에서 남과 북의 거리, 경도는 본초자오선 기준 동과 서의 거리

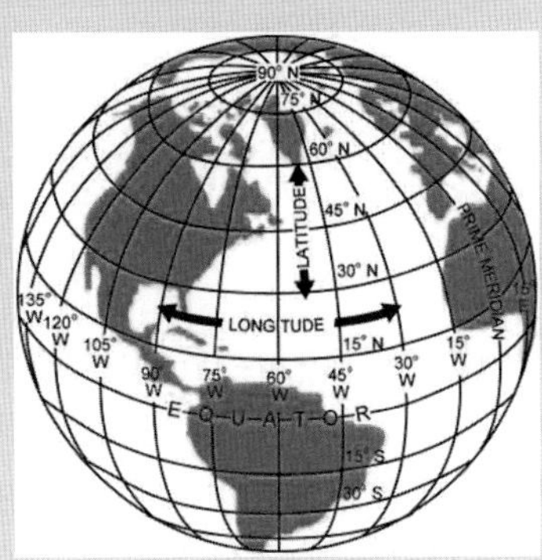

2. 해상운송 네트워크

해상운송은 국제교역에서 가장 중요한 운송수단이라고 할 수 있다. 이러한 해상운송 네트워크(노선)의 변화에는 다양한 이유가 있지만 결과적으로 해상운송 서비스에 대한 수요와 공급에 의해 변한다. 선사는 대형 화주의 요청 또는 해운시장의 변화를 인지하여 기항항만, 운송시간, 선적화물 할당 등의 운항 및 영업 전략을 탄력적으로 운영함으로써 화주를 만족시킬 수 있는 서비스 개발과 도입을 추진할 수 있다. 정기선의 경우 정기적인 항로가 존재하며, 부정기선의 경우 전용항만 간의 운송으로 계약 발생 시에만 운항하기 때문에 해상운송 네트워크라고 하면 일반적으로 정기선 서비스의 운항 노선을 의미한다. 해상운송 네트워크는 수요와 공급에 맞추어 항로를 연결하는 것이 핵심으로, 해상운송 네트워크는 본질적으로 서비스의 결합이 없는 단일의 구간항로서비스(end to end service)와 구간항로서비스의 결합 형태로 나타난다. 단일의 구간서비스(end to end)는 출발점과 도착점을 연결하는 방식으로 세계일주서비스(round the world service)와 직기항(direct call service)을 파생시키며, 구간항로의 결합으로 제공되는 서비스는 시계추서비스(pendulum service), 전

해상서비스(all water service)와 허브앤스포크시스템(Hub & Spoke system) 등을 파생시킨다. 이러한 해상운송 네트워크, 즉 노선의 다변화에는 환적(transhipment)과 분할선적(partial shipment)이 이용된다.

해상운송 네트워크의 주요 변화요인은 앞서 언급한 수요와 공급이며 세부적으로 경제적 측면에서 수요의 변화, 수급의 균형과 불균형, 항만의 변화, 항로의 변화, 운송수단의 대형화 및 첨단화, 특수상황(국가위험, 자연변화) 등이 해운의 네트워크 변화를 가져오는 요인이다. 해운서비스는 기본적으로 물동량이 대량·다빈도로 발생하는 지역을 중심으로 제공되기 때문에 수요의 변화에 따라 네트워크의 변화를 가져온다. 그리고 수급의 균형과 불균형의 경우 해운시황이 호황일 경우와 불황일 경우에 노선의 변화가 있을 수 있다. 항만의 변화로 인해 선박의 입항 가능 여부, 항만의 유인책에 따른 기항지 변화 등 역시 네트워크의 변화를 가져올 수 있으며, 운하, 북극해 등 새로운 항로의 개척으로 항로의 변화가 결국 네트워크 변화를 가져온다. 예를 들어 태국의 크라 운하(Kra Isthmus Canal), 니카라과 운하(Nicaragua Canal) 등은 노선의 변화를 가져올 수 있다. 선박 측면에서 보면 운송수단의 대형화와 첨단화로 인해 초대형 선박의 등장과 함께 항만에서의 하역작업 가능 여부에 따른 기항지 변경으로 노선 변화가 가능하다. 이외 특수상황으로는 중동지역의 전쟁 등 과거 국가차원의 위험 발생 시 노선의 우회가 있었으며, 최근에는 북극해 등의 개방으로 인한 노선의 변화가 가능하다.

표 12-1 환적의 유형

유형	내용
분산피더형 환적 (scattering/feedering T/S)	허브항에서 모선(mother vessel)과 피더선(feeder vessel) 사이에서 이루어지는 전형적인 환적형태
항로교차형 환적 (interline T/S)	서로 다른 간선항로(trunk route)가 교차하는 항만에서 모선과 모선 사이에서 이루어지는 환적
우회로회피형 환적 (by-pass T/S)	모선이 여러 군데 기항하는 항만(calling port)이 존재하는 경우 운송시간을 단축하기 위하여 후반에 경유하는 항만의 물동량을 초반 항만에서 분산하기 위하여 환적

전환형 환적 (switching T/S)	주요 간선노선이 북-북노선과 남-북노선 간의 환적으로 Intra-Asia 물동량과 FE-EU, EU-US, FE-US간 물동량의 환적
만회형 환적 (catch-up T/S)	운항일정이 지연될 경우 특정 항만의 기항을 취소하고 해당 항만의 화물을 다음 기항지에서 피더운송으로 연결하는 환적
기타 형태의 환적	환적의 개념은 선박과 선박 간의 물동량 이적재, 다른 운송수단과의 환적을 포함시키기도 함

출처: UNCTAD (1990); 정봉민 (2015).

3. 정기선과 부정기선 운송

1) 정기선

정기선(Liner)은 정해진 항만을 정해진 항로에 따라 정해진 스케줄로 규칙적 운항하는 선박을 의미한다. 해상운송을 정기적인 서비스로 제공하기 위해서는 많은 선박이 필요하며, 아울러 안정적인 공급이 필수적이기 때문에 과거에는 해운동맹을 중심으로 정기선 서비스를 제공하였다. 하지만 2008년 이후부터 유럽연합의 반독점금지로 해운동맹(shipping conference)은 사실상 와해되어 최근에는 얼라이언스(alliance)의 형태로 전략적 제휴를 맺어서 정기선 서비스를 제공하고 있다. 정기선은 여객, 소량 일반 화물 및 컨테이너 화물을 취급하며, 개품운송계약으로 선박회사가 불특정 다수의 화주와 개별적으로 운송계약을 체결하기 때문에 선박회사는 공공운송인 또는 일반운송인의 성격을 가지고 있다. 한편 운송계약형식은 법정기재사항을 요구하는 요식계약이며, 선하증권이 계약서 역할을 한다. 그리고 헤이그규칙이나 함부르크규칙 등 준거규칙에 따라 필수기재사항은 다를 수 있다.

2) 부정기선

부정기선(tramper)은 기항항만이나 항로가 화물의 수요와 공급에 따라 부정기적이기 때문에 운임은 화물과 선박의 수급에 따라 결정되므로 탄력적으로 변동된다. 그리고 부정기선은 주로 곡물, 광물, 목재와 같은 대량의 동종 살화물(bulk cargo)을 취급하며, 선복(shipping space)의 전부 또는 일부를 선주로부터 빌리는 용선계약(contract of charter party)을 체결하여 운영한다. 선주는 계약운송인 또는 사적운송인의 성격을 가지고 있다.

표 12-2 정기선과 부정기선의 운송계약

구분	개품운송계약	용선계약
형태	선박회사는 불특정 다수의 화주로부터 위탁받은 개개화물을 운송	선박회사는 특정 대량화주와 특약에 의해 선박을 빌려주어 화물을 운송
선박	정기선	부정기선
화주	불특정 다수	특정 소수
화물	general cargo (unitized cargo)	bulk cargo (wet or dry cargo)
계약	선하증권(B/L)	용선계약서(C/P)
하역비용	berth term(liner term)	berth term, FI, FO, FIO, FIOST
운임	공시요율에 따른 공시운임 (tariff rate)	수급시황에 따른 시세운임 (open rate)

4. 해상운송계약

1) 정기선 운송계약

선복예약을 통한 운송계약 체결은 다음과 같다. 송화인이 선적의뢰서(shipping request: S/R)를 작성하여 선박회사에 제출 → 선박회사는 적하예약목록(booking note: B/N)을 작성하여 송하인 및 본선에 통지 → 선박회사는 검량회사에 용적 · 용량증명서(certificate of measurement and weight) 발급 의뢰 → 선박회사는 송하인에게 선적지시서(shipping order: S/O) 발행 → 송하인은 선장(통상 일등항해사, chief mate)에게 선적지시서(S/O) 제시 후 선적하고, 확인

후 본선수취증(mate's receipt: M/R)을 교부받아[일반화물이 아닌 컨테이너의 경우는 부두수취증(dock receipt: D/R)] 선박회사에 제출 → 선박회사는 선하증권(bill of lading: B/L) 발행 → 선박회사는 수출지 본선에서 제공한 적하목록(manifest)을 수입지 대리점에 송부 → 송하인은 B/L을 수하인에게 송부 → 수하인은 선박회사에 선하증권(B/L) 제시 후 화물인도지시서(delivery order: D/O) 교부받음 → 수하인은 터미널에서 본선에 화물인도지시서(D/O) 제시 후 화물을 인수한다.

참고로 선적의뢰서(shipping request: S/R)는 화주가 선사를 대상으로 선복을 확보하기 위하여 제출하는 운송의뢰서이다. 선적의뢰서에는 통상 상업송장과 포장명세서를 기반으로 송화인, 수화인, 통지자(notify party), 선적항, 도착항, 화인, 물품의 명세, 중량, 용적 등 선적 이후의 선하증권 작성에 필요한 정보들이 담겨 운송인에게 제출된다. 선적지시서(shipping order: S/O)는 화주의 선적의뢰서(S/R)에 대해 선사가 발행하는 화물적재지시서이며, 통상 일등항해사를 선적책임자로 발급된다. 검수사(tallyman)는 선적화물을 양하역할 때 화물의 수량을 확인하고 증명하는 일에 종사하는 자를 말한다. 검량사(measurer)는 선적화물을 양하역할 때 화물의 용적 또는 중량을 확인하고 증명하는 일에 종사하는 자를 말한다. 감정사(surveyor)는 선적화물 및 선박(부선 포함)에 관련된 증명, 조사, 감정하는 일에 종사하는 자를 말한다.

2) 부정기선 운송계약

선주(ship owner)와 용선자(charterer) 간의 계약 절차는 다음과 같다. 먼저 선복조회(inquiry) → 정보(indication) 교환 → 확정청약(firm offer) → 반대청약(counter offer) → 선복확정서(fixture note) → 용선계약서(charter party)로 계약 체결이 진행된다. 하지만 통상 선주와 용선자 사이에 해운중개인(Broker)이 개입하여 계약을 진행하는 것이 일반적이다.

(1) 정기용선(time charter)

정기용선은 기간용선이라고도 하는데, 용선자가 선박의 전부를 용선기간 동안 빌리고 그 대가로서 용선료(hire 또는 charterage)를 지불하는 선박사용계약이다. 일반적으로 정기용선을 이용하는 용선자는 용선선박의 항해를 통해 운임을 획득하거나 재용선하여 시세차익 획득을 목적으로 하는 운항업자(operator) 전체용선(whole charter) 계약을 체결한다.

표준정기용선계약서는 발틱국제해운거래소(The Baltic International Maritime Conference: BIMCO)에서 승인한 양식 중 뉴욕산물거래소(New York Produce Exchange: NYPE)가 제정한 NYPE 93을 주로 사용한다.

(2) 항해용선(voyage charter or trip charter)

선주가 용선자의 특정화물을 특정항(들)으로부터 다른 항(들)까지 운송하여 주고 그 대가로서 해상운임(freight)을 수취하는 일종의 용역계약이자 운송계약이다. 통상 용선자는 단일 또는 복수의 화주이며, 단일화주의 경우는 전체용선, 복수의 화주인 경우는 부분용선(partial charter)을 한다. 참고로 항차별 운임인 선복용선계약(lump sum charter), 1일 단위 용선료를 지불하는 일대용선계약(daily charter)이다.

표준항해용선계약서 역시 BIMCO(발틱국제해사협의회)에서 승인한 양식 중에서 표준항해용선계약서(GENCON, 1994)를 주로 사용한다. 그리고 용선계약선하증권(charter party B/L)을 CONGENBILL라고 하며, 현재는 CONGENBILL (2007)을 사용하고 있다.

제2절 해상운임과 선하증권

1. 해상운임

운임은 운송임의 준말로 운송 서비스에 대한 반대급부로 사람 또는 재화를 수송해 주는 대가이다. 운임은 수요에 대해 탄력적인데 수요가 많아지면 운임이 상승하고 반대로 수요가 적어지면 운임은 하락한다. 수요는 공급과 함께 고려되는데 일정한 수요에도 공급량이 늘어나면 수요가 상대적으로 감소하며 공급량이 줄어들면 수요가 상대적으로 증가한다. 하지만 해상운송의 공급은 선복량(shipping space)으로 선박의 발주, 건조, 그리고 수주에 이르러 시장에 투입되기까지 시간 차이가 존재하며, 수요의 증감세에 공급의 증감세가 바로 대응하기 어렵기 때문에 결과적으로 수요는 운임에 탄력적이지만, 공급은 상대적으로 비탄력적이다.

이러한 해상운임에 대해서는 몇 가지 이론이 존재한다. 대표적인 운임결정 이론에는 용역가치설과 생산비설, 운임부담능력설, 그리고 절충설이 있다. 먼저 용역가치설은 해상운임은 운송이 창출하는 부가가치에 의해 결정된다는 이론으로 국가 간 상품가격의 차이를 부가가치로 간주하고 국가 간에 상품의 가격 차이가 발생하는 것은 운임이 존재하기 때문이라고 간주한다. 결과적으로 국가별 물품의 가격 차이가 운송비를 결정한다고 판단하는 이론으로 가격 차이가 곧 운임의 상한선이 됨을 의미한다. 생산비설은 해상운임은 운송을 생산(공급)하는 데 발생하는 생산비용을 근거로 결정된다는 이론으로 운임은 생산비와 이윤 그리고 기회비용의 합으로 보고 있다. 결과적으로 화물별로 생산비는 다르기 때문에 전용화물을 이용하는 부정기선에 적합하다. 운임부담능력설은 해상운임은 수요자(화주)가 부담할 수 있는 능력에 따라 결정된다는 이론으로 도착지 물품가격에서 운임의 비중이 크다는 것은 물품가격 대비

운임비가 높다는 의미로 저가상품을 의미하며, 반대로 운임 비중이 적다는 것은 물품가격이 운임 대비 높다는 의미로 고가품을 의미한다. 운임부담능력설에 따라 종가요율, 등급요율, 차별요율과 같은 운임체계가 형성된다. 마지막으로 절충설은 운임의 최대상한성은 운임부담능력이 되고 운임의 최저하한선은 생산비가 된다는 이론이다.

한편, 운송은 사회적 공공성을 갖고 있기 때문에 통제가 가능한 경제영역에서는 시장의 원리를 적용하기 힘들다. 이러한 운송의 공공성은 안정적인 서비스 제공을 목표로 하고 있어 과거 해운동맹 등의 방법으로 운임의 안정성을 추구하였다. 하지만 오늘날 해운동맹의 와해 등으로 운임은 자유경쟁 상태에 있어 특히 외항해운의 경우 시장의 원리가 적용되어 경쟁은 더욱 치열한 상황이다. 참고로 정기선의 경우 불특정다수의 화주를 상대하고 아울러 불특정다수의 화물을 운송하기 때문에 운송의 공공성이 적용되지만, 부정기선의 경우 특정화물과 특정화주를 대상으로 하기 때문에 운송의 개별성이 존재한다.

운임의 부과기준은 크게 중량(weight, metric ton), 용적(measurement, cubic meter), 가격(value), 개수, 특수화물 여부 등에 따라 부과된다. 통상 공급자인 운송인에게 유리하게 가격을 측정할 수 있는 W/M(weight or measurement)이 일반적으로 적용되는 운임톤(freight ton 또는 revenue ton)을 적용한다. 기본적인 운임기준 외 부가적으로 상황에 따라 추가운임 및 할증료가 부가된다.

참고로 운임 부과에 있어 중량기준의 경우 화물의 총중량(G/T)으로 계산되며 중량톤(M/T, 1,000 kg)당 운임을 부과한다. 용적기준의 경우 화물의 총부피로 계산되며 용적톤은 CBM으로 포장재의 부피를 포함하는데, 화물의 고유성 및 포장에 따른 화물 간 손실공간에 대해서는 적하계수(stowage factor)를 적용하여 계산한다. 적하계수(stowage factor)는 화물의 톤당 부피(m^3/ton)로 화물의 중량 1 MT(1,000 kg)을 선적할 때 화물과 화물, 화물과 선체와의 틈 및 화물 자체가 차지하는 전체 공간을 m^3로 표시한 것이며, 적하계수 1을 분기점으로 중량화물과 용적화물로 구분한다. 예를 들어 특정화물(석탄)의 적하계수는 1.05~1.25이며 이는 석탄 1 MT를 적재하는데 1.05~1.25 m^3의 공간이 필요함을 의미한다(이 경우 운임은 1 MT로 산정하지 않고 1.05~1.25 Ton으로 부과됨). 즉 용적화물은 1 CBM 화물이 1 MT를 넘지 않는 화물이며, 중량화물은 1 CBM 화물이 1 MT를 넘는 화물이다. 개수기준은 화물의 개수 단위로 운임을 부과한다. 특수기준은 화물의 취급에 특별한 주의와 장비 등이 사용되어 추가운임이 발생하는데, 예를 들면 위험물, 변질화물, 기피화물, 평균 이상의 중량화물, 부피화물, 장척화물 등에는 할증운임이 부과된다.

2. 정기선 운임

1) 정기선 운임의 구성

정기선 선사의 수입은 해상화물 운임 수입에서 운항비를 제외하면 운항순익이 되며, 운항순익에서 선비와 용선료 및 일반관리비를 제외하면 순이익률이 된다. 정기선 운임의 구성(기본료)은 선비, 운항비, 용선비, 일반관리비로 구분된다. 직접선비는 선박운항에 필요한 비용으로 선원비, 수리비, 선용품비, 윤활유이다. 간접선비는 선박 소유에 필요한 비용으로 감가상각, 금리, 선박보험료이다. 운항비는 선박이 항해할 때 발생하는 비용으로 연료비, 항비, 선적 및 하역비, 대리점 수수료 및 중개료, 일반화물비, P&I 보험료이다. 용선비는 선박의 용선으로 발생하는 비용이다. 그리고 일반관리비는 운영비용으로 본사, 해외지사, 대리점 인건비, 업무비, 시설유지비 등이다.

정기선 운임의 속성은 기본료, 할증료, 부대비용으로 볼 수 있다. 특히 할증료(surcharge)에는 체선할증료, 통화할증료, 유류할증료, 중량/장척할증료, 하역항 미확정 및 변경에 따른 할증료, 양륙항 변경할증료, 환적할증료, 안개할증료 등이 있다.

2) 정기선 운임의 종류

정기선의 운임은 지급시기에 따라 선불운임과 후불운임으로 구분할 수 있다. 계산방법에 따라서는 등급운임, 체감운임, 지역운임을 구분된다. 공시 여부에 따라서는 공시운임, 경쟁운임으로 구분된다. 부과방법에 따라서는 종가운임(ad valorem freight), 품목별 운임(commodity Rate), 무차별운임(freight all kinds rate), 차별운임, 품목별 박스운임, 할증운임, 특별운임, 최저운임 및 소포운임으로 구분된다. 적재 정도에 따라서는 만재운임, 혼재운임, 부적운임(dead freight)이 있다. 참고로 부적운임은 화물의 실제 적재량이 계약량에 미달할 경우 그 부족분에 대하여 지불하는 운임이다.

3) 할증료

선박운임의 할증료는 다양하며 그 종류는 다음과 같다.

- 유류할증료(bunker adjustment factor: BAF): 급변한 유가인상분에 의한 추가적인 비용을 보전하기 위하여 부과, BAF는 주로 유럽항로에, fuel adjustment factors는 동남아 북미항로, EBS(emergency bunker surcharge)는 주로 호주항로에 적용
- 저유황사용할증료(low sulphur surcharge: LSS): 저유황사용할증료는 IMO에서 2020년부터 선박 연료에 황 함유량을 기존 3.5%에서 0.5%로 낮게 규제함에 따라 저유황연료를 사용하는 선박에 대한 할증료로, 이미 많은 지역에서 적용
- 통화할증료(currency adjustment factor: CAF): 운임표기 화폐의 약세로 인한 손실을 보전하기 위하여 부과
- 엔고손실보충요금(yen appreciation surcharge: YAS): CAF와 유사하게 엔고로 인한 손실분 보전을 위하여 부과
- 체선료(port congestion surcharge or charge: PCS or PCC): 항구에서

대기선박 적체로 장기간 대기할 경우 부과

- 수에즈운하할증료(Suez canal surcharge: SCS): 수에즈운하가 막힐 경우 희망봉 경유로 인해 발생되는 비용을 보전하기 위하여 부과
- 전쟁위험할증료(war risk surcharge: WRS): 전쟁지역이나 전쟁지역 경유 화물에 부과

4) 추가비용

선박의 추가비용 역시 할증료처럼 다양하며 다음과 같다.

- 차별항운임(outport arbitrary): 정규기항지(base port) 이외의 지역에서 적하 또는 양하되는 화물에 부과
- 환적료(transshipment charge): 선박이 화물의 최종 목적항에 직접 기항하지 않기 때문에 화물의 환적으로 인해 추가로 발생하는 비용을 보전하기 위하여 부과
- 선택항료(optional charge): 화주가 선적 당시에 최종 목적항을 둘 이상 정하여 최초 항 도착 전에 양하항을 지정하는 경우 적부상의 문제점을 감안하여 부과
- 항구변경료(diversion charge): 화주가 선적 시에 지정했던 항구를 본선 선적 완료 후 변경할 경우 부과
- 과중료(heavy lift charge): 화물의 단위당 중량 초과로 특수장비를 이용할 경우 부과
- 장척료(long length charge): 화물의 전장이 너무 길거나 커서 특수장비를 이용할 경우 부과
- 위험물할증료(dangerous goods premium): 화물에 내재한 위험성으로 선적 시 특별한 주의가 필요한 경우 부과
- 특별운항료(special operating service charge): 항만 내 파업 발생으로 선박이 예정된 항구에 기항하지 못하고 인접항에서 화물을 양하할 경우 추

가로 소요되는 육상운송료 등을 보전하기 위하여 부과

- 포기선하증권발행비(surrender charge: SRD): 원본의 선하증권 발행 이후 빠른 화물의 인수를 목적으로 원본을 반납하고 surrender B/L을 발행하는 경우 2번의 선하증권 발행이 되어 발생하는 비용으로 일반적으로는 surrender B/L만 발행함
- 봉인비(seal fee: SLF): 컨테이너 봉인(seal)을 할 때 봉인사용료로 일반적으로 선사에서 화주들에게 부과하며 화주들의 자체봉인을 선사가 인정하는 경우 추가비용 없음
- 컨테이너수급불균형비용(container imbalance charge: CIC): 컨테이너 수급불균형에 따른 공컨테이너 운송비용 보전을 위해 부과

5) 부대비용

부대비용은 선사들이 운항비의 증가 또는 운항수입의 감소를 보전하기 위해 기본운임의 일정비율로 컨테이너 또는 톤당 일정액을 정하여 공시한다. 부대비용의 종류는 다음과 같다.

- 터미널화물처리비(terminal handling charge: THC): 수출화물의 경우 화물이 터미널에 입고된 순간부터 본선의 선측까지 또는 수입화물의 경우 본선의 선측에서 터미널의 게이트를 통과하기까지의 구간에서 화물의 이동에 따라 소요되는 비용으로 OTH(terminal handling charge at origin)와 DTH(terminal handling charge at destination)로 구분되는데 일반적으로 운임에 포함되어 결과적으로 화주가 부담한다.
- 컨테이너화물조작장작업료(CFS Charge): 선적지와 도착지의 CFS에서 컨테이너 하나의 적재량을 채우지 못하는 소량화물(LCL)의 혼재 또는 분류작업으로 발생하는 비용으로 포워더가 화주로부터 징수하여 CFS 운영자에게 지불한다.
- 도착지화물인도비용(destination delivery charge: DDC): 북미에 도착하는

화물에 대하여 도착항에서 터미널 작업비용과 도착지의 내륙운송비용을 포함한 비용이다.

- 컨테이너세(container tax): 항만이나 배후도로의 건설 등 운송시설의 확충을 위하여 항만 배후도로를 운송하는 컨테이너 차량에 대해서 부과하는 교통유발부담금이다.
- 서류발급비(documentation fee): 선사에서 선하증권(B/L)과 화물인도지시서(D/O) 등의 서류를 발급할 때 발생하는 행정비용이다.
- 지체료(detention charge): 화주가 대여받은 컨테이너 또는 트레일러를 규정된 시간 내에 반환하지 못한 경우에 지불해야 하는 벌과금이다.
- 부두사용료(wharfage): 화물입출항료로 수출 시 항만시설 사용에 대한 비용으로 톤 혹은 컨테이너 기준으로 부과한다.

3. 부정기선의 운임

1) 부정기선 운임의 구성

부정기선의 운항원가는 선비 및 운항비로 구분되며, 선비는 직접선비와 간접선비로 구분된다. 직접선비는 선박을 운항 가능한 상태로 유지하기 위한 비용으로 선원비, 수리비, 선용품비, 윤활유비 등이다. 간접선비는 선박을 소유하는 데 필요한 비용으로 감가상각, 금리, 선박보험료 등이다. 운항비는 선박의 항해에 필요한 비용으로 연료비, 항비, 선적 및 하역비 등이다.

2) 항해용선 묵시보증

항해용선 묵시보증은 선주측과 용선주측이 있는데 선주측은 감항성, 정당한 조출, 이로불허이며, 용선주측은 선주가 아닌 선장이 화물을 인수해도 손실과 손상 시 용선주에 대한 보상 및 배상책임이 있다. 항해용선은 선박스펙,

항해 기항지, 화물상세, 부적운임 및 운임과 수수료, 적/양하비 부담조건, 정박시간(laytime), 항해용선과 책임담당자 등의 내용을 중심으로 계약서를 작성한다.

3) 항해용선의 종류

항해용선은 가장 일반적인 부정기선 운송으로 먼저 항해용선계약(voyage or trip Charter)은 운임을 톤당 책정하여 계약체결을 한다. 선복용선계약(lump sum charter)은 선복의 일부 또는 전체로 계약체결을 진행한다. 일대용선계약(daily charter)은 하루의 운임을 기준으로 계약을 체결한다. 총용선(gross term charter)은 선주가 일체의 하역비(stevedorage) 및 항비(port charge)를 부담하는 조건으로 단, 부선작업(lightering)의 경우 부선료 및 부선노임을 화주가 부담하고 선주는 본선에서의 선내비용을 부담한다. 순용선(net term charter)은 화주가 화물을 선박에 선적하고 양륙하는 비용과 함께 선적항과 양륙항의 항비 등을 추가로 부담하는 조건으로 해당 조건은 화주가 선주가 잘 모르는 항로를 이용하거나 화주가 선적 및 양륙시설을 보유하고 있는 경우 사용된다.

4) 정박기간

항해용선에서 선적 및 양하작업을 위하여 용선자에게 허용된 시간으로 선적 및 양하작업이 종료되면 선주는 각각의 항구에서 계약된 기간 내에 작업이 완료되었는지를 체결한 하역조건을 기준으로 산정하여 체선료와 조출료 및 미정산운임을 정산한다. 정박기간(laytime, laydays)은 선적 및 양하작업을 위하여 용선자에게 허용된 시간으로 합의된 정박기간을 초과하면 용선자는 체선료(demurrage money)를 선주에게 지불하고 반대로 허용된 기간보다 일찍 하역을 종료하게 되면 선주는 용선자에게 조출료(despatch money)를 지급한다.

정박시간(laytime)은 선박이 항만에 도착한 일시와 장소, 그리고 용선계약서(C/P)에 규정한 조건대로 선적/양하 준비가 되어 있다는 내용을 담고 있는 하역통지서(notice of readiness: NOR)가 제출된 이후 시작되는데 통상 건화물의 경우 하역통지서 제출이 선박이 도착한 날의 운영시간(office hours) 안에 이루어지면 다음 작업일(working day)의 오전 8시에 시작되며, 유조선의 경우에는 NOR 제출 후 6시간 이후 시작된다. 참고로 종료시점은 건화물의 경우 작업 종료시점이며, 유조선의 경우 호스 분리시점이다.

정박시간의 성립을 위해서는 선박이 항구의 통상적인 대기장소에 도착해야 하며, 선적/양하 준비가 되어야 하며, 마지막 하역통지서가 제출되어야 한다. 정박시간은 정박일 계산서(statement of facts: SOF)에 의해 산정되며, 하역통지서 제출 날짜와 시간 그리고 작업의 시작 날짜와 시간, 일일 작업사항, 날씨를 포함하여 기타 작업 중단 사유 등의 내용이 기재된다. 정박시간의 종류는 다음과 같다.

- Customary Quick Dispatch(CQD): 항만의 관습에 따라 조속히 하역하되 정박시간을 항만의 관습에 따라 산정한다.
- Running Days: 작업 불가능일과 휴일 및 공휴일 등에 대한 고려 없이 하역을 시작한 시점부터 종료할 때까지의 모든 시간을 정박시간으로 간주한다.
- Working Days: 작업 가능일을 의미하며 항구의 관습에 따라 작업일은 8시간부터 24시간까지 다르다.
- Weather Working Days(WWD) or Working Days, Weather Permitting: Working Days(8시간~24시간으로 항구마다 다름)에서 날씨의 영향을 받지 않고 선적 및 양하작업을 한 시간만을 산정한다.
- Even If Used(EIU): 선적 및 양하작업 시간에서 제외하기로 한 날에 작업을 해도 정박시간 계산에 넣지 않는다는 의미이다.
- Unless Used: 선적 및 양하작업 시간에서 제외하기로 한 날에 작업을 하면 정박시간 계산에 넣는다는 의미이다.

- Sundays and Holidays Excepted(SHEX): 일요일과 공휴일은 정박시간 계산에서 제외한다는 의미이다.
- Sundays and Holidays Included(SHINC): 일요일과 공휴일은 정박시간 계산에 산입한다는 의미이다.

5) 정기용선

정기용선은 하계 만재흘수선에 의한 재화중량톤수를 기준으로 일대일용료(일대일용선의 경우) 또는 월단위 용선료로 계약을 하며 일반적으로 정기용선료는 1개월 또는 반 개월마다 선불로 지급한다. 정기용선에서 선주는 선박의 선체, 기관, 속구 등을 언제나 항해가 가능한 상태로 유지해야 하며, 선원비, 선체보험료, 수리비, 선용소모품비 등의 선비를 부담해야 한다. 정기용선에서 용선주는 선박항해에 필요한 연료비, 항비, 청수비, 화물비 등의 항해비를 부담한다.

표 12-3 **용선별 운임 구조**

구분	정기용선(time charter)	항해용선(voyage charter)	나용선(BBC)
선주	직접선비, 간접선비	직접선비, 간접선비, 운항비	간접선비
용선인(주)	운항비		직접선비, 운항비

- 직접선비: 선원비, 선용품비, 수리비, 검사비 등
- 간접선비: 보험료, 선박등록세 등
- 운항비: 항만사용료, 연료비, 운반비 등

6) 하역비

오늘날 정기선은 통상 컨테이너선을 지칭하며 하역비는 운임에 포함되어 있다. 반대로 부정기선의 경우 화물의 하역비는 큰 비중을 차지하고 있기 때문에 선주와 화주 간 부담을 결정해야 한다. 하역비는 부정기선 용선계약 시

주로 이용되며 보통 화주와 선주의 선적 및 양륙시설 보유나 활용 정도에 따라 정해진다. 하역비의 조건은 다음과 같다.

- Berth Term(liner term): 선주의 책임과 비용으로 화물을 선적하고 양륙하며 운임에 하역비가 포함된다. 주로 정기선에서 이용되지만 항해용선에서도 적용 가능한데 항해용선에서 해당 조건을 사용하면 조출료와 체선료가 발생하지 않게 된다.
- Free In(FI): 선적은 화주의 책임과 비용으로 이루어지며 양륙은 선주의 책임과 비용으로 이루어진다.
- Free Out(FO): 선적은 선주의 책임과 비용으로 이루어지며 양륙은 화주의 책임과 비용으로 이루어진다.
- Free In & Out(FIO): 선적과 양륙이 모두 화주의 책임과 비용으로 이루어지는데 해당 조건의 경우 선적항과 양륙항에서 조출료와 체선료가 발생할 수 있다.
- Free In and Out, Stowed and Trimmed(FIOST): 선적, 양륙, 적부, 트리밍의 비용이 모두 화주의 책임과 비용으로 이루어진다. 여기서 적부(stowed)는 화물을 선내에 적재하는 것을 의미하며, 트리밍(trimmed)은 살화물 등의 벌크화물을 다지는 작업이다. 실제 선적에 있어 컨테이너와 같은 규격화된 화물이 아닌 벌크화물의 경우 적부와 트리밍 작업을 제대로 하지 않는 경우 해상사고로 이어지기 때문에 중요한 부분이라고 할 수 있다.

4. 선하증권

1) 선하증권의 의미와 기능

선하증권(bill of lading: B/L)이란 화주(송화인)와 선박회사 간의 해상운송계약에 의하여 선박회사가 발행하는 유가증권이다. 선하증권은 선박회사가 화주로부터 위탁받은 화물을 목적지의 양륙항까지 운송하여 그 증권의 소지자에게 증권과 상환으로 운송화물을 인도할 것을 약속하는 요식 · 요인증권이자 제시증권이다. 아울러 선하증권은 유가증권이므로 인도나 배서(endorsement)에 의하여 전매될 수 있고, 소지인(bona fide holder 또는 bearer)은 선적화물을 소유하고 있는 것과 동일한 효과를 지니며 물품에 대한 지배권을 갖는다. 이러한 속성으로 선하증권의 인도는 물품의 인도와 동일한 효력을 갖는다.

선하증권은 이상의 정의와 특성으로 권리증권, 요인증권, 채권증권, 요식증권, 문언증권, 유통증권, 지시증권의 속성이 있으며, 무엇보다 선적화물수취증의 기본 기능을 가지고 있다.

2) 선하증권의 기재사항

선하증권의 법정기재사항은 선하증권에 반드시 기재하여야만 효력이 발생하는 내용으로 선하증권의 표면(전면)난에 기재되는 내용을 말한다. 선하증권의 법정기재사항의 존재는 선하증권이 요식증권임을 의미한다. 선하증권은 준거법에 따라 그 요식이 다르다.

표 12-4 선하증권 법정기재사항 (상법853조)

1. 선박의 명칭 · 국적 및 톤수
2. 송하인이 서면으로 통지한 운송물의 종류, 중량 또는 용적, 포장의 종별, 개수와 기호
3. 운송물의 외관상태
4. 용선자 또는 송하인의 성명 · 상호
5. 수하인 또는 통지수령인의 성명 · 상호
6. 선적항
7. 양륙항
8. 운임
9. 발행지와 그 발행연월일

10. 수통의 선하증권을 발행한 때에는 그 수
11. 운송인의 성명 또는 상호
12. 운송인의 주된 영업소 소재지

예컨대 헤이그규칙과 함부르크규칙의 선하증권 법정기재사항은 다르다. 우리나라에서는 헤이그규칙을 따르고 있으며, 이를 기반으로 상법 제853조에서 법정기재사항을 명시하고 있다. 따라서 준거법을 어떻게 하느냐에 따라 선하증권의 요식은 다르게 변할 수 있다. 하지만 최소의 주요 기재사항은 공통성을 가지고 있다.

단, 운송물의 중량 · 용적 · 개수 또는 기호가 운송인이 실제로 수령한 운송물을 정확하게 표시하고 있지 아니하다고 의심할 만한 상당한 이유가 있는 때 또는 이를 확인할 적당한 방법이 없는 때에는 그 기재를 생략할 수 있다. 아울러 운송인이 선하증권에 기재된 통지수령인에게 운송물에 관한 통지를 한 때에는 송하인 및 선하증권소지인과 그 밖의 수하인에게 통지한 것으로 본다.

한편, 법정기재사항 외 임의기재사항에는 운송인과 송하인 사이의 특약사항으로 대부분이 운송인의 면책사항이 기재되어 있어, 본선항해번호(voyage no.) 화물도착통지처(notify party), 운임지급지 및 환율, 선하증권의 번호, 컨테이너 번호 및 봉인(sealing)번호, 선주의 면책조항(general clause or exceptions) 등이 있다. 면책조항에는 위험 제외에 관한 사항으로 천재지변(Act of God) 및 해난(perils of the sea), 전쟁위험 제 3자의 행위에 기인하는 위험 등이 있으며, 책임의 면책에 관한 조항으로 과실조항(negligence clause), 잠재하자조항(latent defect clause), 이로조항(deviation clause), 부지조항(unknown clause), 파손 및 누손조항(breakage, leakage clause), 고가품조항, 위험품조항, 손해배상조항 등이 있으며, 기타 조항으로 뉴제이슨 조항(new Jason clause)[1], 공동해손조

1) 뉴제이슨 조항(New Jason Clause)은 통상 공동해손의 경우 발생원인(선원과실 포함) 여하를 불문하고 그 손해에 대하여 화주도 분담하는 반면 화물의 손해가 아닌 선체의 손해에 대해서는 기존의 화주의

항(general average clause) 등이 있다.

3) 선하증권의 준거법

(1) 헤이그규칙

헤이그규칙은 1924년 선하증권이 발행되어 선하증권에 관한 법률 관계와 해석에 관한 통일을 위해 규정한 '선하증권에 관한 통일조약(International Convention for the Unification of Certain Rules Relating to Bills of Lading)'이라는 정식명칭으로 제정되었다. 헤이그규칙은 운송인의 책임에 관하여 선장, 선원, 기타 운송인의 대리인의 항해 또는 선박 취급상의 행위와 태만 또는 과실(항해상과실)에 대해 운송인이 면책됨을 규정하고 있다. 한편 화물의 선적, 적부, 운송, 보관, 양륙 등에 대한 과실(상업상과실)은 면책되지 않는다고 규정하고 있다. 결과적으로 운송인의 대리인 또는 사용인의 고의 또는 과실에 기인하지 않는 모든 손해는 운송인의 면책으로 하고 있다. 단 멸실 또는 손상이 고의 또는 과실에 기인하지 않음을 증명해야 한다. 화물에 대한 운송인의 배상책임은 화물의 포장당 또는 단위당 100 스털링 파운드(Sterling Pound)로 한도하고 있다. 참고로 선하증권 주요 기재사항은 주요한 화인, 송화인이 서면으로 제출한 포장물품의 개수, 수량 또는 중량, 그리고 물품의 외관상 상태 기재로 비교적 단순하게 정의하고 있다.

(2) 헤이그-비스비규칙(Hague-Visby Rules)

헤이그규칙이 변화하는 해상운송의 여건에 부합하지 않는다는 판단 아래 헤이그규칙의 개정이 요구되는 상황에서 1968년 '선하증권 통일조약 개정의정서(Protocol to Amend the International Convention for the Unification of Certain Rules of Law Relating to Bills of Lading)'의 명칭으로 일명 헤이그-비스

분담책임이 없다는 해석에 대하여 선주도 선체의 손해를 화주에게 분담청구할 수 있다는 취지의 약관을 말한다.

비규칙이 채택되었다. 헤이그-비스비규칙은 운송인의 책임한도액을 상향하여 운송인의 책임 무게를 무겁게 하였지만, 여전히 운송인의 면책조항을 두어 운송인 중심의 국제조약이라고 평가된다.

(3) 함부르크규칙

함부르크규칙은 1968년 헤이그-비스비규칙의 발효 이전에 개발도상국들이 UNCTAD에 기존의 운송인 중심의 조약이 아닌 화주의 권익을 보호할 수 있는 조약에 대한 요구로 새로운 선하증권조약안을 요구하였다. 결국 1978년 독일의 함부르크에서 개정된 유엔해상물품운송조약(UN Convention on the Carriage of Goods by Sea, 1978)이 만들어져 일명 함부르크규칙으로 개정되었다. 함부르크규칙은 기존의 헤이그규칙이 순수한 해상운송구간만을 커버하는 데 비해 컨테이너 운송과 관련하여 집화와 인도를 위하여 해상운송에 인접한 육상운송까지 커버하고 있다. 특히 운송인의 책임범위 확대, 항해과실 면책의 폐지, 화재 면책의 폐지, 면책 카탈로그 폐지, 지연손해에 관한 운송인의 책임 명문화, 클레임 제기기간 2년으로 연장 등이 주요 변경내용이다. 운송인의 책임한도액은 포장당 또는 단위당 835 SDR(특별인출권, special drawing rights) 또는 총중량의 kg당 2.5 SDR 가운데 높은 금액을 배상액으로 한다. 지연손해에 대한 운송인의 한도액은 지연화물운임의 2.5배로 하되 운송계약하에서 지급되는 운임총액을 초과할 수 없도록 하였다. 참고로 함부르크규칙의 선하증권 기재사항은 송화인이 통고한 물품의 일반적 성질, 주요 화인, 위험물의 경우 위험성에 대한 명시적 문언, 포장 또는 개품의 수 및 물품의 중량 또는 수량, 물품의 외관상태, 운송인의 명칭 및 영업소, 송화인의 명칭, 수화인의 명칭, 선적항 및 인도일자, 양륙항, 발행증권수, 발행일자, 운송인의 서명, 운임, 갑판적 운송이 되는 경우 그 취지의 문언, 양륙항에서의 물품 인도 기간, 고액책임제한액 등이다.

5. 선하증권의 종류

1) 선적선하증권

선적선하증권(shipped or on board B/L)은 본선 상에 물품이 적재된 이후 발행되는 선하증권이다. 선하증권의 발행은 실질적인 물품의 선적을 의미한다. 증권면에 "shipped in apparent good order and condition on board the vessel" 또는 "loaded in apparent good order and condition on board the vessel"의 문언이 기재되어 있다.

2) 수취선하증권

수취선하증권(received B/L)은 운송인이 물품을 수령한 후 선적 전에 발행하는 선하증권이다. 의미상으로는 부두수취증 또는 창고수취증의 의미이며, 증권면에 "received in apparent good order and condition for shipment on board the vessel"의 문언이 기재되어 있다.

참고로 수취선하증권에 선적 후 적재 완료되었다는 문언과 일자를 기입하고 발행자가 서명하는 것을 본선적재표기(on board notation)라고 하는데 이러한 문언이 기입되면 선적선하증권으로 전환된다. 이 경우 본선적재표기 선하증권(on board endorsement B/L)이라고 하며 이것은 선적선하증권으로 취급된다.

3) 무사고선하증권

무사고선하증권(clean B/L) 또는 무고장선하증권은 물품이 본선에 양호한 상태와 신고된 수량대로 선직되어 선하증권의 비고(remarks)란에 운송물의 수량이나 포장상태에 이상상태가 기재되지 않은 상태로 발행된 것을 말한다. 신용장통일규칙 600(UCP 600)에서는 무고장선하증권만 수리가 가능하도록 규정되어 있으나, 부지약관(unknown clauses)이 있는 경우에도 무고장선하증권으로 간주된다. 부지약관은 운송물품의 내용 표시가 없이 "shipper's load and count" 또는 "said by shipper to contain" 등과 같이 화주에 의해 화물이 검수 및 적재된 경우에 해당한다. 그리고 무포장화물(unprotected, unboxed) 또는 외관상의 하자가 수선된 경우(repaired, mended, reviewed, repacked)에도 무고장선하증권으로 간주된다. 마지막으로 중고 포장재료 사용(second-hand packaging materials used), 낡은 포장재료 사용(old packaging materials used), 수리된 포장재료 사용(reconditioned packaging materials used), 해상운송을 위해 충분하지 않은 포장(packing may not be sufficient for the sea journey) 등 역시 무고장선하증권으로 간주된다.

4) 사고부선하증권

사고부선하증권(foul or dirty B/L) 또는 고장부선하증권은 선사가 물품을 인수할 당시 파손, 유손 등 포장상태가 불완전하거나 수량이 부족하여 비고란에 이러한 사실이 기재되어 발급된 선하증권을 말한다. 예를 들면, 선하증권 비고란에 bags torn, cases broken, packaging holed, goods deformed, goods scratched, the packing is not sufficient for the sea journey 등이 이에 해당한다.

사고부선하증권의 경우 송화인이 파손되거나 문제가 있는 화물을 재포장하거나 보충해야 하지만 시간적 한계로 운송인인 선사에게 수출업자와 은행을 연대보증인으로 한 파손화물보상장(letter of indemnity: L/I)을 제출하고 무고장선하증권을 발급받는 방법을 이용하기도 한다. 즉 차후에 파손 화물에 대하여 문제가 제기된다면 송화인이 운송인에게 보상책임을 지게 되므로 문제의 화물에 대해 수화인과 보험회사에 사전통보하여 차후 추가선적이나 가격공제 또는 할인 등의 양해를 구해야 한다. 아울러 보험회사는 L/I에 대해 보상책임이 없기 때문에 송화인은 보험회사에 고지해야 한다.

5) 지시식선하증권

지시식선하증권(order B/L)은 수화인란에 특정인을 기재하지 않고 "to order", "to order of shipper", "to order of bank"라고 표기되어 유통을 목적으로 한 선하증권을 말한다. 지시식선하증권의 경우 선하증권 뒷면에 백지배서(blank endorsement)를 통하여 물품에 대한 권리를 이전시킨다. 지시식선하증권의 경우 송화인이 백지배서를 통해 은행에 인도하면 이후에는 단순히 증권의 인도만으로 물품에 대한 권리가 이전된다. 일반적으로 단순지시식(to order) 또는 송화인 지시식(to order of shipper)이 많이 쓰인다.

6) 기명식선하증권

기명식선하증권(straight B/L)은 선하증권의 수화인란에 물품의 수취인으로 수입업자나 은행 등의 특정인의 상호가 기재된 선하증권으로 기명된 특정인만이 물품을 인수할 수 있기 때문에 운송 중 물품의 전매나 유통이 제한적인 비유통증권이다. 따라서 배서양도할 수 없다. 하지만 우리나라 상법 제820조 및 제130조에서는 기명식선하증권이라 하더라도 배서금지의 문구(no negotiable)가 없는 경우에는 배서에 의하여 양도할 수 있도록 규정하고 있다. 다만 양도가 행해질 때는 운송인에게 통지해야 한다. 일반적으로 기명식선하증권은 비유통성 때문에 선지급, 청산결제 등 유통이 필요 없는 거래에서 사용된다.

7) 유통선하증권

유통선하증권(negotiable B/L)은 증권으로 표시된 권리가 소지인 또는 증권면에서 지정하고 있는 지시인에게 배서 또는 교부로 자유롭게 양도될 수 있다는 취지가 명시되어 있는 증권으로 지시식, 지참식선하증권(bearer B/L)이 이에 해당한다.

8) 유통불능선하증권

유통불능선하증권(non-negotiable B/L)은 권리의 양도나 유통이 불가능한 선하증권으로 기명식선하증권이 이에 해당한다. 특히 원본 외에는 모두 'non-negotiable'이라는 도장 또는 문구가 표시되어 있어 사본으로는 화물 상환과 은행 매입이 진행되지 않는다.

9) 해양선하증권

해양선하증권(ocean B/L)의 경우 국외의 해상운송계약에 사용된다. 국내에서 사용되는 내국선하증권(local B/L)이 상대개념으로 통상 선하증권은 해양선하증권이다.

10) 내국선하증권

통운송의 경우 제2의 운송인이 자신의 운송구간에 대하여 발행하는 선하증권 또는 국제해상운송에 이어지는 경우 국내의 해상운송에 대하여 발행되는 선하증권을 내국선하증권(local B/L)이라고 한다.

11) 집단선하증권

집단선하증권(master or groupage B/L)은 운송할 화물이 LCL 화물인 경우 포워더가 화물을 혼재하여 동일한 목적지의 물품을 하나로 만들어 선적할 때 발행되는 선하증권이다. 즉, 포워더의 혼재화물에 대해 선사가 1건으로 발행하는 선하증권을 말한다.

12) 혼재화물선하증권

혼재선하증권(house B/L) 또는 운송주선인선하증권은 화물 혼재를 주선한 포워더가 운송인으로부터 원선하증권(master B/L)을 받고 각 화주들에게 발행해 주는 선하증권이다. 일반적으로 포워더가 발행한 house B/L은 권리증권이 아니기 때문에 신용장상에서 이러한 선하증권을 매입한다는 표기가 없다면 수리되지 않는다. 다만 house B/L의 서명란에 포워더가 실제 선사(운송인)를 대행하여 발행한다는 “Acting as agent for...”라는 문구가 있다면 수리된다.

13) 일관선하증권

통선하증권 또는 일관선하증권(through B/L)은 해상을 포함하는 2개 이상의 운송수단을 이용하여 운송하는 경우 최초의 운송인이 전구간의 운송에 대해 책임지고 발행하는 운송증권이다.

14) 복합운송선하증권

복합운송선하증권(combined transport B/L)은 복합운송증권과 달리 반드시 해상운송을 포함하여 해상, 육상, 항공 중 적어도 두 가지 이상의 이종 운송방식을 이용하여 운송하는 경우 복합운송인이 전 구간의 운송에 대하여 책임을 지고 발행하는 증권이다. 특히 발송지와 도착지를 아우른다.

15) 기간경과선하증권

신용장상에 서류제시기간이 정해져 있는 경우에는 그 기간 내에 운송서류와 금융서류가 지정된 은행이나 매입은행에 제시되어야 하며, 이러한 제시기한이 없는 경우에는 통상 운송일자 후 21일 이내에 서류가 제시되어야 한다. 선하증권이 21일이 경과되어 은행에 제시된 경우 해당 선하증권은 기간경과

선하증권(Stale B/L)이라고 하고 수리가 거절된다. 하지만 'stale B/L acceptable'이라는 문구가 신용장에 기재된 경우 은행에서 매입하기도 한다. 참고로 stale은 썩은, 오래된, 신선하지 않은 등의 의미를 가지고 있어 서류가 기간이 경과된 경우에 stale document라는 표현을 사용한다.

16) 제3자 선하증권

제3자 선하증권(third party B/L)은 무역거래를 통한 수익자가 송화인(수출자)이 아닌 제3자가 송화인이 되는 경우에 발행되는 선하증권으로 중계무역에서 주로 이용된다. 즉 무역거래의 수출자가 송화인이 아닌 실제 물품 선적자가 송화인이 되기 때문에 제3자 선하증권이라고 한다.

참고로 스위치 선하증권(switch B/L)은 신용장이나 무역관계서류상의 조건을 충족시키기 위해 최초의 선적항이나 최종 양륙항이 아닌 중계항에 있는 중계인의 명의로 전환한 선하증권을 말한다. 즉, 중계국의 운송인이 중계인에게 발행하는 중계무역용 선하증권이다. 제3자 선하증권과 switch B/L의 차이점은 수입자의 입장에서 원수출자를 파악할 수 있는 경우가 제3자 선하증권이라면 swtich B/L의 경우 중계지에서 선하증권이 재작성되어 원수출자를 알 수 없다는 것이다.

17) 적색선하증권

적색선하증권(red B/L)은 전체가 적색으로 인쇄된 증권이며, 선하증권과 보험증권을 결합시킨 것으로 이 증권에 기재된 화물에 운송 중 사고가 발생하면 당해 화물에 대하여 선사가 보상해 주는 선하증권이다. 즉, 운송인이 화주를 대신하여 보험에 부보하였다는 보험조항이 기재된 선하증권을 말한다. 오늘날에는 거의 사용되지 않으며 보험에 관한 지식이 부족한 무역업자가 선사에 위임하여 발행되었다.

18) 반납선하증권

반납선하증권(surrender B/L)은 수화인이 도착항에서 물품을 신속하게 인수할 수 있도록 송화인이 처음부터 선하증권의 원본을 선박회사에 반납하는 것을 말한다. 즉, 발행된 선하증권을 선사에 반납하는 것으로 송화인이 수화인에게 B/L을 보내는 절차를 생략하기 위하여 선사나 포워더에게 선하증권을 반납하는 것이다.

19) 용선계약선하증권

용선계약선하증권(charter party B/L)은 화주가 살화물(bulk cargo) 형태의 대량화물을 운송하기 위하여 특정한 항해(voyage) 또는 일정기간(time) 동안 부정기선(tramper)을 용선하는 경우, 화주와 선박회사 사이에 체결된 용선계약(charter party)에 의하여 발행되는 선하증권을 말한다. 한편 신용장통일규칙 600(UCP 600)에서는 신용장상에 'charter party B/L is acceptable'이라는 특약이나 허용한다는 명시조항과 선하증권으로써 일정한 요건을 갖추면, 은행에서 수리가 허용되는 것으로 규정하고 있다.

CHAPTER 13
대금결제

CHAPTER 13 대금결제

제1절 신용장 외 결제방식

1. 어음

어음은 기본적으로 발행인이 일정한 일시에 일정한 장소에서 일정한 금액을 수취인에게 본인이 직접 지급하거나 또는 제3자로 하여금 지급하게 할 의사를 기재한 유가증권을 뜻한다. 어음은 요식증권이며, 유가증권이다. 그리고 자유로운 양도가 가능하며 어음의 지급이나 인수가 거절되면 상환청구(소구)가 가능하다. 무엇보다 어음은 지급기일 이전에 할인이 가능하다. 참고로 환어음은 요식증권으로 법정필수기재사항이 존재하며, 그 내용에는 ① 환어음의 표시 ② 지급인 ③ 지급기일 ④ 수취인 ⑤ 지급지 ⑥ 발행일 및 발행지 ⑦ 발행인의 기명날인 또는 서명 ⑧ 무조건 위탁문언 등이 있다.

어음은 크게 약속어음(promissory note)과 환어음(bill of exchange)으로 구분할 수 있다. 약속어음은 발행하는 사람(drawer)이 수취인(payee)에게 일정한 금전의 지급을 약속하는 유가증권으로 국내거래에서 주로 사용한다. 하지만 환어음은 제3자에게 어음에 기재된 금액을 수취인에게 지급해 달라고 의뢰하는 증서로 국제거래에서 주로 사용한다. 특히 격지자 간의 국제거래인 무역거래에서는 발행인이 아닌 제3자가 지급인(drawee)이 되어 지급하는 경우로서 이때 환어음이 사용된다. 다시 말해 약속어음의 경우 발행인(drawer)이 지급인(drawee)이 되지만, 환어음의 경우 발행인(drawer)과 지급인(drawee)이 구분되어 있다. 통상 무역이 발생하면 수출자는 발행인(drawer), 수입자는 지급인(drawee), 그리고 환어음이 사용되는 매입신용장과 인수신용장에서는 매입은행과 인수은행이 수취인(payee)이 된다.

지급인(drawee)은 일정한 금액을 지급하도록 증권상에 지정되어 있는 자를 말하며, 어음과 수표에만 있다. 특히 수표법에 따르면 수표의 경우 지급인은 은행이어야 한다고 규정하고 있다. 어음에서 수취인(payee)은 어음에 정한 금액을 지급받을 자 또는 지급받을 자를 지시할 자를 의미하며 환어음상의 표시위치는 무조건 지급위탁문언인 'pay to' 다음이다.

환어음은 수취인에 따라 보통 4가지 형식이 존재하며, 기명식, 지시식, 소지인식, 선택적 무기명식이 있다. 먼저 기명식은 지급받을 자를 특정하여 그의 이름만을 기재하며 일반적으로 매입은행을 표시한다. 표기 예는 'pay to XX bank'이다. 지시식은 지급받을 자의 명칭 및 그가 지시하는 자라는 의미의 'order of'로 표시한다. 표기 예는 'pay to the order of XX bank' 또는 'pay to XX bank or order'이다. 소지인식은 지급받을 자의 명칭이 생략되고 대신 'bearer'라는 단어를 기입한다. 표기 예는 'pay to bearer'이다. 마지막으로 선택적 무기명식은 지급받을 자의 명칭과 'bearer'라는 단어가 동시에 표기된다. 표기 예는 'pay to XX bank or bearer'이다.

2. 송금

1) 송금수표

무역거래에서 송금(remittance)을 통한 대금결제방법이라면 수입업자, 즉 송금인은 송금은행에 송금을 의뢰해야 한다. 수입업자는 송금대금을 송금은행에 입금하여 송금수표(demand draft: D/D) 발행을 의뢰한다. 송금은행은 송금수표를 발행하여 수입업자에게 교부하고, 동시에 송금수표발행을 지급은행에 통지하고 대금의 지급을 지시한다. 한편, 발행된 송금수표는 수입업자가 수출업자에게 직접 송부하게 되며, 송금수표를 수취한 수출업자는 지급은행에 송금수표를 제시하여 송금대금을 지급받는다.

송금수표를 대금결제방법으로 이용하는 경우에는 물품 선적과는 별도로 대금결제가 진행되기 때문에 업자 간의 신뢰가 높은 경우나 소액의 경우에 사용한다.

2) 우편환

우편환(mail transfer: M/T)은 송금인, 즉 수입업자가 수입지의 송금은행에 송금대금을 입금시키고 송금을 의뢰하면 송금은행이 수취인, 즉 수출업자의 소재지에 있는 환거래은행에 대하여 지정수취인에게 송금대금을 지급하여 줄 것을 위탁하는 지급지시서(payment order)를 우편으로 송부하는 방법이다. 우편으로 송부하는 도중 발생하는 지급지시서의 분실 또는 도난의 위험은 은행이 부담한다. 아울러 부본으로 지급지시가 가능하지만, 신속하지는 않다.

3) 전신환

전신환(telegraphic transfer: T/T)은 앞선 우편환과 달리 지급지시서를 우편이 아닌 전신으로 송부하는 방법이다. 송금 과정에서의 모든 위험은 은행이 부담하지만 분실이나 도난의 위험이 적다. 무엇보다도 실시간(real time)으로 대금결제가 이루어지므로 환변동 위험이 적다는 점이 우편환과의 차이점이라고 할 수 있다.

3. 추심

대금결제 가운데 추심(collection)은 단어의 의미로 보면 은행이 수표나 어음을 발행 또는 소지한 사람의 의뢰를 받아서 수표나 어음을 지급인에게 제시하고 대금을 지급하게 하는 일이다. 무역거래에서 추심은 수출업자가 무역거래를 기초로 대상 물품을 선적한 이후 관련 무역서류와 화환어음(documentary bill of exchange)을 은행을 통해 수입업자에게 제시하여 화환어음에 대해 지급(payment)하게 하거나 인수(acceptance) 후 결제하게 하는 방법이다.

1) 지급인도조건

지급인도조건(documents against payment: D/P)은 동시지급방법으로 먼저 수출자가 물품 선적 이후 무역서류와 함께 일람출급(at sight) 환어음을 발행한다. 이후 수출지에 있는 은행(추심의뢰은행)에게 추심을 의뢰하면 추심의뢰은행은 수입지에 있는 추심은행 앞으로 어음대금을 추심한다. 추심은행은 수입자에게 환어음을 제시하고, 수입자는 대금을 지급하여 선적서류를 인도받는다. 추심은행은 선적서류를 수입자에게 인도하고 수취한 대금을 추심의뢰은행에게 송금하고 이후 수출업자가 수출대금을 영수하는 조건이다.

2) 인수인도조건

인수인도조건(documents against acceptance: D/A)은 지급인도조건과 달리 후지급방법으로 수입자가 미래의 확정된 일자에 대금을 지급해야 할 의무를 인수(acceptance)함에 따라 그에 상응하여 무역서류를 획득하는 조건이다. 수출자는 수출물품을 선적하고 무역서류와 함께 기한부환어음(usance)을 발행하여 수출지의 추심의뢰은행에게 제시하여 추심을 의뢰한다. 이후 추심의뢰은행은 수입지의 추심은행 앞으로 어음대금을 추심하면 추심은행은 수입자에게 환어음을 제시한다. 이때 수입자는 어음상에 인수의 표시와 서명으로 무역서류를 인도받을 수 있다. 어음의 만기일에 도래하면 추심은행은 수입자로부터 대금을 받아 추심의뢰은행에 송금하고 수출업자는 수출대금을 영수하는 조건이다.

4. 현물 및 서류상환

1) 현물상환방식

무역거래에 있어 무역서류는 화물을 찾을 수 있는 권리로 표현할 수 있다. 이러한 무역서류는 화물과 동일하게 인지된다. 현물상환방식(cash on delivery: COD)은 수출자의 대리인이나 지점 또는 지사가 수입지에 존재할 때 무역서류를 수입자가 아닌 수출자의 대리인이나 지점 또는 지사로 송부한다. 해당 대리인은 무역서류로 수입국에서 물품의 수입통관을 진행하고 수입업자에게 물품을 인도할 때 대금을 수령하는 방식이다.

2) 서류상환방식

서류상환방식(cash against documents: CAD)은 현물상환방식과 달리 현물의 인도가 아닌 서류의 인도를 의미한다. 수출자의 대리인이 아닌 수입자의 대리인이 수출지에 있을 경우 물품 선적 이후 갖추어진 무역서류를 수입자의 대리인에게 전달하고 대금을 지급받는 방식이다.

5. 특수결제방식

1) 국제팩토링

국제팩토링(international factoring)은 신용장 없이 외상으로 무역거래를 하고 매도인은 선적과 동시에 수출채권을 현금화시킬 수 있으며, 매수인은 쉽고 편리한 외상으로 상품을 구입할 수 있는 거래방식이다. 즉, 공급업자(supplier)가 구매업자(debtor)에게 물품 등을 외상으로 판매한 후 발생하는 매출채권을 팩토링회사(factor)에게 양도하고 팩토링회사로부터 양도채권 금액 범위 내에서의 금융지원, 구매업자에 관한 신용조사 및 신용위험 인수, 대금회수, 기타 사업처리 대행 등의 서비스를 제공받는 금융기법이다.

2) 포페이팅

포페이팅(forfaiting)은 현금을 대가로 채권을 포기 또는 양도하는 의미이다. 즉, 채권을 포기 또는 약속어음을 이전 소지자에게 상환청구하지 않고 고정이자율로 할인, 매입하는 무역금융기법이다. 다른 말로 무소구 조건 수출환어음 매입이라고 하는데 국가 위험도가 높은 새로운 시장을 개척할 때 용이하다. 해당 기법을 수행하는 금융회사를 포페이터(forfaiter)라고 한다.

국제팩토링과 포페이팅을 비교하면 국제팩토링은 단기간(소액결제), 상환청구 가능한 것과 불가능한 것 두 종류의 팩토링이 존재하며, 포페이팅은 장기간(거액결제), 상환청구 불가능한 것만 존재(무소구권이 포페이팅의 특징)한다.

3) 에스크로

에스크로(escrow)는 조건부 제3차 예탁증서로 믿을 만한 제3자에게 수입대금을 맡겨 놓고 수입상품의 인수 후 품질이 계약조건과 일치하는 경우에만 수출자에게 대금을 지급하는 방식이다.

4) 동시개설신용장

동시개설신용장(back-to-back L/C)은 거래 상대방이 수입 신용장을 개설한 경우 신용장을 받은 상대가 동액의 신용장을 개설한 경우에만 유효하도록 되어 있는 신용장이다.

5) SURF

SURF(Settlement Utility for Managing Risk and Finance)는 무역결제업무를 수행하는 공유기반 관리시스템으로 볼레로(bolero)상 전자결제시스템이다. 볼레로를 기반으로 한 매도인과 매수인 간의 지급 확약이 포함된 상업송장, 포장명세서, 선하증권 등의 교환을 관리하는 자동화한 무역결제 과정을 수행하는 프로그램이다.

6) 볼레로 프로젝트

세계은행 간 금융통신망(Society for Worldwide Inter Bank Financial Telecommunication: SWIFT)[1]에 의하여 주도되는 볼레로 프로젝트(bolero project)는 무역거래에 필요한 종이서류를 전자메시지로 전환하여 안전하게 교환할 수 있는 기반을 제공하는 방식이며, 무역서류의 전자화 시스템으로 L/C 방식의 거래형태를 그대로 남겨둔다.

1) SWIFT는 국제은행 간 통신협정으로 1973년 유럽 및 북미의 주요 은행들이 가맹하여 발족한 비영리 조직이며 본부는 브뤼셀에 있다. 각국의 주요 은행을 묶어 컴퓨터 네트워크를 구성하고 은행 상호 간의 지급 · 송금업무 등을 위한 데이터 통신의 교환을 목표로 1977년 유럽 일부에서 시스템 가동을 개시했다.

7) 트레이드 카드

트레이드 카드(trade card)는 기존 신용장(L/C)방식 무역의 비효율성을 개선하기 위해 세계무역센터협회(World Trade Center Association: WTCA)가 주도적으로 개발해 온 전자무역결제시스템이며 세계 최초의 국제무역자동화서비스이다. 국내 무역업체가 인터넷을 통해 무역거래를 수행할 때 거래 한 건당 일정액의 수수료만 지불하면 기존 거래금융기관을 변경할 필요 없이 온라인에서 결제 절차를 마칠 수 있는 솔루션이다. 즉 무역신용카드란 수출자와 수입자가 국제무역을 전자식 시스템으로 처리하고 무역대금도 신용으로 결제할 수 있는 방식으로 수입자는 거래은행의 신용보증만 받으면 건별로 신용장을 개설하지 않고 무역거래가 가능하다.

제2절 신용장 결제방식

1. 신용장 개요

1) 신용장의 정의와 신용장통일규칙

신용장통일규칙(Uniform Customs and Practice for Documentary Credits, UCP 600) 제2조 제8문에 의하면 신용장(letter of credit: L/C)은 명칭이나 기술과 상관없이 신용장발행은행(issuing bank)이 일치하는 서류 제시에 대해 지급, 연지급, 인수 또는 매입을 이행하겠다는 취소불능의 확약을 구성하는 모든 약정을 의미한다. 즉, 매수인(발행의뢰인, applicant)의 거래은행인 신용장발행은행이 약정기간 내에 매도인(수익자, beneficiary)에 의하여 제시된 서류가 신용장의 모든 조건과 일치하는 경우 매도인에게 대금지급을 확약하는 증서를 의미한다.

즉 신용장발행은행의 조건부 지급확약서라고 할 수 있다.

신용장통일규칙(UCP 600)은 신용장 업무를 취급할 시 준수사항과 해석기준을 정한 국제적인 통일규칙으로서, 각국의 제도와 상관습, 교통과 통신의 취약성, 환거래를 위한 금융기관의 여건과 상황 등으로 인해 발생할 수 있는 국제상거래의 혼란을 막기 위해 통일시킨 규칙이다. 국제상업회의소의 제정하에 2006년까지 6차례 개정되었으며, 제6차 개정된 UCP 600은 2007년 7월 1일 이후 국제상거래에서 사용하고 있다. UCP 600은 총 39개 조항으로 구성되어 있으며 스탠바이신용장에 대한 통일규칙인 ISP 98의 양식을 따르고 있다. 강제성은 없으며 거래당사자의 사전협의하에 적용한다. 해당국의 법규와 다른 경우 법규가 우선되며 거래당사자 간에 일부 규정을 배제, 변경하여 적용 가능하다.

2) 신용장의 특성

(1) 독립성의 원칙(independence principle of the credit)

신용장 독립성의 원칙이란 신용장이 일단 발행되면 발행된 신용장은 그 근거가 되었던 매매계약으로부터 완전히 독립되어 그 자체로서 별도의 법률관계를 형성한다는 의미이다. 따라서 신용장이 매매계약과 관련한 참조사항을 언급하고 있다고 하더라도 신용장 관계 당사자들은 그 계약의 조건에 어떠한 영향이나 구속도 받지 않는다. 만약 신용장 거래를 매매계약과 독립적으로 두지 않는다면 신용장과 관련한 은행들은 매매계약의 내용을 일일이 확인해야 하는데 이는 현실적으로 불가능하다. 또한 독립성의 원칙에 따라 만일 매매계약이 파기되더라도 신용장은 대금결제수단으로 활용이 가능하다. 예를 들어 거래당사자인 수입자가 파산하여 매매계약의 효력이 상실되더라도 수출자는 신용장을 통해 신용장발행은행으로부터 대금을 받을 수 있다. 이처럼 신용장 독립성 원칙은 신속하고 신뢰할 수 있는 대금결제와 무역거래를 위하여 유지되고 있다.

(2) 추상성의 원칙(abstraction principle of the credit)

신용장 추상성의 원칙이란 신용장의 모든 관계 당사자는 계약물품과 관계없이 단지 서류에 의해서만 거래한다는 것을 의미한다. 즉, 은행은 매매계약에서 언급된 물품과 신용장상의 조건이 불일치하거나 물품이 인도되지 않은 경우에도 신용장에서 요구하는 서류만을 가지고 대금지급 여부를 판단한다는 것이다. 따라서 신용장 거래는 추상성의 원칙으로 인해 '서류에 의한 거래'라고 말한다.

(3) 한계성

독립성과 추상성이라는 신용장 특성에 따라 신용장 사용에 한계가 존재한다. 독립성의 경우, 거래당사자인 수입자의 부재로 인하여 매매계약이 파기되더라도 신용장발행은행의 대금결제 확약에 따라 수출자가 대금을 받을 수 있는 가능성은 높아지지만, 발행은행도 파산의 가능성이 있으므로 신용장이 100% 대금결제를 보증하는 수단은 될 수 없다. 또한 서류에 의한 거래라는 추상성의 원칙으로 인해, 수출자가 신용장에서 요구하는 서류를 완벽하게 구비하면 수출자가 선적한 물품에 하자가 있더라도 수입자는 발행은행으로 하여금 대금결제를 거부하도록 강제할 수 없다. 이처럼 원칙의 수준까지는 아니지만 신용장 활용에 한계성이 존재함을 인지해야 한다.

3) 신용장의 당사자

신용장의 당사자(Letter of Credit Parties or Concerned Parties)는 기본 당사자와 기타 당사자로 나눌 수 있다. 기본 당사자는 신용장 거래에서 직접적인 권리와 의무를 갖는 당사자로서, 신용장 발행 후 수익자가 접수할 때까지의 당사자와 신용장 접수 후 사용 단계에서의 당사자로 구분할 수 있다. 전자의 경우는 발행의뢰인(applicant), 발행은행(issuing bank), 수익자(beneficiary)를 말하며, 후자는 발행은행(issuing bank), 수익자(beneficiary), 그리고 신용장의 종류가 확인신용장(confirmed letter of credit)의 경우에는 확인은행(confirming bank)도 기본 당사자에 해당한다. 기타 당사자는 신용장 거래에서 직접적인 권리와 의무는 갖고 있지 않지만 신용장 거래를 원활화하기 위해 간접적으로 협조하거나 대행하는 역할을 갖는 당사자이다. 기타 당사자에는 통지은행(advising bank), 지급은행(paying bank), 인수은행(accepting bank), 매입은행(negotiating bank), 양도은행(transferring bank), 상환은행(reimbursing bank) 등이 있다.

(1) 기본 당사자

① 발행의뢰인(applicant): 발행의뢰인은 매도인과 매매계약 조건에 따라 매도인 앞으로 자신의 거래은행에 신용장의 발행을 신청하는 자로서, 보통 매수인인 수입업자를 말한다. 원칙적으로 발행의뢰인은 매수인을 의미하지만, 매수인의 거래처인 제3자(예를 들어 수입업자의 의뢰에 의해 발행의뢰인이 되는 경우, 수입위탁을 행한 제조업자가 발행의뢰인이 되는 경우)가 발행의뢰인이 되는 경우도 있다. 발행의뢰인은 매매계약의 이행단계에 따라 수입업자(importer), 매수인(buyer), 계정지급인(accountee), 계정귀속인(account party), 수화인(consignee), 여신수령인(grantee), 신용제공인(accreditor), 신용수령매수인(accreditee buyer) 등 여러 명칭으로 불린다.

② 발행은행(issuing bank): 발행은행은 주로 매수인과 거래가 있는 은행이며, 신용장발행의뢰인(매수인)의 요청과 지시에 따라 수익자(매도인) 앞으로 신용장을 발행하고 그 수익자가 발행한 환어음에 대해 대금지급을 확약함으로써 환어음 지급에 책임을 부담하는 은행을 말한다. 즉, 수익자가 제시한 서류가 신용장 조건과 일치할 경우, 수익자가 발행한 환어음을 지급, 연지급, 인수 또는 매입할 것을 확약하는 상환의 의무를 부담하는 은행이다. 발행은행은 개설은행(opening bank), 신용공여인(grantor), 어음지급인(drawee)라고도 하며, UCP 600상에서는 발행은행, UCC상에서는 발행인(issuer)이라는 용어를 사용한다.

③ 확인은행(confirming bank): 확인은행은 발행은행의 수권이나 요청에 따라 제3의 은행이 신용장에 의해 발행된 환어음 지급, 연지급, 인수 또는 매입을 하겠다고 추가로 확약하는 은행이며, 수익자에 대해 발행은행과 동등한 의무와 책임을 갖는 은행이다. 신용장 확인은 수익자가 발행은행의 신용을 믿지 못하는 경우에 신용이 있는 제3의 은행에게 환어음 지급, 연지급, 인수 또는 매입을 추가로 확약하게 하는 것을 의미한다. 보통 매도인 소재지의 제3의 은행이 확인은행이 되며, 신용장 확인은 발행은행과는 독립적인 확인은행의 확약이다. 확인은행은 항상 존재하는 것은 아니며, 신용장의 종류가 확인신용장일 경우에만 존재한다.

④ 수익자(beneficiary): 수익자는 발행은행으로부터 신용장을 수취하여 신용장 조건에 따른 권한과 대금의 지급을 받아 이익을 얻는 자로서, 보통 매도인인 수출업자를 말한다. 수익자는 신용장 조건에 일치하는 서류를 제시할 의무를 가지며, 발행은행 또는 확인은행에 신용장에 의한 확약의 이행을 청구한다. 수익자는 매매계약의 이행단계에 따라 수출업자(exporter), 매도인(seller), 환어음발행인(drawer), 송화인(consignor), 사용자(user), 수신인(addressee) 등 여러 명칭으로 불린다.

(2) 기타 당사자

① 통지은행(advising bank): 통지은행은 통상적으로 수익자의 소재지에 있는 발행은행의 본점, 지점 또는 환거래은행으로서, 발행은행의 위탁을 받아 수익자에게 신용장의 발행 혹은 변경 사실이나 그 내용을 단순히 통지해주는 은행을 말한다. 통지은행은 advising bank 외에도 notifying bank, transmitting bank 등으로 부른다. 통지은행이 수익자에게 신용장을 통지하였다는 것은 신용장의 외견상 진정성(authenticity)을 스스로 점검하였으며, 그 통지가 송부받은 신용장의 조건들을 정확하게 반영하고 있다는 것을 의미하므로 하자가 발견될 경우 그 책임을 부담하여야 한다.

② 지급은행(paying bank): 지급은행은 수익자가 제시한 선적서류에 대하여 직접대금을 지급하여 주는 은행으로서 발행은행으로부터 지급을 위임받은 은행을 지급은행이라 말한다. 지급은행은 발행은행의 환거래약정은행으로서 발행은행의 예금계정에서 해당 금액을 차감하기 때문에 지급과 동시에 상환을 받는다. 지급은행은 지급행위에 대하여 아무런 책임 없이 단순히 대금을 지급해 주는 역할만을 수행한다. 지급은행은 서류가 지급은행에 제시되는 즉시 대금을 지급해 주는 일람지급은행(sight paying bank)과 일정기간(연지급 기간) 후에 대금을 지급하는 연지급은행(deferred paying bank)으로 구분한다.

③ 매입은행(negotiating bank): 매입은행은 수익자가 물품의 선적을 완료한 후 신용장의 조건에 따라 발행은행 앞으로 환어음을 발행하고 신용장에서 요구하는 서류를 준비하여 신용장과 함께 그 환어음의 매입을 의뢰하는 은행을 말하는데, 통상 통지은행이나 수익자의 거래은행인 경우가 대부분이다. 매입은행은 수익자가 제시한 선적서류가 신용장의 조건과 일치하는지의 여부를 점검한 후 일치하는 경우에만 환어음을 매입한다. 매입은행은 매입인(purchaser), 매입당사자(negotiating Party) 등으로 불린다.

④ 인수은행(accepting bank): 인수은행은 수익자가 발행하는 환어음이 일람불이 아니고 기한부환어음일 경우 이러한 기한부어음을 인수하는 은행을 인수은행이라고 하며, 인수은행은 그 환어음의 만기일에 지급은행이 된다. 인수은행에서 인수한 환어음에는 발행은행의 지급약정이 존재한다. 즉, 인수은행은 수익자가 제시한 기한부환어음의 표면에 인수표시를 한 경우 만기일에 대금지급을 거절할 수 없다.

⑤ 양도은행(transferring bank): 양도은행은 양도업무를 취급하는 은행으로 원수익자(first beneficiary)의 요청에 따라 제2수익자(second beneficiary) 또는 제2수익자들(second beneficiaries)에게 신용장을 양도하고 이에 따라 지급, 연지급, 인수 또는 매입을 행하는 은행을 말한다. 양도은행은 신용장

의 양도를 취급한다는 의미에서 양도취급은행이라고도 한다.

⑥ 상환은행(reimbursing bank): 상환은행은 신용장에서 지급, 연지급, 인수 또는 매입은행에 대한 상환을 발행은행을 대신하여 상환업무를 수행하는 은행을 말한다. 수익자에 의해 발행된 환어음을 발행은행으로부터 위탁받아 발행은행을 대신하여 상환청구에 응하므로 상환은행 또는 보상은행이라고 한다. 그리고 신용장 대금의 최종 결제를 담당한다는 측면에서 결제은행(settlement bank) 또는 어음지급은행(drawee bank)이라고도 한다.

2. 신용장 결제방법

1) 신용장의 결제방법에 따른 분류

(1) 일람지급(payment at sight)

신용장과 관련하여 사용되는 일람지급은 수익자가 신용장의 조건에 일치하는 서류를 지급은행에 제시하였을 때 지급은행이 신용장 금액을 즉시 주는 행위를 말한다. 즉, 서류가 제시되었을 때 신용장상의 금액 그대로를 지급하는 행위이다.

(2) 연지급(deferred payment)

연지급은 수익자가 신용장의 조건에 일치하는 서류를 연지급은행에 제시하였을 때 연지급은행이 연지급확약의무를 부담하고 서류를 수리한 후 만기일에 지급하는 것을 말한다.

(3) 인수(acceptance)

인수는 장래의 명시된 일자에 지급해야 할 의무를 인수하는 것으로 제3의

은행이 기한부신용장에 의해 발행되는 기한부어음(usance bill)에 대해 만기일에 대금을 지급해 주겠다고 확약하는 것을 말한다.

(4) 매입(negotiation)

매입은 은행이 자신을 지급인으로 하여 발행된 환어음이 아닌 다른 은행을 지급인으로 하여 발행된 환어음을 구매하는 것을 매입이라 말한다. 이때, 환어음을 매입하는 은행은 소정기간의 이자 및 수수료를 받고 환어음을 구매한다.

표 13-1 신용장 비교

종류		지급기한	은행 지정 여부	배서 여부	환어음 여부	수출지 상대은행	서류매입 은행
매입	일람불	일람불	자유, 지정	배서	일람출급어음	예치환거래은행 무예치환거래은행	자유
	기한부	만기일	자유, 지정	배서	기한부어음	예치환거래은행 무예치환거래은행	자유
지급	일람지급	일람출금	지정 (지급은행)	비배서	불필요	예치환거래은행	통지은행
	연지급	만기일	지정 (연지급은행)	비배서	불필요	예치환거래은행	통지은행
인수		만기일	지정 (인수은행)	비배서	기한부어음	예치환거래은행	통지은행

2) 신용장의 소구권

상환청구권(소구권)은 매입은행이 신용장발행은행으로부터 서류의 불일치 등의 사유로 상환이 거절되면, 수익자(수출자)에게 미리 지불한 어음금액을 되돌려 받을 수 있는 권리를 의미한다. 매입은행이 수익자의 매입 요구에 따라 선적서류 등을 검토 후 매입하여 결제했는데, 발행은행에서 서류의 하자, 발행의뢰인의 부도 등을 이유로 대금을 상환하지 않을 때, 매입은행은 사안에 따라 먼저 발행은행에 대금의 결제를 촉구 또는 의뢰할 수 있다. 그러나 발행은행이 결국 상환을 하지 않을 경우에는 매입은행이 직접 발행은행에 클레임을 제기할 수도 있으나 대부분의 매입은행은 수익자(수출자)에게 대금상환을 청구하는 쉬운 방법을 선택하게 된다.

신용장에 상환청구권(소구권) 행사가 가능한 경우 "with recourse", 소구권 행사가 불가능한 경우 "without recourse"로 표기한다. 상환청구가능신용장(with recourse credit)은 발행은행으로부터 대금을 영수하지 못한 매입은행이 수익자에게 대금의 상환을 청구할 권리를 가질 수 있는 신용장을 말한다. 통상 매입방식(negotiation), 인수방식(acceptance)에서는 상환청구권이 인정된다. 반면, 상환청구불가능신용장은 발행은행이 상환을 하지 않아도 지급은행 등이 수익자에게 상환청구를 할 수 없는 신용장을 말한다. 지급(payment)신용장 및 연지급(deferred payment)신용장은 지급은행이나 연지급은행이 발행은행의 예치환거래 은행으로서 발행은행의 계좌에서 바로 대금을 인출해 지급하게 되므로 상환청구불가능신용장으로 분류한다. 즉 신용장발행은행은 상환청구권을 가질 수 없으므로 개설은행의 계좌에서 지급되는 방식인 지급신용장 또는 연지급신용장은 상환청구불가능신용장이 된다. 다만 지급신용장이나 연지급신용장에서도 지정은행이 아닌 다른 은행에 매입을 청구해 결제를 받는 경우에는 매입이 일어나므로 상환청구권이 발생한다. 한편, 우리나라는 어음법 제42조(상환청구의 실질적 요건) 등에 의거 모든 신용장에 대해 상환청구권을 인정하고 있다.

3) 신용장의 종류

신용장은 선적서류의 첨부 여부에 따라 화환신용장(documentary credit)과 무화환신용장(clean credit)으로 구분할 수 있다. 화환신용장은 선적서류가 수반되지만, 무화환신용장은 선적서류가 수반되지 않은 것으로 발행은행이 수익자에 의해 발행된 환어음만으로 대금결제를 확약하는 신용장이다. 신용장 사용방법에 따라서는 지급, 인수 그리고 매입방식이 있으며, 신용장을 구분하는 대표적인 방법이다. 대금결제 시기에 따라서는 일람출급신용장(sight payment credit)과 기한부신용장(usance credit)으로 구분한다. 일람출급신용장은 수익자가 일람출급환어음을 발행하거나 환어음 없이 선적서류를 직접 개설은행 혹은 지정은행에 제시하면 일람 후 즉시 지급하기로 확약하는 신용장을 의미한다. 기한부신용장(인수신용장 또는 연지급신용장)은 지급인에게 환어음이 제시된 후(acceptance credit: 인수신용장) 또는 선적서류가 제시된 후(deferred payment credit: 연지급신용장) 일정기간이 경과한 다음 대금이 지급되는 신용장으로, 인수신용장의 경우 어음지급인은 어음에 인수문언을 기재하고 서명을 한 다음 제시인에게 반환 후 만기일에 대금을 지급해야 한다.

확인 유무에 따라서는 확인신용장(confirmed credit)과 무확인신용장(unconfirmed credit)으로 구분한다. 확인신용장은 발행은행이 발행한 신용장에 타 은행(확인은행)이 발행은행의 수권이나 요청에 따라 추가로 확약한 신용장을 말한다. 양도가능성에 따라서는 양도가능신용장(transferable credit)과 양도불능신용장(non-transferable credit)으로 구분한다. 양도가능신용장은 제1수익자가 받은 신용장을 제2수익자(또는 제2수익자들)에게 신용장 금액의 전부 또는 일부를 양도할 수 있는 신용장으로 1회에 한한다. 신용장 취소가능 유무에 따라서는 취소가능신용장(revocable credit)과 취소불능신용장(irrevocable credit)으로 구분한다. 신용장 통일규칙에 따르면 취소불능의 문구가 없어도 통상의 신용장은 취소불능신용장으로 간주한다.

CHAPTER 14 수출입통관

CHAPTER 14 수출입통관

제1절 수출입통관절차

1. 수출입통관의 개념

1) 수출입통관과 관련 법령

(1) 수출입통관의 의의

개념적으로 수출입통관은 무역거래 내용, 수출입 승인사항 그리고 관련 법규의 허가사항 등이 세관에 신고된 물품과 일치하는지 여부를 확인하는 세관장의 확인행위이다. 모든 수출입물품이 세관장의 확인 대상은 아니다. 수출입물품은 세관장 확인 대상, 확인 생략 대상 그리고 필수 확인 대상이 있다.

① 확인 대상 물품: 관세법 제226조에 따라 '세관장 확인물품 및 확인방법 지정고시'에서 확인할 수 있다.

② 확인 생략 대상: 수출입승인면제물품(대외무역법 시행령, 제19조), 통합공고물품(통합공고 제12조), 수출입 안전관리 우수공인업체(관세법 제255조의2)가 해당된다.

③ 필수 확인 대상: 수출입승인면제물품에 해당하더라도 세관장의 확인을

받아야 하는 물품으로 마약류관리에 관한 법률, 식물방역법, 야생생물보호 및 관리에 관한 법률, 총포 · 도검 · 화약류 등의 안전관리에 관한 법률, 수산생물질병관리법, 가축전염병예방법, 폐기물의 국가 간 이동 및 그 처리에 관한 법률, 약사법, 식품위생법, 통신비밀보호법, 축산물위생관리법, 화학물질관리법 등이 법령을 적용받는 물품이 해당된다. 수출입 허가 · 승인 등의 증명이 필요한 물품을 수출입하고자 한다면 서면으로도 가능하지만 보통 통관 포털을 이용하여 요건확인기관의 장에게 요건신청을 이행한다.

(2) 관련 법령

수출입통관과 관련해서는 관세법과 환급특례법이 적용된다. 관세법의 경우 조세법률주의에 기초하여 국회에서 법률로 정하고 있다. 관세법은 관세의 부과 · 징수 및 수출입물품의 통관을 적정하게 하고 관세수입을 확보함으로써 국민경제의 발전에 이바지함을 목적으로 한다. 이외 행정부의 법규 명령으로 관세법 시행령(대통령령), 관세법 시행규칙(기획재정부령)이 있다. 환급특례법의 정식 명칭은 수출용 원재료에 대한 관세 등 환급에 관한 특례법으로 수출용 원재료(原材料)에 대한 관세, 임시수입부가세(臨時輸入附加稅), 개별소비세, 주세(酒稅), 교통 · 에너지 · 환경세, 농어촌특별세 및 교육세의 환급을 적정하게 함으로써 능률적인 수출 지원과 균형 있는 산업발전에 이바지하기 위하여 관세법, 임시수입부가세법, 개별소비세법, 주세법, 교통 · 에너지 · 환경세법, 농어촌특별세법, 교육세법, 국세기본법 및 국세징수법에 대한 특례를 규정함을 목적으로 한다.

행위적으로 수출입통관은 관세법의 규정에 따라 물품을 수입, 수출 그리고 반송하는 것을 의미한다. 일반적으로 국민경제 차원에서 수출을 장려하고 수입을 억제하려는 성향으로 통관이라고 하면 주로 수입통관을 의미한다. 하지만 통관이 실질적으로는 관세선을 통과하는 것으로 수출과 수입, 심지어 반송 물품에 모두 적용되는 개념이다.

관세법에서 정의하고 있는 수입은 외국물품을 우리나라에 반입(보세구역을 경유하는 것은 보세구역으로부터 반입하는 것을 말한다)하거나 우리나라에서 소비 또는 사용하는 것(우리나라의 운송수단 안에서의 소비 또는 사용을 포함하며, 제239조[1] 각 호의 어느 하나에 해당하는 소비 또는 사용은 제외한다)을 말한다. 제외되는 물품의 경우 통관의 예외적용으로 구분되어 있으며, 선용품과 기용품 또는 차량용품, 여행자 휴대품 등으로 운송수단 또는 관세통로에서 보통 소비하거나 소진되는 물품이 이에 해당한다. 그리고 수출은 내국물품을 외국으로 반출하는 것을 말하며, 반송은 국내에 도착한 외국물품이 수입통관절차를 거치지 아니하고 다시 외국으로 반출되는 것을 말한다.

2) 통관물품

(1) 외국물품

관세법에서는 통관의 개념으로 외국물품과 내국물품을 구분하고 있다. 먼저 외국물품이란 다음 각 목의 어느 하나에 해당하는 물품을 말한다.

① 외국으로부터 우리나라에 도착한 물품[외국의 선박 등이 공해(公海, 외국의 영해가 아닌 경제수역을 포함한다. 이하 같다)에서 채집하거나 포획한 수산물 등을 포함한다]으로서 제241조 제1항에 따른 수입의 신고(이하 “수입신고”라 한다)가 수리(受理)되기 전의 것

② 제241조 제1항에 따른 수출의 신고(이하 “수출신고”라 한다)가 수리된 물품

---

1) 관세법 제239조(수입으로 보지 아니하는 소비 또는 사용) 외국물품의 소비나 사용이 다음 각호의 어느 하나에 해당하는 경우에는 이를 수입으로 보지 아니한다. 〈개정 2018. 12. 31.〉

1. 선용품 · 기용품 또는 차량용품을 운송수단 안에서 그 용도에 따라 소비하거나 사용하는 경우
2. 선용품 · 기용품 또는 차량용품을 세관장이 정하는 지정보세구역에서 출입국관리법에 따라 출국심사를 마치거나 우리나라에 입국하지 아니하고 우리나라를 경유하여 제3국으로 출발하려는 자에게 제공하여 그 용도에 따라 소비하거나 사용하는 경우
3. 여행자가 휴대품을 운송수단 또는 관세통로에서 소비하거나 사용하는 경우
4. 이 법에서 인정하는 바에 따라 소비하거나 사용하는 경우

(2) 내국물품

그리고 내국물품이란 다음 각 목의 어느 하나에 해당하는 물품을 말한다.

① 우리나라에 있는 물품으로서 외국물품이 아닌 것

② 우리나라의 선박 등이 공해에서 채집하거나 포획한 수산물 등

③ 제244조 제1항에 따른 입항전수입신고(이하 "입항전수입신고"라 한다)가 수리된 물품

④ 제252조에 따른 수입신고수리 전 반출승인을 받아 반출된 물품

⑤ 제253조 제1항에 따른 수입신고 전 즉시반출신고를 하고 반출된 물품

(3) 수출입금지품목

관세법에 따라 수출입의 금지(관세법 제234조) 물품은 다음 각 호의 어느 하나에 해당하는 물품으로 수출하거나 수입할 수 없다.

① 헌법 질서를 문란하게 하거나 공공의 안녕질서 또는 풍속을 해치는 서적 · 간행물 · 도화, 영화 · 음반 · 비디오물 · 조각물 또는 그 밖에 이에 준하는 물품

② 정부의 기밀을 누설하거나 첩보활동에 사용되는 물품

③ 화폐 · 채권이나 그 밖의 유가증권의 위조품 · 변조품 또는 모조품

(4) 통관의 예외품목

한편 수입으로 보지 아니하는 소비 또는 사용으로 외국물품의 소비나 사용이 다음 각 호의 어느 하나에 해당하는 경우에는 이를 수입으로 보지 아니한다.

① 선용품 · 기용품 또는 차량용품을 운송수단 안에서 그 용도에 따라 소비하거나 사용하는 경우

② 선용품 · 기용품 또는 차량용품을 세관장이 정하는 지정보세구역에서 출입국관리법에 따라 출국심사를 마치거나 우리나라에 입국하지 아니하고 우리나라를 경유하여 제3국으로 출발하려는 자에게 제공하여 그

용도에 따라 소비하거나 사용하는 경우

③ 여행자가 휴대품을 운송수단 또는 관세통로에서 소비하거나 사용하는 경우

④ 이 법에서 인정하는 바에 따라 소비하거나 사용하는 경우

(5) 통관보류품목

통관의 보류는 특정한 사유로 통관이 일시적으로 정지하는 것으로 해당 사유가 소멸되면 다시 진행된다. 세관장은 다음의 경우 통관을 보류할 수 있다.

① 수출 · 수입 또는 반송신고 또는 입항 전 수입신고에 따른 신고서의 기재사항에 보완이 필요한 경우

② 신고 시 제출서류 등이 갖추어지지 아니하여 보완이 필요한 경우

③ 관세법에 따른 의무사항을 위반하거나 국민보건 등을 해칠 우려가 있는 경우

④ 물품에 대한 안정성 검사가 필요한 경우

⑤ 그 밖에 관세법에 따라 필요한 사항을 확인할 필요가 있다고 인정하여 대통령령으로 정하는 경우

3) 수출입신고

(1) 수입신고

수입신고는 원칙적으로 물품을 수출, 수입 그리고 반송하려면 해당 물품의 품명, 규격, 수량 및 가격 그리고 그 밖에 대통령령으로 정하는 사항을 세관장에게 신고한다. 수입하거나 반송하려는 물품을 지정장치장 또는 보세창고에 반입하거나 보세구역이 아닌 장소에 장치하는 자는 그 반입일 또는 장치일부터 30일 이내에 수입신고를 해야 한다.

수입신고는 선하증권 1건에 대하여 수입신고서 1건으로 하며 분할신고도 가능하다. 분할신고의 경우 선하증권을 분할하여도 물품검사와 과세가격 산

출에 무리가 없는 경우(단, 분할된 납부세액이 징수금액 최저한인 1만원 미만이 되는 경우에는 제외), 신고물품 중 일부만 통관이 허용되고 나머지는 보류되는 경우, 검사 및 검역결과 일부통과 일부보류의 경우 등이 해당한다. 반대로 보세화물관리에 지장이 없다고 인정되는 경우에는 여러 건의 선하증권을 1건으로 수입신고할 수 있다.

수입신고의 시기는 원칙적으로는 입항 이후 보세구역에 반입한 다음 진행된다. 하지만 지정학적 위치나 다양한 무역방식으로 예외적으로 신고 시기를 구분하여 적용하고 있다. 신고 시기는 출항 전 신고, 입항 전 신고, 보세구역 도착 전 신고, 그리고 보세구역 장치 후 신고로 구분할 수 있다. 이 가운데 가장 보편적인 형태는 원칙대로 보세구역 장치 후 신고이다. 먼저 출항 전 신고는 운송거리가 짧아서 출항부는 수입물품을 적재한 운송수단이 선박 또는 항공기가 입항한 후 수입물품이 보세구역에 반입되면 수입신고를 한다. 다음으로 입항 전 신고는 수입물품을 선적한 선박 등이 선적항에서 양륙항에 입항하기 전에 수입신고한다. 보세구역 도착 전 신고는 입항 이후 보세구역에 도착하기 전에 수입신고를 한다.

수입신고는 수입신고서를 첨부서류 없이 전송하는 것을 원칙으로 한다. 다만 전산시스템에 의하여 선별 대상으로 선별된 경우 서류제출 대상이 된다. 이 경우 전자적 제출을 원칙으로 하며 예외적으로 종이서류 제출이 가능하다. 제출해야 하는 서류는 송품장, 가격신고서, 산하증권부본, 포장명세서, 원산지증명서, 기타 관세청장이 정하는 서류이다. 서류 제출 대상자의 경우 해당 서류를 관세사 등에게 제출하고 관세사 등이 해당 서류를 확인한 후 수입신고를 이행할 때에는 서류의 제출을 생략할 수 있으며, 수입신고 후 제출도 가능하다. 하지만 제출 생략과 사후제출 이후에도 세관장이 필요하다고 인정하면 관세청장은 신고인에게 관련 자료를 요청할 수 있다.

수입신고 이후 수입신고인은 세관장으로부터 신고필증을 발급받으며, 수입신고의 효력은 통관시스템을 통하여 신고인에게 신고수리를 통보한 시점 또는 수작업의 경우 신고필증이 교부된 시점이다.

(2) 수출신고

수출신고는 수출하고자 하는 물품을 적재하기 전까지 세관장에 수출신고를 하고, 신고 수리를 받는 것을 의미한다. 수출자는 당해 물품이 장치된 물품소재지를 관할하는 세관장에게 수출신고를 하는데, 수출신고는 수출물품 확보 이후 가능하다. 하지만 특수형태의 수출인 경우 해당 규정을 따른다. 일반적으로 수출계약을 체결하고 수출물품을 확보하여 운송계획이 확정된 경우 수출신고를 하는데, 수출신고 이후 30일 내 선적해야 한다.

수출신고의 시기는 원칙적으로 수출물품을 확보한 이후 가능하지만, 선상수출신고, 현지수출 어패류신고, 원양수산물신고, 잠정수량신고 · 잠정가격신고 대상물품의 수출신고로 예외가 있다. 먼저 선상수출신고는 선적한 후 공인검정기관의 검정서에 의하여 수출물품의 수량을 확인하는 물품, 물품의 신선도 유지 등의 사유로 선상수출신고가 불가피하다고 인정되는 경우, 자동차운반전용선박에 적재하여 수출하는 신품자동차 등이 해당한다. 선상수출신고는 세관장으로부터 수출신고수리 전 적재허가를 받아야 한다. 다음으로 현지수출 어패류신고는 출항허가를 받은 운반선(출항 이후 수출진행)에 의하여 현지에서 수출하는 것이 부득이한 경우로 수출 후 대금결제 전까지 수출실적으로 증명하는 서류를 첨부하여 제출한다. 원양수산물신고는 공해에서 채포한 수산물을 현지 판매하는 경우에 수출자가 수출 후 대금결제 전까지 수출사실을 증명하는 서류가 첨부된 수출실적보고서를 한국원양산업협회를 경유하여 서울세관장에게 전송해야 한다.

수출신고는 전자문서로 작성된 수출신고서 등 신고자료와 함께 송품장 등 관련서류를 전자적으로 제출하여 통관시스템에 전송해야 한다. 다만 전자제출 또는 전자이미지로 통관시스템에 전송할 수 없는 경우 예외적으로 서류제출도 가능하다.

수출신고의 효력은 통관시스템에서 신고번호가 부여된 시점부터다.

4) 보세

(1) 보세와 보세구역

보세는 관세의 유보상태로 현실적으로는 외국물품의 수입신고수리 미필상태를 의미한다. 보세구역은 이러한 상태, 즉 관세를 부과하지 않고 유보된 상태로 둘 수 있는 장소를 의미한다. 참고로 보세구역은 물품의 관세유보상태의 장치라는 일차적인 기능 외에도 관세가 유보된 화물의 장치, 전시, 제조, 가공, 건설, 판매 등의 부가적 기능을 수행할 수 있다.

(2) 보세구역의 종류

외국물품을 수입신고한 후 수리가 되지 않은 상태에서 장치, 전시, 제조, 가공, 건설, 판매 등을 할 수 있도록 허용한 관세법상의 제도에 따라 보세구역의 종류로 다양하다. 관세법에서 정의하는 보세구역은 지정보세구역 · 특허보세구역 및 종합보세구역으로 구분하고, 지정보세구역은 지정장치장 및 세관검사장으로 구분하며, 특허보세구역은 보세창고 · 보세공장 · 보세전시장 · 보세건설장 및 보세판매장으로 구분한다.

① 지정보세구역이란 국가, 지방자치단체, 공항시설 또는 항만시설을 관리하는 법인 등의 토지, 건물 또는 그 밖의 시설을 세관장이 보세구역으로 지정한 지역을 의미한다.

② 특허보세구역이란 개인 또는 법인이 신청을 하면 세관장이 특허해 주는 보세구역으로 보세창고, 보세공장, 보세건설장, 보세전시장, 보세판매장 등이 있다. 원칙적으로 특허보세구역의 특허기간은 10년 이내로 하는데, 보세창고와 보세공장은 10년 이내, 보세판매장은 5년 이내 그리고 보세전시장고 건설장은 기간을 고려하여 세관장이 정한다.

③ 종합보세구역에서는 보세창고 · 보세공장 · 보세전시장 · 보세건설장 또는 보세판매장의 기능 중 둘 이상의 기능(이하 "종합보세기능"이라 한다)을 수행할 수 있는 특허보세구역의 복합적 기능을 수행하는 보세구역이다.

④ 자율관리보세구역이란 보세구역 중 물품의 관리 및 세관감시에 지장이 없다고 인정하여 관세청장이 정하는 바에 따라 세관장이 지정하는 보세구역을 의미한다. 자율관리보세구역에 장치한 물품은 세관공무원의 참여와 이 법에 따른 절차 중 관세청장이 정하는 절차를 생략하여 자율적으로 운영한다.

(3) 보세운송

보세운송은 외국물품을 보세상태로 국내에서 운송하는 것을 말한다. 일반적으로 컨테이너 수출의 경우 통관기능이 있는 컨테이너 내륙통관기지(inland container depot: ICD)에서 항만으로 물품이 이동하는 경우 통관이 이행되었기 때문에 보세운송으로 볼 수 있다. 반대로 수입의 경우 수입된 외국물품이 항만에서 내륙의 보세구역으로 이동하는 경우 보세운송에 해당한다. 보세운송은 주로 보세구역, 보세구역 외 장치허가 장소, 세관관서, 통관역, 통관장, 자유무역지역 등에 한하여 적용된다.

(4) 체화공매

보세구역에 반입된 외국물품과 보세구역 외 장치물품, 유치 또는 예치품 등의 장치기간이 경과된 경우에는 공고 이후 물품을 매각할 수 있다. 일반적으로 보세구역을 통과하지 못하는 물품은 관세미납, 수출입허가 또는 승인불허, 그리고 화주의 고의적 수입통관 불이행 등이 있다.

2. 원산지관리

1) 원산지 규정 및 확인기준

(1) 원산지 규정의 의의

원산지 규정은 특정상품이 어느 국가에서 생산되고 제조되었는지를 판단하는 기준이다. 원산지 규정에 관한 국제적 협약은 파리협정이 1883년 최초의 국제적 합의로 그 의의가 있다. 그 외 교토협약과 세계무역기구(WTO)의 통일원산지 규정이 국제적 협약이라고 할 수 있다. 하지만 대부분 국가들은 국제적 협약을 염두에 두면서 자체적으로 원산지관리규정을 운영하고 있다. 우리나라의 경우 특혜와 비특혜로 구분하여 운영하고 있는데, 특혜문제의 경우 관세법, 자유무역협정 이행을 위한 과세법의 특례에 관한 법률, 남북교류협력에 관한 법률 등이 이에 해당한다. 비특혜문제는 관세법, 대외무역법, 농산물품질관리법 등이 있다.

(2) 원산지 확인기준

일반적으로 원산지 확인기준은 관세법에 따라 완전생산기준, 실질적 변형기준으로 확인기준을 두고 있다. 하지만 특수물품의 원산지 결정기준에 해당하는 물품과 함께 체약국끼리 직접운송의 경우에만 원산지의 지위가 인정되는 직접운송의 원칙을 함께 고민해야 한다. 원산지와 관련한 업무는 이를 기준으로 관세의 부과 및 징수, 수출입물품의 통관, 원산지증명서 등의 원산지 확인업무를 진행한다.

① 완전생산기준

먼저 완전생산기준은 해당 물품의 전부를 생산, 가공 그리고 제조한 나라를 원산지로 하는 것이다. 적용되는 경우는 다음과 같다.

- 당해 국가의 영역에서 생산한 광산물과 식물성 생산물

- 당해 국가의 영역에서 번식 또는 사육한 산 동물과 이들로부터 채취한 물품
- 당해 국가의 영역에서 수렵 · 어로로 체포한 물품
- 당해 국가의 선박에 의하여 채집 또는 포획한 어획물 기타의 물품
- 당해 국가에서 제조 · 가공의 공정 중에 발생한 부스러기
- 당해 국가 또는 그 선박에서 상기 물품을 원재료로 하여 제조 · 가공한 물품

② 실질적 변형기준

실질적 변형기준은 해당 물품이 2개국 이상에 걸쳐 생산, 가공 또는 제조된 경우에는 그 물품의 본질적 특성을 부여하기에 충분한 정도의 실질적인 생산, 가공, 제조과정이 최종적으로 수행된 나라를 원산지로 하는 것이다. 실질적 변형기준은 6단위 세번변경기준, 주요 공정 · 부가가치기준 그리고 불인정공정으로 구분하여 적용한다. 먼저 6단위 세번변경기준은 실질적 변형기준의 주요 원칙으로, 2개국 이상에 걸쳐 생산, 가공 또는 제조된 물품의 원산지는 당해 물품의 생산과정에 사용되는 물품의 품목분류표상 6단위 품목번호와 다른 6단위 품목번호의 물품을 최종적으로 생산한 국가로 한다는 기준이다. 다음으로 주요 공정 · 부가가치기준은 6단위 품목번호의 변경만으로 실질적 변형기준의 규정에 본질적 특성을 부여하기에 충분한 정도의 실질적인 생산과정을 거친 것으로 인정하기에 곤란한 품목에 대하여 주요 공정 및 부가가치 등을 고려하여 품목별로 원산지 기준을 따로 정할 수 있다는 기준이다. 마지막으로 불인정공정은 단순한 가공으로서 당해 물품에 본질적 특성을 주지 않는 공정을 의미하는데, 불인정공정이 수행된 국가는 6단위 세번변경이 발생한다고 하더라도 해당 국가에 원산지 지위를 부여하지 않는다는 기준이다. 불인정공정의 경우 다음과 같다.

- 운송 또는 보세구역 장치 등에 있는 물품의 보존을 위하여 필요한 작업
- 판매를 위한 물품의 포장개선 또는 상품표시 등 상품성 향상을 위한 개수작업
- 단순한 선별 · 구분 · 절단 또는 세척작업
- 재포장 또는 단순한 조립작업

• 물품의 특성이 변하지 아니하는 범위 내에서 원산지가 다른 물품과 혼합작업
• 가축의 도축작업

③ 특수물품의 원산지 결정기준

특수물품의 원산지 결정기준은 실질적 변형기준에도 불구하고 촬영된 영화용 필름, 부속품 · 예비부분품 및 공구와 포장용품은 다음의 구분에 따라 원산지를 인정한다.

• 촬영된 영화용 필름: 그 제작자가 속하는 국가
• 기계 · 기구 · 장치 또는 차량에 사용되는 부속품 · 예비부분품 및 공구로서 기계 · 기구 · 장치 또는 차량과 함께 수입되어 동시에 판매되고 그 종류 및 수량으로 보아 통상 부속품 · 예비부분품 및 공구라고 인정되는 물품: 당해 기계 · 기구 또는 차량의 원산지
• 포장용품: 그 내용물품의 원산지(다만, 품목분류표상 포장용품과 내용품을 각각 별개의 품목번호로 하고 있는 경우에는 그러하지 아니한다.)

④ 직접운송의 원칙

직접운송의 원칙은 수출입물품이 원산지 지위를 가지고 있지만 체약당사국으로 바로 운송되지 않고 제3국에서 환적 또는 기타 가공이 발생한 경우, 비원산지 제품으로 바뀌는 경우가 발생할 수 있다. 이를 방지하기 위하여 관세법에서는 체약당사국끼리 직접 운송되는 경우에 한하여 원산지를 인정하는 직접운송원칙을 규정하고 있다. 하지만 직접운송원칙의 예외가 있는데 다음의 경우 우리나라에 직접 반입한 것으로 본다.

• 다음의 요건을 모두 충족하는 물품일 것
  - 지리적 또는 운송상의 이유로 단순 경유한 것
  - 원산지가 아닌 국가에서 관세당국의 통제하에 보세구역에 장치된 것
  - 원산지가 아닌 국가에서 하역, 재선적 또는 그 밖에 정상 상태를 유지하기 위하여 요구되는 작업 외의 추가적인 작업을 하지 아니한 것

• 박람회 · 전시회 물품

– 박람회 · 전시회 및 그 밖에 이에 준하는 행사에 전시하기 위하여 원산지가 아닌 국가로 수출되어 해당 국가 관세당국의 통제하에 전시목적에 사용된 후 우리나라로 수출된 물품일 것

2) 원산지표시와 판정

(1) 원산지표시

산업통상자원부장관이 원산지를 표시하여야 하는 대상으로 공고한 물품 등을 수출하거나 수입하려는 자는 그 물품 등에 대하여 원산지를 표시하여야 한다. 그리고 산업통상자원부장관은 필요하다고 인정하면 수출 또는 수입물품 등의 원산지 판정을 할 수 있다. 원산지 판정의 기준은 대통령령으로 정하는 바에 따라 산업통상자원부장관이 정하여 공고한다.

(2) 원산지 판정

수입물품의 원산지 판정기준은 국제적으로 일반화된 기준인 완전생산기준과 실질적 변형기준으로 구분하여 판정한다. 먼저 완전생산기준은 수입물품의 전부가 하나의 국가에서 채취되거나 생산된 물품인 경우에는 그 국가를 그 물품의 원산지로 한다. 실질적 변형기준은 세번변경기준, 부가가치기준, 주요 부품기준으로 구분한다.

먼저 세번변경기준은 실질적 변형이란 해당 국가에서의 제조 · 가공과정을 통하여 원재료의 세번과 상이한 세번(HS6단위기준)의 제품을 생산하는 것을 말한다. 다음으로 부가가치기준은 세변변경기준에도 불구하고 별도로 정해준 물품에 대하여 적용하는 기준이다. 부가가치기준에서 부가가치의 비율은 해당 물품의 제조 · 생산에 사용되는 원료 및 구성품의 원산지별 가격누계가 해당 물품의 수입가격(FOB가격 기준)에서 점하는 비율로 한다. 주요 부품기준은 주요 부품 및 완제품 최대 기여국으로 해당 주요 부품의 원료 및 구성품의

부가가치생산에 최대로 기여한 국가가 해당 완제품의 부가가치비율 기준 상위 2개국 중 어느 하나에 해당하는 경우 원산지로 판정한다. 만약 주요 부품의 원료 및 구성품 부가가치생산 최대 기여국이 상위 2개국 중 어느 하나에 해당하지 않는 경우 완제품을 최종적으로 제조한 국가를 원산지로 판정한다.

이외 원산지 판정에는 수입원료를 사용한 국내생산 물품 등의 원산지 판정기준, 원산지 판정기준의 예외, 원산지 판정기준의 특례 등이 있다.

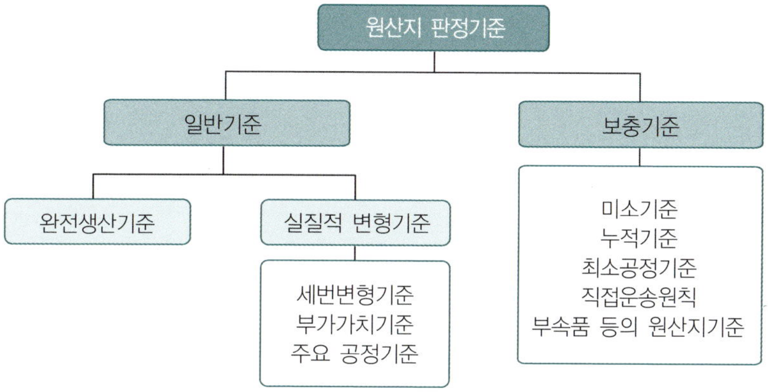

그림 14-1 원산지 판정기준

3) HS협약과 코드

(1) HS협약 그리고 품목분류

HS품목분류표, 즉 HSK코드를 이해하기 위해서는 HS협약에 대한 이해가 필요하다. HS협약은 1988년 지금의 세계관세기구(World Customs Organization: WCO)의 전신에 해당하는 관세협력이사회(Customs Co-opration Council: CCC)에서 채택한 협약이다. HS협약의 정식명칭은 통일상품명 및 부호체계에 관한 국제협약(The International Convention on the Harmonized Commodity Description and Coding System)이다. HS협약은 국제무역의 촉진, 국제무역에 관한 통계수집과 비교분석을 용이하게 하고 하나의 분류체계로 통일시켜 분류체계 이동으로 발생되는 비용 감소와 무역서류의 표준화 등을 목적으로 하는 통일상품명 및 부호체계에 관한 국제협약이다. HS협약은 회원국이라면 HS품목분류표의 호 및 소호와 관련번호 체계를 준수하고 통칙과 모든 부·류 및 소호의 주를 적용하게 하면서, 회원국의 관세품목분류표 및 통계품목분류표를 HS품목분류표와 일치시키고 6단위 수준 이상의 수출입 무역통계를 공개해야 하는 의무를 부여하고 있다.

HS품목분류표는 HS협약과 함께 발효되었다. HS품목분류표는 1988년 1월 1일 시행 이후 2022년까지 총 7번의 개정이 있었다. 시기별로 보면 1992년(1차), 1996년(2차), 2002년(3차), 2007년(4차), 2012년(5차), 2017년(6차), 2022년(7차) 등 일반적으로 5년을 주기로 변화하는 무역환경과 기술의 발전에 따른 물품의 변화에 따라 개정되었다고 볼 수 있다. 제7차 개정에서는 식품자원·환경보호·전략물자·신상품 분야 품목을 신설하고 무역량이 감소된 품목은 삭제·통합함 따라 품목 수는 이전 12,242개에서 949개가 감소한 11,293개로 변경(신설 341개, 삭제 1,290개)되었다.

HS품목분류표는 수출입물품에 대해 HS협약에 의해 부여되는 상품분류코드이다. 6자리까지는 국제적으로 공통 사용되는 코드이며, 7자리부터는 각 국가에서 마지막 6단위에 해당하는 소호의 범위 내에서 이를 세분하여 10자리까지 사용 가능하다. 특히 우리나라는 HSK(Harmonized System of Korea)로 10자리까지 사용한다. 2022년 기준 시행되고 있는 HSK품목분류표는 21개부, 97개류, 1,228개 4단위 호, 5,369개 6단위 소호 및 11,293개의 10단위 소호로 구성되어 있다. 모든 수출입물품은 이 가운데 하나의 10단위 소호에 분류 가능하다. 참고로 중국과 일본은 각각 8자리와 9자리를 사용한다.

HS코드의 구조를 보면 처음 2자리는 류(chapter)이다. 류를 세분화시킨 단위가 다음 4자리까지로 호(heading)에 해당한다. 호 이후 2자리를 추가한 6자리까지를 소호(sub-heading)로 구분한다.

(2) 품목분류에 대한 이해

수출입에 있어서 HS품목분류표를 기준으로 수출입물품을 정의하기 힘든 경우가 있다. 특히 하나의 물품이 여러 개의 HS코드를 가질 수 있으며, 같은 물품이라고 해도 HS코드가 다른 경우 다른 관세율이 적용되기 때문에 정확한 HS코드를 부여받는 것은 매우 중요한 일이다. 이러한 경우 품목분류사전심사제도를 이용한다. 품목분류사전심사제도는 수출입자가 스스로 HS코드 분류를 하는데 어려움이 있는 경우 신청에 따라 관세평가분류원에 법적 효력을 갖춘 품목번호를 결정하도록 한 민원회신제도이다.

품목분류사전심사제도는 수출입을 하려는 자, 수출할 물품의 제조자, 관세사, 관세법인 또는 통관취급법인 등이 품목분류사전심사 신청서 작성 이후 우편 또는 직접 방문상담 후 신청할 수 있다. 처리기한은 접수일로부터 30일 이내이며, 유효기간은 3년이다.

3. 전략물자 수출통제

1) 전략물자 수출통제체제 개요

(1) 국제수출통제체제

전략물자(strategic items)란 대량살상무기(Weapons of Mass Destruction; WMD)와 그 운반수단인 미사일 및 재래식 무기의 제조 · 개발 · 사용 등에 이용될 수 있는 물품, 소프트웨어 및 기술을 말한다. 전략물자 수출통제제도란 이러한 전략물자가 확산국가나 불량국가 또는 테러조직에 이전되어 국제평화와 안전을 위협하는 용도로 전용되는 것을 방지하기 위해 수출허가 등을 통해 전략물자의 무역을 관리하는 제도이다.

국제적으로 전략물자의 수출입을 통제하는 다자간 수출통제체제는 바세나르체제(Wassenaar Arrangement: WA), 핵공급국그룹(Nuclear Suppliers Group:

NSG), 호주그룹(Australia Group: AG), 미사일기술통제체제(Missile Technology Control Regime: MTCR)로 구성되어 있다. 이 4개의 국제체제에서는 수출통제 대상품목을 구체화하고 거래부적격자에게 전략물자가 이전되지 않도록 하기 위한 조치를 취하는 가이드라인을 제정하는 등 회원국들에게 전략물자 수출통제를 엄격히 시행하도록 요구하고 있다.

표 14-1 수출통제체제별 품목, 회원국 등 현황

구 분	통제대상품목	출범연도	한국가입
핵공급국그룹(NSG)	원자력 전용 및 이중용도품목	1978년	1995년
호주그룹(AG)	생·화학물질 및 이중용도품목	1985년	1996년
미사일기술통제체제(MTCR)	미사일, 무인항공기 및 이중용도품목	1987년	2001년
바세나르체제(WA)	재래식 무기 및 이중용도품목	1996년	1996년

(2) 우리나라 수출통제 관련 법령 및 소관부처

우리나라는 1987년 대외무역법시행령에 전략물자 수출허가제도의 법적 근거를 마련했다. 1992년 대외무역법에 전략물자 수출통제제도를 도입했으며, 2003년부터는 상황허가제도(Catch-all)[2)]를 시행하고 있다. 이후 UN 안전보장이사회결의 1540호 이행을 위한 중개·환적·통과 및 무형기술이전(ITT) 등에 대한 수출통제제도도 운영하고 있다.

---

2) 상황허가(Catch-all)제도란 수출품목이 통제목록에는 없는 품목이나 우려용도로 전용될 것을 알았거나(Know), 의심되는 경우(Suspect) 또는 정부기관으로부터 통보받은 경우(Inform)에 수출허가를 받도록 하는 제도.

표 14-2 전략물자 수출통제 관련 법령 및 소관부처

품목 구분	관련법령	소관부처(허가기관)
일반산업용 품목(물품, 기술, 소프트웨어) 일반 방산물자	대외무역법	산업통상자원부
주요 방산물자	대외무역법 방위사업법	방위사업청
원자력전용 품목	대외무역법 원자력안전법	원자력안전위원회
대북 반출입물자	남북교류협력에 관한 법률	통일부

우리나라는 품목과 관련 법령에 따라 소관부처가 다르다. 품목에 따른 전략물자 수출통제 관련 법령 및 소관부처는 〈표 14-2〉와 같다.

(3) 국제체제별 주요 통제품목

① 바세나르체제(WA)는 분야별 이중용도 품목 리스트(Dual-use list)와 군용물자품목 리스트(Munition list)를 포함하고 있다. 이중용도 품목으로는 재래식 무기의 개발 · 제조 · 이용을 위한 소재, 소재가공, 전자, 컴퓨터, 통신 및 정보보안, 센서 및 레이저, 항법 및 항공전자, 해양, 항공 추진장치 등이 있다. 군용물자 품목으로는 폭탄, 탱크, 항공기, 군함, 총기 및 그와 관련 기술 등을 포함한다.

② 핵공급국그룹(NSG)에서 통제하는 이중용도 품목으로는 산업용 장비(공작기계 등), 소재(알루미늄 합금 등), 우라늄 동위원소 분리(펌프 등), 핵무기 기폭 및 측정장치 등이 있다. 원자력 전용품목으로는 핵물질, 원자로, 중수 생산시설, 우라늄 농축 및 재처리시설 등이 통제되고 있다.

③ 미사일기술통제체제(MTCR) 통제리스트는 Cat I (WMD 운반 가능한 미사일 및 관련 기술)과 Cat Ⅱ (Cat I 구성품인 이중용도 물자)로 나뉜다. Cat I 에서는 완성로켓시스템(탄도미사일, 우주발사체), 무인항공시스템(순항미사일)이 있으며 사거리 300 km 이상, 탑재중량 500 kg 이상인 것이 통제대상이다. Cat I 에 포함된 품목은 원칙적으로 수출이 금지되며(제조설비

포함) 수출 허가 시 수입국의 확약서가 필요하다. Cat Ⅱ에서는 완성로켓 시스템 및 무인항공시스템(사거리 300 km 이상, 탑재중량 500 kg 미만), 터보제트엔진, 추진제, 항법장치, 비행제어, 환경 챔버, 레이더 등이 통제 대상이다.

④ 호주그룹(AG) 주요 통제품목은 화학작용제 및 전구체, 생물작용제(바이러스, 박테리아 등), 식물성 병원균 및 동물성 병원균, 이중용도 화학제조 시설, 장비 및 기술(열교환기, 증류탑, 펌프 등), 이중용도 생물장비 및 관련기술(발효조, 동결건조기 등) 등이다.

2) 전략물자 판정

수출하려는 품목이 전략물자에 해당되면, 사전에 정부의 허가를 받아야 하므로 전략물자 해당 여부를 판정하는 것은 전략물자 수출관리의 핵심절차이다. 전략물자를 판정하는 방법은 무역거래자 스스로 판정하는 '자가판정'과 전략물자관리원 등 판정전문기관에 공식적으로 신청하여 판정하는 '사전판정'이 있다. 수출품목에 대한 기술적 사양에 대한 지식이 있거나, 기 판정된 품목인 경우(통제번호를 알고 있을 경우)에는 자가판정이 유용하다. 그 밖의 경우에는 전략물자관리원 등과 같은 판정전문기관에 의뢰하는 것이 바람직하다.

(1) 자가판정

자가판정이란 무역거래자가 취급하는 물품과 기술이 전략물자수출입고시에서 정하는 전략물자에 해당하는지 여부를 스스로 판단하는 것을 말한다. 전략물자 자가판정을 위해 전략물자관리시스템상의 자가판정 도구를 이용하는 것이 좋다. 자가판정시스템은 HS코드와 통제번호를 연계한 'HS연계표', 품목키워드와 통제번호를 연계한 '품목키워드 연계표' 등을 활용하여 업체가 자가판정을 손쉽게 할 수 있도록 지원하고 있다.

(2) 사전판정

전략물자 또는 기술의 사전판정이란 기업 또는 개인 스스로 수출하고자 하는 제품 또는 기술이 전략물자에 해당되는지 여부를 알기 어려운 경우 이에 대한 판정을 전략물자관리원에 의뢰하여 판정받는 것을 의미한다. 전략물자의 사전판정기관인 전략물자관리원의 분야별 전문가는 전략물자수출입고시의 전략물자 또는 기술에 해당하는지 여부를 판정한 후 그 결과를 업체에 회신한다.

3) 전략물자 수출허가

전략물자를 수출하고자 하는 개인 또는 업체는 수출 전에 반드시 관련 허가기관으로부터 수출허가를 받아야 하며, 전략물자가 아니더라도 우려용도로 전용될 위험이 있을 경우에는 역시 관련 기관의 상황허가를 받아야 수출이 가능하다.

(1) 개별수출허가

당해 전략물자의 수출허가기관의 장이 전략물자의 수출신청에 대해 개별적으로 허가하는 것으로서 확인된 수량의 품목들에 대하여 수출허가하는 것을 말하며 유효기간은 1년이다.

(2) 포괄수출허가

전략물자수출입고시 제60조에 따라 자율준수무역거래자로[3] 지정된 자에 한해 특정조건 내에서 일정기한을 정하여 일괄 허가하는 것을 말한다. 포괄수출허가는 다시 일반포괄수출허가, 특정포괄수출허가로 나뉜다. 일반포괄수

---

3) 자율준수체제(Compliance Program: CP)란 기업이 수출통제법규를 준수하기 위하여 전략물자의 수출관리에 필요한 조직, 규정, 거래심사, 교육, 감사 등의 체제를 갖추고, 전략물자 수출통제를 자율적으로 이행하는 시스템을 말한다.

출허가란 전략물자수출입고시 별표의 “가”지역을 목적지로 하는 특정품목 수출에 대한 허가이며, 특정포괄수출허가는 “나”지역을 목적지로 하고 동일 상대방과 동일 물품의 반복적인 수출에 대해 허가해 주는 것이다. 허가 유효기간은 개별수출허가는 1년이며 일반포괄수출허가와 특정포괄수출허가는 각각 3년과 2년이다.

(3) 상황허가

전략물자에는 해당되지 않으나 수출하고자 하는 품목이 “나”지역으로 수출되며 대량파괴무기의 제조 및 사용 등에 전용될 가능성이 있다고 판단되는 경우 신청하여 허가받는 것을 말한다. 상황허가 신청은 ① 거래상대방이 우려거래대상자 목록(Denial List)[4]에 등재된 경우, ② 수출품목이 전략물자수출입고시 별표의 상황허가 대상품목에 해당하는 경우, 그리고 ③ 기타 상황허가 신청이 필요한 경우이며, 그 세부 내용은 전략물자수출입고시 제19조에 규정되어 있다.

(4) 중개허가 및 경유·환적허가

중개허가는 전략물자를 제3국에서 또 다른 제3국으로 중개하고자 할 경우 매 중개시마다 허가하는 것을 말한다. 경유·환적허가란 전략물자 등을 국내 항만이나 공항을 경유하거나 국내에서 환적(換積)하려는 자에게 해당 허가기관이 허가하는 것을 말한다. 중개의 경우 수출국으로부터 수출허가를 받은 경우와 당초 수출국 또는 수입국이 “가”지역에 속하는 경우는 허가가 면제된다.

4) UN안전보장이사회에서 지정한 제재대상 단체 · 개인의 목록을 의미하며, 해당 목록에 등재된 자와 거래할 경우 반드시 정부의 허가가 필요하다.

표 14-3 **상황허가 신청이 필요한 주요 상황**

1. 수입자가 해당 물품 등의 최종 용도에 관하여 필요한 정보제공을 기피하는 경우
2. 수출하고자 하는 물품 등이 최종 사용자의 사업분야에 해당되지 아니하는 경우
3. 수출하고자 하는 물품 등이 수입국가의 기술수준과 현저한 격차가 있는 경우
4. 최종 사용자가 해당 물품 등이 활용될 분야의 사업경력이 없는 경우
5. 최종 사용자가 해당 물품 등에 대한 전문적 지식이 없음에도 불구하고 해당 물품 등의 수출을 요구하는 경우
6. 최종 사용자가 해당 물품 등에 대한 설치 · 보수 또는 교육훈련 서비스를 거부하는 경우
7. 해당 물품 등의 최종 수하인이 운송업자인 경우
8. 해당 물품 등에 대한 가격 및 지불 조건이 통상적인 범위를 벗어나는 경우
9. 특별한 이유 없이 해당 물품 등의 납기일이 통상적인 기간을 벗어난 경우
10. 해당 물품 등의 수송경로가 통상적인 경로를 벗어난 경우

4) 허가 면제조항 및 처벌

(1) 허가 면제조항

전략물자를 수출할 때 특정 면제사유에 해당하는 경우 수출허가가 면제되는데, 이때는 수출 후 7일 이내 수출거래보고서를 해당 허가기관에 제출하여야 한다.

표 14-4 **주요 허가면제 사유**

1. 국내에 있는 외국선박 또는 항공기가 자체 목적으로 사용하는 조선기자재 또는 항공기용품을 공급하는 경우
2. 선박 또는 항공기의 안전운항을 위하여 긴급 수리용으로 사용되는 기계, 기구, 부분품을 무상으로 수출할 경우
3. 재외공관(대한무역투자진흥공사의 해외무역관을 포함한다), 해외에 파견된 우리나라 군대 또는 외교사절 등에 송부하기 위하여 반출하는 공용물품
4. 국제기관에 발송하는 화물로서 우리 정부가 체결한 조약 또는 국제적 약속에 따라 수출허가가 면제되는 품목
5. 수입한 전략물자를 수리, 성능미달, 대체 등 부득이한 사유로 당초 수출자(당초 수출자가 지정한 수리업체 포함)에게 반송하는 경우
6. 제23조에 따라 전략물자 수출허가서를 발급받아 수출한 전략물자를 수리, 성능미달, 대체 등의 사유로 재수입하여 수리 후 전략물자 수출허가서상의 같은 수입자에게 다시 수출하고자 하는 경우

(2) 처벌

전략물자를 불법으로 수출하거나 제도를 위반한 경우 대외무역법에 의거하여 최고 7년 이하의 징역 또는 수출금액의 최고 5배까지의 벌금형이 부과될 수 있으며, 전략물자 수출입이 최장 3년간 금지된다.

제2절 무역클레임 및 상사중재

1. 무역클레임의 개념

1) 의의

무역클레임(trade claim)이란 매매당사자 중 일방당사자가 매매계약의 일부 또는 전부를 불이행하거나 불완전하게 이행함으로써 상대방에게 손실을 입혔을 때 손해를 입은 당사자가 상대방에 대하여 손해배상을 청구하거나 계약이행을 청구하는 것을 말한다. 무역클레임의 당사자는 단순히 거래당사자에 국한하지 않고 거래과정에서 관련된 운송회사, 외국환은행, 보험회사, 창고회사 등 제3자의 책임에 의한 사유로 발생할 수도 있다. 클레임의 발생원인이 제3자의 귀책사유에 의한 것일 경우에는 매매계약의 직접당사자 일방이 우선 피해자(claimant)에게 손해배상을 한 뒤 책임 있는 제3자에게 구상권을 행사할 수 있다.

무역클레임은 거래에 따른 손해를 객관적인 자료와 증거에 근거해서 합리적인 방법으로 해결하려는 정식 절차라는 점에서 단순한 주관적 감정의 표시인 불만이나 불평과는 차별화된다. 다만, 불평이나 불만도 클레임으로서의 일정 요건을 갖추어 구체성을 가지게 되면 정식의 클레임이 될 수 있는 소지를 항상 내포하고 있기 때문에 무역거래에서 상대방의 불평이나 불만에도 항상 주의를 기울여야 한다.

2) 원인

무역은 언어, 법률, 제도, 상관습 등이 서로 상이한 국가 간에 이루어지는 거래이기 때문에 당사자 간에 언제나 클레임이 발생할 수 있는 소지가 내재되어 있다. 무역클레임은 크게 두 가지 원인에 의해서 발생한다. 첫째, 직접적 원인으로, 무역계약의 체결과정에서 과실, 오해, 착오, 부주의 등에 의하여 무역클레임이 발생할 수 있다. 또한, 계약체결 후 이행과정에서 역시 품질불량, 수량부족, 선적불이행, 불완전 보험계약체결, 대금지불지연이나 지불거절, 신용장의 미개설 혹은 지연, 거래알선에 따른 수수료 미지급 등 많은 요인이 클레임을 야기시키는 직접적 요인이 되고 있다. 둘째, 간접적 원인으로, 계약당사자 간의 의견차이, 언어의 상이, 각국의 법과 상관습의 상이, 신용조사의 불비, 운송 중의 위험, 가격덤핑, 국가별 도량형, 상대국의 식품위생법, 독과점법 등의 요인들로 인해 무역클레임이 발생하고 있다.

3) 분류

(1) 성격에 따른 분류

① 정상적인 클레임: 무역거래를 수행하는 과정에서 발생하는 클레임으로서 매매계약에서 매매당사자 일방의 과실 또는 태만에 의하여 발생된다. 무역거래 시 손해를 입은 일방당사자는 손해를 유발시킨 상대방에게 무역클레임을 제기하고 피해에 대한 배상을 청구할 수 있다.

② 마켓 클레임(Market Claim): 무역계약 성립 후 상품의 시세가 하락하여 매수인이 손해를 입을 것으로 예상될 때 일반적으로는 클레임의 대상이 되지 않을 경미한 과실을 이유로 가격인하, 계약해지 등을 요구하며 제

기하는 클레임이다. 상황에 따라서는 마켓 클레임인지 정상적인 클레임인지 구분이 명확하지 않을 수도 있으나, 마켓 클레임은 주로 상품의 시장상황이 좋지 않거나 환율변동이 심할 때 자주 발생한다. 발생의 원인, 상대방의 금전 및 대외 신용상의 손해, 자금운용의 문제점, 상품의 장래성, 상대방의 신용상태, 해당 클레임을 해결한 후 거래의 가능성 등을 고려해 협상 등을 통해 대응하는 것이 보통이다.

③ 계획적 클레임: 매매당사자의 고의에 의한 클레임을 말한다. 소위 '무역사기'로서 상대방이 악의적인 의도를 갖고 거래 파트너를 속여 상당한 물질적 피해를 입히는 행위라고 정의할 수 있다. 계획적 클레임의 주요 유형으로는 물품을 받고도 대금을 주지 않는 결제 관련 사기, 이메일 해킹에 의한 결제대금 가로채기, 선적불량, 금품갈취, 서류위조 등이 있다.

(2) 발생원인에 따른 분류

① 품질에 관한 클레임: 품질불량(inferior quality), 등급저하(inferior grade), 품질상위(different quality), 변질(deterioration), 변색(discoloration) 등으로 계약상품과 규격이나 품질이 다른 상품이 도착했을 경우 제기되는 클레임이며, 운송도중에 상품이 퇴색, 변질, 파손되는 경우에도 제기된다.

② 선적에 관한 클레임: 선적부족(short shipment), 착화부족(short landing), 감량(diminution), 중량부족(under weight) 등으로 계약된 상품의 수량과 실제 도착한 수량과의 차이로 야기되는 클레임으로 선적서류에 상품의 수량이나 중량의 표시가 정확하지 못한 경우에 발생한다.

③ 포장에 관한 클레임: 포장불충분(insufficient packing), 포장불량(inferior packing), 포장불완전(incomplete packing) 등의 원인에 의한 경우이다. 국제무역에서는 상품이 장거리 수송되고, 중간에 환적되거나 여러 형태의 운송수단이 이용되므로 상품이 손상되지 않도록 견고한 포장을 하여야 하나, 그렇지 못해 물품이 파손되는 경우에 발생한다.

④ 선적에 관한 클레임: 하역손상(stevedore damage), 선적지연(delayed shipment), 적부불량(bad stowage), 불착(non-delivery), 부정출하(defaults in shipment), 재선적(reshipment), 분실(missing), 유실(drifting away), 항공운송의 두절(suspension of airway transportation) 등 선적과 관련된 클레임이다. 가장 많이 발생하는 유형인 선적지연은 계약상이나 신용장상에 명시된 선적기일 내에 선적을 하지 못하고 지연되어 명시된 선적일이 경과한 후에 선적된 것에 대한 클레임을 의미한다. 또한, 선적 불이행은 대개 계약 당시보다 상품의 시세가 올랐거나 원자재의 가격이 폭등하여 채산이 맞지 않을 경우 등 선적을 이행하지 않아 야기되는 클레임으로 이 역시 자주 발생하는 유형이다.

⑤ 가격 및 결제에 관한 클레임: 가격조정(price adjustment), 초과지급(over payment), 초과비용지출(over charge), 반송비(expenses for return), 검증료(survey fee), 벌금 또는 과태료(fine or penalty discount), 채선료(demurrage), 어음할인 거부(reluctance to negotiate draft) 등 가격 또는 결제에 관한 클레임이다. 무역거래상의 상품은 제대로 도착하였으나 그 상품에 대한 서류상의 잘못으로 인하여 대금지불이 거절되는 경우 등이 주요 유형이다.

(3) 제기 주체에 따른 분류

① 매도인 클레임(seller's claim): 매수인이 어음을 부도내거나 약정한 신용장을 개설하지 않는 경우 등의 사유로 매도인이 제기하는 클레임을 말한다.

② 매수인 클레임(buyer's claim): 매도인의 선적지연이나 상품의 하자가 있는 경우 등을 이유로 매수인이 매도인에게 제기하는 경우이다.

2. 클레임의 제기 및 수령

1) 물품의 검사와 통지의무

수입물품을 인도받은 매수인은 이를 수령함에 있어 최우선적으로 그 물품이 계약목적에 합치되는지 여부를 검사하여 하자를 발견하였거나 수량이 부족하면 지체없이 매도인에게 통지하여야 한다.

◎ 물품매매계약서상 물품검사 및 통지의무 조항 예시

"본 계약에서 매수인은 제기하는 어떠한 성질의 클레임 또는 불만도 물품이 목적항에 도착한 후 7일 이내에 서면으로 통지해야 한다. 서면통지 후 15일 이내에 클레임에 관한 상세한 내역서를 작성하여 매도인에게 우송해야 한다."

2) 상대방의 확정

클레임의 제기사유를 발견하면 먼저 클레임 발생의 원인 및 책임소재가 누구에게 있는지를 치밀하게 분석하여 당사자를 결정하여야 할 것이다. 클레임의 당사자는 통상적으로 계약당사자가 되는 것이 일반적이지만, 손해에 대해 계약당사자의 귀책사유가 없는 경우 제3자에게 청구하는 경우도 있다.

◎ 계약에 따른 클레임의 당사자

- 무역계약(물품매매계약): 매수인, 매도인
- 운송계약: 운송인, 화주, 주선인 등
- 결제계약: 외국환은행(개설은행, 매입은행), 개설인 등
- 보험계약: 보험회사, 수익자, 원인제공자(구상권 청구)
- 보세창고계약: 창고운영인 및 관리인, 화주

3) 클레임의 내용

(1) 금전의 청구

① 손해배상 청구: 계약조건 미충족물품, 선적 불이행, 부당한 계약해제, 신용장 미발행, 선적지연, 대금결제지연, 화물의 부당한 인수 거절 등의 사유로 발생하는 손해를 금전으로 계산하여 청구한다.

② 대금지급 거절: 추심결제방식(D/A) 거래에서 계약 물품과 서류가 상이하거나 신용장방식(L/C) 거래에서 신용장 조건과 서류가 불일치할 경우 대금지급을 거절한다.

③ 대금감액 요청: 도착한 물품의 품질이나 포장의 불량, 화인 또는 상표의 불량 등 계약 내용과 일치하지 않는 상품이 도착한 경우 대금감액을 요청한다.

(2) 금전 이외의 청구

① 화물의 인수 거절: 매수인이 상품의 하자를 발견하였을 경우 해당 화물의 일부 또는 전부를 인수 거절한다.

② 계약이행 청구: 매도인은 매수인에게 신용장 개설, 매매약정 물량의 이행 등을 요청하고, 매수인은 매도인에게 화물의 선적이행 등을 요청한다.

③ 잔여 계약분 해제 요청: 1차 도착한 상품의 품질이 불량하거나 계약 내용과 다를 경우 나머지 계약분에 대한 계약의 해제를 요청한다.

④ 대체품의 청구: 매수인이 물품의 인수를 거절하고 선적지로 반송한 후 매도인에게 계약과 일치하는 물품을 다시 보내달라고 요구한다.

4) 클레임 제기기간

클레임은 그 제기시기를 놓치면 시효(時效)에 걸릴 뿐 아니라 증거를 상실하게 되어 해결에 많은 어려움이 따르므로 반드시 약정된 기간 내에 제기되어야 한다. 클레임 제기기간 설정은 그 물품의 성질상 합리적으로 요구되는 하자발견 및 통지기간보다 너무 짧게 규정되어 있으면 그 효력을 부인당하는 경우도 있으므로 그 기간을 설정할 때 주의하여야 한다.

클레임 제기기간과 관련해서 우선, 당사자 간에 제기기간에 대한 약정이 있으면 그 기간 안에 제기하는 것이 원칙이다. 만약 클레임 제기기간에 대한 약정사항이 없으면 국제관습, 국제규칙 또는 각국의 법률에 따르지만, 이에 대한 규정이 모두 다르기 때문에 클레임 처리조항에 제기시기를 명확히 규정해 두는 것이 바람직하다. 일례로, 우리나라의 경우 상법 제69조 제1항에서 매수인이 목적물을 수령한 때에는 지체 없이 이를 검사하여야 하며 하자 또는 수량의 부족을 발견한 경우에는 즉시 매도인에게 통지를 발송하도록 규정하고 있다. 아울러, 이를 통지하지 아니하면 이로 인한 계약해제, 대금감액 또는 손해배상청구권을 행사하지 못하도록 하고 있다. 다만, 매매의 목적물에 즉시 발견할 수 없는 하자가 있는 경우에 매수인이 6개월 이내에 할 수 있도록 규정하고 있다. 클레임 제기기간에 대한 주요 입법 사례를 살펴보면 다음과 같다.

표 14-5 클레임 제기기간에 관한 입법 예시

구 분	클레임 제기기간
한국상법	발견 즉시 통지(발견이 곤란한 경우 6개월 이내)
일본상법	즉시검사, 문제 발견 즉시 통지
미국 통일상법전	합리적 기간 내 물품검사 및 하자통지
영국 물품매매법	합리적 기간 내 물품검사 및 하자통지
Warsaw-Oxford Rules	합리적 검사 후 3일 이내 통보
비엔나협약	단기 내 검사 합리적 기간 내에 통지(소멸시효기간 2년)

5) 클레임 제기방법

클레임 사유가 확정되면 클레임 제기 의사표시, 클레임의 주요 내용 등을 요약한 클레임통지서(Claim Notice)를 팩스나 전자메일 등을 이용하여 발송한 후 곧이어 확정된 클레임제기서를 송부하여야 한다. 클레임제기서에는 반드시 다음의 구비서류가 포함되어 있어야 한다.

① 클레임진술서(statement of claim): 클레임진술서에는 클레임의 대상이 되는 거래내용을 명기하여 상대방에게 분쟁대상을 확실히 밝히는 동시에 클레임의 성질을 구체적으로 설명한 후 클레임의 발생상황을 열거하고 요구하는 구제방법을 명확히 제시하여야 한다.

> **클레임진술서 포함사항 예시**
>
> 당해 계약번호(Contract Number), 계약일자(Contract Date), 품명(Item), 선명(Vessel Name), 계약수량(Quantity), 선적항(Shipping Port), 도착항(Destination), 신용장번호(L/C Number), 선하증권번호(B/L Number) 등

② 청구액에 대한 손해명세서: 손해배상을 청구할 경우에는 손실명세서를 작성하여 상대방에게 송장가격과 배상금액을 표시하고 실제 손실의 내역과 부대비용(운송료, 관세, 검사료 등)도 명시한다.

③ 검사보고서: 품질불량, 색상상이, 성능미달, 수량부족 등 클레임의 정당성을 주장하려면 국제적으로 권위 있는 감정기관(예시: Lloyd's Surveyor)에서 발급한 감정보고서(survey report)와 같은 증빙자료를 첨부하는 것이 효과적이다.

④ 기타: 필요한 경우 거래사실을 입증할 수 있는 계약서, 선하증권(B/L), 신용장(L/C) 등을 첨부한다.

6) 클레임의 수령

(1) 클레임의 내용파악

클레임통지의 내용 중에서 상대방의 표현이나 어조에 따라 요구사항의 강

도를 측정하고 애매한 것은 즉각 확인하여 쌍방간의 의사가 명확하게 전달되어야 유효한 해결책을 강구할 수 있다. 거래된 물품의 성질과 사정을 감안하여 유효기한 내에 클레임을 제기하였는지의 여부를 면밀히 검토하고 만일 시효가 지났다면 이를 배척하는 항변을 한다. 상대방이 제기한 클레임이 정당한 것인가의 여부를 확인하기 위하여 증거서류의 신빙도를 검사하여야 한다. 만약에 검사보고서가 첨부되어 있을 경우에는 그 검사보고서를 작성한 날짜와 그 기관의 신용을 조사하여 만약 부실한 경우가 있으면 이에 항변하여야 한다.

클레임 수령 시 확인사항

- 계약조건의 미비에 의한 것이 아닌가?
- 납품 후 합리적 기간 내 청구된 것인가?
- 하자를 입증하는 증빙서류가 있는가?
- 물품검사는 공인검사기관에서 합리적인 기간 내에 되었는가?
- 하자의 정도가 계약상, 거래관례상 허용비율을 초과하였는가?
- 손해청구액은 합리적 산출에 의해 타당성이 있는가?
- 당해 계약에서의 특성이 충분히 감안되었는가?

(2) 클레임의 수락과 거절

상대방의 클레임이 정당하다고 인정되면 손해배상을 하거나 대체이행을 하여야 한다. 금전으로 손해배상을 하는 경우에는 외국환관리규정이 정한 바에 따라 외화송금에 대한 지급인증을 받아야 한다. 대체이행을 하는 경우에는 대외무역법 시행령상의 수출입승인 면제규정 및 관세법에 의거하여 수출한 물품의 재수입절차와 대체품의 재수출절차를 거쳐야 한다. 그리고 상대방의 청구가 부당하면 그에 대한 반증자료를 첨부하여 항변하고 청구거절의 의사표시를 한다.

3. 무역클레임의 해결

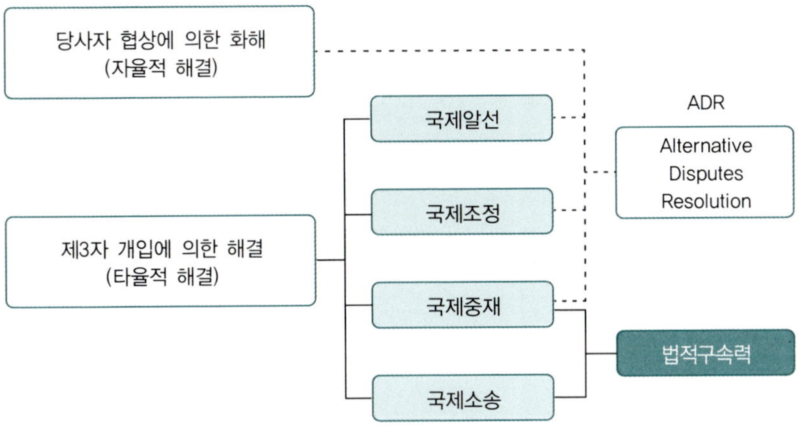

그림 14-2 무역클레임의 해결방법

1) 당사자 간의 해결

(1) 클레임의 포기(waiver of claim)

클레임의 포기란 피해자가 가해자에게 클레임제기를 일방적으로 철회하는 것을 말한다. 상대방에게 다른 조건을 제안하였거나 아니면 클레임 제기를 통하여 향후 있을 거래에 대한 주의를 환기시키는 데 그 의의가 있는 경우 등에 클레임 포기가 이루어진다.

(2) 타협과 화해

타협(compromise)과 화해(amicable settlement)는 당사자 사이의 교섭 · 협상에 의하여 타협점을 모색하는 것으로서, 클레임 해결을 위한 가장 바람직한 방법이며, 실제로 클레임의 대부분이 이러한 방법에 의해 해결되고 있다.

2) 제3자에 의한 해결

(1) 국제알선

알선(intercession)은 상공회의소, 상사중재원, 대사관, 영사관 등과 같은 공신력이 있는 제3자가 당사자의 한편 또는 쌍방의 의도에 의하여 사건에 개입하여 주로 원만한 해결을 위한 조언을 해 주는 것이다. 그러므로 알선은 강제력이 없으며, 당사자 쌍방의 협력을 얻지 못하면 실패하게 된다. 알선이 조정이나 중재와 다른 점은 형식적인 절차를 필요로 하지 않고 당사자 한편의 의뢰에 의해 제기가 가능하다는 점이다.

대한상사중재원 알선절차의 법적 근거

대외무역법 제44조(무역거래자간 무역분쟁의 신속한 해결)

② 산업통상자원부장관은 제1항에 따른 분쟁이 발생한 경우 무역거래자에게 분쟁의 해결에 관한 의견을 진술하게 하거나 그 분쟁과 관련되는 서류의 제출을 요구할 수 있다.

③ 산업통상자원부장관은 제2항에 따라 서류를 제출받거나 의견을 들은 후에 필요하다고 인정하면 그 분쟁에 관하여 사실 조사를 할 수 있다.

*대외무역법시행령 제91조 제9항에 의해 대한상사중재원에 업무 위탁

(2) 국제조정

조정(mediation)은 당사자 쌍방이 공정한 제3자를 조정인(mediator)으로 선임하고 조정인이 제시한 구체적인 해결방안에 합의함으로써 클레임을 해결하는 방법이다. 당사자 중 어느 일방이 임의대로 조정에 회부할 수는 없고, 반드시 양 당사자가 조정에 의해 분쟁을 해결할 것을 합의하여야만 절차가 진행될 수 있다. 또한 제시된 조정안에 대하여 당사자 모두 수긍하고 합의하여야만 조정이 성립되고 분쟁이 해결된다. 한편, 조정인은 주로 해당 분야의 전문적인 지식과 경험이 풍부한 자가 되며, 조정은 양 당사자가 조정안을 수락하면 계약상의 구속력만을 가지게 된다. 조정은 조정합의안 자체에 강제적인

집행력이 부여되지 않는다는 점에서 불완전한 해결방법이긴 하지만 절차가 간단하고 비용이 저렴하여 많이 이용되고 있다.

> **싱가포르협약(Singapore Convention)**
>
> UN국제상거래법위원회(UNCITRAL)는 2019년 8월 싱가포르에서 '조정에 의한 국제화해합의에 관한 UN협약(United Nations Convention on International Settlement Agreements Resulting from Mediation)'을 채택하였다. 동 협약은 국제조정을 통한 화해합의의 법적인 효력을 보장함으로써 국제조정의 치명적인 단점을 해결하였고, 이를 통해 향후 국제조정제도가 크게 활성화될 것으로 기대된다.

(3) 국제중재

중재(arbitration)는 당사자가 제3자를 중재인(arbitrator)으로 선임하고 분쟁의 해결을 전적으로 중재인에게 맡겨 그 중재판정(awards)에 복종함으로써 분쟁을 해결하는 방법이다. 중재는 중재에 의해 해결할 것을 양 당사자 간에 사전에 합의하지 않으면 안 된다는 점에서는 조정의 경우와 같다. 그러나 조정의 경우 조정안의 수락 여부는 당사자의 자유의사에 따르게 되지만, 중재의 경우에는 당사자가 중재판정을 거부할 수 없다. 더욱이 중재는 1회의 판정에 의해 모든 것이 해결되고 상소의 길이 없는 점과 중재에 회부된 사건은 소송에 의하여 다룰 수 없다는 점에서 큰 특징이 있다. 중재는 각국의 중재관계 법규 및 국제협약에 의해 법적 근거를 가지고 있는 법적 절차이며, 각국 법원에서 소송을 제기하는 것보다는 비용과 시간을 절약할 수 있다는 점 등에서 매우 효과적인 방법이다.

(4) 국제소송

소송(litigation)은 국가기관인 법원의 판결에 의하여 분쟁을 강제적으로 해결하는 방법이다. 국제소송은 '국제'라는 용어를 사용하지만, 통상 국적을 달리하는 당사자들이 특정 국가의 법원에서 제기하는 사실상 '국내' 소송이다.

소송은 화해나 알선, 조정 등에 의해 분쟁을 해결하지 못하거나, 중재합의가 존재하지 않아 중재를 할 수 없는 경우 등에 특정 국가가 최종적으로 분쟁관할을 행사하여 분쟁을 해결하는 방법이다. 그러나 국제무역에서는 상대방이 법역을 달리하는 외국에 있는 것이 보통이므로 해당 국가 간 국제조약으로서 상호간 외국판결의 승인, 집행을 약속하고 있는 경우를 제외하고는 자국의 재판권이 상대국에 미치지 못한다는 단점이 있다. 즉, 특정 국가 법원에서 판결을 받아도 상대방의 재산이 있는 국가에서 강제집행이 보장되지 못하는 결정적 문제가 있다. 아울러, 소송에는 많은 시간과 비용이 소요되므로, 국제무역에서 이 방법에 의한 해결은 거의 이용되고 있지 않다.

4. 상사중재

1) 상사중재 개요

(1) 의의

분쟁당사자 간의 중재합의로 현존 또는 장래에 발생할 분쟁의 전부 또는 일부를 법원의 판결에 의하지 아니하고 사인인 제3자를 중재인으로 선정하여 판정을 맡기는 동시에 그 판정에 복종함으로써 분쟁을 해결하는 자주법정제도를 의미한다. 중재판정은 중재법에 따라 법원의 확정판결과 동일한 효력이 인정되고, 국가공권력을 발동하여 강제집행할 수 있는 권리가 보장된다.

(2) 특징

① 탄력성(flexibility): 중재는 그 절차에 있어서 법원의 재판보다 탄력성을 갖는다. 즉, 절차적 공정성을 위하여 엄격하고 경직된 소송절차와는 달리, 중재절차에서는 그 사건에 맞는 사적 절차와 방식을 탄력적으로 적용할 수 있고, 그로 인하여 신속하고 효율적인 해결방안이 될 수 있다.

또한 실체 판단에 있어 재판은 법적 안정성을 최우선적으로 고려하여 실정법을 엄격하게 적용하여야 하지만, 중재에 있어서는 당사자들의 합의에 따라 특정 법률을 적용하거나 그 지역에만 통용되는 원칙과 관습 등을 적용하여 분쟁의 실체에 보다 근접한 판단을 할 수 있다.

② 우의성(amicability): 중재는 소송절차와 달리, 분쟁당사자의 자유의사에 기하여 선임된 중재인에 의하여 진행되고 판단되는 절차이고 그 진행방식도 엄격하지 않으므로 당사자들은 우호적인 분위기에서 중재를 받을 수 있다. 또한, 그 종국적 판단에 이르기 전에 화해 또는 조정에 이를 수도 있으며, 중재판정에 대하여도 선의의 이행을 기대할 수 있다.

③ 전문성(expertness): 분쟁의 대상이 고도의 전문성을 가진 경우, 법원도 전문감정인의 의견에 의존할 수밖에 없다. 중재는 그 분야의 전문가나 경험자를 중재인으로 선택함으로써 시간과 비용을 절약할 수 있는 한편, 합리적이고 공감될 수 있는 판단을 기대할 수 있다. 또한, 법원 재판부와 달리 중재판정부는 해당 사건 한 건만 심리하고 판정하도록 구성되므로 연속성과 일관성을 가질 수 있다.

④ 신속성(speedness): 중재는 단심제로 복잡하고 장기간이 소요되는 분쟁도 법원 소송에 비하여 신속하게 해결할 수 있다. 단심제인 중재는 통상 1년 이내의 단기간에 판정이 내려진다.

⑤ 경제성(low cost): 단심제의 특성상 중재비용은 소송비용과 비교하여 훨씬 저렴하다. 또한, 분쟁이 발생하면 직접비용뿐만 아니라 기회비용 등의 간접비용이 발생하는데, 중재에서는 분쟁이 신속하게 해결되므로 이러한 분쟁비용을 절약할 수 있다.

⑥ 국제적인 집행성(enforceability): 중재판정은 국내에서는 중재법에 따라 법원의 확정판결과 동일한 효력이 인정될 뿐만 아니라, 외국에서도 '외국중재판정의 승인 및 집행에 관한 유엔협약(뉴욕협약)'에 의해 중재판정의 효력 및 강제집행이 보장된다.

⑦ 비밀성 또는 비공개성(confidentiality): 특정 거래에 있어서는 그 분쟁의

대상, 예를 들면 기술, 노하우 등이 경쟁사나 고객에게 알려지지 않아야 하며, 분쟁발생 사실 자체가 공개되는 것을 기피하는 경우도 많다. 중재는 심리를 비공개로 진행하고 비밀을 보장함으로써 위와 같은 불이익을 방지할 수 있다.

2) 중재합의

(1) 중재합의 의의

분쟁을 중재를 통해 해결하기로 하는 합의를 '중재합의'라 하며, 중재합의가 있어야 중재신청이 가능하다. 중재합의는 계약서 등에 서면으로 작성되어야 하며, 중재합의 시기에 따라 다음과 같이 분류한다.

① 사전중재합의: 분쟁이 발생하기 전에 계약서의 한 조항으로 분쟁 발생 시 중재로 해결하기로 하는 중재조항을 기재하여 두는 것으로, 일반적인 중재합의방식이다.

② 사후중재합의: 이미 발생된 분쟁을 사후에 중재로 해결하기로 합의하는 방식이다.

(2) 중재합의 기재 요소

중재합의에는 일반적으로 중재기관, 중재규칙, 중재지를 명시하여야 하며, 그 외에도 중재인의 수, 중재인 선정방법, 중재에 사용될 언어 등 중재 절차에 관하여 별도의 합의가 있는 경우에는 이러한 당사자의 합의가 우선 적용된다. 따라서 중재인 선정 등 중재절차에 관한 사항에 관하여 달리 합의하고자 하는 경우에는 중재합의에서 이에 대하여 규정할 수 있다. 중재합의가 있는 경우 일방당사자는 법원에 직접 소송을 제기할 수 없다. 중재합의에도 불구하고 소송이 제기되면 1차 변론기일까지 관할의 항변을 할 수 있고, 이에 법원은 중재로 해결하도록 하여 해당 소송의 각하판결을 내리게 된다.

중재합의 예시

이 계약으로부터 또는 이 계약과 관련하여 발생하는 모든 분쟁은 대한상사중재원의 중재에 의해 최종 해결한다.

- 중재인의 수: 1인 또는 3인
- 중재지: 대한민국 서울 또는 지정할 국가
- 중재에 사용될 언어: 한국어 또는 지정할 언어

3) 중재절차

① **중재신청 및 비용예납**: 중재합의에서 정한 중재기관에 중재신청을 하고, 중재비용(관리비용, 중재인수당 등)을 예납한다.

② **접수통지**: 중재기관의 사무국은 중재의 신청을 접수하면 신청이 적합한지 여부를 확인하고 적합한 경우에는 쌍방당사자에게 이를 수리하였음을 통지한다.

③ **답변서 제출**: 중재신청서의 내용에 반박하는 답변서를 작성하여 제출하며, 만약 중재관할에 관한 항변을 할 경우 답변서 제출 시까지 해야 한다.

④ **중재인 선정**: 분쟁당사자는 중재사건을 판정할 중재인을 합의에 의해 직접 선정하거나, 중재기관에서 추천한 중재인 후보자 중에서 선임한다.

⑤ **중재심리**: 중재기관의 사무국은 제1차 심리기일을 결정하고 이를 각 당사자들에게 통지한다. → 중재판정부는 사건내용에 따라 당사자가 주장 및 입증을 충분히 하였다고 인정할 때까지 수차례에 걸쳐 심문을 진행한 후에 심리종결을 선언한다.

⑥ **중재판정**: 중재재판부는 심리종결일로부터 일정 기한 내에 중재판정을 내린다.

⑦ **중재판정문 송부**: 중재기관 사무국이 중재판정문 정본을 양 당사자에게 발송함으로써 중재절차가 종료된다.

4) 중재판정의 효력과 이행

(1) 중재판정의 효력

중재판정은 법원의 확정판결과 동일한 효력이 있으므로 당사자들은 판정 내용대로 이행하여야 한다. 중재판정을 이행하지 않는 경우에는 법원에 강제집행을 신청하여 법원으로부터 중재판정에 대한 집행판결을 받아 강제집행을 할 수 있다.

> **중재법 제35조(중재판정의 효력)**
>
> 중재판정은 양쪽 당사자 간에 법원의 확정판결과 동일한 효력을 가진다.

(2) 중재판정 취소의 소

중재판정 내용에 대해서는 불복할 수 없고, 다만 중재법에서 정한 중재절차상의 중대한 하자에 대하여 중재판정 취소의 소를 제기할 수 있다.

① 당사자 입증에 의한 취소사유: 당사자의 무능력 또는 중재합의 무효, 중재인의 선정 또는 중재절차에 관한 통지 또는 본안 변론에 대한 방어권 결여, 중재부탁의 범위 일탈, 중재판정부의 구성 또는 중재절차의 위반

② 법원의 직권 취소 사유: 중재 대상이 대한민국법에 따라 중재로 해결될 수 없을 때, 선량한 풍속 또는 사회질서 위배

5) 외국중재판정의 승인 및 집행에 관한 UN협약

(1) 의의 및 현황

'외국중재판정의 승인 및 집행에 관한 UN협약(The United Nations Convention on the Recognition and Enforcement of Foreign Arbitral Awards)'은 국제상거래의 활성화를 목적으로 중재판정의 강제집행 요구를 받는 국가 이

외의 국가 영토 내에서 내려진 중재판정, 즉 외국에서 내려진 중재판정의 구속력을 승인하고 강제집행을 보장하기 위하여 1958년 UN 주도하에 국제적으로 체결한 다자간 조약이다. 뉴욕협약(New York Convention)이라고도 하며, 우리나라는 1973년 5월 9일 42번째로 가입하였다. 2023년 6월 말 현재 172개국이 가입 중이며 16개 조문으로 구성되어 있다.

(2) 효력

뉴욕협약에 의해 우리나라에서 내려진 중재판정이 외국에서도 승인되고 집행되며, 외국에서 내려진 중재판정 역시 우리나라에서 승인되고 집행된다. 단, 우리나라는 상사관계의 분쟁에 한해서만 적용되는 '상사유보'와 외국중재판정일지라도 그 국가가 이 협약의 체약국인 경우에 한해서만 적용되는 '상호주의유보'를 선언하였다.

(3) 승인 · 집행의 요건

① 서면에 의한 유효한 중재합의가 있어야 한다.

② 중재판정은 적법한 절차진행으로 내려져야 한다.

③ 중재판정이 판정지 국가에서 기판력(확정력)을 가지고 있어야 한다.

④ 중재판정의 내용이 집행지 국가의 공서양속에 반하지 않아야 한다.

참고문헌 REFERENCE

김상만 (2019). 인코텀즈2020 주요개정 내용과 시사점. 법학논고, 67, pp.259~287.

구종순 (2011). 무역개론. 제5판. 박영사.

김웅진, 지용국, 윤점홍 (2018). 해외조달실무. 한국구매경영원.

김희철, 이신규 (2011). 무역학개론. 두남.

남풍우 (2015). 무역결제론(제8판). 두남.

문창권, 김오비 (2011). 외환-환리스크관리와 파생상품 활용기법. 탐진.

박대위, 구종순 (2012). 무역개론(제3판). 유원북스.

박형래, 오대혁 (2014). 무역개론. 청람.

백종실, 김영민, 우정욱 (2012). 국제운송론. 두남.

이서영 (2011). 무역학개론. 한올.

이윤 (2004). 대외무역법. 두남.

이은섭 (2002). 대외무역법. 법경사.

이천수, 최돈승 (2018). ESSENSE 무역학원론. 범한.

임석민 (2017). 국제운송론. 삼영사.

전순환 (2013). 무역실무(제3판). 한올.

정봉민 (2015). 해운경제학. 블루&노트.

조동성 (2007). 21세기를 위한 국제경영학(제2판). 서울경제경영.

최생림 (2011). 외환론(제5판). 박영사.

하웅수, 안영철, 이양기 (2014). 최신무역학원론. 두남.

한국무역협회 (2012). 무역계약. (사)한국무역협회 무역아카데미.

한국은행 국제처 (2010). 우리나라의 외환제도와 외환시장. 한국은행.

Cavusgil, S. T., Knight, G., Riesenberger, J. R., Rammal, H. G., & Rose, E. L. (2014). "International business", Pearson Australia. p.32.

Cavusgil, S. T. (1994). "A quiet revolution in Australian exporters", Marketing News, 28(11), pp.18-21.

Ducruet, C. & Notteboom, T. E. (2012). Developing Liner Service Networks in Container Shipping. in: Song, D. W., Panayides, P. (eds.), Maritime Logistics: A complete guide to effective shipping and port management, Kogan Page, London, p.97.

Forsgren, M. & Johanson, J. (1975). "International føretagsekonomi", Norstedts, Stockholm, p.16.

Hollensen, S. (2008). Essentials of global marketing. Pearson Education.

ij, T., Kuivalainen, O., Saarenketo, S., Lindqvist, J., & Hanninen, H. (2005). "Internationalization handbook for the software business", Centre of Expertise for Software Product Business, Espoo, Finland. p.6.

Johanson, J., & Vahlne, J. E. (1977). The internationalization process of the firm-a model of knowledge development and increasing foreign market commitments. Journal of international business studies, 8(1), pp.23-32.

Johanson, J., & Wiedersheim-Paul, F. (1975). The internationalization of the firm-four swedish cases 1. Journal of management studies, 12(3), pp.305-323.

Oviatt, B. M., & McDougall, P. P. (1994). Toward a theory of international new ventures. Journal of international business studies, 25(1), pp.45-64.

Prahalad, C. K., & Doz, Y. L. (1987). "The multinational mission: Balancing local demands and global vision," Simon and Schuster, p.24.

Perlmutter, H. V. (1969). The tortuous evolution of the multinational corporation. Columbia Journal of world business, 4(1), pp.9-18.

Porter, M. E. (1985). "Competitive advantage: creating and sustaining superior performance," NY: The Free Press.

Porter, M. E. (1986). "Competitive in global industries: A conceptual framework," Competition in Global Industries, Harbard Business School Press.

Theodore Levitt (1983). "The Globalization of Markets", Harvard Business Review. (https://hbr.org/1983/05/the-globalization-of-markets)

UNCTAD (1990). Development and Improvement of Ports: The Establishment of Transshipment Facilities in Developing Countires, UNCTAD Publication.

Vernon, R., & Wells Jr, L. T. (1991). Economic environment of international business.

참고사이트

국가법령정보센터(www.law.go.kr).

산업통상자원부(www.motie.go.kr).

수입규제 통합지원센터(http://ntb.kita.net).

KDI경제정보센터(http://eiec.kdi.re.kr).

Fortune (2018). Fortune 500 (https://fortune.com/rankings)

WTO (2019). World Trade Statistical Review (www.wto.org)

The World Bank (2017). Worldbank DATA (www.worldbank.org)

찾아보기 INDEX

ㅈ

A

저 • 자 • 소 • 개

이태희

서강대학교 이학사, 경영학사
서강대학교 경영학석사
서강대학교 경영학박사
(현) 계명대학교 경제통상학부 부교수
(현) 한국경영컨설팅학회 편집위원장
(현) 관세사, 물류관리사 출제위원
(전) 영국 런던 Bayes Business School, Visiting Fellow

오현석

고려대학교 법학과, 법학사
City University of Hong Kong, Law School, 법학석사
고려대학교 법학박사
(현) 계명대학교 경제통상학부 국제통상전공 조교수
(전) 고려대학교 법학전문대학원 겸임교수
(전) 대한상사중재원 중재사업본부장
(전) 홍콩국제중재센터(HKIAC) 연구원

홍의

서울여자대학교 경영학사
서강대학교 상학석사
서강대학교 경영학박사
영국 런던 Bayes Business School, MSc(Logistics, Trade and Finance)
(현) 광운대학교 국제통상학부 교수
(현) 관세사, 물류관리사 출제위원

정재휘

광운대학교 국제통상학과, 경제학사
서강대학교 경영학석사
서강대학교 경영학박사
(현) 광운대학교 국제통상학부 부교수
(전) 대구대학교 경영학부 부교수
(전) 서강대학교 경영학부 대우교수

이건희

서강대학교 경영학사
University of Colorado, Boulder, MBA(Finance)
서강대학교 경영학박사
(현) 영남대학교 글로벌 비즈니스학과 교수

원동환

서강대학교 경영학사
서강대학교 상학석사
서강대학교 경영학박사
(현) 덕성여자대학교 국제통상학전공 교수
(전) 국무조정실 규제개혁기획단 전문위원
(전) (사)한국경영컨설팅학회 회장
(전) 경실련 (사)경제정의연구소 소장

최돈승

서강대학교 이학사, 경제학사
서강대학교 경제학석사
서강대학교 경영학박사
(현) 안동대학교 무역학과 부교수
(현) 한국경영컨설팅학회 상임이사
(현) 안동대학교 지역사회발전연구소 소장

국제통상의 이해

초판발행 2023년 9월 5일 **1판 1쇄 인쇄** | 2023년 9월 10일 **1판 1쇄 발행**

지은이 이태희 오현석 홍의 정재휘 이건희 원동환 최돈승
펴낸이 최용구 | **펴낸곳** 도서출판 **이프레스**
주소 (04316) 서울시 용산구 원효로 89길 19 (원효로1가)
전화 02) 537-1720(영업부), 537-1721(편집부), 537-1711(팩스)
이메일 epress01@naver.com | **홈페이지** www.epress1.com
등록 2009년 12월 10일 제16-2710호
기획마케팅 최용구 장만동 최충구 송대용 | **책임편집** 석기은 황가연 | **표지** SDY

ISBN 979-11-91348-35-4 93320
정가 28,000원